新世纪戏曲研究文库

江巨荣 主编

国家出版基金项目
NATIONAL PUBLICATION FOUNDATION

诗人视野中的明清戏曲

江巨荣 著

复旦大学出版社

江巨荣，1938年1月出生，安徽省歙县人。复旦大学教授，抚州汤显祖国际研究中心荣誉研究员。著有《古代戏曲思想艺术论》《剧史考论》《明清戏曲：剧目、文本与演出研究》《汤显祖研究论集》，校注《琵琶记》，选编《古剧精华》《元明清散文选讲》。合著《中国戏剧史论集》，合注《闲情偶寄》，合作点校《六十种曲》《才子牡丹亭》《十二楼》《禅真逸史》等。

前言：诗文与戏曲

——再谈明清诗文与戏曲

一

笔者在拙著《明清戏曲：剧目、文本与演出研究》(上海古籍出版社,2014年。以下简称《明清戏曲》)中,谈到20世纪末,由于出版业蓬勃发展,大型丛书相继出版,如《四库全书》《续修四库全书》《四库存目全书辑刊》《四库未收书》《四库禁毁全书》《四库禁毁全书补编》,以及《清代诗文集汇编》等,都先后问世。这些丛书,成了明清史、明清文学、明清戏曲研究最大最新的资料库,为所有感兴趣的读者提供了大量的资源。笔者有幸从这浩繁的资源中取其一勺,加以铺排梳理,钩稽了三十余种稀见明清杂剧、传奇剧目,并发现了一些重要剧目的现场演出诗词。这些诗词,反映出演出场景,文人学士的观演趣味、观演感想,这为考察剧目传播和剧目演出史提供了可信的例证。

由于《四库》系列与《清代诗文集汇编》卷帙浩大,当时的阅读不免取舍随意,左支右绌。近几年有意集中到清代诗文的阅读和清代戏曲的研究上,集中关注清代诗人与戏曲的关系,于是继续清代诗文阅读。在翻阅清代诗人著作中,检视与戏曲相关的诗作。现在离通读清代诗集虽还有一段距离,但据已见清代诗作,其中就有不少诗篇涉及一些未曾著录的清人戏曲剧目,还有不少诗篇反映诗人现场观剧的情景和表达观演的心理感受,并对剧作的思想艺术作出自己的评价,这些诗文对于研究这些剧目的出现和影响,无疑很有意义。在前著《明清戏曲》中我写过《略谈明清诗文阅读与戏曲研究》一文,初次提到诗与戏曲关系的命题,现在再以新见清中期的资料继续前面的讨论,故称之为《再谈明清诗文与戏曲》。希望以所见的清诗为重点,继续为明清戏曲剧目与演出提供新的例证。应该说明,这些诗人就他们的社会身份来说,大多是官员、文士,写诗填词只是他们主体身份外的"余事",但由于他们具有高度的文化素养,有对戏曲剧作与演出高度的喜爱与关心,这些集官员、学者和诗人身份于一身的文化名人的"余事"就为我们的历史文化留下了深刻的印记。研究他们留下的与戏曲密切相关的诗词,也就成为研究古代戏曲不可忽略的一环。

二

戏曲剧目的整理挖掘,及进行戏曲剧目的著录,是戏曲研究的基础工作。它既可以帮助我们摸清我国古代戏曲的家底,也为研究者提供剧目研究的依据。以往的戏曲研究者已在这方面作出了很多努力,如《南词叙录》《也是园藏书古今杂剧目录》对南戏与杂剧的著录,《传奇汇考标目》《重订曲海总目》对明清传奇的著录,姚燮《今乐考证》、王国维《曲录》对杂剧传奇的综合著录,都是如此。现代学者傅惜华主编的《中国古典戏曲总录》的编纂、庄一拂《古典戏曲存目汇考》的出版,它们对各代各体戏曲剧目的著录,更为我们提供了现代、系统的剧目书录,使我们有了新的戏曲目录之作。这在戏曲书目的编纂上,无疑有奠基意义。但由于我国古代文献无比丰富,剧目发掘还处在一个不断增补和完善的过程,数十年来,由于新文献的出现,研究者对剧目研究的重视,如陆萼庭、刘世德、周妙中、张增元、吴书荫、柯俞春等学者,他们或从诗文集中,或从方志、笔记杂录中,或从馆藏中,继续爬梳钩沉,又发现了不少过去剧目书录未曾著录的剧目,丰富了我们对不同时期、不同戏曲类型剧目的认识。笔者受诸家的启发,在阅读明清诗文时对清人剧目也加注意,也陆续有所发现和补充。前著《明清戏曲》记录了新见部分剧目。近年阅读《清代诗文集汇编》康熙、雍正至道光、咸丰年间的诗作,也看到了多种未见著录的剧目。

如赵瑜,字瑾叔,康熙至乾隆间人。著有《青霞锦》《翠微楼》传奇二种,庄一拂《古典戏曲存目汇考》已著录,但未见《紫霞楼》一目。故《紫霞楼》属未见剧目。今读朱彭《抱山堂集》,其卷一八《湖山遗事诗》,有诗云:

> 旗亭谱曲最清新,绣衲头陀放浪人。冒雨独寻徐处士,落红堤上哭残春。(原注:赵瑾叔名瑜,居铁冶岭。雅擅填词,与洪稗畦齐名。撰有青霞锦、紫霞楼数种。)①

从朱彭诗注,可以知道,赵瑜擅长撰剧,作传奇数种。《青霞锦》包括在内。而《紫霞楼》未被《古典戏曲存目汇考》著录,此剧应属新见剧目。朱彭注又说到,赵瑜作剧闻名于时,其声誉与洪昇齐名,这一提示,足见时人对他有较高的评价。所谓数种,应包括《青霞锦》《翠微楼》《紫霞楼》。也许还有未知之剧,有待发现。他的剧作,总体风格,当如朱诗所说"旗亭谱曲最清新",以"清新"见长。朱彭的观察,为我们了解赵瑜传奇提供了依据。可惜赵瑜的传奇都未传世,不能作具体分析。

朱彭(1731—1803),字亦篯,号青湖,钱塘人。诸生。康熙十三年,郡县举荐孝廉方正,不就。工诗善画,著书不辍。作诗二千余首,遇火被焚大半,存《抱山堂集》。又作《吴越古迹考》《南渡寓贤录》,已佚。

再如无名氏《后鸣凤记》,现存戏曲曲簿不见著录。今读蒋业晋《立崖诗钞》卷二,有《正月中浣家兄古愚恪庭砚溪召饮即席赋呈长句》诗,其原注中,有"演《后鸣凤》新剧"之语,知有此剧。蒋诗云:

> 诸兄古道凤所敦,岁时伏腊尤惇亲。乾馇失德诗有戒,速我

---

① 《清代诗文集汇编》376册,页137。

诸父偕弟昆。上元令节欣执盏,式燕不用夸嘉宾(原注:座中无异姓)。华轩沉沉敞瑶席,百壶清酒嘉肴纷。长者少者各醉饱,威仪秩秩恭温温。堂前忽听钟鼓陈,兽鼎歊雾香氲氲。新谱轶事快人意,宛同吊古招忠魂(原注:是日演后鸣凤新剧)。当时贼臣窃国柄,猖猖群吠虎豹蹲。夏杨诸公遭惨毒,谁与发愤排宸阍?天道循环剥而复,罗钳吉网宁长存?邹发其奸徐主议,旌忠一旦含冤伸。梨园子弟善演义,点窜往事多翻新。考诸史册不可证,要使忠义昭乾坤。奸谀既死诛不宥,吾儒秉笔心同论。此时满堂共叹息,流芳遗臭得失分。俳场亦可教忠孝,不徒曲响停行云。今夕与会洵可乐,梅花已报庭前春。①

蒋业晋(1728—1804 后),字绍初,号立崖,长洲(今属苏州)人。少从沈德潜求学,又从王鸣盛学诗。所交多一时名家。乾隆二十三年举人,官汉阳府同知。四十六年以事发配乌鲁木齐。五十年放归故里。有《秦中》《吴庑》《楚游》《出塞》《归田》诸集。后合为《立崖诗钞》七卷。②

该诗收于《吴庑杂咏》,作于乾隆五十年(1785)正月中旬。诗未指明《后鸣凤新剧》作者,而言"梨园子弟善演义",其或为佚名作者为梨园所编、为梨园所演,属无名氏之作。

一般家乐演出,都邀请宾朋,作诗酒之会。而这一次演出,"座中无异姓",显然是蒋家单纯的家庭演出,其中蒋光宗,字古愚。恪庭即蒋希宗,砚溪即蒋维钧,都是蒋业晋的堂兄弟。光宗、维钧,仕履无考。《立崖诗钞》卷七有《从兄恪庭太守希宗》诗,可知希宗曾任太守。业晋秦中之游,系投希宗。演出时间在这年正月中旬。作者指《后鸣凤记》为新剧,可知其问世或在乾隆五十年之前。蒋业晋的诗,前数句着力夸赞蒋氏门庭敦于古道,宗亲弟兄,感情和睦。上元日蒋光宗设宴演剧,酒肴丰盛,款待殷勤。在这样的环境中,蒋家演出《后鸣凤记》意在

① 《清代诗文集汇编》365 册,页 34。
② 毛庆善《湖海诗人小传》卷二十。

吊念忠魂，表彰忠义，演来大快人意。

明代嘉靖、隆庆间，有无名氏（或言王世贞及其门人）所作《鸣凤记》，大致依据史实，剧演嘉靖间，夏言与严嵩为收复河套引发党争，夏言被斩。杨继盛、董传策、吴时来、张翀、郭希颜、邹应龙、孙丕扬、林润八义士与严嵩父子及其党羽仇鸾、赵文华、鄢懋卿搏击而遭迫害。杨继盛夫妇死节，郭希颜赐死，张翀、吴时来被谪戍边卫，其余诸人也都遭受贬斥或牢狱之灾。诗写到，新出的《后鸣凤记》，做的是翻案文章，所谓"天道循环剥而复，罗钳吉网宁长存"，意思说，根据天道，"剥"卦转为"复"卦，当年李林甫为相，屡兴大狱，陷害异己，其所宠任罗希奭、吉温，官御史，仰李林甫鼻息，不分青红皂白，都以酷刑枉法，陷人于罪，被称为"罗钳吉网"。到《后鸣凤记》中，严嵩、严世蕃、鄢懋卿之流再也不能无法无天，罗织罪名，于是邹应龙上本除奸，有人主张重议旧案，皇上恩允。结果这些忠义之士，沉冤都得到昭雪，行为都得到表彰。那几个奸佞小人则被处死，大快人心。诗人认为，这部传奇，其中情节固然多见虚构编造，在历史上缺乏记载，也与史实不符，但全剧重在伸张正义，教忠教孝，体现了梨园子弟善于演义，要使忠义光照乾坤的用意。演出中，曲调有响遏行云之美，演唱非常成功。大家看后，都非常快乐，好像庭前梅花预报了春天来临一样。

阅读此诗，其中虽没有细叙《后鸣凤记》的剧情，但此剧的主旨和人物已鲜明地呈现在我们眼前。他的诗就是了解《后鸣凤记》传奇关目的很好依据。

第三个例子是汪辇云《赵山南成仙剧》。历来剧簿无《赵山南成仙剧》的著录。读鲁九皋《鲁山木先生文集》卷一，有《书汪辇云吊赵山南填词后》文一篇，其文谓：

> 往昔吾郡赵山南以凤慧著。自余幼时，故已闻之熟矣。山南既没，余得其遗稿，读而爱之，而诸友朋哀挽之诗，亦附焉。余读辇云之诗，感慨呜咽肃然不知涕之何从也。其性情深厚，足以感人，虽古人何以异是。比余得交辇云，而去山南之没已七八年矣。山

南所交不数人,故多磊落英奇士。谢愧屋鸣谦,其同邑也。其哭山南也,不啻如辇云,复为之纪其行谊,于友朋离合之际,三致意焉。愧屋与余言,每及山南,辄潸然涕,曰:恨子不及见,不得与之上下其议论也。而辇云故数为余言,寐见山南,若为仙者,至托诸传奇以实之。嗟乎,神仙渺茫之说,以辇云之明,宁不之辨而沾沾若是?毋亦其性真之发,郁勃不能已,遂结而成愚耶!嗟乎,山南于同邑得谢愧屋,异邑得汪辇云,山南有知,其可无恨于友朋矣夫。①

鲁九皋(1732—1794),字絜非,号山木,江西新城人。乾隆三十六年进士。夏县知县。有《鲁山木居士集》《诗学源流考》《制义准绳》等著作。

此文说,赵山南是作者同乡,都属江西。山南自小以聪慧著称,交往的都是当时著名奇士,但山南不幸早逝。逝世后,他的朋友在他的遗稿后写诗悼念,感情深厚,读后令人流泪。同乡好友谢鸣谦(愧屋)为怀念彼此友谊,常常重温诸友为悼念所写文章。他们的文字,反复表达思念之情,尤其佩服他的议论。汪辇云的感情更深,山南逝世七八年后,辇云与九皋相识,他数次与九皋说起,谢鸣谦对赵山南感情深厚,曾为文记山南的行事与两人的交谊,对朋友间的离合,反复表达情意。鸣谦见到九皋,说起山南也潸然泪下。辇云还对九皋说,他曾梦见赵山南成了神仙,于是假借传奇,把梦中事写到戏剧中去,这样一来似乎真有其事一样。鲁九皋说,神仙之事,本属虚幻,汪辇云自然知道得很清楚,他这样写,无非是出于朋友之情,感情深厚浓烈,不能抑制,才写成这样的戏剧。

这段文字告知我们,汪辇云曾写过一本以悼念赵山南为题材的传奇。内容主要表现赵山南的才学,赵山南与同乡朋友的友情,以及他死后成仙的梦境。

据《清史列传》卷七二,赵由仪,字山南,江西南丰人。五岁即涉猎经传史汉,称奇童。而后闭户十年,沉酣载籍,才思益壮,纵谈天下事,

---

① 《清代诗文集汇编》378 册,页 19。

慷慨自喜。乾隆六年举人。尤工于诗。年 23 而卒。与汪轫(辇云)、杨垕、蒋士铨,并称"乾隆四子"。① 著有《渐台遗草》。这一简历,可知鲁九皋文谓赵山南"以凤慧著",而其议论风采,使人"恨予不及见,不得与之上下其议论也",其说也真实可信。因为 23 岁早卒,朋友都深感惋惜,作诗悼念,以至呜咽流涕。同乡赵鸣谦、汪辇云都写诗作文,表示哀悼。汪辇云在赵山南死了七八年后,还常常梦见山南,并梦见他死后成了神仙,他于是把这样的梦境写成剧本,寄托哀思。汪辇云所作剧目名称今不可考,从九皋文章,可知剧情本事,即记叙赵山南的才情、早逝、成仙等情节,是一本山南成仙剧。

汪轫,字鱼亭、辇云,先世新安(即徽州)人,迁江西武宁,为武宁人。贡生。少孤,刻苦向学。有《鱼亭集》。蒋士铨《汪鱼亭学博传》称,鱼亭"愤郁不自聊,酒酣骂座。目张炬与人争辩,抵案碎壶不肯屈。已而痛哭,呼死友赵山南不止,客不能堪"②。这段描写,不仅可以看出汪辇云的生活性情,也为他撰写赵山南成仙剧提供了友情依据。

除上举数种,其他如从詹肇堂《心安稳室词集》,可见顾麟瑞有《蛾眉砚》传奇一种,未曾被以往戏曲剧簿著录,这部《娥眉砚》传奇,当也是稀见剧目。

读赵嘉程《纯斋集》,见有《自题福寿宴传奇》诗,经查,此《福寿宴传奇》也未经前人剧簿著录,无论作为剧家的赵嘉程,和他的《福寿宴》剧目,都属首次披露。

读孙辰东《种纸山房诗稿》,见有诗人所咏《韩信对簿剧》,此是无名氏剧目,此剧亦未曾被著录。

读满秋石《断蔗山房诗集》,见诗中有题王锴《绣佛缘传奇》诗,此《绣佛缘传奇》,同样未经戏曲剧簿著录。

类似的例证尚有不少,不能一一罗列。可见清人诗文集中,包含了不少我们未知的清代剧作家和清人戏曲剧目,对此进一步加以爬梳整理,可以补充我们对清代剧作者和剧作目录的认识。

---

① 《清史稿》卷四八五。
② 见邵海青、李梦生校笺《忠雅堂全集》,上海古籍出版社,1993 年,页 2118。

三

这些诗文并非单纯的剧目著录,诗人于诗文中还透露了作者和剧作内容的许多信息,因此,阅读这些诗歌和文章,有助于增进对剧作者和剧目内容的了解。特别是当这些作者和剧作在少为人知甚至不为人知的情况下,这些诗文几乎成了唯一的讯息来源,那就更显得珍贵了。

例如,《柴桑乐》在《古典戏曲存目汇考》《明清传奇综录》《古本戏曲剧目提要》曾予著录,但剧作者皆作"方轮子"。周妙中《江南访曲录》首载南京图书馆藏有此剧稿本。剧署"如皋方轮子填词"。今学者对此剧情节、作者、批注文字都作过披露和考证。但对此剧作者到底是谁、方轮子是谁,迄无定论。笔者读到曹龙树《星湖诗集》,其卷一七载有《霁峰园观柴桑乐新剧》诗三首,诗前有序。序云:

> 乾隆庚戌秋,余来宰如皋,八年于兹矣。嘉庆戊午七月,因疾致仕。冬季将治归装。同寅各绅士,饯余于霁峰园。徐湘浦司马以家伶演柴桑乐曲,江药船明经新制也(余解任后,皋人以余家柴桑,特制陶靖节柴桑乐曲一部,演以饯行)。虽优孟衣冠,而间滤酒、归田、谱琴、醉菊诸出,情致翩翩,有潇洒出尘之概,几令人神游于西畴、南阜、菊径、柳溪间焉。是日也,寒雨初晴,冬阳布暖,松梢翠古,梅萼香新,座集英贤,人偕少长。品类为盛,视听备娱,乐事赏心,匪以一足。特余惭俸,非其伦,而感志雅意,兼当阔别。殊难为怀,爰赋三章,以纪嘉会。①

这篇序,把演出剧目、剧目作者、演出时间地点、撰剧演出的因由,都交代得很清楚。从这位当事人即时的记叙中,可以明确:《柴桑乐》的作

---

① 《清代诗文集汇编》424 册,页 629—630。

者就是江药船(江大键)，此前的疑虑可以迎刃而解。编撰此剧的时间，在嘉庆戊午(三年，1798)，演出地点在如皋徐观政的霁峰园。诗与序无疑是解开《柴桑乐》作者之谜的直接依据。

阐释剧情的诗可以乐钧《澹思进士杜陵春院本题词》为例。诗谓：

> 乐府争传太白狂，杜陵野老又登场。词人每爱谈天宝，山绿水清易断肠。
>
> 浇愁还借八仙歌，云梦胸中作酒波。我合伤心君含笑，诗人从古不登科。
>
> 偶吟蝶戏与娇莺，黄四娘家寄远情。遂使葵花添本事，红牙重谱艳歌声。①

乐钧这首诗，见于《青芝山馆诗集》卷二。剧系宋澹思所作，乐钧的诗是了解《杜陵春》剧情的绝好写照。诗第一首，谓已有戏剧中，多写李太白狂放不羁，宋澹思的《杜陵春》则写杜甫，让这位杜陵野老登场。古今诗人剧家都喜谈论天宝遗事，明皇出狩，经过马嵬，一路行来虽水绿山青，但国事浇漓，玉环赐死，总会令人伤心断肠。这说明，《杜陵春》与《梧桐雨》《长生殿》取材不同，它或许不涉及李白醉写《清平乐》词章及安史之乱、马嵬事变的许多情节，因为那些事情容易令人断肠。此剧不写李白，而写杜甫。诗谓"杜陵野老又登场"，标明杜甫成为《杜陵春》的新角色。

第二首，谓杜甫借《饮中八仙歌》浇愁。而其忧愁，广如云梦之泽，在诗中都化为八仙酒波。《饮中八仙歌》作于开元、天宝间，此时虽值大唐盛世，李白、贺知章、李琎、李适之、苏晋、张旭等，狂放不羁，放浪形骸，飘飘欲仙，但杜甫心中，却忧国忧民，饱含忧虑。所言"云梦之泽"故事，即《左传》所载，楚昭王入云梦，被盗所攻，已追悔莫及。杜甫后来作《夔州书怀四十韵》说："绿林宁小患，云梦欲难追。"意谓安禄山

---

① 《清代诗文集汇编》481 册，页 87。

及各蕃镇拥兵自重,寇盗纷起,朝廷已不能控制,唐皇追悔莫及。《八仙歌》虽有云梦之忧,如今化作八仙那样"知章骑马似乘船"、"汝阳三斗始朝天"、"李白斗酒诗百篇"、"张旭三杯草圣传"、"焦遂五斗方卓然"等醉趣和仙气。"云梦之忧"被化为荡漾酒波。这说明院本以嬉笑之笔,刻画这些大才,一个个都不能登科取官,为国效力,诗人以为这是古今以来令人伤心痛心的不平之事。这样的诗句,反映了《杜陵春》剧中所写杜甫和饮中八仙的情节及观演者所理解的人物心理内涵。

第三首,取杜甫《江畔独步寻花七绝句》意。它叙的是,此时杜甫住成都草堂,理想破灭,孤独无聊,在江边溪上,或观春光,或寻酒伴。诗人也曾独步寻花而至邻人黄四娘家赏花玩景。其绝句第六云:"黄四娘家花满蹊,千朵万朵压枝低。留连戏蝶时时舞,自在娇莺恰恰啼。"①描写邻人黄四娘家花枝的繁茂、蝶舞莺声的交织,构建了一幅春日绚丽的图画。据诗,杜甫在黄四娘家并非流连光景,还另有寄托。"遂使葵花添本事",似乎是说剧中增加了一位"葵花"的人物,多了她的情节。这在杜甫赏春游览中可能更加活泼多姿。杜诗《自京赴奉先县咏怀五百字》写到"葵藿倾太阳,物性固莫夺",指其对朝廷忠心不二。此人物的出现,未知是否从杜诗中化来。杜甫虽已50多岁,但赏春的热情,老年的风致,仍表现在字里行间。这恰是《杜陵春》的主体画面。本剧的主要构思或正是据这七首绝句,特别是其第六首绝句引申铺叙而成。

以杜甫游春为主要故事的剧目,元代有范康的《曲江池杜甫游春》杂剧,明王九思有《杜子美沽酒游春》杂剧。范康杂剧今佚,王九思杂剧今存,所写系杜甫在长安游曲江胜境,追怀往昔,痛恨李林甫,入贾婆婆店,在慈恩寺遇岑参,游渼陂,次日携伎浮舟至钓鱼台而生栖隐之念。宋澹思《杜陵春》传奇,所写地点、人物均与王九思杂剧不同。

当时人周有声《东冈诗賸》卷六,有《题宋澹思鸣珂杜陵春传奇》诗四首,它对《杜陵春》传奇的内容、意趣有更多的透露。诗如下:

---

① 杨伦笺注《杜诗镜铨》卷八,上海古籍出版社,1962年,页355。

　　狂歌拓戟首重搔，文藻敷腴旷代豪。莫道此翁多感慨，太平
时节亦吾曹。

　　气酣怀古正悠然，芒砀闲云脚底烟。谁信麻鞋归蜀道，西风
含泪拜啼鹃。

　　流离深愧主恩何，暮景飞腾叹逝波。偏与诗人增意气，群仙
抗手一高歌。

　　酒伴吟朋意最亲，后来视昔感相因。他时谁谱金台事，我亦
当筵痛饮人。（原注：时方与澹思暨诸同人，共集王葑亭给谏妙
闻书屋。）①

周有声的绝句，为宋澹思的《杜陵春》而作，自然有赞美宋澹思的才学、
文采、性格、志向的含义。但绝句又是因剧情而发，为剧中主角杜甫而
发，所以诗句主体是叙述杜甫的故事，反映《杜陵春》的剧情，从而描
写、紧扣剧中人物的行为事迹。如狂歌搔首，酒酣拓戟，见于杜诗《醉
为马坠群公携酒相看》："甫也诸侯老宾客，罢酒酣歌拓金戟。"②显示
剧中杜甫有饮酒酣歌，搔首举戟的醉态和狂放行为。

　　说杜甫麻鞋归蜀道，含泪拜杜鹃，流离愧主恩，见于杜诗《述怀》：
"麻鞋见天子，衣袖露两肘。朝廷愍生还，亲故伤老丑。涕泪授拾遗，
流离主恩厚。"③显示剧中叙及安史乱后，杜甫奔灵武，见肃宗，麻鞋草
履，授职拾遗，逃难四川，流离失所的窘境。

　　说杜甫"群仙抗手一高歌"，也与杜甫《醉时歌》"但觉高歌有鬼
神"④、《望岳》"恭闻魏夫人，群仙夹翱翔"⑤，是同一物象和意境。剧情
最后，或有超凡绝世，与群仙翱翔的结局。

　　因为周有声等人都熟读杜诗，了解杜甫，绝句所叙或有脱离剧情
而从杜诗中化出，所言重在读杜感想，未必都是《杜陵春》所叙及的情

---

① 《清代诗文集汇编》424 册，页 689。
② 杨伦笺注《杜诗镜铨》卷一五，上海古籍出版社，1962 年，页 752。
③ 同上书，卷三，页 140。
④ 同上书，卷二，页 61。
⑤ 同上书，卷一九，页 975。

节。这也有一定的可能。但周有声的诗,绝不会完全是对杜诗的复述,完全脱离剧作去追念杜甫,而理应是将读杜与观剧联系起来,从观剧想到杜诗及杜甫生平遭遇而引发观感。如果是这样,我们就可以说,这些诗反映了《杜陵春》对杜甫从狂歌拓载、麻鞋归蜀,到晚年与群仙举手高歌的生活及其情感的描写。其内容就在杂剧《杜甫游春》《曲江池》之外,别出一种面貌,另现一番境界。

四

戏曲与诗词、文章不同,诗词、文章主要通过阅读或吟诵来传达思想感情,戏曲除了阅读外,它的主要传递渠道在舞台,在表演。因此从了解戏曲而言,既要重视文本,又要重视舞台演出。就多数名家的剧作而言,都既有剧作家的一度创作,又有表演者的二度创作。无论文人学士,还是普通民众,他们多通过看戏了解剧情,接受思想和艺术感染,从而表达内心的喜怒哀乐。这样,在戏曲演出中,就产生了许多文人学士的观剧诗。这既反映了剧作的传播史、剧作的舞台生命力,也反映了包括文士在内的戏曲观众的思想感受和情感诉求,反映出一定的社会思潮和心理,这在戏曲研究上无疑有重要的价值。

拙著《明清戏曲》中,我们曾以冯班、冒襄、方文、彭士望、宋琬等人观演《天启时事剧》《党人碑》《秣陵春》《邯郸梦》的观剧诗,说明在明清易代的背景下,许多遗民诗人,使气骂座,歌哭跳叫,或直接或间接,强烈地表达着国破家亡的愤恨、黍离麦秀的悲哀。或因文人仕途遭际,命运多舛,前途险恶,一些诗家也借观剧诗揭露官场险恶,感叹仕途荣辱得失,抒发旷达的出世思想。在新见的观剧诗、咏剧诗里,我们同样可以看到复杂、多元的思想,生动细腻的艺术品评。例如我们在数百首歌咏《桃花扇》的诗里,听到:"一声檀板当悲歌,笔墨工于阅历多。几朵桃花儿女泪,洒来红遍旧山河。"①又如:"云亭词客最清狂,小传

---

① 张问陶《船山诗草》卷五,《清代诗文集汇编》476 册,页 64。

闲缮壮悔堂。不写英雄写儿女，水天花月总沧桑。"①显示了《桃花扇》在清人戏曲观赏中的主旨。

于《长生殿》，我们可以看到这样的感叹："洪生本色填词客，出受遥拈若士香。正是断肠千载事，残春天气好排场。"②可见作者观看《长生殿》演出中有断肠之叹。

不同剧目，演出中经常引起诗人的共鸣，给我们观察诗人心态和社会评价以生动的诗证。如刘墉的观剧绝句，其咏《藏舟》，谓"渔蓑披向宝衣寒，汉室山河一叶宽。载得王孙何处去，满江风浪起龙蟠"。

其咏《山门》："脱缰摆锁自豪雄，禅板蒲团一扫空。明日清凉山下路，杏花深处酒旗风。"把鲁智深打破枷锁、追求个性自由的精神和盘托出。

高文照《观剧》诗，是在杭州每日与优伶往来，遍观生旦净丑各行之剧后写的。诗中涉及的剧目，包括《苏秦》《千金记》《牧羊记》《昆仑奴》《红拂记》《千钟禄》等，其咏红拂、红绡故事剧云："小说纷纷那是真，红绡红拂事陈陈。纠髯入海昆仑死，从此怜才少美人。"有一种生不逢时之感。其咏《李白脱靴》："谪去炎荒未要愁，沉香亭事擅风流。玻璃酌酒真妃劝，也算才人吐气秋。"则因太真劝酒，李白于沉香亭赋清平乐三首而为才人吐气。

无论明末遗民的亡国之痛还是文人士子仕途得失，都化为心理不平，成为心中块垒，演剧观剧，撰写观剧诗，成了时人抒发感慨、吐露心声、抚慰心灵的解药。对社会风尚、人情物理的观察解剖，也常常通过观剧，表达出赞颂或鞭笞的态度，为人们认识社会、认识历史提供了鲜活的例证，故而观剧诗成了对剧作内容与特点的阐发。他们通过议论剧情，抒发感悟，表达现实关怀，彼此相辅相成，成为观剧诗思想艺术的一个特点。这也是戏曲研究不能忽略的课题。

① 陈文述《颐道堂诗外集》卷九，《清代诗文集汇编》504 册，页 707。
② 先著《之溪老人集》卷六，《清代诗文集汇编》181 册，页 93。

<h1 style="text-align:center">五</h1>

阅读明清诗文还可以给我们一些意外的戏剧史认识上的收获。

例如,《踏谣娘》是中国戏剧史上非常著名的表演节目。凡是接触过古代戏剧文化的,可说是无人不知,无人不晓。剧虽然非常著名,但在我们所有的戏剧史著作里,都只在唐代的歌舞、散乐中提及,经常讨论它的形态,讨论它是不是戏剧。至于它的后续生命,或说传至日本,即日本现存的面具"胡饮酒",存其遗迹。在中国本土,则几乎没有下文。似乎早就失传,无踪迹可寻了。任半塘二北先生研究唐戏最为着力,文献发掘也最多,最详细。他的《唐戏弄》,考述《踏谣娘》,历数北齐、隋唐全盛时期的演出情况和变化,但此后便无资料可用,无遗踪可探,无形中中断了。任先生也注意到元末陶宗仪《辍耕录》记"院本名目",中有《告和来》一种,并引录许地山《梵剧体例及其在汉剧上底点点滴滴》文字,以为《告和来》,就是弋阳腔系的和声、帮合唱。许地山文说到,广东徐闻,曾见一种歌戏,一男一女对唱,为夫妇争吵状,歌唱之后,每有"和来"、"和惊"等声。必是《踏谣娘》之类。但任先生半信半疑,曰"此剧迄今犹存,未知事实果如此否"。[1] 作为唐戏研究的专门家尚且存疑,我们自然更难遽信了。可惜当年许地山没有把这本歌戏具体详细地介绍出来,不能让读者作出可信的判断,所以至今对《踏谣娘》在唐以后是否在民间传播,是否存于后世,仍然不得其详。

有缘的是,笔者在阅读清代诗文集时,读到乾嘉诗人乐钧的《青芝山馆诗集》,竟然发现了乐钧一首歌咏、描述《踏谣娘》的诗,不由喜出望外,轻易不敢相信真有其事。仔细看它的诗题,就是《踏谣娘》。它的诗序,引述的就是崔令钦的《教坊记》和韦绚《刘宾客嘉话录》,这就完全与隋唐的古剧相衔接。可知乐钧诗中所述,确是乾、嘉年代继续演出的《踏谣娘》。乐钧诗序与诗谓:

---

[1] 《唐戏弄》,上海古籍出版社,1984 年,页 523。

北齐时丈夫著妇人衣，行歌，旁人齐和，云：踏摇娘。今京师丐者，女衣，傅粉墨，歌舞行乞，疑即其类也。又按韦绚《刘宾客嘉话录》云，隋末有河间人齇鼻酗酒，自号郎中，每醉必段其妻，妻美而善歌，每为悲怨之声，辄摇动其身。好事者乃为假面，以写其状，呼为踏摇娘。今谓之谈娘。事与此异。谣作摇。

踏谣娘，红粉妆，画眉盘髻无完裳。转喉曼歌折腰舞，猥贱不如优与倡。踏谣娘，无赖子，日叩朱门饥欲死，面黄肌腊尘满头，市人闭目掩双耳。君不见，吴姬越女当垆坐，眼波微动颜欲破，宝马踟蹰不肯过。①

此诗小序，前段引录《教坊记》，后段引录《刘宾客嘉话录》，说的都是隋唐间《踏谣娘》的戏剧本事，及演唱时化妆、歌舞、唱和的情形。与我们所了解的《踏谣娘》的内容与演出，文字虽有繁简的不同，但讯息基本一致。可见清代乾隆、嘉庆时的《踏谣娘》应与隋唐时的同名剧目一脉相承，是同一剧目的延续。这是《踏谣娘》在清代中后期仍在演出稀有而可信的例证。而它的化妆、穿扮，面黄肌瘦、灰尘满面，则更多地反映了这些演出艺人在清代中期的艰辛困苦。

不宁唯是，河南焦作人王东，近年写过一篇《焦作较早的歌舞戏踏谣娘》文章，说当地民间见人衣冠不整，肮脏邋遢，就说"看你穿的，跟个踏谣娘一样"。这种状况与乾嘉乐钧所写踏谣娘的装束、面目颇为一致。可见这个北方歌舞剧，在近代，在河南，还留有深刻印象，也就是说曾有长时间的遗存。说明乾嘉时存世的演出，其实一直延续到清末民初。今见乐钧的诗，可以证实《踏谣娘》在我国本土生命不绝。乐钧的诗，也是隋唐以来到清末民初衔接的桥梁，具有剧史文献价值。

再如在瞿中溶《古泉山馆诗集》里遇到的一个关于宋杂剧的例子。

瞿中溶(1769—1842)，字苌生、木夫，嘉定(今属上海)人。钱大昕女婿。此人博综群籍，精于金石考据，又富于收藏，是一位学问家。他

---

① 《青芝山馆诗集》卷三，见《清代诗文集汇编》481 册，页 96。

在旃蒙协洽(乙未)年,即道光十五年(1835),写过一首《戏咏南宋杂剧遗事二首》诗,诗云:

> 脑后垂将二圣还,太师交椅坐偏安。弥坚不及钻弥远,断送江山遇大寒。(原注:金人欲得韩侂胄头,宋亡之祸根。)
>
> 秦头春掩日模糊,竟把杭州作汴都。姓赵不如韩史贵,争持溺器扇风炉。①

这两首诗,不是单纯就南宋遗事发的议论,不然就不必带出"戏咏"二字。既然题作"戏咏南宋杂剧遗事",那必然是就所熟知的南宋杂剧发出议论。所以,这两首诗,就是从南宋杂剧这一戏剧样式的特别节目出发,而连及南宋遗事写的诗。如此说来,它是诗人在道光十五年就所知南宋杂剧内容而写下的诗篇。

南宋杂剧的遗存主要在《武林旧事》所载的"官本杂剧断数"和《辍耕录》的"院本名目"的记录中。但二书记录以外,有关杂剧内容和表演在正史的《伶官传》、文士的笔记杂录中,也还存有不少。任二北辑《优语集》(上海文艺出版社,1981 年)就辑录了南北宋杂剧故事及表演事例八十起,足见宋杂剧节目十分丰富。

瞿中溶两首诗,戏咏的是南宋杂剧中以《二圣环》(《二圣还》)为中心的剧目。事据《桯史》,言南宋高宗赏赐秦桧金银绸缎,就第赐宴,命伶人演出。一优人说了一些冠冕堂皇的话退场,又有一优出场赞颂秦桧功德,再见一优人携来荷叶交椅跟上。二优在台上取乐,一人才鞠躬坐椅,忽然落下幞头(头巾),露出双胜环,伶人即兴打他的头,并讽刺说:"你只知坐太师椅,还得到很多赏赐,却把二圣环,放在脑后。"这段表演,大扫了秦桧颜面,也讽刺了高宗不思报靖康之耻。这就是诗中的"二圣还"和"太师交椅"杂剧。

第三句刺理宗时,史弥远当政,选用官吏都由他作主。杭州就有

_____
① 《清代诗文集汇编》492 册,页 658。

伶人一手持一石，一手持一大钻，钻石头久而不入，另一优用物打他脑袋，嘲笑他："你不去钻弥远，却来钻这个弥坚怎么！"第四句说宁宗时，韩侂胄、韩仰胄兄弟，孝宗时把持内阁，当时人称为大小韩。优人扮求官者与算命者的对话表演，结论是要发财可见小寒，要飞黄腾达需见大寒。这样的贪污腐败，最终断送了宋室家山。这是周密《齐东野语》所载"钻弥远"杂剧和岳珂《桯史》所记"小寒大寒"杂剧。

后一首诗是在咏戏后发的议论。首句不详，似谓秦桧死后，尸首已日渐模糊。朱琦《木龙亭》诗："漫天蔓草拥孤亭，宋相何年此瘗形。"其序谓秦桧葬处，元时屯兵其上，号秽冢。① 清人视之，自然秦首模糊了。而当年南宋君臣醉生梦死，其情恰如林升《题临安邸》所言"暖风吹得人如醉，直把杭州作汴州"，已经忘了国耻。赵皇帝的大权旁落，他的人头，还没有韩侂胄、史弥远那么值钱。在淳祐初年(1241)，史弥远后人史嵩之受理宗信用，大权独揽，培植党羽，诸臣上疏谏阻，反被罪责。两年后其父死，嵩之不奔丧，而其党羽极尽奉承之劳。舆论为此沸腾。人作诗嘲讽云："嵩之乃父病将殂，多少恬人尽献谀。元晋甘心持溺器，良臣无耻扇风炉。起潜秉烛封行李，一荐随司出帝都。天下好人皆史党，未知赵鼎有谁扶。"（《癸辛杂识·史嵩之始末》）瞿中溶诗所言"持溺器"、"扇风炉"自然不是杂剧，而不过是南宋之末，大臣风气颓败的症状。

没有文献证明，瞿中溶在道光时歌咏南宋杂剧这些节目，意在讽刺清朝末世的社会状况；但可以说明，作为乾嘉后劲的学者，对宋杂剧的内容也非常熟悉，非常重视。远在南宋四百年后，在道光间学者的眼里这本宋杂剧仍然有它的思想艺术魅力，故举以为广泛的社会批判例证。

---

① 《清代诗文集汇编》494 册，页 765。

目　录

第三编 诗外谈剧

后记

第一编　诗与剧目

明清诗文中"剧本"名称的由来

一、问题的提出

我国古代戏曲文本,有多种名称。如"戏文"、"杂剧"、"传奇"、"乐府"、"院本"等,相互往往并行不悖。但每个时代,有每个时代的代表名称习惯。如宋元长编戏曲,正规的称呼为"戏文"(或南戏)。元代北曲杂剧,通称为杂剧。明清南曲长编传奇,无论属戏文改编,杂调剧目,或昆曲出现后文人创作的昆曲剧目,大致统称传奇。但明清两代,戏剧文本的称呼其实颇为杂乱多样,可以说,在剧目文本的定名上,除了不再冠以"戏文"之外,其他名称几乎都有。如谢肇淛称《浣纱记》为"杂剧"(《五杂俎》卷一五)。茅元仪统称汤显祖"四梦"为玉茗堂"乐府"(《批点牡丹亭记序》)。王思任称《牡丹亭》为"词"(《批点玉茗堂牡丹亭词叙》)。清代如沙张白有《诸公论乐府》诗,其实是论剧。[1] 彭孙遹称尤侗的《吊琵琶》《桃花源》等杂剧皆为乐府。[2] 王苹称《桃花扇》亦为"乐府"。程庭则又称《桃花扇》为"院本"。[3] 如此多名称、不一致的状况反映了古时定名的多用性和选用名称的随意性。它们的共同点,就是用戏曲历史语汇或戏曲体式来代称戏曲文本。这就有一定的缺陷。

其实,如果要把这些不同时代、不同体式的戏曲文本用一个共同的称谓来表示,最恰切的词语应该都称"剧本"。也就是说,历代戏曲

---

[1] 《清代诗文集汇编》99 册,页 559。
[2] 同上书,125 册,页 304、319。
[3] 同上书,231 册,页 44。

文本应分别称为：杂剧剧本、南戏剧本、传奇剧本。但"剧本"这个词，在今人的印象里似乎是近代词语。如田汉的剧本、郭沫若的剧本、曹禺的剧本，而这些"剧本"在体式上又同古代戏曲没有联系。我们新出的词书和工具书，极少考察"剧本"这个词语的来源，以至我们以为只有到现代话剧、现代戏曲，才有了"剧本"的名称，提及古剧，仍旧是杂剧、传奇、院本之类。我们常见的一些辞书，包括境内外的专业辞书、工具书，都没有回答中国本土戏曲理论范畴中，在文士对戏曲文本的称谓中，有没有"剧本"一词及"剧本"一词何时出现，怎样传承，以及它的内涵。这些辞书、工具书，有的虽收有"剧本"这样的条目，但或者只记录近现代的《剧本》杂志名称，如《大百科全书》的《戏曲曲艺卷》（1983 年）和《中国文学卷》（1986 年），或者意在阐释剧本是一种文学样式，它有怎样的特点，有些什么代表作。如 1968 年台湾版《中文大辞典》收"剧本"一词，但仅说是"戏文之底本"。这种说法既太简略，又不够准确。日本《大汉和辞典》与之相仿。《中国戏曲曲艺辞典》（1981 年），释"剧本"为"文学创作的一种体裁，是戏剧艺术创作的基础"，然后即说它由对话与唱词组成，而有案头剧等，也不回答此词的来源。1989 年《中国大百科全书·戏剧卷》，收"剧本"词条，文字也较长，除了定义为"戏剧演出的文字依据"，还叙说其组成要素外，又结合古希腊悲剧和中国戏文、杂剧，叙说戏剧文本的成熟，但也没有考述中国本土"剧本"名称的出现和流传。到了修改本《辞海》（如 2009 年第六版）和现今的《大辞海》（2011 年《戏剧电影卷》），也还停留在 20 世纪的诠释上。只有 2008 年出版的修订本《汉语大辞典》，才引录了李渔《闲情偶寄》作为书证，证明"剧本"一词在我国戏剧理论中首次在李渔的观念中出现。这是在我们权威的工具书中首次涉及"剧本"称谓的词源，是很重要的历史揭示。鉴于《汉语大辞典》只是辞书，释文无疑十分简练扼要，有些内容无法详细说明和考释，而且从考察辞源的角度来说也不够精确，值得作进一步探讨。这里拟把自己阅读明清诗文所发现的资料加以贯串、罗列，以见"剧本"一词在明清诗文中的流行情况，为考察"剧本"一词的源流提供更丰富的文献依据。

据《汉语大辞典》，我们可以认为，首次把戏曲文本称为"剧本"的是李渔，书证很多。李渔在《闲情偶寄》的"词曲部"和"演习部"里，几次提到"剧本"一词，如：

《词曲部·脱窠臼》有云："古人呼剧本为传奇者，因其事甚奇特，未经人见而传之，是以得名，可见非奇不传。"这是《汉语大辞典》所引录的书证文字。它也说明剧本被称作传奇的原因。李渔明确认为，传奇文本即是剧本，只是因为剧中之事甚奇而可以流传。

李渔不单在这里提及，其《戒荒唐》里又说："事涉荒唐，即文人藏拙之具，而近日传奇独工于为此。噫，活人见鬼，其兆不祥，矧有吉事之家，动出魑魅魍魉为寿乎？移风易俗，当自此始。吾谓剧本非他，即三代之《韶》《濩》也。"这是在传奇从无奇不传，以至"奇"到荒唐地步后，李渔予以批评，提出应当把剧本视作《韶》《濩》一样的儒家礼乐经典来对待。这里他虽然仍在讲传奇，其实"剧本"一词这里已包括传奇以外的剧作了。

同书《演习部》，李渔又说："吾论演习之工而首重选剧者，诚恐剧本不佳，则主人之心血，歌者之精神，皆施于无用之地。"这就是说，写作剧本要能移风易俗，演出选剧，要用好剧本。"剧本"一词，已包括传奇、杂剧等不同的文本了。

可以看出，李渔在他的剧论中，虽然也经常使用戏文、传奇、杂剧等戏曲体式来称呼文本，但他已有明确的戏曲剧本的概念，并在不同场合使用了"剧本"一词。这是突破成规而有新意识的表现。《闲情偶寄》有余怀康熙辛亥（1671）序，可知李渔书当作于康熙九、十年间。"剧本"一词，此时已经确立。

二、"剧本"一词在明末的出现

问题是，李渔是不是最早使用"剧本"名称的第一人？这个问题牵涉到的范围太大，没有查遍元明两代文献，可能都无法下断语。这里仅仅依据阅读所见，引述剧作和诗文资料，为探讨这一问题提供若干例证,以为引玉之砖。

依笔者阅读所及,"剧本"一词之源,至少应该推前至明万历间。万历时著名戏曲理论家和作曲家王骥德著《曲律》,首次论述南北曲、剧史和戏曲格律种种问题,也涉及关于戏曲总名和戏曲本子词语的使用。他在《杂论第三十九》中说:"今日习现成本子,俟主人拣择。"又说:"村俗戏本,正与其见识不相上下。"这里的"本子",就指戏曲文本。"村俗戏本"意同"村俗剧本","戏本"与"剧本"指称相同,它们其实是同一事物不同名称而已。更为明确的是,在《论部色第三十七》中,王骥德更清楚地指出:"尝见元剧本,有于卷首列所用部色名目,并署其冠服、器械,曰某人冠某冠,服某衣,执某器最详。"这就明确把元杂剧文本径直称为"剧本",并指出这些元代剧本于剧首曾列出剧中角色、服饰、道具的诸多规定,描述了元剧本一些重要特征,记述了它的某些样式,使剧本的概念清晰地呈现在我们面前。据作者自序,《曲律》完成于万历庚戌(三十八年,1610),于此可以推断,最晚在万历三十八年,王骥得已采用"剧本"一词以称戏曲文本了,时间比李渔早了60年。在我国剧论范畴中,如果要判定"剧本"一词的发明权,看来要归于王骥德了。

稍后,我们可以在剧作家中看到吴炳《疗妒羹》"题曲"一出,剧中小青一面手持《牡丹亭》,一面说:

> 借得许多书籍,五车夸富,二酉争奇;诵读之余,愁苦若失。内有牡丹亭剧本,是汤若士手笔。[①]

吴炳(1595—1648)是明末著名政治人物和剧作家,所作《粲花五种》都在崇祯初。《疗妒羹》有明末金陵两衡堂刻本。《疗妒羹·题曲》道白中,吴炳借小青之口,已称《牡丹亭》为剧本。则可见明末剧家吴炳已将传奇《牡丹亭》称为"剧本",其时约晚于王骥德20年,早于李渔

---

① 《古本戏曲丛刊》影印明末刊本,页33。

30 至 40 年。

剧家沈谦(去矜)也有类似表现。其《东江集钞》卷四,有《以所撰兴福宫剧本授吴伶因寄伯揆商霖》诗一首,其诗谓:"玉箫金管自纷纷,凤吹鸾歌几度闻。曾见春前飞白雪,敢言天上驻游云。行杯绮席花争发,秉烛银台日未曛。休言爨桐人不辨,可怜垂老却逢君。"①诗且不论,诗题是沈谦撰写了《兴福宫》传奇后,他称这个剧作文本为"剧本",而授予吴伶(昆班)演唱。

沈谦(1620—1670),仁和(今杭州)人,比吴炳晚生 25 年。去世则晚 22 年。他是诗人和剧作家,著有《胭脂婿》《对玉环》《兴福宫》《美唐风》剧等六种。《兴福宫》剧佚,内容不详。《东江集钞》有顺治壬辰(1652)祝文襄序和顺治乙未(1655)年毛先舒序,倘据祝、毛二序,则《东江集钞》诗都当作于顺治间。如此,则沈谦指称《兴福宫》为"剧本",也必在顺治间。其指称传奇文本为"剧本",也略早于李渔。

如果说,沈谦只是对自己的剧作称过"剧本",那么李渔则把"剧本"的称谓纳入了他著名的戏剧理论中,显得观念更清晰,定义更明确,因之具有理论概括和推广的意义。

三、清人诗文中"剧本"一词的使用

王骥德、吴炳、沈谦、李渔各自在理论著作和剧作中先后使用"剧本"名称后,"剧本"一词在清人诗文集中就陆续应用,如叶燮《己畦集》卷二二有《乘龙鼎剧本题辞》一首②。《乘龙鼎》,写作年代与戏剧体式不详,叶序也未署年代。叶燮为清初著名诗人,李渔出生于万历三十八年(1610),叶燮生于天启末年(1627),晚于李渔 17 年。可以认为,叶燮称戏曲文本为"剧本",理应在李渔之后,但不晚于康熙四十二年。

此后,倪蜕《蜕翁草堂文集》又见有《吴立三岁寒交剧本序》和《吴

---

① 《清代诗文集汇编》70 册,页 218。
② 同上书,104 册,页 521。

立三风车庆剧本跋》①。倪蜕生于康熙七年(1668),卒年未知,或在乾隆六年后。两剧均佚,据倪蜕序,前者以松、竹、梅岁寒三友为象征,宣扬节操。后者用风车讲水利。情节都比较单薄,都无法构成长篇传奇情节,故叶德钧定它们为杂剧②。这个判断应无疑问。这就是说,倪蜕是使用"剧本"名称以称杂剧。

接着在周京的《无悔庵集》卷九,又见到周京在庆春楼观剧时,为《虎口余生》演出作《庆春楼观虎口余生剧本》诗③。《虎口余生》存钞本,传奇,44出,署"遗民外史"作。剧作于乾隆初时,周京(1677—1749)为康熙、乾隆间人。诗作于乾隆四年(1739),可知周京此时也称《虎口余生》传奇为剧本。

傅涵同为康熙至乾隆时人。其《向北堂集》卷五,有傅涵为屠隆《昙花记》所作观演诗,其题目即为《看演昙花剧本》④。诗张扬剧作内涵,称"等闲易放优昙钵,大众齐登切利天"。诗不编年,不能确定其诗写作时间。《昙花记》55出,在传奇中也是最长的作品之一。傅涵同样称传奇文本为剧本。

傅涵,江西临川人,他除了在看演《昙花记》诗题中称屠隆此剧为剧本外,还在《过太平庵闻后灵芝原义仍祖地欲往未遑》诗中说:

> 太平庵背灵芝原,玉茗先生老祖坟。欲拜碑前诚自积,偏因晚后急欲奔。盂兰法器锵林木,剧本欢声震水源。俱与当年情事合,任风吹转醉人魂。⑤

傅涵是汤显祖所娶继夫人傅氏的后辈。汤、傅二家有姻亲关系。在临川,一次他想往玉茗祖坟上祭拜,但因事耽搁未成。他在盂兰盆会上看到演戏,听见会上法器铿锵,振动林木,剧本演出,观众发出的狂欢

---

① 《清代诗文集汇编》223册,页291、365。
② 叶德钧《戏曲小说丛考》,页99。
③ 《清代诗文集汇编》239册,页47。
④ 同上书,290册,页195。
⑤ 同上。

声也震动了抚河之水。台上演的情形与当年的故事十分吻合,夜风翻转任由它吹去醉酒人的魂魄。

这首诗所记演出,是否涉及"临川四梦"不得而知,有趣的是,恰恰在涉及与玉茗关系上,傅涵将演出与"剧本"联系在一起,这种联系恐怕是绝无仅有的一次记录。可以说,傅涵也明确把提供演出的传奇看作剧本。

再读刘肇虞《刘广文集》卷一二,诗人为女旦艺人陈七建写有多首诗作。关系演剧者,题作《观女旦陈七建演剧本寄怀诸友人》《观女旦陈七建演剧本漫成绝句五首》。刘肇虞(1714—1788后),江西宜黄人,乾隆三十年举人,会试皆不第,历教谕。《刘广文集》不编年,二诗写作时间不详。二诗多描摹艺人风致,表达彼此半生流落的同情,无法确定所演剧目。这种模糊不定的叙述,可以理解为他或视不同体式的剧目演出都是戏曲剧本,而不再分别为杂剧、传奇文本。

以上反映了康熙至乾隆初年,"剧本"一词已为多名文士和诗人所接受,成为指称传奇、杂剧文本的新语词和专称。

乾隆后期,"剧本"继续成为指称文本的语词。

叶观国《绿筠书屋诗钞》卷一六,有《题长恨歌剧本四首》,诗云:

> 谱得清歌付教坊,开元遗事剧凄凉。簇新风月文章旧,底用填词费绣肠。
>
> 水天闲话杂悲欢,外传流传等稗官。好与香山借颜色,尽征轶事作波澜。
>
> 洪家院本簇丝桐,座客当筵击节同。试遣龟年相品定,长生长恨曲谁工?
>
> 歌喉珠串遏春云,绿酒红灯客尽醺。待洗平生筝笛耳,人间丝管漫纷纷。①

诗主要叙述乾隆第十一子永瑆亲王所撰的剧作《长恨歌》的内容和演

---

① 《清代诗文集汇编》347册,页188—189。

出情况(详见后文)。这里同样引起我注意的,是诗人把这部《长恨歌》传奇,称为剧本。叶观国的《绿筠书屋诗钞》编年,其十六卷,注明作于乾隆丙午十一月至戊申九月,即跨越乾隆五十一至五十三年(1786—1788)三年。这首《题长恨歌剧本四首》排在丙午过年春仲八月之后,可知是乾隆五十二年秋日之作。如是,则在乾隆五十二年(1787),叶观国确实称这部《长恨歌》为剧本。同时观看这部《长恨歌》演出的,当时就有作者永理及叶观国、吉梦熊、茅元铭、钱棨等大员,对叶观国将此剧称为"剧本",他们无疑也知道并认可。这就是说,在乾隆五十二年前,清廷上层人士,多有把戏曲文本径直称为"剧本"的观念。

读钟大源《东海半人诗钞》卷七,我读到其《和潜山丈观演断桥剧本》诗,诗云:

> 情缘自古最难消,物类多情未是妖。我佛不闻嗅法喜,老僧何事妒娇娆。化烟香骨悲残塔,行雨仙踪说断桥。归去好缮叔禾志,背驮夕照一无聊。①

有关《断桥》演唱的内容这里也略过不谈,这里注意的仍然是钟大源对《白蛇传》这出折子戏的称呼,即他把这出折子戏的文本也称作"剧本"。钟大源,生活于清乾嘉时,浙江海宁人。终身布衣。诗题中的潜山丈,指俞思谦。因为《东海半人诗钞》有潜山俞思谦乾隆己酉序。《东海半人诗钞》编年,惟卷七缺首页,但其中《梅花四首》以下,注为乙卯年(乾隆六十年,1795)作②,于是可知,乾隆末期,在浙江海宁一带,一般读书人士,有人也把戏曲文本,包括它的折子,称作剧本。

不止如此,读王煦《空相子诗草》卷五,有《题王梅轩懋昭三星圆剧本》。王煦(1755—1836),乾隆至道光时上虞人,与《三星圆》作者同乡、同宗。王懋昭《三星圆》是一部长篇传奇,谱唐陈祖功、张炳事。始撰于嘉庆癸亥(八年,1803),存嘉庆十五年刊本。长100余出。王

---

① 《清代诗文集汇编》471 册,页 602。
② 同上书,页 600。

煦诗力排稗官艳说,夸奖王懋昭的剧本"洗却铅华归理窟,冰雪为神玉为骨",①诗句不无溢美,但王煦是江南人,又是一位博览群籍、笃志经史的学者,他已将传奇文本视为剧本。

嘉庆年间,查揆《筼谷诗钞》又有《读尤西堂吊琵琶剧本感蔡文姬事》诗,云:

> 沦落拼教葬黑山,阿瞒高义得生还。底须笳拍鸣哀怨,不见琵琶入汉关。②

剧把王昭君与蔡文姬事联系在一起。文姬能归汉,而王昭君则葬于黑山了。尤侗此剧为北曲杂剧,查揆所说剧本,即指北曲剧本。查诗约作于嘉庆九年(1804),可知同嘉庆间剧作家一样称杂剧文本为剧本。

从所见明清诗文与剧作看,自王骥德、吴炳、沈谦、李渔把传奇、杂剧等不同体式的戏曲文本称作剧本之后,"剧本"一词已成为传奇、杂剧文本常用词语,而与传奇、杂剧通用。从严格的词义内涵来说,传奇、杂剧主要标示我国古代戏曲两种主要的体式,"剧本"则是不同体式的文本的总称和通称。举出明清诗文的例证,无非证明剧本一词,在王骥德、吴炳、沈谦、李渔之后,已被多位诗人和文学家戏剧家频繁使用,成为对我国不同戏曲体式文字底本的共称,这是理论概念上的一大进步。现在我们习惯使用的"剧本"一词,其来源实发端于王骥德,经吴炳、沈谦应用,特别经李渔阐发推广,而盛行于清代康、雍、乾之间。到近、现代,"剧本"一词则成为不同时代、不同体式和不同剧种中戏剧文本的通称了。戏曲文本称谓的进步值得作更充分的阐释。

(本文初刊于兰州城市学院《中国古代小说戏剧研究》第十二辑,今补充修订于此。)

---

① 《清代诗文集汇编》443 册,页 686。
② 同上书,497 册,页 191。

简述《坚瓠集》的剧目诗

　　褚人获《坚瓠集》丁集卷二,据胡淡庵《解人颐》录戏目集诗四首,其诗云:

　　《瑞玉》妆成《翡翠钿》,《画中人》去《奈何天》。《焚香》喜拜《鸳鸯冢》,《投笔》愁看《燕子笺》。《一种情》深《万事足》,《二奇缘》浅《想当然》。《白罗衫》染《双红泪》,《水浒》《桃花笑》独眠。

　　《红梨花》发《绾春园》,《拜月》《陈情》只自言。喜《庆有余》惟《异梦》,《怀春》不断忆《还魂》。《玉簪》《妆盒》晨开匣,《金锁》《幽闺》晚闭门。弹罢《琵琶》《检书》读,《翠屏山》外《四声猿》。

　　《百花亭》上《占花魁》,《女状元》推《女秀才》。《疗妒羹》休烹《白兔》,《岁寒松》已映《红梅》。懒收《钗钏》《金钿盒》,闲解《连环》《玉镜台》。《四节》何时《开口笑》,《绣襦》《还带》泪痕裁。

　　检点《南楼》《百宝箱》,《双珠》犹在旧《罗裳》。君提《宝剑》《清风寨》,妾守《荆钗》《洒雪堂》。岭外《惊魂》《蕉帕》系,池边《跃鲤》《锦笺》藏。《西游》塞上《马陵道》,《东郭》《邯郸》是故乡。

《辛未夏日,观女优演杂剧,亦集成四律》:

　　《软蓝桥》畔《钓鱼船》,赀酒《旗亭》《小洞天》。《河上盟》言《题扇》赠,《眉山秀》句《彩毫》传。《龙膏》能《续情灯》影,《狮吼》无惊《画舫缘》。开放《春灯》《遍地锦》,《渔家乐》事《永团圆》。

　　《玉殿缘》成《天马媒》,《人中龙》虎《夺秋魁》。《珍珠衫》映

《明珠》树,《碧玉串》联双《玉杯》。《宝鼎》香浓《红拂》舞,《银瓶》酒满《紫箫》颜。《风流院》主《风流配》,《罗帕》《题红》莫浪猜。

《金雀》酬恩《义侠》奇,《登科》《双捷》报亲知。《全家庆》赐《珊瑚玦》,《双合欢》弹《琥珀匙》。《折桂》欣逢《三桂》候,《含杯》喜值《玉环》期。《锦衣归》第《满床笏》,《吉庆图》中《五福》滋。

《金印》《双鱼》腰下黄,《女开科》第《状元香》。《三星照》户《祥麟现》,《四喜》临门《鸣凤》翔。《题塔》才名驰《七国》,《埋轮》功绩振《三纲》。《儿孙福》禄《文章用》,《五代荣》华《百岁坊》。①

《坚瓠补集》卷六,又有《甲申春连观演剧,复成四律,名之为〈后戏目诗〉》。诗谓:

《铁冠图》传《逊国》疑,《赠书》远遁《古城》陣。《出师表》奏《千忠禄》,《博浪沙》边《百炼》锤。《文武会》传《名将传》,《英雄概》列《党人碑》。《量江》《运甓》男儿事,不望《金钱》《赐绣旗》。

《鸳鸯笺》素寄《情邮》,《十二红》妆集《彩楼》。《玉玦》雕成《龙虎啸》,《金貂》口易《鸂鶒裘》。《石菱镜》现《莲花筏》,《照世杯》浮《竹叶舟》。喜《称人心》《金不换》,《万年欢》赏《赤松游》。②

《磐陀》石上《醉菩提》,《祝发》《西园》忆故知。《绣佛阁》中裁《宝胜》,《锦蒲团》畔整《鸾镜》。《春灯谜》语《青楼》约,《再世姻缘》《红叶》诗。莫恋《绣鞋》《情不断》,《牟尼合》是《顺天时》。

《忠孝坊》中《忠孝》传,《三生石》上《巧团圆》。《瑞霓罗》绣《鸳鸯珮》,《铜雀》砚描《花叶缘》。《玉尺楼》头悬《宝镜》,《望湖亭》畔植《金莲》。《浣纱》不羡《双官诰》,何用《青衫》伴《绿笺》。③

(按: 这十二首诗,句中涉及剧目文字,原都未加符号,不辨剧名,这里

---

① 康熙刻本,《续修四库全书》1260 册,页 683。
② 按:《石菱镜》当作《石麟镜》,朱佐朝作。
③ 康熙刻本,樊增祥校补。《续修四库全书》1262 册,页 126。

的书名号系笔者所加。）

褚人获《坚瓠集》和《坚瓠后集》载戏目律诗十二首,每首四句,每句嵌剧目两种,共录剧目 192 种。以戏目为诗,这同前人以"花名"、"草名"、"药名"为诗为词为曲一样,是一种逞奇斗巧的文字游戏,其意不在写出诗情诗味;但能把这么多的戏名嵌在讲究格律的诗歌里,需要熟知大量的戏目。这十二首诗用了这么多的剧目,且其中不乏冷僻少见之作,如《花叶缘》《绿笺记》之类,则作者所知剧目知识的丰富可知。这就可以看出,当时戏曲演出的普及,和文人对戏曲的关注。

褚人获,清初长洲人,生平无法确知,是康熙年间著名的小说家和学问家,因此熟悉戏曲剧目,自有它的可能性。

三组诗歌的后两组诗是褚氏所作,一组作于辛未,即康熙三十年(1691),是该年夏日作者观看女优演出剧目的汇集。一组作于甲申,即康熙四十三年(1704),是这年春天作者观看演剧剧目的记录。我们难以揣测,作者所指"夏日"或"春日"到底是一个月、两个月或三个月,如果是一个月,那就说明他每天要看 2 本戏;如果是两个月,则每天需要看 1 本戏。康熙前期,折子戏并不盛行,如果每本戏都演全本,除杂剧外,一般都需要两个日夜,这样无论是夏日演出或春日演出,一个季节就需要天天看演出,才可以在一个季节里看完 60 余本戏。写出这样的戏目诗,这样演出的频繁和看戏的热情都是很难想象的了。况且,一个季节的戏目恰可以组成既合乎格律又有一定诗味的律诗,这又未免太巧了。所以笔者怀疑,这里的所谓"夏日"或"春日""连观"云云,只不过是大致的情形,其中可能包括了作者以熟悉的剧目作了补充,即以熟知的剧目凑合成诗,才比较合理。

这些剧目,有的属元明杂剧,有的属宋元南戏或明改本戏文,大部分则为明末清初的传奇剧目。这些新创作的剧目,时间下限应在康熙晚期,如吴庞、张澜、周稚廉的戏剧,是三组戏目诗最晚近的作品,雍正、乾隆后的作品一种也没有。故仅从这十二首诗看,明末至清康熙年间,正是文人传奇创作蓬勃发展的时期,也是文人对戏曲热情关注的时期。

　　这些剧目大多经钟嗣成《录鬼簿》、徐渭《南词叙录》、祁彪佳《远山堂曲品》、吕天成《曲品》，直至无名氏《传奇汇考》著录，也通过臧懋循的《元曲选》、毛晋《六十种曲》及各种坊刻本、家刻本、抄本流传下来，如《琵琶记》《白兔记》《幽闺记》《金印记》《金钱记》《绣襦记》《玉环记》《四节记》《邯郸记》《四声猿》，直到《占花魁》《瑞霓罗》《奈何天》等，都是耳熟能详的。这占了近二百种剧目的百分之七八十。但仍有不少剧目，比较陌生，甚至没有在上举多种戏曲书簿见过，应属稀见剧目，可以补文献之缺。它们是：

　　《双红泪》《小洞天》《女秀才》《宝鼎记》《河上盟》《双捷记》《花叶缘》《绿笺记》《文武会（合?）》《名将传》《宝胜记》《忠孝坊》等十二剧。

　　这些剧目，既无作者，又无传本，我们无法判断它们是明代，还是清代剧作，唯一可以肯定的，是它们在清康熙中期都已问世并有演出。庄一拂《古典戏曲存目汇考》已把《文武合》《河上盟》《双红泪》三种作了著录，并归入明清阙名作品，但还剩下九种未录，不知何故。

　　《戏目》诗中尚有《石菱镜》，也许"菱"字属"麟"字的同音笔误，它可能就是朱佐朝的《石麟镜》，又名《石磨镜》，《新传奇品》《曲海目》著录，演萧尚与秦玉娥故事。今有《古本戏曲丛刊三集》影印本。《十二红》也是稀见剧目，据今所知，黄钧宰有此目，但钧宰系道光时人，在褚人获身后甚远，故戏目诗所录不是钧宰作品。如此，《十二红》也是康熙之前的失载剧目。《西厢记》有一段【十二红】，舞台传唱不衰，甚知名。但仅为一段曲名，非剧名，故疑别有《十二红》剧。

　　《戏目》诗因系诗歌，故于文字自然十分简练，而古代戏曲中同名剧很多，诗中仅列简名，不列作者，遇上同名戏目，就难以判定谁作，又是何剧。譬如《还魂》，本就有《贾云华还魂记》《高文举还魂记》及《牡丹亭还魂记》，仅凭"还魂"二字，是难以确定何剧的。只不过汤显祖的《还魂记》演得普遍，影响广泛，故诗中所写当是《牡丹亭还魂记》。

　　但另有几种剧目，或因文本散佚，或因同名异事，较难以考知它的归属和内容。如：

　　《瑞玉记》，袁于令有此剧，《传奇品》著录，演魏忠贤构陷周顺昌事。而《传奇汇考标目》又著录明无名氏,也有同名剧作。剧佚,内容无从查考。我们现在已不知道戏目诗列举的是袁于令之作还是无名氏之作。

《女状元》,有杨慎所写春桃事,还有何斌臣的同名传奇,两剧均佚,诗中所写,未知是杨作或何作。

《南楼》更复杂。既有冯延年的《南楼梦》,《远山堂曲品》著录,演剑侠除倭事,又有与《倭袍传》同题材的《南楼传》,还有无名氏的《南楼记》(吴晓铃藏本),戏目诗简称《南楼》,我们今已难判断系何种"南楼"事。

《忠孝传》,诸家戏曲剧目书簿无此目,笔者怀疑可能系《远山堂曲品》著录史槃之《忠孝记》,演沈炼事,但《远山堂曲品》还著录有赵蔺如所著之《忠孝记》,到底属何者,也就有了疑问。

总之,由于前人戏曲剧目同名,或剧名近似的情况比较常见,把它写到诗里,就难以分辨究竟属于哪种、哪家,哪个年代,内容就难确认,这就需要借助其他演出史料作探索了。

这十二首诗,涉及明清两代诸多戏曲作品名目,早在 20 世纪 50 年代就引起赵师景深先生的注意。先生在《读曲小记》中曾就它的剧目、作者、存佚,作过简要而深入的探讨。[①] 至今仍是难得一见的初始研究之作,为笔者作讨论的依据。虽然如此,经过比对,还是发现有一些问题有进一步讨论的必要,现在已无法请教先生,只好在这里向更多的专家请教了。

赵师所引《坚瓠集》所据版本,当年没有明示。笔者查考,可能是一种石印本[②]。今天我们的阅读条件已大为改善,可以看到更多好的或比较好的版本,我们的研究可以建立在更牢固的基础上。

我们现今见到的《坚瓠集》和《坚瓠补集》最可信的,应是《坚瓠集》的康熙刻本和经樊增祥柏香书屋校补的《坚瓠补集》的写补本,这两种初刻或校本被《续修四库全书》影印收录,已经非常方便阅读。根据这

---

① 赵景深《读曲小记》,中华书局,1959 年,页 118—123。
② 今所见《笔记小说大观》23 编 8 册即收此本。所引诗与赵文一致。

个影印本作比对,可以看出第一组和第三组诗,所述剧目和排列顺序都完全一致,但第二组诗,无论在顺序上还是在剧目上,却有很大的差别。这里且作一简单的比较:

赵 文 所 引 诗	《续修四库》本所载诗
《文章用》到《女开科》	《软蓝桥》畔《钓鱼船》
胪唱《三元》《四景》多	赀酒《旗亭》《小洞天》
《碧玉串》垂《金印》佩	《河上盟》言《题扇》赠
《珍珠衫》挂《瑞霓罗》	《眉山秀》句《彩毫》传
《九华灯》灿《全家庆》	《龙膏》能《续情灯》影
《六月霜》寒《易水歌》	《狮吼》无惊《画舫缘》
寄语《西园》《折桂》客	开放《春灯》《遍地锦》
《万年欢》赏在《南柯》	《渔家乐》事《永团圆》
《种玉》人归《四喜》前	《玉殿缘》成《天马媒》
《软蓝桥》畔《钓鱼船》	《人中龙》虎《夺秋魁》
《龙膏》能《续情灯》影	《珍珠衫》映《明珠》树
《狮吼》休惊《画舫缘》	《碧玉串》联双《玉杯》
《五代荣》华《长命缕》	《宝鼎》香浓《红拂》舞
《双官诰》敕《永团圆》	《银瓶》酒满《紫箫》颓
《文星现》显《英雄概》	《风流院》主《风流配》
《河上盟》情《合镜》年《金雀》含杯《义侠》奇	《罗帕》《题红》莫浪猜《金雀》酬恩《义侠》奇
《赠书》《双捷》报家知	《登科》《双捷》报亲知
《香囊》拟贮《珊瑚玦》	《全家庆》赐《珊瑚玦》
《玉合》还藏《琥珀匙》	《双合欢》弹《琥珀匙》
《孔雀屏》开《三桂》候	《折桂》欣逢《三桂》候
《芙蓉影》畔《四贤》祠	《含杯》喜值《玉环》期
《锦衣归》第《满床笏》	《锦衣归》第《满床笏》
《吉庆图》成《题塔》时	《吉庆图》中《五福》滋

赵 文 所 引 诗	《续修四库》本所载诗
《盘陀山》下《醉菩提》	《金印》《双鱼》腰下黄
《祝发》《西厢》忆小尼	《女开科》第《状元香》
《奇衫》湿透《胭脂雪》	《三星照》户《祥麟现》
《绿绮》裁成《芍药》辞	《四喜》临门《鸣凤》翔
漫把《双鱼》《题扇》赠	《题塔》才名驰《七国》
莫忘《玉玦》《绣鞋》期	《埋轮》功绩振《三纲》
《琴心》微逗《牟尼盒》	《儿孙福》禄《文章用》
《人兽关》分《五福》亏	《五代荣》华《百岁坊》

从对比中可以看出，这第二组诗，赵文所引诗所载剧目与《续修四库》所收康熙刻本剧目，除少量诗句相同外，其诗句和所嵌剧目彼此差别很大。相同处说明二者有承继关系，不同处，说明此诗已有两种不同的版本流传。前者可能系依据康熙本文字，在剧目和诗句上另作调整和删补，而成不同的一组剧目诗。将赵文引诗与康熙刻本第三组诗对比，又可以看到《金印记》《珍珠衫》《瑞霓罗》《西园记》《双官诰》《盘陀山》《醉菩提》《祝发记》《玉玦记》《绣鞋记》都与康熙本第三组诗重复，而《续修四库》所收康熙刻本所收二、三两组诗，只有《金印记》《珍珠衫》彼此相重。一般而言，同一作者所作，自我重复理应较少；而他人改作则容易忽略这种情况。于此可以推测，后来者是见到原诗后，依据自身对剧目的积累，并参照第三组诗的剧目，作了融合和重构。他们也同褚人获所收剧目诗一样反映出当时戏曲演出的普及，和文人对戏曲的关注。

剧目钩沉二十种

整理和发现、考释剧目,是戏曲研究的基础工作。众多学者为此曾尽过很大努力,作出了重要的贡献。拙著《明清戏曲:剧目、文本与演出研究》从明清诗文中钩稽出约三十种新见剧目,研究清戏曲目录者或以为可以参考。现辑录清诗中的剧目,删去部分源出文章所录剧目,同时又对拙著所涉剧目重新加以补充和修订,成剧目钩沉二十种。拙著面世后,年来有所发现,则在后文单独列出。

一、周完卿的《梦中圆》

此剧未见曲目书簿著录。冒襄《同人集》卷八,有顾杲(子方)《辛巳秋同辟疆观周完卿新剧即席赋赠》诗一首,诗谓:

> 南国萧条春又秋,西园公子淡无求。笔尖阁住千重冷,帘影吹开一线愁。呼吸鬼神供善谑,销磨心性寄清讴。已应并入江郎梦,又作周郎顾未休。

这首诗,说到明崇祯十四年(辛巳,1641)秋日,顾杲与冒襄公子同看周完卿所作新剧事,诗一面称赞冒襄公子淡泊无求,一面涉及此剧出神出鬼,滑稽善谑,可以吹开愁闷,销磨心性。剧家和公子都有江郎梦笔生花的才情,又有周郎善于顾曲的才调,故即席赋诗,以记此事。

此诗留下的遗憾,是没有记录新剧的剧名,使后人不清楚周完卿到底写了什么新剧。有幸的是,顾诗既然称呼冒襄为"西园公子",这位公子恰也有唱和之作。故在此诗后面,接着有冒襄所作《丁巳长夏,梁溪周贞兹、友燕两先生过访留饮,因忆辛巳(1641)秋余觐亲南岳归,过子方,子方拉饮友燕尊人华堂,时初试自谱〈梦中圆〉新剧,声色两擅,午夜,武陵忽席上泪下,绠縻间出,大声达旦。别去五十里,走书相慰戒以不祥。子方书"西陵痛哭诗"见寄。谓此哭为第三度,乃为我得,久和其诗付梓矣。今追溯如昨,不谓已三十七年。友燕诵子方〈看梦中圆赠诗〉,一字不遗,读之浩叹。步韵二律,以志今昔》两首:

> 南岳归来正早秋,梁溪同气共相求。朱门竟造成三友,白苎初填谱四愁。阮籍纵狂仍痛哭,周郎不顾是青讴。惊逢三十七年后,忆旧看诗语不休。
>
> 判年三十七春秋,七十如余何所求? 不死见君徒说梦,衰年失母正衔愁。灵旗上下招亡友,花萼悲歌发棹讴。酒态诗情谁得见,追思三日泪难休。①

冒襄这两首诗作于三十七年后的丁巳(康熙十六年,1677),它是见到无锡周嘉申(贞兹)和周友燕,回顾当年受到款待,看过新剧演出的回忆之作。诗题说明,崇祯十四年秋,作者省亲南归,顾杲(子方)曾邀冒襄到周友燕令尊大人的厅堂上,观看他所谱的新剧《梦中圆》。这就把新剧剧名点出来了。题中谓友燕诵看《梦中圆》赠诗,一字不遗,所诵即前引顾诗。

冒襄诗题中说到这次演出,声色俱佳。演至午夜,顾杲忽然泪下如雨,而且伴以大声痛哭。凌晨离去,冒襄担心顾杲伤心过度,写了信,使人追赶五十里去加劝慰。顾杲深受感动,写诗答谢。诗云:

> 阮籍驱车哭几回,钱塘江上浪花堆。诸峰定信人千古,四海曾无酒一杯。文史小楼心正热,兵戈中夏鬓休催。填胸泪尽起来

---

① 《同人集》卷八,《四库全书存目丛书》集部 385 册,页 342。

笑,白露云谯复溯洄。①

看了戏如此伤心痛哭,不能抑制,顾杲这首答谢诗,特别提到阮籍哭车故事,必有所指。按《晋书》阮籍本传,籍"时率意独驾,不由径路,车迹所穷,辄恸哭而反"。他写有八十余首《咏怀诗》都深刻地表达了对现实忧虑、伤感、无奈的心情。顾杲、冒襄等人看了《梦中圆》如此伤心欲绝,自比阮籍恸哭,一定是受到剧情强烈的冲击了吧。可惜前人文献没有提供更详细的记载,但仅此情境,已为我们提供了《梦中圆》剧目演出的一次生动记录。

二、张万青的《载花船》

前人剧目有徐沁(若耶野老)《载花舲》传奇,今有传本,演陈留苟咏游苏州,遇名妓王朝霞于载花舲中相会,订盟而别。苟咏率师平定暹罗,经苏州再会朝霞于载花舲中。《载花舲》《载花船》剧名相似,是否故事相同,甚至是同一剧作呢? 且从方文《嵞山续集·徐杭游草》所收《题载花船短歌(为张万青作)》说起。方文诗云:

> 自古美人多不寿,寿则红颜渐衰丑。不如年少化芳尘,娥眉千载尚如新。我友张君本仙吏,买得如花人并蒂。秦川粤峤远相从,兰舟共载双芙蓉。那知乐事天所妒,霜风一夜凋琼树。人生有情谁能堪,谱入新词遍江南。时时招客来羁旅,一听哀音泪如雨。子平子肃名必传,不信但看载花船。

张万青里居生平无考,与方文为同时人,是一位风流倜傥的官吏。据诗意,张万青原有并蒂美人子平、子肃二人,曾随之作秦川、粤峤之游,不想命运亦作弄人,美满风流竟为上天所妒,身边两美人都不幸凋谢,

---

① 《同人集》卷五,《四库全书存目丛书》集部 385 册,页 214。

万青感伤,作《载花船》传奇。新剧谱就后,立即传遍江南,万青也常常邀请朋友到旅舍观看,听到曲中哀伤之音都不由泪落如雨。方文的题诗明确记述了万青撰写《载花船》的缘由,就是不堪哀伤而把她们谱入"新词",剧情就是作者与美人的旖旎风光和美人不幸去世后留下的哀伤,这与徐沁的《载花舲》内容完全不同,故属另外一个与载花船故事相关的不同剧目。有了这首诗,我们才得知张万青也是一位剧作者。

三、陈瑚《秦箫歌》所记《义庐獒》

《义庐獒》剧未见著录。陈瑚《雅庵先生诗钞》卷一,有《秦箫歌》诗一首,诗云:

> 堂上奏葡萄,堂下奏云璈。左盼舞徐蓁,右眄歌秦箫。秦箫调最高,当筵一曲摩云霄。邯郸卢生横大刀,磨崖勒铭意气豪。渔阳挝鼓工骂曹,曹瞒足缩如猿猱。长安市上悬一瓢,义庐能激袁家獒。(原注:歌《邯郸》《渔阳》《义庐獒》诸曲。)一歌雨淙淙,再歌雨萧萧。三歌四座皆起立,欲招鸣鹤惊潜蛟。喜如苏门啸,思如江潭骚。怒如秦廷筑,哀如广武号。引我万神之愁肠,生我一夕之二毛。泪亦欲为之倾,心亦欲为之摇。

这首歌行,描写一次演出《邯郸记》《狂鼓史》和《义庐獒》的情景,表达诗人的心理感受。诗风雄健,感慨深沉。诗中所言汤显祖的《邯郸记》,徐渭的《狂鼓史渔阳三弄》是两个熟知的剧目,但《义庐獒》未见前人曲簿著录,在杂剧目录中显得陌生。

不过前人剧目书录中,有《袁氏义犬》杂剧一目,《远山堂剧品》《重订曲海目》《曲录》作《义犬记》,《今乐考证》作《袁氏义犬》,唯独没有作《义庐獒》者。

《袁氏义犬》,今存《盛明杂剧》本,或为陈与郊所作。正名作"为国忠家袁景倩,为家忘国戴僧静。人心兽面相门獒,人面兽心狄灵庆"。叙南朝尚书令袁粲遭难,门生狄灵庆趋炎附势,投井下石,使袁门幼儿也惨遭杀害。袁粲养有一犬,名卢獒,为替主人复仇,咬死狄家三口。因其忠义,此犬竟受阎罗嘉赏,转世为人,成兰台令史。

陈瑚诗所涉《义卢獒》的情节文字极简略。但"长安市上悬一瓢,义声能激袁家獒"二句,反映了《义卢獒》插有王衡《葫芦先生》杂剧的故事:弥勒佛化作葫芦先生,身背葫芦,于长安街劝化众生,即"长安市上悬一瓢"。而卢獒即袁粲家的义犬,所作就是激于正义为袁家复仇。比较《义卢獒》与《袁氏义犬》,它们应该是同剧异名的一本杂剧。但我们却未在剧目文献中见到《袁氏义犬》有异名的著录,这或许是陈瑚改易剧名,或许原作起初有过《义卢獒》的剧名,后来为更加醒目通俗,就作《袁氏义犬》了。不管如何,从陈瑚诗可以知道《袁氏义犬》的一个别名,并可知此剧曾有过演出,经陈瑚题咏。

四、徐深明《洞庭秋》

《传奇汇考标目》《曲录》《古典戏曲存目汇考》著录有无名氏《洞庭秋》一种。黄图珌《看山阁集》卷四,有《柬谢杨阁学楷人序洞庭秋乐府》诗,知黄图珌也有《洞庭秋》传奇。近人曲簿均无徐深明《洞庭秋》之作。今阅徐增《九诰堂集》卷一八,有《徐深明以所著洞庭秋传奇见示》诗,诗云:

> 洞庭橘树井边春,才侠风流第一人。递柬竟排龙女难,牧羊翻遂凤楼姻。神仙伉俪年常少,富贵文章谱更新。此是人间稀有事,表彰需藉石麒麟。[1]

可知徐深明撰有同名剧,内容谱唐传奇柳毅传书故事。洞庭橘

---

[1] 《清人诗文集汇编》册41,页264。

树、龙女牧羊、神仙伉俪等等都是柳毅传书故事的关键情节。石麒麟，是徐增对该剧作者的赞词，事本《陈书·徐陵传》。《徐陵传》云："时宝志上人者，世称有其道(江案：指善于解梦)，陵年数岁，家人携以候之，宝志手摩其顶，曰：天上石麒麟也。"后以此语表示对年幼者的赞许。剧佚。明许自昌有《橘浦记》，李渔有《蜃中楼》，题材相同。

徐深明，明末清初在世，苏州人。《九诰堂集》卷一九、卷二二有徐增所作《题徐深明新筑山居》《徐深明存稿序》《徐深明住山中连岁不会兹携诗过访索序》三首，知徐深明为高士，隐于米堆山(在苏州光福)，过着"酒为一世友，山即四时粮"的生活。其诗"流丽多姿"，晚年归于老气。其《存稿》似未流传。详情见《清代诗文集汇编》41 册，页 269、292、353。

五、无名氏《史阁部勤王》

阎尔梅《白耷山人集》有《庐州见传奇有史阁部勤王一阙感而志之》二首，诗云：

> 元戎亲帅五诸侯，不肯西征据上游。今夜庐州灯下见，还疑公未死扬州。
>
> 绣铠金鞍妃子装，兴平一旅下河阳。猿公剑术无人晓，惊道筵前舞大娘。(原注：此指高杰之妇，即李自成妻。)

剧称《史阁部勤王》，我们很容易想到是孔尚任的《桃花扇》。《桃花扇》写到李自成攻入北京，崇祯吊死后，左良玉与黄澍、袁继咸在武昌军营设誓要勤王北上，恢复中原(《哭主》)。史可法拜兵部尚书后，督领高杰、黄得功、刘良佐、刘泽清四镇武臣，守卫江北，希望重逢明主，收复中原。整师誓旅，雪君父之仇(《设朝》《争位》)。这与阎尔梅所谓"史阁部勤王"主题相近。高杰曾封兴平侯，四镇内斗，他竟自离汛地，移师河南，与阎尔梅诗所说"兴平一旅下河阳"合拍(见《和战》《移师》)。

这些节目,自然容易使人想到《桃花扇》。

但阎尔梅死于 1679 年,时当康熙十八年。而《桃花扇》的问世,要到 1699 年,即康熙三十八年。就是说,阎尔梅去世后 20 年,《桃花扇》才面世。这可以证明,阎尔梅看的这部戏,绝不可能是孔尚任之传奇。

《明史·史可法传》写到:"崇祯十七年四月朔,(史可法)闻贼犯阙,誓师勤王。渡江抵浦口,闻北都既陷,缟衣发丧。"这当是《史阁部勤王》剧本事的依据。又《高杰传》说:"自成妻邢氏,矫武多智。掌军资,每日支粮仗。杰过氏营,分合符验。氏伟杰貌,与之通。恐自成觉,谋归降。次年八月,遂窃邢氏来归。"这就是该诗所描写的高杰妇、自成妻的武功、舞姿的情节。这些都是《桃花扇》所没有的,更可证明该诗所写的《史阁部勤王》传奇,是一部有一定的历史依据的当代剧,也是一部佚失的剧目。

阎尔梅(1603—1679),字用卿,号古古,白耷山人。沛县人(今属江苏)。崇祯三年举人,复社巨子。明京城陷落,上书请北伐,为前驱。清兵入关,南投弘光,成史可法幕僚,矢志反清复明,两度被俘而不降。后削发为僧,亡命楚、秦、晋、蜀等地。作为一位抗清志士和史可法的幕僚,他对以史可法为题材的剧作自然十分敏感,极力推崇。庐州演出,把史可法演得栩栩如生。历史上的史可法虽然已死,但台上的史可法不死,是对该剧及这次演出的最好褒奖。

六、李世熊诗中的《停梅杂剧》

《停梅杂剧》未见剧簿著录。李世熊《寒支初集》卷一,有《凉夜观停梅杂剧》一首,诗云:

> 清宵雁裂霜花碎,寒池静绿烟初醉。半空哀玉戛冷冷,天风续续闲兰吹。划然一调度清商,扬娥微眺送新媚。变声激楚割心柔,凄吟钩坠牵肠真。撩鬘举袂立亭亭,灯笑香明雾丝缔。羁臣放子失穷愁,儿女英雄迸热泪。回啼破笑自一时,摇情舞魄泼妖

异。吾闻崔子不作韩娥死,绝世当时亦已矣。譬诸文举念中郎,老兵尚存典型耳。又闻牡丹亭上之离魂,帐中夫人非耶是?巫楚雨云多梦妖,艳心翻复来幻诡。马迁奇笔少君方,大抵恍惚得其似。茫茫神仙才鬼真伪不须明,怪怪奇奇唯自嬉。吾有百千万亿之遐思,欲令王嫱弹丝、采蘋传刺、蔡琰鸣笳、卓女行觞、红线司阍、瑶英守厕、班姑掌笺、崇嫄治吏、木兰领兵、赵娟鼓枻,巾帼遮华裔,粉黛糊天地。阅遍三千春,放眼不如寐。月沉梦发鸡声酸,一枕沧桑真狡狯。①

李世熊(1602—1686),字元仲,号愧庵、寒支道人,福建宁化人,明诸生。甲申后绝意仕进,屡召不出。少负奇气,植大节,笃交游,与黄道周、魏禧、彭士望等交游深厚,生死不渝。喜读异书,博闻强记,通五经、诸史,尤好韩非、屈原、韩愈之书。以文章气节闻名一时。著有《寒支集》《宁化县志》《经正录》《狗马史记》等。

李世熊这首诗,是于清凉之夜,观演《停梅杂剧》所写的歌行。《停梅杂剧》,前人戏曲目录未见著录,故属新见亦为罕见的明清之际的剧目。诗题虽题作杂剧,但因为明清人往往杂剧、传奇名称混用,故其体裁不能确知。

诗的前十数句,着重铺叙演出环境,时令特点,和艺人表演的技艺。如扬眉微眺、撩鬟举袂、摇情舞魄、声情并茂之类,都在赞美歌舞之动听感人。"羁臣放子失穷愁,儿女英雄迸热泪。回啼破笑自一时,摇情舞魄泼妖异"几句,似在描写剧情对观演者的影响,看着演出,羁縻之臣,放逐之子,儿女英雄,都不免时而回笑,时而热泪迸发。剧情中或有羁臣放子、儿女英雄人物出现。

自"吾闻崔子不作韩娥死"至"怪怪奇奇唯自嬉",既隐含剧情,又称赞演出。其中崔子、韩娥句,似指唐崔涂诗"韩娥绝唱唐衢哭,尽是人间第一声",仍是赞美艺人歌喉。文举、中郎句,则指汉末孔融(文

<hr>
① 《清代诗文集汇编》17 册,页 461。"冷冷"疑为"泠泠"。

举)与蔡邕(中郎)历来友好,中郎死后,孔融见一虎贲将军,相貌与蔡邕一样,就经常请他喝酒,酒酣耳热时说:他虽然不是故人,却有故人的样子。这是说,艺人扮演的人物虽不是原来的人物,但却演出了那个人物的神情模样。所说"离魂"中的杜丽娘虽只是鬼魂,原是梦妖,在帐中也分不出真假。也如同司马迁《史记》中,记神仙李少君见汉武帝贡献仙方,使人搞不清他年龄大小、药方真假一样,全是一片恍惚迷茫。诗句这些比喻,大致是形容演出的状态,但也可知,剧情中也有类似的人物、情境。"茫茫神仙才鬼真伪不须明,怪怪奇奇唯自嬉",透露出剧情必有神仙才鬼、怪怪奇奇的情节。

诗的最后,诗人才情突发,遐想翩翩,幻想王昭君、江采蘋、蔡文姬、卓文君、红线女、班大姑、赵崇嘏、花木兰等女性,都出类拔萃,发挥所长,以巾帼英雄遮蔽华裔,以烟花粉黛糊彻天地,那就遍地春色,沉入梦寐。这些或都是幻想之词,表现了诗人的某种情感、某种期待。

七、无名氏《紫微新曲》

无名氏《紫微新曲》,未见剧簿著录。恽格《瓯香馆集》卷四,有《季孚公为甬东张氏演紫微新曲即张四逸园先公中丞遗事也》诗。诗云:

> 乐府新声唱紫微,忠臣名节起人思。从今风月旗亭宴,争唱清河绝妙词。

> 盛德流声歌舞中,抑扬今古羡词锋。擅场尔自推能手,袁李翻教在下风。(原注:谓箨庵、笠翁。)①

恽格(1633—1690),字寿平,又字正叔,号南田、东园草衣生、白云仙史。武进人(今江苏常州)。崇祯末吏部特荐,以诸生启用,而遭变故。入清后,披剃出家,恃笔墨以供日需。擅长绘事,工书法,有《瓯

---

① 《清代诗文集汇编》129 册,页 622。

香馆集》。

《紫微新曲》前人曲簿未见著录,叶德均《曲目钩沉录》据恽格《瓯香馆集》首次钩沉发现了此剧①。但言"孚公名里事迹待考"。陆萼庭《清代戏曲家丛考曲目拾遗》承之②。邓长风《明清戏曲家考略三编》对季孚公的生平事略作了详细考证。据考,季式祖,字孚公,泰兴(今属江苏)人,贡士,博学工吟咏,究心词曲。康熙八年至十年任钱塘县令。③ 这是对这位曲家最明确的记述,是邓长风的学术贡献。

叶、陆、邓三家,虽都发现了剧目,并考述了作者,但三家都没有涉及剧目本事,即剧作本身的内容问题。因诗题所谓"甬东张四逸园"不可考,连及其"先公"亦难确认,故剧作本事不可考。笔者经向窗友、诗学家林兄东海请教商议,知"先公"应即先贤和祖辈,不必直指先人、先父,因此其"先"所含年代,可能久远。依此前推,中丞应指张中丞张巡。紫微则指紫微省,或即中书舍人、中书郎一类官员。

张巡,新、旧《唐书》有传,属于杀身成仁的"忠义"之士。在抗击安史之乱中,与许远、南霁云、雷万春守睢阳,不屈而死,史称烈丈夫。对照恽南田诗,诗称该剧所写"忠臣名节起人思",与张巡事合拍。张巡曾由太子通事舍人出任清河令,诏拜御史中丞,故剧称"紫微新曲"。诗称"争唱清河绝妙词",都指明张巡的身份和经历。于此可证,所谓"紫微新曲"就是一部记述张巡事迹、讴歌张巡为抗击安禄山叛乱惨烈至死的新剧目。

明姚茂良有《双忠记》传奇,演张巡、许远守睢阳事,其作在前,季式祖为张四逸园所演张巡故事剧在康熙间,故诗称"新曲"。

这里值得关注的还有一个"新曲"的作者问题。首次披露此剧的叶德均先生,只披露剧目,说季孚公名里事迹待考,未曾把此孚公当成剧作者。陆先生的《曲目拾遗》所据原始材料与叶先生相同,但却在此剧目下,多加"清季孚公撰"一语,多一"撰"字。邓长风的《三编》,没有

---

① 《戏曲小说丛考》,页 127。
② 陆萼庭《清代戏曲家丛考曲目拾遗》,页 327。
③ 邓长风《明清戏曲家考略三编》,页 343—344。

明确把季孚公注明为此剧作者,但所作考据文字,放在《二十三家明清戏曲家生平材料》中,这无异于对此剧作者季孚公的姓名履历的考述。本稿认为,据恽格诗,季孚公季式祖,不是自撰了一本新剧来演绎张巡故事,他只是请戏班为张四逸园作了一次《紫微新曲》的演出。因此他属于此剧的倡演者,而非剧作者。剧作者我们还不清楚,所以本稿倾向把此剧作者归于无名氏。

八、漫翁《一线天》传奇

20世纪80年代,刘世德先生从孔贞瑄《聊园文集》发现《一线天演文序》一篇,作《陈见智和一线天传奇》一文,详细考订了《一线天》传奇的作者为曲阜人陈见智。又从《曲阜诗钞》《山左诗钞》《山东通志》《曲阜县志》《万泉县志》等诗选和方志中,考订了陈见智的生平履历,资料翔实,足为了解和研究《一线天》传奇作参考。①

据刘先生考证,陈见智,字体元,号力庵,山东曲阜人。康熙九年三甲十七名进士,历任山西万泉知县、河南陈留知县、刑部江西清吏司郎中、浙江金华知府。后以论事忤上官,归。家居教书,饘粥多不自给,卒年85岁。著《哂园吟草》和《一线天》传奇。刘文虽考出陈见智的履历,但未细考他的生卒年。我据孔贞瑄在康熙庚寅(四十九年,1710)为陈见智祝贺八十寿辰的诗,可以补充陈见智当生于崇祯四年(1631),卒时85岁,应在康熙五十四年(1715)。

这些经历对我们了解戏剧作者无疑很有帮助。刘文留给我们尚有一点疑惑,即《聊园文集》中的《一线天演文序》中,明确提到"一字为经,片言成训,自游、夏之徒不能赞,况晚近浅陋经生、猥矜著作者,能妄窥其藩篱乎? 乃吾于《一线天》遇之。漫翁之为是编也,盖身历乎穷达顺逆之境,目击乎炎凉喧寂之变,意有所蓄,书不忍尽言"。所谓"漫翁之为是编也",其作者应号漫翁。刘文引录诸多资料,都只提及陈见

---

① 文见《学林漫录》六集,中华书局,1982年。

智,字体元,号力庵,丝毫没有"漫翁"踪迹。这不能不留下一点悬念。
笔者在孔贞瑄诗文集中,见孔氏写给陈见智诗有以下数首:

> 《过陈留怀陈力庵太守》
> 《秋日同陈力庵饮酒西园先郭内小楼和韵》
> 《寿力庵七旬有三》
> 《庚寅祝陈力庵》
> 《寿陈力庵太守八裘》

这些诗,都称陈见智的号力庵,从未提及他另有"漫翁"这个名号。孔
诗直延续到力庵晚年,这可以说虽到晚年,孔氏也不习惯用"漫翁"来
称他的这位好友,这更令人生疑。故我虽赞同刘先生的意见,初定陈
见智作过《一线天》传奇,但在此剧作者的署名上,还是尊重孔贞瑄的
记录,未敢更改。期待以后有博识之士,能解开这一迷惑。

刘先生的大作对《一线天》的内容据序文作了简单的推测,指其中
含有"仕途之正奇"、"官场之好丑",甚至还有"闺情"和"义侠"。只要
读孔氏序文,都可以赞同。有意思的是,我在《聊园诗略续集》发现了
《题一线天传奇》诗四首,对了解此剧内容应有更大关系。诗云:

> 迂阔违时鲁二生,叔孙强拉不同行。何当勉慰苍生望,再起
> 东山一论兵。
> 一剑飘零迥出尘,临邛垆畔乍相亲。谁知帻沐登床者,犹是
> 犊裩涤器人。
> 奁藏寸铁逼霜寒,赁舍香魂认主难。不有赤绳生死系,几令
> 鸣剑向新官。
> 仕途由来有正奇,任将粉墨染须眉。趁它锣鼓轰天响,最苦
> 收场人散时。

第一首说的是,秦末汉初,叔孙通率诸生事秦、事楚,因与当时国君需

求不合，皆逃亡而去。再降汉，初时向汉王举荐都是大猾群盗，再度引起随从弟子中儒生的不满。刘邦定天下，欲定朝廷礼仪，于是叔孙通开始征召鲁地儒生三十余人，为朝廷培植礼乐之士。此时有鲁生二人不肯行，强拉亦不愿往，并嘲讽说："公所事者十主，皆面谀以得亲贵。今天下初定，死者未葬，伤者未起，又欲起礼乐。礼乐所由起，积德百年而后可兴也。吾不忍为公所为。公所为不合古，吾不行。公往矣，无污我！"①这时刘邦已到维护政权时候，叔孙通制定礼仪正符合刘邦的需要，于是得到器重，升为太常，三十儒生都封为郎官，并得到厚赏，鲁二生自然一无所获。叔孙通因进退与时变化，终成汉家儒宗，鲁二生见不及此，被人看作"迂阔违时"。

诗接着又回顾晋谢安隐居东山故事。简文帝时，谢安40岁，朝廷屡召不出，人称："安石不肯出，将如苍生何！"后为尚书仆射，加将军，太元八年加征讨大都督，大破苻坚于淝水。是谓再起东山一论兵的故事。见《晋书》卷七九本传。孔贞瑄的诗，或许是指剧中人物，个性虽与鲁二生一样迂阔不识时务，但人们希望一旦时机成熟，也会像谢安那样东山再起，身兼将相，择机征讨，为国效力。

第二首说的是司马相如与卓文君的故事。相如一剑飘零，从成都游梁，梁孝王卒而归，于临邛宴间奏琴，文君窥而心悦，夜奔相如，驰归成都。家穷，文君当垆，自著犊鼻裈，于临邛当市卖酒，涤器市中。以献赋被汉武帝任命为郎，出使邛、筰。孔贞瑄诗中重温司马相如故事，也是呼应剧中人物，身历穷达顺逆之境，出乎炎凉喧寂之情的关目。

第三首所述或系唐韦固"定婚店"故事。本事出《太平广记》卷一五九引自李复言《续幽怪录》。略谓：贞观时，韦固少孤，欲早娶而未成。一日于宋城南店，遇一老人，言主天下婚牍。韦固询问日后婚事，老人告之，其妇才3岁，年17当入君门。韦固不信，老人谓囊中有赤绳，系天下夫妇之足，不能改变。老人与之往菜市，见一陈老妪抱3岁女，甚弊陋，指曰：君之妻也。韦固怒，使奴杀之，中眉间而去。此后

①《史记》卷九九。

韦固求婚都未成。十四年后至相州,王郡守妻之以女,可十六七岁,容颜华丽,唯眉间总贴一花钿。追问后告知:3岁时被狂徒所刺,留下刀痕。二人奇缘巧合,终成婚姻。后宋城南店被题为定婚店。诗中的"衾藏寸铁"或指陈妪藏匿受害时之凶器。此女寄养于菜市,不识日后归宿。新婚时此女本欲鸣剑向新官人报仇,但姻缘前定,赤绳系足,终成夫妇。

其诗第四首概括全诗,也是概括全剧演出感受,以为仕途奇正难以预料,戏剧把这种变幻作了渲染。演唱中锣鼓声漫天震耳,收场人散,对比强烈,经历过仕途变幻的观众看后只有痛苦与惆怅。

以上前三首所涉史实与传说,分别在秦汉、武帝和晋、唐时,时代距离甚远,故事之间未见有直接关系,可以推测《一线天》剧或是渲染上述历史人物所作的四篇短剧而成的一本杂剧,这在明清杂剧中所在多有。另外,又据孔贞瑄《一线天演文序》称,作者"事有所触,言不忍尽意,淡淡白描,而仕途之正奇,官场之好丑,俱跃跃纸上,使人服其忠厚,忘其淋漓。盖名高而成党祸,才盛而起诗狱。雅人智士,临文若斯之难且慎也。至其写闺情则香艳流于凄婉,状义则悲壮出以沉雄,是以搏象之全力,制鼠屠龙之剩技,调猿笔,挟风云,思入幻杳,世谓《史记》,足迹《麟经》,何其许腐迁之过也。予谓《一线天》堪追《史记》,庶几可谓知言乎?"可能剧中角色未必以这些历史和小说人物命名,但应有这些历史故事相近、相当的经历,这样孔贞瑄为《一线天》题诗与他所写的序文,才彼此相映,有的放矢。虽淡淡白描、思入幻杳,非《史记》而迹可以追踪《史记》了。不论如何,在缺乏直接本事依据的情况下,把孔氏诗与序联系起来考察应是探讨《一线天》剧情的重要途径。

孔贞瑄(1634—1716),字璧六,号历洲,晚号聊叟,曲阜人。顺治十七年举人,次年会试副榜,官大姚知县,著有《大成乐律全书》《聊园文集》等。

庄一拂《古典戏曲存目汇考》录袁蟫有《一线天》杂剧,演日本诗人近藤道原事。袁蟫,同治时安徽太湖人,所记又是日本诗人故事,显非孔贞瑄所序传奇。

九、程儒环的《善缘庆》传奇

程儒环《善缘庆》传奇,未见戏曲剧目著录。国梁《澄悦堂诗集》卷
一一,有《题程儒环善缘庆传奇》歌行一首,诗云:

> 哀哀菩提心,亹亹广长舌。辛苦度众生,迷城坚如铁。优孟
> 启悟乃独灵,说法无如现身说。佳人愁暗投,才子虑蹉跎。天公
> 簸弄试贞坚,正在盘根与错节。黠兔技空狡,双玉质自洁。丰城
> 宝剑气冲霄,锦水文鸳光照月。老牛解舐犊,慈乌思哺儿。儿去
> 泪血拭不尽,合浦之珠还无时。儿去颇不恶,儿来抑何奇,珠还并
> 获眼中珠,甘露一滴辉重离。噫嘻嗟乎哉,可知意恶定须翦,人鬼
> 之关几希辨。尼山有铎佛有灯,太上有篇惟劝善。人心自有火土
> 司,吉凶悔吝如影随。形转但使栖,神高镜自照,便是百千万亿化
> 身神灵显。此编具苦心,莫教止作传奇演。①

诗作者国梁,字隆吉、丹中,号笠民。满族,哈达纳喇氏,属满洲正黄
旗。乾隆丁巳(1737)进士,改庶吉士,散馆改吏部主事,历阶宫庶,外
授秦粤丞守,再擢贵州粮驿道。②

　　该诗起首点明《善缘庆》传奇是一部如同佛家苦口婆心的劝善之
作,强调以戏剧现身说法,启悟众生,收效最为灵验。这是倡导戏剧说
教功用者的老调,并无新意。

　　接着,诗以较长文字叙及《善缘庆》的情节大概。从诗看,此剧也
以佳人才子为主线,佳人命运受到簸弄,明珠暗投。才子未发迹,感叹
青春蹉跎。故事中有狡兔乘虚而入,佳人命运虽受颠簸却更为贞洁。
佳人似乎以丰城宝剑自卫,而使所持鸳鸯的爱显得更加纯洁。才子离
家,父母怜爱垂念,舐犊之情,以至眼中流血。儿子在外,常怀报恩返

---

① 《清代诗文集汇编》342 册,页 199—200。
② 见盛昱编《八旗文经》卷五八。

哺之念。可见剧中多渲染父慈子孝的情节。最后儿子荣归，带来望外之喜，甘露之赐（或为圣旨之类），使举家更增荣耀。诗中"甘露一滴辉重离"之"离"，取"附丽"、"遭逢"之义，则与"善缘"之庆相一致，可见剧情结局仍是大团圆。

诗的最后，强调孔教、佛教及《太上感应篇》一类慈善说教。所谓福祸善淫，报应如影随身，神镜高悬，无处躲闪。这或是剧作原有的主旨，剧作家固有的一片苦心，也可能只是诗作者的阐述和发挥，原剧已佚，难以判断。诗提醒剧家，不要把它当作普通仅供娱乐的传奇来演出，可知诗人出自劝善立场，对这部剧作颇为重视。

十、《长恨歌》剧本和它的作者

《长恨歌》剧，未见戏曲剧簿著录。叶观国《绿筠书屋诗钞》卷一六，有《题长恨歌剧本四首》，诗云：

> 谱得清歌付教坊，开元遗事剧凄凉。簇新风月文章旧，底用填词费绣肠。
>
> 水天闲话杂悲欢，外传流传等稗官。好与香山借颜色，尽征轶事作波澜。
>
> 洪家院本簇丝桐，座客当筵击节同。试遣龟年相品定，长生长恨曲谁工？
>
> 歌喉珠串遏春云，绿酒红灯客尽醺。待洗平生筝笛耳，人间丝管漫纷纷。[1]

唐白居易有《长恨歌》诗，叙唐明皇与杨贵妃事。剧家以此为题材而有剧作存世者，有白朴的《唐明皇秋夜梧桐雨》，屠隆的《彩毫记》，吴世美的《惊鸿记》，洪昇的《长生殿》。已佚作品还有不少，但还没有直接以

---

[1] 《清代诗文集汇编》347 册，页 188—189。

《长恨歌》为名的剧目,历代曲目书簿,也无著录。叶观国的诗,首次记录了清乾隆间,有《长恨歌》剧的存在,这对研究者来说,是一部新见的剧目。叶氏著录于乾隆年间,剧本当亦作于此时。题中所谓"长恨歌剧本",当也是传奇体"长恨歌"。

叶观国的诗,第一首说,剧家谱得新剧,将交付教坊演唱。唐明皇与杨贵妃开元间的故事,说来十分凄凉。剧中写到的爱情风月,虽有新意,但前此已有很多人写过,其实都是旧闻,为什么还要再费心思去填词作曲呢?

第二首说,长恨歌所描写的李、杨故事,上穷碧落下黄泉,如同水天闲话,其间悲欢相杂,悲喜交集,杨太真外传等传说,多为稗官野史,剧作则借助白居易(白香山)的诗句增添色彩,采用传闻轶事作剧情波澜。这里点出了剧作与《长恨歌》诗的密切关系。

第三首说到洪昇的《长生殿》已经付之演出,受到激赏。现在《长恨歌》登场宴席,也受人赞赏,二者的文采与乐曲的精良不相上下。如果要分高低,就要请李龟年来品定,看看《长生殿》与《长恨歌》的曲子,哪一个更好更工整。这无疑抬高了《长恨歌》,将二剧并驾齐驱了。

这里如果作一逆向思考,叶诗所言《长恨歌》剧本,如果就是洪昇的《长生殿》,那就不会有与洪家院本比较的句子,再有所谓"座客当筵击节同"的评价。

最后一首渲染《长恨歌》剧演出时的环境,并表示诗人观剧的谦恭,意谓自己要学习音乐,提高欣赏水平,观演更多的演出。

《长恨歌》剧的撰人,叶观国的诗没有交代,前拙著《明清戏曲》也称"作者不详"。后读钱棨《湘舲诗稿》卷一,有《撷秀山房新谱长恨歌乐府即席分韵集白香山诗得十绝句》,诗题已告诉我们,《长恨歌》剧的作者应是撷秀山房主人。钱棨绝句如下:

> 看题绣锦报琼瑰,日暮银台下直回。诗境忽来还自得,玉筯何必待花开。
> 嫩绿醅浮竹叶新,尊前还要落梁尘。冰消见水多于地,二月

山寒少有春。

几处早莺争暖树,一声寒玉振情词。等闲池上留宾客,先报壶觞风月知。

云里天风散珮声,蓬莱今古但闻名。闲征雅令穷经史,一曲霓裳初教成。

促张弦柱吹高管,便播笙歌作乐章。莫问清华当日事,开元遗曲自凄凉。

几许欢情与离恨,愁凝歌黛欲生烟。上阳宫里晓钟后,旧事思量在眼前。

玟瑒筵前翡翠楼,曾将诗句结风流。何人知此春怀抱,白尽江州司马头。

玉管清弦声旖旎,桂华词意苦丁宁。晚松寒竹新昌第,犹有樊家旧典型。

碧落三山曾识面,云随飞盖月随杯。荣联花萼诗难和,俱是人天第一才。

蓬莱仙客下燕宵,桐遇知音未半焦。耳冷不曾闻此曲,只应天上听云韶。①

这十首绝句,是香山诗的集句,即是取白居易诗句重组为诗的,所以每句诗都来自白居易。如第一首第一句,来自《看梦得题答李侍郎诗诗中有文星之句因戏和之》,第二句来自《醉后走笔酬刘五主簿长句之赠》,第三句来自《将至东都先寄令狐留守》,第四句来自《令狐相公拜尚书有喜从镇归朝》,其余各句同样如此。编纂集句诗,说明钱棻对香山诗非常熟悉,能随手取来、应用自如,但这样的诗也就是一种文字技巧,多少限制了主体思想的表达,也让现代人了解诗意徒增了障碍。

这十绝句的诗意大概说来,第一首从"看题绣锦报琼瑰,俱是人天

① 《清代诗文集汇编》402 册,页 333。

第一才"两句而来,是说作者人才难得,所以撰写《长恨歌》时,诗境倏忽而来,而且悠然自得。

第二首简述演出此剧的场景和时令,客人举杯,时令还在二月冰消山寒的时候。

以下数首,都是一面赞美演出中悠扬动听的音乐、天风散珮的歌舞,一面对剧情表达观感。其中的欢情和离恨,使人倍感开元天宝遗事的凄凉。历史虽已陈旧,但看着旧事好像就在眼前一样,这包含了作者与观演者对历史与现实的感受。第七首即反映他们诗酒结交,忧心国事,而如白居易被贬为江州司马时头发都白了一样。

第八首再次赞美演出动人,剧词的精美深刻,艺人虽出身低微但保留了樊素那样高的水准和法度。

第九首写观剧客人之间彼此相熟,饮酒赋诗都很自由,在人才面前和诗酬唱很不容易。

最后,诗人表达这次看戏,如蓬莱仙客下凡,可惜自己不具有音乐才能,从来没有听过这种美妙的乐曲,这次如同听了仙乐。诗句结尾,对《长恨歌》的演唱可谓推崇备至。

然而"撷秀山房"主人是谁?钱棨诗也没有明白说出。还是回到叶观国《绿筠书屋诗钞》,在其卷一八同页,可以见到《春仲八日皇十一子召集撷秀山房,同人吉通政渭厓、茅庶子耕亭、钱殿撰湘舲咸在座》古诗一首,其诗云:

> 春山扫翠春云浓,曲尘待飔(原注:去声)催花风。明湖淰淰舒卵色,时节恰在中和中。西园置酒值清暇,联辉花萼停红骢(原注:皇八子亦至)。高襟各自屏轩盖,接席特许陪章缝。山房奥旷身未到,洞豁窅篆莎丰茸。架标签轴杂缃缥,案登卣甔兼瓷铜。须臾张灯奏新乐,乐句本自香山翁(原注:演出长恨歌新剧)。金钗钿盒致缱卷,海山碧落追鸿濛。可信古诗皆入曲,《关雎》《殷武》皆徵宫。人言是日佛出世,八关盛会喧儿童(原注:见岁时记)。流传小说谁复订?当歌且对甋瓺红。泛杯醲醁色潋滟,挂

檐初魄光朦胧。礼宽意优衔感重(原注:席罢贻古画玉器四种),
辰良景美言欢同。曲终上马各归舍,明发听漏趋铜龙。①

这首古诗,叙说了这年二月八日,乾隆皇十一子永瑆召集叶观国、吉梦
熊、茅元铭、钱棨到他的撷秀山房观看演剧的情况。观者叶观国
(1720—1792),字家光,又字毅庵,福建闽县人,乾隆十六年进士,选庶
吉士,授编修,曾典试河南等地,督学云南、广西、安徽等地。一生八掌
试事,三任学政。四十五年擢翰林院侍读学士,任詹事府少詹事等职。
著有《绿筠书屋诗钞》与《闽中杂记》等。吉梦熊,字渭贤,号渭厓、毅
杨,丹阳人,乾隆十七年恩科进士,散馆授编修,官至通政使,《国朝耆
献类征初编》卷九一有传。茅元铭,字耕亭,号栗园,丹阳人,乾隆三十
七年进士,官内阁学士兼礼部侍郎、河南广东学政。著名书法家,所临
三希堂帖,馆阁名流无不叹服。钱棨(1734—1799),字振威,长洲人
(今苏州),乾隆四十四年解元、四十六年会元、状元,称三元及第。授
编修,掌修国史。嘉庆二年任东宫庶子,三年任侍讲、侍读学士,四年
升内阁学士兼礼部侍郎。他们都是当时享誉馆阁的大臣与文化官员。
演出中,"联辉花萼停红骢",皇八子仪慎亲王永璇也来观看,这次演出
规格之高,在私邸演出中,鲜有其匹。

这首诗写到"须臾张灯奏新乐,乐句本自香山翁",并注明"演出长
恨歌新剧",这就说明,这位皇十一子在撷秀山房演出的,正是他撰写
的《长恨歌》新剧。于此可以确定,皇十一子永瑆就是此剧的作者。

永瑆(1752—1823),幼工书,受乾隆喜爱,五十四年封成亲王。嘉
庆四年命在军机处行走,总理户部三库。和珅诛,以其园地赐永瑆,即
后来的撷秀山房所在。永瑆还作《拨灯法》论前人书法旨意,且选所书
字迹刻有《诒晋斋帖》。传见《清史稿》卷二二一。可知是一位有广泛
艺术爱好的亲王。

诗写到撷秀山房环境幽雅,内部陈设有许多文物、古董、书籍。良

---

① 《清代诗文集汇编》347 册,页 188。

辰美景,皇子与文臣相聚,诗酒交欢,可以舍弃礼节、客套,无拘无束,诗人感到格外宽松。演出结束后,皇子给叶观国等人赠送古董字画,也反映出皇家气派,这也与这些人物的关系吻合。

十一、王焕诗所言曹寅《七子缘》
传奇及其他三种剧目

曹寅(荔轩)作为康熙皇帝的亲信和朝廷大吏,多年来因曹雪芹《红楼梦》的研究而广为人知。他的剧作也多有著录。据《今乐考证》《曲录》直至庄一拂《古典戏曲存目汇考》等书目记载,大家都知道他著有杂剧《太平乐事》《北红拂记》,传奇《表忠记》《虎口余生》(此二种后成改本《铁冠图》)和《后琵琶》。这种认识,长久没有突破。2012 年白溪在《曹雪芹研究》上发表《论王南村与曹寅家族的交往》一文,首次提到曹寅《七子缘》与《醉乡》《睡乡》《销魂》诸剧问题,笔者同时也从《清代诗文集汇编》读到王焕所作诗集,在其《写忧集》《芦中吟》《秋山集》中,看到他与曹寅的频繁往来,在《戏曲研究》87 辑(2013 年)中刊出《新见曹寅所作剧目考》,同样谈及曹寅所作《七子缘》及几种与曹寅相关的剧目。因为笔者不注意"曹学",未见白溪大文,但我们相继注意到王焕诗所涉剧目,都重视曹寅与这些剧目的关系。

王焕(1651—1726?),字子千、紫诠,号盘麓、南村、南区,直隶宝坻(今属天津)人。少年即有千古之志,不屑帖括。康熙间以贡生授光禄寺丞,晋刑部侍郎。出为惠州知府,温处巡道副使、川南按察副使。耽于诗,与曹寅、朱彝尊、姜宸英、赵执信交往密切。曹寅诗集中,也存有《西轩赋送南村还京兼怀安侯姐丈冲谷四兄》《题王南村焦麓剔铭图》二诗唱酬。王焕喜游山水,雍正初终于吴越间。著有《忆雪楼诗》《参衡游草》《蜀装集》《写忧集》《芦中吟》《秋山吟》等,见《清代诗文集汇编》第 181 册。

王焕《芦中吟》有《挽曹荔轩使君十二首》,十二首诗中,第一、二、三、七、八等五首,主要回忆作者与曹寅交往的经历和友情,第九首赞美曹寅的才学和子孙后继有人,第十、第十一两首,赞美曹寅与康熙皇帝的亲密关系,康熙对曹寅的知遇之恩。最后一首,回顾诗人祖上与曹家的世谊,其间三世论交,七十年世谊,彼此关系非同一般。这样的背景,可知作者所叙事实,真实可靠,不容置疑。王诗第四首说:

> 谱就新声放画船,胥江灯火夜如年。梨园未散宾朋在,怕演当筵七子缘。(原注:公旧填词。)

这首诗,说及"怕演当筵七子缘",诗末王焕添注"公旧填词",意指《七子缘》系曹荔轩寅旧作剧目。诗谓虽然《七子缘》剧曹寅已经谱好,并打算在苏州胥江的画船上演唱,但因未说明的原因当场竟未演出。这首诗清楚地告诉我们,曹荔轩写过《七子缘》的传奇。王、曹之间有30年的友谊,彼此了解至深,这一讯息,应该确凿无误。曹剧未见诸家曲簿著录,应属新见剧目。

　　按:焦循《剧说》卷三引《越巢小识》谓:顺治、康熙间,江苏兴化人李栋有《七子缘》传奇,又名《诗缘记》,谱李梦阳、何景明等七子事。黄文旸《曲海目》作《七才子》,姚燮《今乐考证》指《七才子》即《七子圆》,这些当属李、曹所撰同名剧目。今据郑志良教授考证,多种曲簿所载李栋剧作只有《窦鼻裤》一种,不见有《七子缘》之作,现今将其归于李氏名下,是今人将"栋翁"误作"棟翁"而又将"棟(栋)翁"直接归之于李栋的结果。于此可见,李栋系"栋翁"亦即"棟翁"之误书。浙江图书馆所藏凝辉堂抄本虽不署作者,但从所引《北红拂记》《菜花歌》等内证来看,它们都是曹寅所作,所以现存浙图本就是曹寅所作的《七子圆》。① 这无疑有助于对《七子缘》作者问题的探讨。

　　王诗第六首说:

> 醉乡甜美醒销魂,朽腐神奇妙绝伦。黄绢新词传乐部,只今

---

① 见郑志良《明清戏曲文学与文献探考》,中华书局,2014年,页380。

重唱似猿公。（原注：公近集院本旧曲为醉乡、睡乡、销魂诸记，
弁以题词，极有情致。）

诗句把"醉乡""销魂"嵌入句中，然后于注中指明，曹寅还集有《醉乡》
《睡乡》《销魂》三院本(三记)，并说作者生前已将它们整理汇集，加以
弁语，使诗人感觉极有情致的了。这个"集"字，大约是汇集的意思，问
题是汇集他人剧作，还是汇集自己改定的剧作？如果是前者，则曹寅只
是作了某些加工，他只是写了些题词。如果是汇集自己的旧曲，那就意
味着曹寅还有《醉乡》《睡乡》《销魂》三剧，为我们所不知的了。

关于《醉乡记》，诸家剧目曲簿里，载明孙钟龄仁孺有《醉乡记》一
种，《今乐考证》著录，存崇祯刻本，《古本戏曲丛刊二集》收录。此剧以
《乌先生醉乡痴态》为题，演乌有生、乌是公故事。王国维《曲录》五，又
收白雪道人《醉乡记》一本，本事不详。曹寅所"集"剧与此两种《醉乡
记》有何等关系不明。

在王煐的《芦中吟》里有《荔轩使君留饮观〈醉乡记〉席上同鲍文
昭、萧冶堂诸君》诗，诗作于康熙五十年，是曹寅聚集朋友观演《醉乡
记》的重要记录。诗中所记"竹林风味遥堪想，栗里情怀妙入神"，说明
剧情是抒发竹林七贤和陶渊明那类隐者的心绪。曹寅如此有兴与相
知的朋友观看此剧，表明此剧与曹寅有很深的关系。

题作《睡乡记》的，于戏曲书目文献中只有祁彪佳的《远山堂曲品》
所载一种，但祁氏所谓《睡乡》就是孙仁孺的《醉乡》，并不是另外一种
不同的剧目。于此可知，不计祁彪佳所录孙仁孺的《睡乡》，这个《睡乡
记》也是一个未见著录的剧目。又，唐梦赉《志壑堂文集》记有无名氏
《醉乡侯》一种(见后文)，未知《醉乡》是否系《醉乡侯》之略称。

至于《销魂记》，同样未见曲簿著录，本事亦未详。

十二、刘命清词所涉无名氏《李德武剧》

《李德武剧》，体式未详，亦未见曲簿著录。刘命清《虎溪渔叟集》

卷八,有《梅花引》词,题作《李德武剧》,词云:

> 隋唐否,唐家起,儿童剩得歌桃李。既相逢,定相容,英豪几许,况是蒲山公。 十年戍谪阳关藐,一片闺情孤月皎。好音回,再含杯,裙钗孤迥,愧杀尚书裴。

据史,隋唐时人裴矩,山西闻喜人,有异才,多韬略,隋时迁吏部侍郎,唐初以征略西北功,任兵部尚书。有女淑英,性婉顺有容德,嫁李德武。过一年,德武坐事徙岭表,裴矩请炀帝准予离婚,炀帝谕允。德武将别,告妻云:燕尔即离,远投瘴疠之地,恐无还理,汝父必请改嫁,于此即为永诀。淑英痛绝,誓不改嫁。别后容颜毁悴,常读佛经,十余年与德武音信断绝。父欲断其志,许婚柳直,女乃剪发绝粒,以明志不可夺,事乃止。德武于岭表已娶尔朱氏,后遇赦放回,闻知裴氏守节,则出其后妻,重与裴合如初。事见《旧唐书·列女传》。此剧即演裴淑英、李德武离合事。剧佚。

刘命清(1610—1682),字穆叔,号虎溪渔叟,别号但月仙,江西临川人。弘光时被荐馆职,不就,以布衣终老。

十三、无名氏《天启时事》剧

此剧未见前人著录。冯班《钝吟集外诗》有《观剧口号寄李膚公演天启时事》诗,诗云:

> 是非一变不堪论,优戏临场却是真。他日青编今日恨,前番白骨后番尘。芦中何处容穷士,地下曾经有枉人。勘叹东城斗鸡老,每谈遗事泪沾巾。

冯班(1602—1671),字定远,江南常熟(今属江苏)人,明诸生。其《再生稿序》载:"行年四十又二而值乱,一遭其仇,再遇兵,濒死者四焉。"①入清后不再出仕,成著名诗文家。题中所言李膚公,即李逊之,字膚公,常州人,又号江邑遗民。所著《三朝野记》,多记录明末泰昌、天启、崇祯三朝朋党之祸、边隅之忧、奄尹暴虐、赤眉(包括四川贵州的苗民起义,李自成、张献忠诸人起义等)煽乱。这三朝中,以天启(1621—1627)朝灾难最为深重。天启皇帝朱由校,登极后不问朝政,不务正业,政事由魏忠贤与太监把持,政治腐败,厂卫横行,东林党人和正直之士如万璟、杨涟、左光斗、汪文言、熊廷弼,或削籍、被捕,或惨遭杀害,袁崇焕的去职使边防危机更为严重。天启一朝虽只有短短的七年时间,却集中了最深刻广泛的社会危机和灾难,也是明朝最后灭亡的前奏。冯班诗中所涉《天启时事》剧,说到"前番白骨"、"芦中穷士",地下受冤枉之人,无疑透露了这部戏剧的情节关键词,这都蕴含着天启年间黑暗腐败的朝政。看了这样的戏剧,他与李逊之都首肯剧场所演内容事件真实可信,作为明代遗民,免不了感慨万千,因而"每谈遗事泪沾巾"了。

十四、无名氏《闯贼破都城》

此剧未见前人曲簿著录。陈维崧《湖海楼词集》卷一八,有词《贺新郎》一首,副题小序作:"余与于皇作自嘲词竟,于皇复谓余曰:忽忆一事,大资喔噱。昔甲申闯贼之变,迎降者大司马某亦与焉。其人后官两浙,开宴西湖,召梨园侑酒,即命演《闯贼破都城故事》数出。后闯贼入城,一人执手板,伏道旁,自唱:臣兵部尚书某,迎接圣驾。盖某即座上某也。某怅然不怿。良久曰:嘻,亦太甚矣。某何至是。遂罢酒去。余与于皇抚掌之次,同赋是词,仍用前韵。"词云:

　　岑对离宫绣,听鼙鼓、洛阳遗恨,乾坤罕有。记得黄巾初入洛,朝士马都如狗。还自许、师臣宾友。谁把侍中貂细插,锦河

① 《清人诗文集汇编》20 册,页 65。

山忍被军声透。八风舞,郎当袖。　　　梨园白发潜悲吼,谁信道千秋南董,系诸伶口。马上弯弧争欲射,客有道旁泥首,捧降表、夕阳亭候。今日堂堂红烛里,正当年肉袒牵羊叟。头暗触,屏风后。①

陈维崧这首词所记某尚书,似是张缙彦。崇祯朝十六年间,先后换了十余位兵部尚书。张缙彦是最后一年的最后一位。就在李自成攻入北京时,张缙彦开门纳降。清兵入关后,他又降清。顺治九年,任山东布政使和浙江左布政使。这次演《闯贼破都城》故事剧,应该就在任浙江布政使期间。于陈维崧的文字中可知,剧以李自成入城,张缙彦等投降为内容,辛辣地嘲笑了明亡期间,大臣变节投降,乃至厚颜无耻的行径,是明清之际的一本现实讽刺剧。陈维崧的词,以汉代黄巾入洛阳,洛阳朝士官员投降的情景作对比,虽痛骂洛阳朝士都如狗,实则骂明亡朝士多如狗。陈维崧赞扬:虽是伶人演出这本戏剧,但可以看出当时社会的一种是非判断:"千秋南董,系诸伶口。"戏剧表现的这种是非判断,也是明末遗民、明清士人的一种认识。

词作于康熙丁未(六年,1667),剧应作于顺治或康熙初年。

十五、彭年《改本小青传》

此剧未见著录。彭年《拂莲堂集》卷一二有《芰改小青传毕题二绝句》(该卷目录缺题)。其诗谓:

芳草闲亭落月台,梅花开尽牡丹开。丽娘一样多情种,输与香魂又重来。

两番易草尚模糊,煮茗调朱事有无。影语欲闻声呖呖,空斋临索第三图。

---

① 《清代诗文集汇编》96 册,页 429。

彭年,字鸿叟,锡山(今无锡)人,明万历末至清顺治时在世。这两首诗作于什么时候? 其改作《小青传》在什么时候? 因为《拂莲堂集》不编年,都很难作出回答。但据作者顺治戊戌(十五年)自序,他十岁解吟诗,天启、崇祯间,上穷齐鲁燕豫,下蹑瓯闽百越,以酬唱为能事。但这些诗作,于壬申五月(崇祯五年,1632)已投大江深处,已不复存。现存的诗,是从癸酉、甲戌开始的,即从崇祯六七年起,迄于顺治十五年。这可以知道,这两首绝句作于 1633—1653 年间。其芟改《小青传》必也在这段时间。玩其"空斋临索第三图"的诗意,此剧已经三次改订,其完稿或在晚近的顺治年间。

诗用"闲亭"、"梅花"、"牡丹"写景,使人联想到《牡丹亭》的景物。诗又以"丽娘一样多情种,输与香魂又重来",写出《改本小青传》与《牡丹亭》内容上的联系。从诗意看,它的本事就是冯小青挑灯闲看《牡丹亭》的传说。

前人剧作事涉小青者,有朱京藩的传奇《风流院》、吴炳的《疗妒羹》、徐士俊的杂剧《春波影》、来集之的《挑灯闲看牡丹亭》,这几种都是见存的。已佚的还有几种,如胡士奇有《小青传》。不知彭年所芟改的原本为何本,也不排除彭年所记,其实是三改自己所作。但无论何种情形,彭年作有《改本小青传》则无疑问。

十六、李式玉《芍药花》

此剧未见著录。李式玉《巴余集》有《舟中逢徐野君》诗,云:

> 野君先生老词客,少年曾选诸杂剧。前后书成六十种,王关马郑都辟易。自写春波传小青,孤山独立轻衫碧。红豆筵前听玉箫,青松路下逢油壁。我亦尝题芍药花,谁捧玻璃半膝席。荏苒词场数十秋,相逢今已头俱白。①

———————

① 李式玉《巴余集》卷一。

徐野君,即徐翙(士俊),浙江仁和(今杭州)人,著名文人和剧作家。李式玉在诗中说徐野君是一位戏曲爱好者,年轻时曾选剧 60 种以广传播,所选剧水准很高,连元剧四大家的"王关马郑"都会自谦避让。他自己也撰有剧作,所写杂剧《春波影》,叙冯小青受大妇欺凌,染病孤山别业,读《牡丹亭》一恸而亡。在酒筵中看这样的剧,见这样的人物,如同读罗隐《江南行》诗"西陵路边月悄悄,油壁轻车苏小小"的情景。诗中说到式玉自己,"我亦尝题芍药花,谁捧玻璃半膝席"。这《芍药花》,是在叙及士俊剧作时说到的,是与《春波影》所写的《小青传》并列而言的,这是不是为士俊剧作所作剧目而题的诗文呢?还是李式玉的一种剧作?按理因为是李式玉所作,故诗中谦逊地说,像我这样的剧本,谁会捧着玻璃酒杯半膝而跪来表示尊敬呢?诗的最后,叙说他与徐士俊在写剧、观剧中交往数十年,如今彼此都已成白发翁,可知诗作于康熙十年至二十年间。

李式玉(1622—1683),字东琪,东玑,号鱼川,钱塘人,诸生。与毛先舒、沈谦、徐士俊交往密切,善诗,精音律。有《春城乐府》《三都乐府》《鱼川集》《巴余集》等,人称博洽。

十七、季天修的"柴桑翁归隐"

恽格(寿平)《瓯香馆集》卷四,有恽寿平所作《天修季君招饮张乐,歌自制新词柴桑翁归隐事,激扬高风,形容道妙,填词家淫艳余习洗涤略尽,因制曲十章》。诗云:

> 赋罢归来醉玉壶,闲鸥身世任江湖。红尘十丈长安路,柘馆清歌似此无。
> 醉后闲呼鸾鹤群,北山何用著移文。知君高志轻轩冕,游戏真如山岫云。
> 听歌声已入溪山,能使心余物外闲。洗尽词家旧歌板,不将艳曲落人间。

移尘不是舞霓裳，乐府新翻换羽商。莫使春风怨梅柳，笛中吹遍菊花黄。

画屏银烛引清讴，高士分明把菊游。却怪朔风催雪夜，九华筵畔恰逢秋。

曾是柴桑漉酒巾，难将优孟写闲身。忘言真有南山想，疑杀今宵度曲人。

闻歌偏在离乱时，我爱君家归隐词。旗亭他后征歌日，不用当筵舞柘枝。

莽莽乾坤醉未醒，停杯岸帻数残星。笙歌转眼繁华度，都向莲花座里听。

凤管狮弦欲遏云，纟句歌梵曲自纷纭。何如乾闼婆天乐，醉客当场总不闻。

默然何必问维摩，琴韵能令大地和。小玉声中君得路，新词微妙总伽陀。

现存戏曲曲簿中，无署名"季天修"的作者，也无署作"柴桑翁归隐"的剧目。故恽寿平诗所咏，是一个未曾著录的剧目。诗中提到"优孟"、"度曲人"等语，可知非一般乐府清曲，而是剧作。季天修生平、里居不详。"柴桑翁归隐"恐怕也不是剧名，而是诗人对剧情的概括称呼。从这十首诗来看，此剧写到陶渊明赋《归去来辞》，回到柴桑，饮酒赋诗，与闲鸥野鹤为伍，把菊闲游，表现的是陶渊明在柴桑高人逸士的生活情境。

恽诗的另一方面的内容是对季天修人格和戏曲风格的赞美。我们现在虽不了解这位戏曲作者的履历和个性，但这首诗已告诉我们，季天修也是高尚其志，不愿为五斗米折腰的人物。他在清初社会动荡、人民离乱的年代，用陶渊明来激扬高风，其实是精神上与陶渊明合拍的结果，所谓"知君高志轻轩冕，游戏真如山岫云"，就是对这位作者人格和精神的赞美。诗歌还说到这部戏在语言文字上，洗涤浮艳，改革旧词，表达了对剧作文字风格的肯定。

查《泰州志》,可知海陵(今泰兴)季氏甚有名望。熟知者有季振宜,而其同族,有季开生,字天中,顺治己丑(六年)进士。季舜有,字天选,十四年乡试副贡。二人均以"天"为字。也许"天修",即其兄弟或从兄弟行,因无功名,故志书不载其人。

十八、无名氏《醉乡侯》

唐梦赍《志壑堂文集》卷下,有《二十四日张振宇招饮演醉乡侯传奇,糟丘快事真令人解颐也。至其寝斋,见羽冠衲服,种种皆具。趺坐之龛鱼版在侧,云断欲七年矣。须修修反黑,齿落复生,或者有独得之秘欤? 细叩所传,大约由呼吸始,惟一吸稍收脐轮耳》之记。其中记高珩(念东)先生诗云:

> 归心久在塞鸿先,自笑邗江帆又延。向蔓草中询将相,于繁华处觅神仙。隋陈劫换残阳外,吴楚天空钓艇前。拨尽闲愁输荡子,奇章书记兴翩翩。
>
> 粥鱼梵呗共朝昏,客邸萧条且快论。酒尽自应寻李赤,诗成端要畏桓温。溪山似许人携杖,风雨如催客闭门。莫向吴公台下去,笙歌重到亦消魂。
>
> 浮云冉冉六朝过,唤醒还凭春梦婆。误作咽喉南北重,遂令战伐古今多。流萤万点销残夜,燐火千秋送逝波。天下更无可意事,借将禅版送狂歌。①

唐梦赍《志壑堂文集》卷下《吴越同游日记》编年,诗作于戊午(康熙十七年,1678)正月二十四日。《醉乡侯》演出即在此时。

这是唐梦赍受张振宇邀请,到张宅观看《醉乡侯》演出的纪事诗。从诗序看,张振宇此时已羽冠衲服,皈依佛道,但诗酒笙歌不辍,故招

① 《清代诗文集汇编》103 册,页 114—115。

饮唐梦赍、高珩(念东)等来宅院观看演出。诗中出现邗江、吴公台名称,可以知道这次《醉乡侯》演出应在扬州。

诗没有具体勾画此剧的内容,唐人诗有"若使刘伶为醉帝,也须封我醉乡侯",皮日休有诗云"他年谒帝言何事,请赠刘伶为醉侯",可以说前人已把醉乡、醉侯、醉帝,与沉迷糟曲、放荡不羁、玩世不恭、"众人沉醉我独醒"的人物联系在一起。剧所写或是刘伶,或是刘伶一流人物。剧中人物也许曾一度富贵,而又经"春梦婆"点醒,有着如同苏轼贬官昌化,行歌田野,遇一老妇曰"内翰昔日富贵,一场春梦"的感悟。这在戏剧表演中也多生活色彩,并具有典型性。

其诗说到"隋陈劫换残阳外"、"浮云冉冉六朝过"、"流萤万点销残夜,磷火千秋送逝波",这一面点明剧情的时代背景,一面也发出历史沧桑的感慨。诗最后说"天下更无可意事,借将禅版送狂歌",无疑是借题发挥,反映了剧作者、观演者的消极无奈的情绪。

十九、刘荻江《任城传奇》

此剧未见著录。成永健《毅庵诗稿偶存集》有《题刘荻江任城传奇》诗一首,云:

> 酒碗牢骚休问天,才人失路有谁怜。不逢贺监空回首,风雨高楼一黯然。①

无独有偶,在方学成《松华堂集》卷一七,又读到《刘荻江任城秋传奇漫题》二绝,诗云:

> 任城斗大渺浮沤,何处能容万斛愁?只为文章高李杜,至今歌哭未曾休。(原注:任城今济宁州,有李太白酒楼及杜子美旧

① 《清代诗文集汇编》213 册,页 525。

游南池。)

　　苍葭秋水欲逢君,雨冷香寒恰闭门。我有故园溪千里,合营
幽谷贮冰魂。(原注:荻江有苍葭诗集,余时寓宣城署斋未晤,传
奇中有幽谷佳人字冰魂。)①

成永健,或作成永建,字乾夫,号毅庵,盐城(今属江苏)人,生卒年不
详。康熙三十三年进士,尝分校顺天乡试,取年羹尧等人。屈首为吏
三十年,历直隶赞皇知县、福建南安知县、山东日照知县,官至山东宁
海知州,卒于任所,有《毅庵诗稿》等。

　　方学成(1682—?),字武工,号松台,旌德(今属安徽)人。康熙末
县学廪生,乾隆间任山东夏津知县,旋改栖霞、武城知县,有贤名。著
有《松华堂集》《松台诗话》。

　　成永健、方学成都记刘荻江著有《任城》传奇,则此剧当时已撰并
曾流传无疑。只是前者著录剧名为《任城》,后者题作《任城秋》,系一
而二、二而一的名称。方学成注明,所谓任城,即山东济宁。

　　《任城秋》所演剧情,据方学成诗注,可知即演李白、杜甫游任城事。

　　李白游东鲁留诗多首,游任城有《赠任城卢主簿潜》《对雪奉饯任
城六父秩满归京》诗,又有《题任城县厅壁记》。李白游任城的事迹和
这些诗文,从宋《太平广记》所引《本事诗》已有记载,直到明清,当地都
流传着了许多李白传说,《道光济宁直隶州志》,就载有李白故居、李白
酒楼,及县令"贺公"演变为诗人贺知章的传闻。如传李白在任城建造
酒楼,日日与人酣饮其上,县令贺知章于酒楼款待李白等。② 愈演愈
奇,愈演愈成传奇的好素材。《任城秋》取李白与任城的故事为素材是
很好的选择。

　　杜甫也游过任城,杜诗中留有《与许主簿游南池》《对雨书怀走邀
许主簿》诗,就是游历任城南池的见证。王琦《李白年谱》于天宝三载
记录李白游踪,录李白《鲁郡东石门送杜二甫》《沙丘城下寄杜甫》诗

———————

① 《清代诗文集汇编》283 册,页 404。
② 见《济宁直隶州志·名胜志》。

题,并指二人游任城皆在是时。① 故取李白、杜甫之游,又与贺知章的传闻结合起来,应该就是《任城秋》的主体情节。

又考,据上引《李白年谱》,天宝三年,李白在翰林,因诗得罪杨贵妃,又受高力士、张垍谗谮,被放归还山。杜甫这时还仕途困穷,处在郁郁不得志的时候。他们之游任城,很容易被描述成感叹身世,怀才不遇的情况。如康熙、乾隆时人周大枢,作任城秋日览古二首,其《太白楼》诗云:

> 太白楼高空日晖,后时风雅道尤微。剧怜化剑无时合,却看为鹏此地飞。豪气只应酒可豁,高才无奈命相违。出门大笑元非策,啄黍黄鸡秋正肥。

其《许簿南池》诗云:

> 身世浑如不定棋,当年杜老亦堪悲。鸣蝉洗马曾来地,菱熟蒲荒又几时。赢得文章千古在,翻令稷卨一官迟。萧条已叹同摇落,何况秋飙感客思。②

这或许与刘荻江的《任城秋》正相合拍。换言之,《任城秋》的情感倾向与周大枢这两首诗应比较接近。

二十、徐旭旦《芙蓉楼》

近人剧目有徐沁(或云汪光被)、张衢《芙蓉楼》二剧。徐沁《芙蓉楼》演元皇太后排演芙蓉楼,赋诗纪胜事。张衢《芙蓉楼》记余安君与文妓娘、马妙娘同上芙蓉楼事。徐旭旦同名剧未见著录。邱晓平于稿

---

① 瞿蜕园、朱金城《李白集校注》四,页 1762。
② 《存吾春轩集》卷四。

本《清代古典戏曲总目》所撰条目中，录有徐氏《芙蓉楼》剧目，而文献阙如。今查徐旭旦《世经堂诗钞》卷一三，有《春夜宴集会心堂演自制新剧芙蓉楼和周子南山十首之一》诗，云：

> 春宵高会集兰堂，豪气开天夜未央。对客挥毫偏得意，当筵度曲倍清狂。共怜知己乾坤合，犹喜升天日月长。自愧新词多错误，相看座上有周郎。①

诗题明确标明徐旭旦自己撰有《芙蓉楼》剧，而于会心堂作过演出。

徐旭旦（1656—1720?），字浴咸，号西泠，钱塘（今杭州）人。康熙三十二年岁贡生。累官广东连平知州。工诗词曲赋。有《世经堂诗钞》《词钞》《乐府钞》等著作。

《芙蓉楼》剧情未详。此诗主要渲染演出中主客情谊和神态，为诠释剧情可用的文字资料罕见。今知芙蓉楼有二，一在江苏镇江，一在湖南龙标。唐王昌龄《芙蓉楼送辛渐》诗：

> 寒雨连江夜入吴，平明送客楚山孤。洛阳亲友如相问，一片冰心在玉壶。
> 丹阳城南秋海阴，丹阳城北楚云深。高楼送客不能醉，寂寞寒江明月心。

天宝七年，王昌龄因"不护小节"由江宁丞被贬龙标尉。其送友人辛渐时，登润州芙蓉楼送客，见寒雨连江，楚山傲立，表明自己清廉无瑕，意请亲友勿念。徐旭旦或借王昌龄的故事，以寄托仕途不顺的遭遇。

周南山，徐氏文友，擅度曲。徐旭旦诗集、词集中有寄周南山、怀周南山诸作。

---

① 《清代诗文集汇编》197 册，页 183。

清剧目十二种补

拙著《明清戏曲》出版后,笔者在清人诗文集阅读中,又陆续发现了清代戏曲一些新剧目的资料。这些剧目,有八种是未见著录的,或可作为清代剧目的补充。有四种剧目,今人在不同场合做过披露,或作过详略不一的考证,笔者读到,受益匪浅。即便是这类剧目,依据新资料,仍有补充、考释的余地。现把阅读所得,统作《清剧目十二种补》,就正于方家。诚如学界通行的一句话:说有容易说无难,文中所说"未见著录",只是就通行的、最具代表性的剧目书簿而言,或就笔者阅读所及而言,无法囊括时贤的诸多论著,如有与时贤已录而重叠者,只是所见不广,未及领教,绝不敢掠美也。

一、赵瑜《紫霞楼》

赵瑜,字瑾叔,康熙、乾隆间人,著有《青霞锦》《翠微楼》传奇二种,庄一拂《古典戏曲存目汇考》已著录,但未见《紫霞楼》一目,故《紫霞楼》属未见剧目。今读朱彭《抱山堂集》,其卷一八《湖山遗事诗》,有云:

> 旗亭谱曲最清新,绣衲头陀放浪人。冒雨独寻徐处士,落红堤上哭残春。(原注:赵瑾叔名瑜,居铁冶岭。雅擅填词,与洪稗畦齐名。撰有青霞锦、紫霞楼数种。)[1]

---

[1]《清代诗文集汇编》376 册,页 137。

从朱彭诗注可以知道,赵瑜擅长撰剧,作传奇数种,《青霞锦》包括在内。而《紫霞楼》未被《古典戏曲存目汇考》著录,为剧簿缺载。朱彭注说到,赵瑜作剧闻名于时。其声誉与洪昇齐名,这或是朱彭溢美,但也可见时人对他有较高的评价。所谓数种,应包括《青霞锦》《翠微楼》《紫霞楼》。也许还有未知之剧,有待发现。他的剧作,总体风格,当如朱诗所说"旗亭谱曲最清新",当以"清新"见长。朱彭的观察,为我们了解赵瑜传奇提供了依据。可惜赵瑜传奇都未传世,不能作具体分析了。

朱彭诗注还对此诗作了笺释,其文大意说,(赵瑜)中年喜作释氏打扮,自称绣衲头陀。庚辰三月,即乾隆二十五年(1760)三月,某夜大风雨,徐紫山老丈①,居杭州湖湾,黎明闻叩门甚急,启视则瑾叔著木屐而至,说要到六桥去吊念被风雨吹落的桃花,说罢即往。直到日暮,再来紫山处,索笔录出其《桃花曲》五阕,其中有句云:"日之夕矣不归家,恨不得坐到黄昏再哭他。"从这样的描述可以知道,赵瑜之被称为绣衲头陀放浪人的原因,以及"冒雨独寻徐处士,落红堤上哭残春"的故事②。这让我们对赵瑜的生活、性情增多了解。剧作家为桃花经雨打风吹,落红满地,以至痛哭竟日,写曲寄情,与林黛玉"埋香冢飞燕葬花红"有相似的韵致,这也是古典剧作家留下的罕有的逸闻轶事、剧坛佳话。

朱彭(1731—1803),字亦篯,号青湖,钱塘人,诸生。康熙十三年,郡县举荐孝廉方正,不就。工诗善画,著书不辍。作诗 2 000 余首,遇火被焚大半,存《抱山堂集》,又作《吴越古迹考》《南渡寓贤录》,已佚。

二、无名氏《后鸣凤记》

《后鸣凤记》传奇,现存戏曲曲簿不见著录。

蒋业晋《立崖诗钞》卷二,有《正月中浣家兄古愚恪庭砚溪召饮即

---

① 徐逢吉,字子宁,号紫山、黄雪山房老人,钱塘人。
② 见同书卷一八。

席赋呈长句》诗,其原注中,有"演《后鸣凤》新剧"之语,知有此剧。蒋诗云:

> 诸兄古道凤所敦,岁时伏腊尤惇亲。乾饩失德诗有戒,速我诸父偕弟昆。上元令节欣执盏,式燕不用夸嘉宾(原注:座中无异姓)。华轩沉沉敞瑶席,百壶清酒嘉肴纷。长者少者各醉饱,威仪秩秩恭温温。堂前忽听钟鼓陈,兽鼎歊雾香氤氲。新谱轶事快人意,宛同吊古招忠魂。(原注:是日演后鸣凤新剧。)当时贼臣窃国柄,猖狂群吠虎豹蹲。夏杨诸公遭惨毒,谁与发愤排宸阍?天道循环剥而复,罗钳吉网宁长存?邹发其奸徐主议,旌忠一旦含冤伸。梨园子弟善演义,点窜往事多翻新。考诸史册不可证,要使忠义昭乾坤。奸谀既死诛不宥,吾儒秉笔心同论。此时满堂共叹息,流芳遗臭得失分。俳场亦可教忠孝,不徒曲响停行云。今夕与会洵可乐,梅花已报庭前春。[1]

蒋业晋(1728—1804后),字绍初,号立崖,长洲(今属苏州)人。少从沈德潜求学,又从王鸣盛学诗,所交多一时名家,乾隆二十三年举人,官汉阳府同知。四十六年以事发配乌鲁木齐,五十年放归故里。有《秦中》《吴庑》《楚游》《出塞》《归田》诸集,后合为《立崖诗钞》七卷。[2]

该诗收于《吴庑杂咏》,作于乾隆五十年(1785)正月中旬。诗未指明《鸣凤新剧》作者,而言"梨园子弟善演义",可知或是擅长史学与曲学者为梨园所编,属无名氏之作。

一般演出,都邀请宾朋参与,作诗酒之会。而这一次演出,"庭中无异姓",显然是蒋家单纯的家庭演出,其中蒋光宗,字古愚,恪庭即蒋希宗,砚溪即蒋维钧,都是蒋业晋的堂兄弟。光宗、维钧,仕履无考。据《立崖诗钞》卷七,有《从兄恪庭太守希宗》诗,可知希宗,曾任太守。业晋秦中之游,系投希宗。演出时间在这年正月中旬。作者指《后鸣

---

① 《清代诗文集汇编》365册,页34。
② 毛庆善《湖海诗人小传》卷二十。

凤记》为新剧,可知其问世或在乾隆五十年之前。蒋业晋的诗,前数句着力夸赞蒋氏门庭敦于古道,宗亲弟兄,感情和睦。上元日蒋光宗设宴演剧,酒肴丰盛,款待殷勤。在这样的环境中,蒋家演出《后鸣凤记》意在吊念忠魂,表彰忠义,演来大快人意。

明代嘉靖、隆庆间,有无名氏(或言王世贞及其门人)所作《鸣凤记》,大致依据史实,演出嘉靖间,夏言与严嵩为收复河套引发党争,夏言被斩。杨继盛、董传策、吴时来、张翀、郭希颜、邹应龙、孙丕扬、林润八义士与严嵩父子及其党羽仇鸾、赵文华、鄢懋卿搏击而遭迫害。杨继盛夫妇死节,郭希颜赐死,张翀、吴时来被谪成边卫,其余诸人也都遭受贬斥或牢狱之灾。诗写到,新出的《后鸣凤记》做的是翻案文章,所谓"天道循环剥而复,罗钳吉网宁长存",意思说,根据天道,"剥"卦转为"复"卦,当年李林甫为相,屡兴大狱,陷害异己,其所宠任罗希奭、吉温,官御史,仰李林甫鼻息,不分青红皂白,都以酷刑枉法,陷人于罪,被称为"罗钳吉网"。到《后鸣凤记》中,严嵩、严世蕃、鄢懋卿之流再也不能无法无天罗织罪名,于是,邹应龙上本除奸,朝中有人主张重议,皇上恩允。结果这些忠义之士,沉冤都得到昭雪,行为都得到表彰。那几个奸佞小人则被处死,大快人心。诗人认为,这部传奇,其中情节固然多见虚构编造,在历史上缺乏记载,也与史实不符,但全剧重在伸张正义,教忠教孝,体现了梨园子弟善于演义历史,要使忠义光照乾坤的用意。演出中,曲调有响遏行云之美,演唱非常成功。大家看后,都非常快乐,好像庭前梅花预报了春天来临一样。

阅读此诗,其中虽没有细叙《后鸣凤记》的剧情,但此剧的主旨和人物已鲜明地呈现在我们眼前。他的诗就是了解《后鸣凤记》传奇关目的很好依据。

三、汪辇云"赵山南成仙剧"

历来剧簿无"赵山南成仙剧"的著录。读鲁九皋《鲁山木先生文集》卷一,有《书汪辇云吊赵山南填词后》文一篇,其文谓:

往昔吾郡赵山南以夙慧著,自余幼时,故已闻之熟矣。山南既没,余得其遗稿,读而爱之,而诸友朋哀挽之诗,亦附焉。余读辇云之诗,感慨呜咽肃然不知涕之何从也。其性情深厚,足以感人,虽古人何以异是。比余得交辇云,而去山南之没已七八年矣。山南所交不数人,故多磊落英奇士。谢愧屋鸣谦,其同邑也,其哭山南也,不啻如辇云,复为之纪其行谊,于友朋离合之际,三致意焉。愧屋与余言,每及山南,辄潸然涕,曰:恨子不及见,不得与之上下其议论也。而辇云故数为余言,寐见山南,若为仙者,至托诸传奇以实之。嗟乎,神仙渺茫之说,以辇云之明,宁不之辨而沾沾若是?毋亦其性真之发,郁勃不能已,遂结而成愚耶!嗟乎,山南于同邑得谢愧屋,异邑得汪辇云,山南有知,其可无恨于友朋矣夫。[①]

鲁九皋(1732—1794),字絜非,号山木,江西新城人,乾隆三十六年进士,夏县知县。有《鲁山木居士集》《诗学源流考》《制义准绳》。

此文说,赵山南是作者同乡,都属江西。山南自小以聪慧著称,交往的都是当时著名奇士,但山南不幸早逝。逝世后,他的朋友在他的遗稿后写诗悼念,感情深厚,读后令人流泪。同乡好友谢鸣谦(愧屋)为怀念彼此友谊,及去世后诸友为悼念所写文章。他们的文字反复表达思念之情,常佩服他的议论。汪辇云的感情更深,山南逝世七八年后,辇云与九皋相识,他数次与九皋说起,谢鸣谦对赵山南感情深厚,曾为文记山南的行事与两人的交谊,对朋友间的离合,反复表达情意。鸣谦见到九皋,说起山南也潸然泪下。辇云还对九皋说,他曾梦见赵山南成了神仙,于是假借传奇,把梦中事写到戏剧中去,似乎真有其事一样。鲁九皋说,神仙之事,本属虚幻,汪辇云自然知道得很清楚,他这样写,无非是出于朋友之情,深厚浓烈,不能抑制,才写成这样的戏剧。

这段文字告知我们,汪辇云曾写过一本以悼念赵山南为题材的传奇。内容主要表现赵山南的才学、赵山南与同乡朋友的友情,以及他

---

① 《清代诗文集汇编》378 册,页 19。

死后成仙的梦境。

据《清史列传》卷七二,赵由仪,字山南,江西南丰人,五岁即涉猎经传史汉,称奇童。而后闭户十年,沉酣载籍,才思益壮,纵谈天下事,慷慨自喜。乾隆六年举人,尤工于诗,年 23 而卒。与汪轫(辇云)、杨垕、蒋士铨,并称"乾隆四子",①著有《渐台遗草》。这一简历,可知鲁九皋文谓赵山南"以凤慧著",而其议论风采,使人"恨子不及见,不得与之上下其议论也"真实可信。因为 23 岁早卒,朋友都深感惋惜,作诗悼念,鸣咽流涕,感情深厚。同乡赵鸣谦、汪辇云都写诗作文,表示哀悼。汪辇云在赵山南死了七八年后,还常常梦见山南,并梦见他死后成了神仙,他于是把这样的梦境写成剧本,寄托哀思。汪辇云所作剧目名称今不可考,从九皋文章,可知剧情本事,即记叙赵山南的才情、早逝、成仙等情节,是一本山南成仙剧。

汪轫,字鱼亭、辇云,先世新安(即徽州)人,迁江西武宁,为武宁人。贡生,少孤,刻苦向学,有《鱼亭集》。蒋士铨《汪鱼亭学博传》称,鱼亭"愤郁不自聊,酒酣骂座。目张炬与人争辩,抵案碎壶不肯屈。已而痛哭,呼死友赵山南不止,客不能堪"②。这段描写,不仅可以看出汪辇云的生活性情,也为他撰写赵山南成仙剧提供了友情依据。

四、顾麟瑞《蛾眉砚》

顾麟瑞所撰《蛾眉砚》传奇,现存剧簿未见著录。吴书荫据《民国续兴化县志》卷一四著录此目(《清代戏曲总目》稿本),而未及详考本事。今按:詹肇堂《心安稳室词集》卷四,有《凤凰台上忆吹箫》词一首,副题作"凤儿词为江文叔作,顾芝山有蛾眉砚传奇,具载本事"。词谓:

诗习康成,女称季布,怪来犹在人间。呼名字、桐花幺小,曾住丹山。的的兰心蕙质,谁知带侠骨珊珊。添香伴,数编丽人,无

---

① 《清史稿》卷四八五。
② 见邵海青、李梦生校笺《忠雅堂全集》,上海古籍出版社,1993 年,页 2118。

此双鬟。　　　江毫,尽供题品,合影伴银鸥。昏媵文鸳,须不是,随鸦彩翼,偏恨缘悭。留得相思泪眼,含鸲鹆点滴成斑。天风外,常梦笑依红鸾。①

斟酌词意,似指江文叔有女,名桐花②,有学问,有识见。既生在有学问的人家,擅长诗学,学习郑康成(玄)的学问,很有学养。识见品德如汉代季布,使侠任气,一诺千金。幼小时曾住丹山,聪敏美丽,生就兰心蕙质,心地素雅而有侠骨丹心。她的添香伴侣丫鬟二人,也美丽异常。江家本有好笔(借用江淹"梦笔生花"事),足可以为他们题词品评。彼此相处,如陪同鸥鹭,合影成欢。出嫁时虽为妾媵,但丈夫也很匹配,不是彩凤下嫁乌鸦,而是如鸳鸯一双,可以双宿双飞。但不知何故,竟不能如愿,未结姻缘。结果留下相思遗恨,借着留有鸲鹆眼的名贵砚台写出了眼泪成斑的剧作。剧中人只有在梦中见到,遥天之上有红鸾星相照,可以寄托姻缘。

这或许是本剧的情节大概。诗题中所说蛾眉砚③,系歙砚中的名品,纹路如蛾眉状,故名蛾眉砚。剧名《蛾眉砚》,系突出人物借砚寄托情感的情景,词谓"留得相思泪眼,含鸲鹆点滴成斑",当是剧中感情深挚处。砚在剧中或有更多作用,但此《凤凰词》,却未见提及,这里似无线索可寻了。

顾麟瑞,字仲嘉,号芝山(衫),江苏兴化人,拔贡生,天才颖异,10岁知吟诗,年长尤致力于诗,名称于淮海间。工隶书,入清代书画家传。④

五、赵嘉程《福寿晏》

赵嘉程撰《福寿晏》,以往剧簿未见著录。赵嘉程《纯斋集》卷一

---

① 《清代诗文集汇编》379册,页688。
② 这里或许以桐花凤的五色禽鸟作比喻。此鸟娇小而有灵性。见唐李德裕《画桐花凤扇赋》。
③ 宋高似孙《砚笺》卷二:"龙尾砚中有绿色而有黑文者,文纹,长如眉,杂以金星,曰蛾眉石。"
④ 李桓《国朝书画家笔录》卷三"道光朝"。

二,有《自题福寿晏传奇》诗,诗云:

> 不因点谱按霓裳,只为闲消春昼长。帘外几枝花影度,窗前
> 无数绿阴凉。歌声细处闻山鸟,红雨浓时惹径香。一曲初成拟仙
> 宴,回风吹送舞云翔。①

诗题与诗句说明,作者撰有《福寿晏》,又作诗自题观演诗。剧体属传奇。晏,通宴,故亦可作《福寿宴》,是一部庆福、庆寿类的剧作。

作者自云,他作此剧,并非按照曲谱谱写曲词,而是为了消闲,打发春天悠长的白日时光。这种说法,或是出于自谦,表示其剧是不够专业、不守格律的随性之作。接着诗描写春日情景:帘外的花影慢慢移动,窗前留下许多清凉的影子,以彰显作者作剧时所见环境。此剧演出,歌声精细处如同听见山间啼鸟的鸣叫,其氛围如同花落满径留下处处花香。一曲唱完,小小家宴就像仙家宴席,其曲其舞,余韵袅袅,仿佛在云间回翔。诗句清新简洁,生动逼真,于是可知,此剧或在自家府邸有过演出。

赵嘉程(1735—1799后),字云章,号纯斋,属汉军正蓝旗,为奉天广宁(今辽宁北镇)人。乾隆三十三年举人,历官四川通江、南部,湖南邵阳、浏阳、永定知县。人称为政"廉而不刿,察而不苛,拊循子民,煦煦慈爱",有古循吏之风。②

《纯斋集》不编年,故其诗所作具体年代无考。据李树谷嘉庆四年《纯斋集序》"纯斋先生相知二十年,岁七月邀余至浏,乃出所作见示"云云,其在浏阳,应为乾隆四十四年(1779)。此时诗已写就,剧亦写就,故《福寿晏》传奇,应作于乾隆三十三年至四十四年间(1768—1779)。剧佚,今已无人提及,是可补剧目之失也。

---

① 《清代诗文集汇编》388 册,页 621。
② 见嘉庆己未吴翌凤《纯斋集序》,《清代诗文集汇编》388 册,页 483。

六、无名氏"韩信对簿"剧

无名氏"韩信对簿"剧,历来剧目文献未见著录。孙辰东《种纸山房诗稿》有《优人有演韩信对簿者戏为作讼词六绝句》诗六首,诗云:

> 良弓走狗竟如何,信煞恩深敢背他。不是摧锋标汉帜,诸公谁更将多多?
>
> 长乐阴谋定自谁? 由来刀笔少仁慈。奇冤不为功臣雪,国士何劳独骑追。
>
> 娥姁蓄意欲倾刘,忌我威名用诈收。百战反输儿女子,千年魂魄尚含羞。
>
> 附耳分明伏杀机,两番袭夺计深微。只知指点排罗网,那肯从容白是非。
>
> 已将秦鹿付高材,说甚时乎不再来。恼恨无端奇骨相,至今犹豫惹疑猜。
>
> 对簿淮阴一少年,里邻漂母旧相怜。仰天掔手谁曾见? 证据还求鞫马迁。[①]

韩信之死,为刘邦灭秦、灭楚后,杀害功臣的一大史案,引起史家和文学家的高度关注。司马迁《史记·淮阴侯列传》《萧相国世家》、班固《汉书·高帝纪》《韩信传》《萧何传》《随何传》《蒯通传》诸传,都有记述或涉及。至通俗文学兴起,宋元话本,元人杂剧,明清杂剧、传奇,都有相关剧目。元杂剧中武汉臣的《穷韩信登坛拜将》、金仁杰的《萧何月下追韩信》、王仲文的《遇漂母韩信乞食》、钟嗣成《汉高祖诈游云梦》,明沈采的《千金记》、杂剧《淮阴侯》《衣锦还乡》,这些都是讲述韩信故事的作品,情节大致从萧何举荐,登坛拜将,破楚封侯,种种功劳,以衣

---

① 《清代诗文集汇编》389册,页416—417。

锦还乡为终结。这正是刘邦重用韩信,演绎韩信十大功劳,破赵破齐,虏魏豹、擒夏悦,斩章邯,四面埋伏,逼项羽乌江自刎,为刘邦建立基业的发迹过程。此过程中,刘邦在用人之际,还不到猜疑打击、杀害韩信的时候,韩信自无对簿公堂的举动。《汉高祖诈游云梦》所述虽至灭项王后,韩信功封楚王,这时刘邦欲捕楚将钟离眜,知钟离眜被韩信收留,韩信抗旨,拒不交出,刘邦已怒。汉六年,又有人告韩信谋反,刘邦用陈平计,借巡游云梦、会合诸侯之名,实则借机袭击韩信。钟离眜自知身不能免,警告韩信说"吾今日死,公亦随手亡矣",即自刎而死。韩信自恃无罪,持其头颅去见刘邦,汉王虽有杀韩信之心,但钟离眜已受死,刘邦也只好赦免韩信,降为淮阴侯。[①] 至此时,刘邦也没有设立公堂审问韩信的记载,故戏中同样不会有韩信对簿公堂的情节。只有王仲文的《吕太后揲韩信》、郑廷玉《汉高祖哭韩信》、李寿卿的《吕太后使计斩韩信》,涉及刘邦巩固政权以后,猜忌功臣,韩信重兵震主,才有高鸟尽,良弓藏;狡兔死,走狗烹;敌国破,谋臣亡的危机。加之韩信因参与陈豨叛乱阴谋,被人告发,刘邦、吕后才决意谋杀韩信。这些剧目,应涉及这些史实和背景,与韩信被杀有关。可惜这几种剧目都已散佚,无法知道剧中如何演述刘邦授意吕后杀害韩信,吕后与萧何密谋,韩信与吕后、萧何对簿未央宫(或作长乐宫)之情节。但无疑,这些剧目应是"韩信对簿"剧的先驱。

值得注意的是话本《前汉书平话续集》,即《吕后斩韩信》。这部小说,大致依据历史,铺述项羽自刎,天下已定,汉王分赏功臣,韩信心存不满;汉王两次下诏,令捕钟离眜、季布,韩信藏匿钟离眜,拒不交出;事被季布揭发,汉王与张良、萧何、陈平商定汉王巡游,擒拿韩信之计。韩信降为淮阴侯,不给衣食,禁人来往,形同囚徒。三年后,北番入侵,代州紧急,汉王使陈豨带兵出征,陈豨往见韩信问计,见韩信为刘邦破楚立下十大功劳,尚落得坐家致仕,废为闲人,落到如此下场;自己这次便打退番兵,又能有多少勋业,可以免此命运? 于是到代州,即自称

---

① 见《史记·淮阴侯传》。

雁门王,宣布造反。韩信手下妇人以苦主身份向萧何、吕后,密告韩信教唆陈豨造反,杀害丈夫。于是刘邦一面将兵北伐陈豨,一面授意吕后计杀韩信。吕后召萧何设计,将韩信骗入宫中,羁押审问韩信,并在未央宫建法场,秘密审问韩信谋反大罪。这时才有未央宫韩信对簿公堂的历史依据和戏剧场景。所以孙辰东《种纸山房诗稿》所载清中期,优人演出"韩信对簿"剧,其渊源应取自历史轶闻和这类平话故事。

孙辰东所观优人演出的"韩信对簿"剧,其中如何入宫,韩信如何诉讼,并对簿公堂,具体情状,已不可知。据《前汉书平话续集》所叙,在未央宫,有吕后、告密女子,旁有金瓜武士助阵,对韩信作临刑前的审问。法场上有吕后、监斩官、刽子手等人物。吕后审问时,韩信大喊冤屈,韩信申辩,吕后不容分诉。韩信要求等汉王回朝再审,吕后不许。最后韩信大骂吕后"贱婢"秽乱后宫等语。法场审问,监斩官控告韩信盗官马、私藏钟离昧、教唆陈豨造反三大罪,韩信如何对答不详。这时韩信知道申辩已无意义,小说叙述此时的韩信只是懊悔,自恨当年为何不听蒯通、钟离昧之劝,自立为王,则不至落入贱人之手了。这些情节和言语都可能是"韩信对簿"的剧情。参看近代京剧《未央宫斩信》,韩信面对吕后、萧何,其所申辩,抗争,悔恨,绝望,也就是这些情节的浓缩和改易。其中的一贯性不容置疑。今看《未央宫》,就可以知道《韩信对簿》剧的大概了。

最能反映韩信的抗辩,或最能反映古代民众为韩信鸣不平的公堂对簿,应以蒯通见汉王的故事最具戏剧性。故事写汉王平陈豨归来,知蒯通教唆韩信谋反,即审蒯通之罪。

> 帝怒而问:"卿因甚恨韩信不反?"
> 通奏:"启陛下,是臣恨信不反。此人不用臣言,故来此处受刃。韩信若听臣言,怎死于吕后之手?"

于是借题发挥,正话反说,以十罪五反,一一列举韩信之功,力证韩信不反、无罪。如:

第九,垓下聚兵百万,会天下诸侯,困羽九重山前,信定十面埋伏,逼项羽乌江自刎,万里江山一归汉业,其可杀者,是九罪。第十,陛下出自布衣,信立九庙,置皇基,成帝业,其可杀者,是十罪也。

又反问:当韩信收燕破楚,领四十万雄兵;大会垓下,有百万大军,此时好反却不谋反,现在废为闲人,却要谋反?汉王封韩信为楚王,韩信位高权重,不谋反,汉王出征荥阳,伤于成皋,韩信领五十员大将,威震天下,诸侯俱怕,此时有机会造反不反,现在成了闲人却要谋反?① 这些反问,为韩信洗刷了莫须有的罪名,也是韩信对簿公堂可能采用的辩词。

孙辰东的六绝句,是观看"韩信对簿"剧的感想,也是为韩信作的无罪申辩。第一首感叹韩信井陉之战,为汉王拔赵帜,立汉帜,灭赵破代,功高盖世,对汉王忠心不二,结果是高鸟尽,良弓藏;狡兔死,走狗烹。是一不平。

第二首,责问萧何,在长乐宫与吕后设计定谋,并亲至韩府,假传汉王平定陈豨,诱骗韩信入宫庆贺,使韩信被擒被杀,可见当年这个刀笔吏毫无仁慈之心,既然如此,当年在南郑为何又苦追韩信,举荐韩信,要汉王设坛拜将? 是二不平。

第三首,娥姁,为吕后名。该诗指责吕后杀害韩信,是蓄意倾覆大汉江山,只是顾忌韩信威名,才用了欺诈的手段。韩信为刘邦定三秦,收魏破齐,东荡西征,身经百战,雄勇无敌,最后输给了小儿女子之手,千载之下,英魂忍辱含耻,都不会甘休。是三不平。

第四首,直接指向汉王。"附耳"云云,指汉四年,韩信平齐,势力大盛,汉王却被楚军困于荥阳。韩信派使者到荥阳请求封为假齐王。汉王以为韩信在借机要挟,大怒曰:"吾困于此,且暮望若来佐我,乃欲自立为王!"此时张良、陈平"附耳"提醒汉王:现在形势不利,无法禁止韩信为王,不如厚待他,索性立他为王,好让他守住地盘,不然反会

① 《前汉书平话续集》卷中,参见丁锡根编《宋元平话集》,上海古籍出版社,1999 年,页 694—696。

生变。汉王顿悟,立即改口说:大丈夫平定诸侯,要做就要做真王,何必做什么假王! 这时汉王虽不得已封韩信为齐王,但内心已种下必杀韩信的种子。故诗说"附耳分明伏杀机"。到垓下之战,张良原已召韩信会兵合围,其余诸将都到,唯有韩信不到,等到杀了项羽,汉王立即夺了韩信军队,将他降为楚王,守下邳。钟离眜事起,汉王用陈平计,巡游云梦,乘机捆缚韩信到洛阳,夺其兵权,废为闲人。两次袭夺兵权,而又不露神色,终于使韩信束手就擒,无还手之力。诗说"两番袭夺计深微",所指即此。可见韩信之死,其实是汉王所布罗网,岂容韩信从容辩白。这是四不平。

第五首,指秦失其鹿,天下英雄共逐之。谁才高,则谁就可以夺得江山。韩信为齐王,军力已与项羽、刘邦三分天下,韩信投项羽则项羽胜,投汉王则汉王胜。这时齐人蒯通数次以看相术士身份往说韩信,警告他功高震主,位极人臣将有生命之危,劝他不失时机,叛汉自立。韩信因汉王"解衣衣我,推食食我,言听计从",因对己有恩,不肯负汉。其间,韩信也犹豫动摇,但因感汉王之恩,且自恃功多,汉王不会无情,故而最终不忍叛汉。诗说"说甚时乎不再来",指的就是蒯通"时乎时,不再来"的说辞。"脑恨无端奇骨相"是蒯通用相术蛊惑韩信的手段。而韩信的"犹豫"动摇,终究惹来当时及后人的猜疑。这是五不平。

最后一首,诗说韩信当年贫穷时,乞食漂母,胯下受辱,如今站立公堂,对簿诉讼的竟是当时的穷少年。诗人感叹:贫穷时,还有好心的洗衣妇女怜悯他,给他饭吃;现在受审,其仰天长叹,高举双手,呼天吁地,又有谁看得见呢? 韩信是真谋反,还是不曾谋反,已经死无对证,要找证据,只有提审为韩信立传的司马迁了。诗意在说,生死之际,不凭罪证,生杀予夺,不见天日,这是韩信的大不幸,也是大不平。

孙辰东的六绝句,无疑在为韩信鸣不平,辩冤案,有的文字是从剧情出发,反映了"韩信对簿"剧的主要内容;有的或是借题发挥,即发历史之幽愤,抒个人的感慨。但从六绝句所咏诸事,"韩信对簿"的剧情也就一目了然了。

七、王锴《绣佛缘》

此剧未见著录。王锴,字冶亭,莱阳(今属山东)人,嘉庆举人,截取知县,改齐东县教谕。见民国《莱阳县志》卷三。可知王锴中举后历经三科,候选知县。未能就任,改齐东教谕。民国《齐东县志》载:王锴道光七年任齐东教谕。故知王锴系乾隆至道光间人,号铁山樵夫。

满秋石《断蔗山房诗集》卷四,有《题铁山樵子绣佛缘传奇》诗一首,诗云:

> 金线拈残嫁已迟,断云零雨枉成悲。如来不肯呈元相,尽日磨针绣阿谁?(原注:王锴,字冶亭,莱阳人。)①

绣佛,指佛徒以五彩丝刺绣织成佛像或曼荼罗。早在前秦时,此技由印度传入中土。除以金丝、各种线丝所织锦像、织成像外,还有以珠玉点缀或织入的织珠像。满秋石的诗很短,述说很简略,咏读满秋石的诗,此剧似写:一位织佛像女子,长时以金线织像,金线拈残,青春已逝,历经风雨打击,尚未出嫁,而成悲剧。所织如来佛未显本来真相,因而感叹,自己尽日磨针,还能再绣谁呢?这位少女,当是以织佛像为寄托,独守春闺蹉跎岁月,结果心愿落空了吧。

满秋石(1749—1830?),字碧山,号若谷,山东滕县人。乾隆三十九年举人。嘉庆十七年任浙江武义县令,有《断蔗山房诗稿》《归云楼近稿》《为可堂文集》等。

八、程景傅《还妇编》

传奇。庄一拂《古典戏曲存目汇考》据《毗陵经籍志》著录,言"本

---

① 《清代诗文集汇编》425 册,页 225。

事未详"。今读赵怀玉《亦有生斋词集》卷二《蝶恋花》词,有"题程命三丈还妇编传奇"一阙,词云:

> 沙际鸳鸯双顾影,十斛明珠难买芳心肯。不是当筵教合镜,看花泪眼何人省？　　赢得梨园歌玉茗,摩诘诗工,此曲还当等。多事人间还说饼,宁王笛已千秋冷。[1]

《还妇编》不像一个剧目名称,虽然这首《蝶恋花》副题明确标明"传奇",但以往以奇事、异事写作小说或叙述文者都可称之为"传奇",以此仍容易使人怀疑:程景傅之作,是否就是戏曲传奇？不过赵怀玉的词中,写到"赢得梨园歌玉茗,摩诘诗工,此曲还当等",则明确把它定位梨园所演玉茗四梦这样的戏曲,这就可以肯定《还妇编传奇》属于戏曲作品无疑。《毗陵经籍志》及《古典戏曲存目汇考》著录有据。

赵怀玉(1747—1823),字亿孙,号味辛、映川,晚号收庵居士,武进(今属江苏常州)人。乾隆四十五年召试举人,授内阁中书,任四库全书馆分校官。出为山东青州海防同知,署登州、兖州知府,以丁忧归,主关中书院讲席。精校勘,工诗文,与孙星衍、洪亮吉、黄仲则齐名。有《亦有生斋诗集》,含诗词文乐府等 59 卷存世。

程景傅,字命三,生卒年不详。赵怀玉《亦有生斋诗集》卷八有《程广文丈景傅七十》诗,诗作于昭阳单阏(癸卯,即乾隆四十八年,1783),是年程氏 70 岁,可知程景傅生年应在康熙五十二年(1713)。同书卷十,还有《里中重举同甲四老会和程丈》诗,是年程氏 75 岁,则其生年大约为:1713—1788 后。赵诗既称景傅为广文先生,可知景傅不过是教书先生[2],从无功名。对这位前辈,赵怀玉非常尊重,其诗写道:"先生有才复有道,岿然俾作乡之老。先生好诗亦好酒,陶然合徵仁者寿。……官如郑虔境独冷,句比谢朓吟犹寒。"郑虔为广文博士,但官

---

① 《清代诗文集汇编》419 册,页 485。
② 郑虔为广文馆博士,官署独冷。见《新唐书·文艺传》。杜甫《醉时歌》云:"诸公衮衮登台省,广文先生官独冷。甲第纷纷厌粱肉,广文先生饭不足。"

署独冷。谢朓虽寒素,却擅于诗。赵词作这样的比附,可知景傅生活状况和诗风的一般状况。

赵怀玉词,前半涉及《还妇编》的剧情,如"沙际鸳鸯双顾影"似写原配夫妇,感情深笃。"十斛明珠难买芳心肯",应指其后出现变故,有人用十斛明珠来诱惑新妇,但其妇仍然忠于爱情,不为外部的金钱或权势所动。"不是当筵照合镜,看花泪眼何人省",应指此际女主人的生活环境已不能如当年夫妇当筵照镜,已是泪眼看花而无人理解了,这显是一种伤情孤独情景,全剧结局似笼罩着悲剧气氛。词的下半,则是诗人对演出抒发的感想,大意说,程景傅的《还妇编》经梨园艺人演出,就像演唱汤显祖的"四梦"一样受人欢迎。文辞之美也与王摩诘不相上下。现实世界是多事之秋,我们还有这样的闲空来空谈吃喝的闲事①,唐代宁王的笛声已经冷落很久,恐怕已千年不闻了。词人在这里,表现出对"多事人间"的忧虑和对新剧作、新演出的欣喜。通览全词,可知《还妇编》本事的蛛丝马迹。

九、江大键(药船)《柴桑乐》

《柴桑乐》在《古典戏曲存目汇考》及郭英德《明清传奇综录》、李修生《古本戏曲剧目提要》曾予著录,但剧作者皆作"方轮子"。周妙中《江南访曲录》首载南京图书馆藏有此剧稿本,剧署"如皋方轮子填词"。《江苏艺文志·南通卷》、孙书磊等学者对此剧情节、作者、批注文字都作过披露和考证,故此剧的内容、版本、藏地都已为读者所熟悉。现在的问题是此剧作者到底是谁? 按庄一拂、周妙中、郭英德、李修生等剧目文献所录,其作者属"方轮子",具体人名不详。但冒广生早年有诗说"生花记得江郎笔,曾谱柴桑入管弦",说明此剧系如皋江大键所作。裘是《读曲笔谈》考作者为江大键②。嘉庆《如皋县志》、徐

---

① 南朝梁吴均《饼说》,谓宋公与程季故事。宋公说:"今日之事,何者最先?"程季曰:"仲秋御景,离蝉欲静,燮燮晓风,凄凄夜冷。臣当此景,唯能说饼。"(《艺文类聚》卷七二)

② 《南通师专学报》(社科版)1992 年第 2 期。

缙《崇川咫闻录》、王豫《江苏诗征》,虽记叙了江大键(江药船)的生平、著作,但并没有指江大键即方轮子,故方轮子是否就是江大键,这还是问题。后杨惠玲作《未刊行的清代家班演出本柴桑乐》,指出:"无法根据江大键的有关情况,进行判断。"①孙书磊作文对江大键作《柴桑乐》说提出几处质疑,如指嘉庆《如皋县志》著录江大键著作多种,《崇川咫闻录》《江苏诗征》著录江大键诗文、天文、算学著作,都无《柴桑乐》剧目。孙书磊特别指出:"江大键与黄振、曹龙树、徐观政等人交往颇深,而这些交游者的个人撰述中也始终没有江大键创作《柴桑乐》的记载,所以上述情况都显示,江大键与《柴桑乐》之间没有直接的关联。"②

我想,《如皋县志》等著录其诗文杂著,不涉及《柴桑乐》这类戏曲,仍是传统观念的影响,毫不奇怪。至于友人文集是否留下记载,则有一定的偶然性。笔者前时读到曹龙树《星湖诗集》,在此诗集卷一七,载有《霁峰园观柴桑乐新剧》诗三首,诗前有序云:

> 乾隆庚戌秋,余来宰如皋,八年于兹矣。嘉庆戊午七月,因疾致仕,冬季将治归装。同寅各绅士,饯余于霁峰园,徐湘浦司马以家伶演柴桑乐曲,江药船明经新制也。(余解任后,皋人以余家柴桑,特制陶靖节柴桑乐曲一部,演以饯行。)虽优孟衣冠,而间漉酒、归田、谱琴、醉菊诸出,情致翩翩,有潇洒出尘之概,几令人神游于西畴、南阜、菊径、柳溪间焉。是日也,寒雨初晴,冬阳布暖,松梢翠古,梅萼香新,座集英贤,人偕少长。品类为盛,视听备娱,乐事赏心,匪以一足。特余惭儃,非其伦,而感志雅意,兼当阔别。殊难为怀,爰赋三章,以纪嘉会。③

曹龙树(1749—1814),字松龄,号星湖,江西星子(今属九江)人。乾隆

---

① 《中国昆曲论坛》,苏州大学出版社,2005年。
② 《南京师范大学文学院学报》第25卷第4期,2009年。
③ 今查,《九江学院学报》2010年第1期,刊有吴怿《柴桑乐稿本作者及其创作背景》一文,已引录曹龙树诗,并考此剧作者,可资参阅。

三十六年举人。历任江苏沛县、如皋等地知县,江宁江防同知,江南乡试同考官。这篇序,把演出剧目、剧目作者、演出时间地点、撰剧演出的因由,都交代得很清楚,"江药船明经新制也"把作者记载得很明确。从这位当事人即时的记叙中,可以肯定《柴桑乐》的作者就是江药船(江大键),此前的疑虑可以迎刃而解。编撰此剧的时间,在嘉庆戊午(嘉庆三年,1798),演出地点在如皋徐观政的霁峰园。

曹龙树的诗为五古三首。诗云:

> 靖节颜曾徒,匪第隐沧数。即非督邮来,岂为五斗误。折腰固所羞,意实别有注。我怀高贤风,安能旦暮遇。能事让优伶,登场学侯度。漉酒犹留巾,归舟闻歌赋。开迳接南山,松菊情修故。今人作古人,状状符天趣。古人俨在斯,相将酬清酤。

> 近五柳之居,我家柴桑里。弱冠走名场,壮心难自已。讲学趋凤城,一官移雄水。偏地省送迎,颜膝免奴婢。劝农瑞谷登,课士科名起。转饷兼濬河,案牍无停晷。儒吏多傲岸,相戒遇之诡。区区弹此心,劳积病附体。风好尚收帆,御倦且回轨。词去山云深,五峰高仰止。聊得傍清徽,前贤安敢拟。

> 诸君皆俊彦,海表萃圭璋。或敷政达用,或解组善藏。或以齿德尊,或以词藻芳。尝来言偃室,今聚午桥庄。愿俱崇令德,随时爱景光。在天鸿雁远,在地兼葭苍。弹琴发清啸,触目离绪长。将别难为别,别后曷能忘?会期虽匪远,言念各神伤。何以纾离思,腾舸觅醉乡。①

第一首说演出。它从人物说起:陶渊明本是孔门颜子、曾子的信徒,不单是一名隐士。但他有气节,有自己关注的世务,即便没有督邮来彭泽视察,他也不为五斗米折腰,也不为这点俸禄而做官。"我"缅怀这位贤人的高风,但早已无缘相遇。如今优伶登场,妆演有仪表,有法

---

① 《清代诗文集汇编》424 册,页 629—630。

度。① 饮酒时有酒留于衣襟,归去时可以听到他吟出的歌赋。所开小径连接南山,松菊之情绵长如故。艺人扮演古人不仅有古人的样子,还留有古人天然之趣。好像古人俨然就在面前,大家不由斟酒敬贺,表示感谢。

第二首说自己。说自己系柴桑人,与五柳先生为同乡,年纪很轻就走上名利场,怀有一种雄心难以抑制。到过京城讲学,后到稚水(指苏北一带)为官。此地偏僻,省去很多迎送的礼节,不必像别人那样奴颜婢膝。他做官劝农,田里就瑞谷丰登。培育士子,就兴起了科名。漕运军饷,开河疏浚,案牍繁忙,都没有停歇的时候。手下吏役对人傲慢,他也严加训诫。区区此心,竭尽全力,因此积劳成疾。想到风好可以收帆,疲倦应该返航,这次归田,重返五云深处,可以仰望五柳先生,熏沐高人的清风,哪里敢与前贤相比。

第三首说朋友。意为在座各位,都是一时才士、俊杰。或从政发挥作用,或退职隐居安乐,或年长德尊,或文华出众。曾相会于子游之室,现又宴赏于裴度别墅(二句比喻彼此往来,情谊高雅)。希望以后以德为尚,爱惜时光。一旦别离,如鸿雁在天,地上的芦荻则已苍黄(按:此借《诗经·蒹葭》,表示思念)。大家一面弹琴,一面啸歌,表达朋友分离时的离愁别绪。分别不易,分别后又怎能相忘。虽然再见的机会不远,但说起别后的思念仍然非常感伤。大家难以抒发别离的情绪,只有拿起酒壶求得一醉。

三首诗把演出《柴桑乐》的主旨、观演的感受、朋友的情谊,作了很好的概括。这是文士钱别所作的一次演出。

十、宋澹思《杜陵春》

《杜陵春》,传奇。《今乐考证》著录,《古典戏曲存目汇考》据以重录。二书都未对作者与剧目内容有所解说,故今对作者与此剧了解甚

---

① 《诗经·大雅·抑》:"质尔人民,谨尔侯度。"《毛诗正义》云:"戒君慎为君之度,即威仪也。"

少。据《奉新资讯博客》中《罗浮一梦宋鸣珂》文：宋鸣珂(1743—
1792)，字摺桓、澹思，江西奉新人，乾隆四十五年(1780)进士，任南城
兵马司指挥，自杀死。著《南川草堂集》《心铁石斋存稿》《芳猷堂诗合
刻》，今未存。作传奇《罗浮梦》《杜陵春》两种，均不存。鸣珂弟鸣琦有
七绝诗谓："罗浮幽梦鹍翎悲，梦断朝云一卷诗。谁料廿年前老宿，已
将离梦谱相思。"原注谓："余仲兄澹思先生，曾谱《罗浮梦》八出，亦为
朝云而作。"鸣琦诗与注，说明此剧八出，所谱内容，即苏轼与朝云故事
无疑。这是博文为我们传递的重要信息。

关于《杜陵春》，博文引录乐钧《澹思进士杜陵春院本题词》，诗谓：

> 乐府争传太白狂，杜陵野老又登场。词人每爱谈天宝，山绿
> 水清易断肠。
>
> 浇愁还借八仙歌，云梦胸中作酒波。我合伤心君含笑，诗人
> 从古不登科。
>
> 偶吟蝶戏与娇莺，黄四娘家寄远情。遂使葵花添本事，红牙
> 重谱艳歌声。

乐钧这首诗，见《青芝山馆诗集》卷二①。博文未据诗对剧情作说明，
故留有阐释的空间。我们可以补充说，乐钧的诗，是了解《杜陵春》剧
情的绝好写照。诗第一首，谓已有戏剧中，多写李太白狂放不羁，宋澹
思的《杜陵春》则把杜甫写进剧中，让此杜陵野老登场。古今诗人剧家
都喜谈论天宝遗事，但明皇出狩，经过马嵬，虽水绿山青，但国事浇漓，
玉环赐死，总会令人伤心断肠。这说明，《杜陵春》与《梧桐雨》《长生
殿》取材不同，它不涉及李白醉写《清平乐》词章及安史之乱、马嵬事变
的许多情节，因为那些事情容易令人断肠。此剧不写李白，而写杜甫。
杜甫自称"杜陵野老"，诗故谓"杜陵野老又登场"，标明杜甫成为《杜陵
春》的新角色。

---

① 《清代诗文集汇编》481 册，页 87。

第二首,谓杜甫借《饮中八仙歌》浇愁。而其忧愁,广如云梦之泽,在诗中都化为八仙酒波。《饮中八仙歌》作于开元、天宝间,此时虽值大唐盛世,李白、贺知章、李琎、李适之、苏晋、张旭等,狂放不羁,放浪形骸,飘飘欲仙,但杜甫心中,却忧国忧民,饱含忧虑。云梦之泽故事见于《左传》,传谓:楚昭王入云梦,被盗所攻,已追悔莫及。杜甫后来作《夔州书怀四十韵》说"绿林宁小患,云梦欲难追",意谓安禄山及各藩镇拥兵自重,寇盗纷起,朝廷已不能控制,追悔莫及。《八仙歌》虽有云梦之忧,如今化作八仙那样"知章骑马似乘船"、"汝阳三斗始朝天"、"李白斗酒诗百篇"、"张旭三杯草圣传"、"焦遂五斗方卓然"等醉趣、仙气,云梦之忧被化为荡漾酒波。院本以嬉笑之笔,刻画这些大才,都不能登科取官,为国效力,是古今令人伤心痛心的不平之事。这样的诗句反映了《杜陵春》剧中所写杜甫和饮中八仙的情节及观演者所理解的人物心理内涵。

第三首,取杜甫《江畔独步寻花七绝句》意。此时杜甫住成都草堂,理想破灭,孤独无聊,在江边溪上,或观春光,或寻酒伴。诗人也曾独步寻花而至邻人黄四娘家赏花玩景。其绝句第六云:"黄四娘家花满蹊,千朵万朵压花枝。留连戏蝶时时舞,自主娇莺恰恰啼。"①描写邻人黄四娘家花枝的繁茂、蝶舞莺声的交织,构建了一幅春日绚丽的图画。据诗,杜甫在黄四娘家并非流连光景,还另有寄托。"遂使葵花添本事",似乎是说剧中增加了一位葵花的人物,多了她的情节。这在杜甫赏春游览中可能更加活泼多姿。杜诗《自京赴奉先县咏怀五百字》写到:"葵藿倾太阳,物性固莫夺。"此人物的出现,未知是否从杜诗中化来。杜甫虽已50多岁,但赏春的热情,老年的风致,表现在字里行间。这恰是《杜陵春》的主体画面。本剧的主要构思或正是据这七首绝句、特别是其第六首绝句引申铺叙而成。

以杜甫游春为主要故事的剧目,元代有范康的《曲江池杜甫游春》杂剧,明王九思有《杜子美沽酒游春》杂剧。范康杂剧今佚,剧情可据

---

① 《杜诗镜诠》卷八,上海古籍出版社,页355。

杜甫《曲江三章》《九日曲江》《春日潜行曲江池》等诗推测一二。王九思杂剧今存,所写系杜甫在长安游曲江胜境,追怀往昔,痛恨李林甫,入贾婆婆店,在慈恩寺遇岑参,游渼陂,次日携妓浮舟至钓鱼台而生栖隐之念。宋澂思《杜陵春》传奇,所写地点、人物均有不同。

当时人周有声《东冈诗賸》卷六,有《题宋澂思鸣珂杜陵春传奇》诗四首,它对《杜陵春》传奇的内容、意趣也有一些透露。现引录如下:

> 狂歌拓戟首重搔,文藻敷腴旷代豪。莫道此翁多感慨,太平时节亦吾曹。
>
> 气酣怀古正悠然,芒砀闲云脚底烟。谁信麻鞋归蜀道,西风含泪拜啼鹃。
>
> 流离深愧主恩何,暮景飞腾叹逝波。偏与诗人增意气,群仙抗手一高歌。
>
> 酒伴吟朋意最亲,后来视昔感相因。他时谁谱金台事,我亦当筵痛饮人。(原注:时方与澂思暨诸同人,共集王莳亭给谏妙闻书屋。)①

周有声的绝句为宋澂思的《杜陵春》而作,自然有赞美宋澂思的才学、文采、性格、志向的含义。但绝句又是因剧情而发,为剧中主角杜甫而发,所以诗句主体是叙述杜甫的故事,反映《杜陵春》的剧情,从而描写、紧扣剧中人物的行为事迹。如狂歌搔首,酒酣拓戟,见于杜诗《醉为马坠群公携酒相看》:“甫也诸侯老宾客,罢酒酣歌拓金戟。”②显示剧中杜甫有饮酒酣歌,搔首举戟的醉态和狂放行为。

说杜甫麻鞋归蜀道,含泪拜杜鹃,流离愧主恩,见于杜诗《述怀》:“麻鞋见天子,衣袖露两肘。朝廷悯生还,亲故伤老丑。涕泪授拾遗,流离主恩厚。”③显示剧中叙及安史乱后,杜甫奔灵武,见肃宗,麻鞋草

---

① 《清代诗文集汇编》424 册,页 689。
② 杨伦笺注《杜诗镜诠》卷一五,上海古籍出版社,1962 年,页 752。
③ 同上书,卷三,页 140。

履,授职拾遗,逃难四川,流离失所的窘境。

说杜甫"群仙抗手一高歌",也与杜甫《醉时歌》"但觉高歌有鬼神"①、《望岳》"恭闻魏夫人,群仙夹翱翔"②,是同一物象和意境。剧情最后,或有超凡绝世,与群仙翱翔的结局。

因为周有声等人都熟读杜诗,了解杜甫,绝句所叙或有脱离剧情而从杜诗中化出,所言重在读杜感想,未必都是《杜陵春》所叙及的情节。这也有一定的可能。但周有声的诗绝不会完全是对杜诗的复述,完全脱离剧作去回忆杜甫,而理应是将读杜与观剧联系起来,从观剧想到杜诗及杜甫生平遭遇而引发观感。如果是这样,我们就可以说,这些诗反映了《杜陵春》描写杜甫从狂歌拓载、麻鞋归蜀,到晚年与群仙举手高歌的生活及其情感。其内容就在杂剧《杜甫游春》《曲江池》之外,别出一种面貌,另现一番境界。

十一、李铿载(湘宾)《鹿叶梦》

李湘宾的《鹿叶梦》,以往剧簿未见著录,吴书荫据《光绪嘉应州志》卷二三已发现并加著录(待刊本《清代戏曲总目》,剧名有作《蕉鹿梦》者)。今读张维屏《松心诗集》,有《李湘宾孝廉以所撰鹿叶梦传奇嘱题为赋四绝句》(见《松心诗集》卷四)四首,诗云:

老子犹龙有裔孙,早年游宦别乡园。归来追忆江南梦,谱出多情旧泪痕。(原注:此咏龙裔。)

不同仙子引刘郎,略似幽欢杜丽娘。天上完婚曾有例,如何不学魏寒簧。(原注:此咏辛鹿叶。)

伉俪姻缘迹太陈,传奇花样爱翻新。梦中画里空空处,同证仙缘脱世尘。(原注:此咏辛鹿叶梦圆、姜艾馨画圆。)

白云深处鹤舒台,碧海光中剑匣开。侠客忽来强寇退,始知

---

① 杨伦笺注《杜诗镜诠》卷二,上海古籍出版社,1962年,页61。
② 同上书,卷一九,页975。

尘世有奇才。(原注：此咏贾昆。)①

从上述诗题与诗句,可知张维屏所见为《鹿叶梦》而非《蕉鹿梦》。未知作《蕉鹿梦》者,是《光绪嘉应州志》有误或存另一剧目。作者本名为李铿载,字湘宾,因为与老子李耳同姓,又孔子曾称老子为犹龙,故李铿载又号为龙裔。铿载身份为举人。剧作年代不详。据张维屏诗的排序,诗作于咸丰三年,剧或作于咸丰初。

从诗第一首可知,剧谱李湘宾以往在江南所经历的一桩不幸的感情故事,有自传体的痕迹。第二、三首告诉我们,本剧"不同仙子引刘郎",所谓"刘郎"即《幽明录》所载刘晨,他与阮肇入天台山采药遇二女,邀入其家,食麻饭、牛羊肉,夜来结为夫妇。半年后送别刘、阮返乡,刘郎见当时房舍全异,亲旧零落无复相识,询问得知,山中半年,世上已三百年矣。后世戏曲以此为题材,有元《刘晨阮肇误入桃源》、明清有《天台梦》《长生乐》诸剧,所谱即刘晨、阮肇入天台山采药遇仙女故事。李剧既不学仙子引刘郎,则意味本剧不像刘晨遇仙那样虚无缥缈。诗说李剧剧情受《牡丹亭》的影响,"略似幽欢杜丽娘"即指《牡丹亭》所谱《游园》《幽媾》诸出情节,李剧所设主角为辛鹿叶和姜艾馨。寒簧系仙女,尤侗《钓天乐》写到魏寒簧曾为沈白未婚妻,因沈白含冤下第,悲而夭折,返回天宫再成王母之散花仙史、嫦娥之侍书,后得玉帝传旨,在天宫与沈白成婚。"天上完婚曾有例,如何不学魏寒簧",指李剧没有按照魏寒簧,也没有按照一般剧作天上完婚的俗套,给他们一个大团圆,而是花样翻新、摆脱陈迹,让他们在梦里和图画虚设的情景里脱离尘世,同证仙缘。剧中辛鹿叶的"梦圆"、姜艾馨的"画圆",大约构思与文采都比较突出,故诗人称它摆脱了传奇俗套,最具新意。剧中还出现了剑客贾昆,这个人物有击退强寇的故事,诗人称之为世间奇才。鹤舒台在广州白云山深处,旧时成羽化飞升之处,这里或指这位侠客是得道成仙的人物。剧未见,张维屏的四绝句可以为我们探

---

① 《清代诗文集汇编》533 册,页 333。

测剧情提供依据。

十二、车少云《宝剑篇》与 《郭代公临汾传奇》

车少云《郭代公临汾传奇》,历来剧簿未见著录。今读金衍宗《思诒堂诗稿》卷三,见有《题车少云茂才郭代公临汾传奇后》古诗二首和绝句五首。古诗第一首曰:

> 河伯娶新妇,小姑嫁彭郎。太白窃配仙子梁,丹朱扮身中宫房。樗蒲娄庙迓蘭女(原注:见《述异记》),上界田郎聘兴娘(原注:见《河东记》)。神耶怪耶各求偶,何况血食含阴阳。城狐社鼠擅威福,犯帝猪王雄尔族,彼汾一曲美如玉。蛾眉险作虎口肉,将军不负此腰腹。何来冀北一少年,出门西笑俄东旋,撒手冊万青铜钱。咄咄怪事当眼前,一挥那惜膏龙泉。喜除一方害,快睹倾城妍。痴肥莫笑亥字仙,奇缘作合宁非天?昭君归高王(原注:北齐娄妃字昭君),一妹犇卫国。英雄混迹世不识,慧眼看人有巾帼。

其第二首曰:

> 我友车少云,跌宕诗名闻。心折古畸士,能武兼能文。轶事话代公,佳人得天水。彩笔初成宝剑篇,沙堤待筑宣阳里。嗟哉乌将军,尔腹空十围。不如鬼卒智,一见知先机。预呼相公贵,万里封侯归。虎头燕颌食肉飞,天山奏捷回旌旄。山中白耳是耶非(原注:《酉阳杂俎》郭代公居山中,夜有人面如盘,出灯下,郭公题诗二句,明日见巨木上有"白耳大数斗"诗句在焉),题诗莫咏妃呼豨。我读此曲终,快欲拍案叫。同时推梁公,胆气出忠孝。何有妒女祠(原注:见狄梁公传),何有愤王庙(原注:梁公有檄毁

楚霸王庙文）。焚祠不让东海谦（原注：李氏《蒙求》"何谦焚祠"。
谦，东海人），投巫不数西门豹。君不见，公家更有尚父尊，试手已
褫猪龙魂。丁宁偶然避蓝面，邂逅或且逢天孙。

古诗二首提供了《郭代公临汾传奇》的主要情节线索。诗题中的郭代
公指郭元振。元振（656—713），原山西阳曲人，十八岁中进士，得武则
天赏识，有方略，历任凉州都督，安西大都护，太仆卿，吏部、兵部尚书，
同中书门下三品，出将入相，进封代国公。新、旧《唐书》有传。金衍宗
诗第一首，说的是《郭代公临汾传奇》本事。开始数句，据《史记》及《述
异记》《河东记》等传说，历数前代神妖或历史名人娶妇故事，这些都是
神怪求偶的事，引出《玄怪录》所记唐时，代国公郭元振的一桩奇遇。

　　据《玄怪录》记载：郭元振自晋至汾阳，因夜行失路，入一庙，见灯
火婪煌，菜肴丰盛，好像嫁女。但在东阁，有女啼哭不已。一打听，知
是当地神灵乌将军娶妇。这位乌将军就像河伯一样，每年必娶当地一
名少女，如不照办就要祸害一方。郭元振大为愤怒，誓杀淫鬼以救女。
未几，乌将军果车马骈阗而来。乘将军言笑极欢之际，元振以利刃断
其腕，则一猪蹄。将军失声而逃，乡人恐受祸，欲缚元振以献官府。元
振言，少女横死于妖，妖畜残虐于人，天地所不容，愿为当地永除妖患。
乃命乡人数百人，执弓矢刀枪，循血迹追妖于洞穴，见是一大猪，无左
蹄，卧于血地。乡人遂群逐妖孽，使毙于围中。害除，乡人喜，聚钱酬
谢，公不受。女为感谢救命之恩，请从公而去。元振多方推辞劝说，不
获准，遂纳为侧室。①

　　这便是诗中所言城狐社鼠、犯帝猪王、亥字仙缘及"喜除一方害，
快睹倾城妍"的故事。剧叙郭元振富贵前事，后来出将入相，故诗人以
为，这是英雄混迹尘世之中，而此女慧眼识人，犹如北齐武明皇后娄昭
君一样，当神武皇帝（高欢）还是受人指挥的小兵时，娄氏就选中他为
丈夫，后来小兵成为北齐的开国皇帝，娄氏成为皇后。② 可见巾帼女

---

① 见汪辟疆校辑《唐人小说》，上海古籍出版社，1978 年，页 254。
② 见《北史》卷一三。

子,慧眼识人。这种故事情节的精神联系,意味此剧或是作者婚姻不遂而希图女子另具慧眼,或是仕途不遇而寄希望于伯乐。

金衍宗古诗第二首介绍作者。作者车少云,即车伯雅,仁和(今杭州)人,廪贡生,善画,能诗。① 金诗称赞他,由于心折古代能文能武的畸士,故取郭元振开疆西北,娶天水佳人的经历,用五彩之笔,费时十年,作《宝剑篇》。在他的《郭代公临汾祠》传奇里,所写乌将军身体粗壮而智慧不如鬼卒,郭代公天山奏捷,万里封侯,并有诗才。看到这样的传奇,诗人觉得扬眉吐气,不由拍案叫绝,同时想起与郭元振同时的狄仁杰毁庙,以及东海人何谦焚祠、西门豹投巫的事迹,他们都是为民除害、为民拥护而得善报的名人。车少云祖上也有享有尚父之尊的人物,也有类似的事迹,这是诗人拍案叫绝的缘故吧。诗中所言《宝剑篇》,据"能武兼能文,轶事话代公",所述实则郭元振故事,故此《宝剑篇》疑是《郭代公临汾传奇》的初稿或异名。

再看其五绝句:

　　早岁胸罗万卷书,客中金尽且归欤。十年磨得芙蓉剑,一笑今朝试墨猪。

　　谁道封侯壮志非,思亲遥望白云飞。依间相见应欢笑,赢得清娱并载归。(原注:本传唐初至开元仕至宰相,而亲在者惟代公一人。)

　　相府红丝缔姻缘(原注:郭代公娶宰相张嘉正第三女,见《开元遗事》),金龟夫婿梦朝天。输他蕉萃贫家女,萍水三生作合先。

　　开府凉州鼓角鸣,闺中想亦赋从征。牙旗玉帐军容盛,可忆汾祠夜定情?

　　射虎剚蛟自昔雄,惊鸿消受有谁同? 黑风夜半间山庙,天赐夫人与相公。(原注:金郝参正肃事,见《续夷坚志》。)②

---

① 《杭郡诗三辑》。
② 《清代诗文集汇编》533 册,页 578—579。

绝句中,诗人说剧作者车伯雅年轻时即胸罗万卷,学问广博,但不善生计,穷愁潦倒。他用十年工夫磨成芙蓉剑,结果今天用来写成传奇以刺杀犯帝猪王这样的妖怪,实则学非所用,万不得已,成一种苦笑。这里的"芙蓉剑",应是前诗中所说的《宝剑篇》,也就是《郭代公临汾传奇》中的道具和化身。绝句第二、三、四、五数首,仍依据历史和传说,讲述郭元振与剧中情节,例如他的封侯壮志,与宰相张嘉正联姻,开府凉州的气势,临汾祠定情的记忆,天赐夫人的艳遇。这些都与历史、传说素材相符。第五首"天赐夫人"小注引《续夷坚志》谓"金郝参政肃事",有小误。郝肃,实为梁肃,见《金史》卷八九。元好问《续夷坚志》卷二"天赐夫人"载:广宁间山公庙灵应甚著,参知政事梁公肃家于此乡。肃作举子时与友赌胆力,夜入庙负一鬼出,竟是美妇。妇开目,自言扬州某氏女,为大风飘来。与肃结为夫妇,梁肃寻擢第,至通显,时人有天赐夫人之目。①

(本文部分文字,曾刊于刘崇德主编《中国曲学研究》第四辑。)

---

① 《续修四库全书》1266 册,页 485。

蒋秋帆戏曲四种

蒋秋帆戏曲,以往戏曲曲目未曾著录。今读王泉之《政余书屋文钞》卷一二,有王泉之所作《蒋秋帆词曲传奇序》,记载蒋秋帆作有传奇四种。资料珍贵,现转录如下:

严羽曰:风雅颂既亡,一变而为离骚,再变而为西汉五言,三变而为歌行,四变而为沈宋律诗。余谓,李太白创为《忆秦娥》《菩萨蛮》诸作,则词曲又为律诗之变,得骚之流风余韵,而为诗余也。

天地间惟有余则不尽。冬者岁之余,夜者日之余,雨者晴之余,昔人谓之三余。余益之以无者有之余,无中生有,有转为余矣。推类以尽其余,诗余之作,其殆以无为有者乎?

蒋子秋帆善读《离骚》者也。读骚之余,仿骚之体,演为词曲。一曰《远香亭》,一曰《镜中花》,一曰《续幻缘》,一曰《仙人岛》。离奇变幻,皆无中生有,发乎情而止乎礼义。意不离乎香草美人,行必中乎喜怒哀乐,亦骚之奇而不失其正也。非如《西厢》之假张生以谤莺莺,《琵琶》之隐王四而毁蔡邕,《牡丹亭》托陈最良以刺眉公。舞文弄墨,荡检逾闲,为骚之蛇虺也。

自太白创为词曲,宋以后惟王半山稍一染指,欧阳永叔、苏子瞻始擅其长。永叔之词,虽婉秀曲折,一唱三叹,子瞻之词虽豪放激宕,辟易千人,究未闻传奇演剧,祖骚而继风雅颂以为乐章,播诸弦管、谱诸声歌,推类以尽其余也。蒋子于行有余暇之时,即以《离骚》置之案头,朗吟高唱,响彻云端,故发为诗文,情致缠绵、离奇变幻,余味溢于楮墨间,词曲特管豹之一斑耳,可谓善读《离骚》者也。

蒋翚曰：诗文有不从楚辞出者，纵传弗贵也。蒋之翘曰：予读楚辞，观其悲壮处，似高渐离击筑，荆卿和歌于市，相了也已而相泣，旁若无人者。凄婉处则似穷旅相思，当西风夜雨之际，哀蛩叫湿，残灯照愁。幽奇处似入山径无人，但闻猩啼蛇啸，木魅山鬼习人语而向人拜。艳逸处似美人走马，玉鞭珠勒，披锦绣，佩琳琅，对春风唱一出《杨白华》。仙韵处似王子晋骑白鹤，驻缑山最高峰，吹玉笙，作凤鸣，挥手谢时，人人皆可望而不可到。余即以蒋氏之评《离骚》者叙蒋子之诗余，不亦可乎？①

王泉之(1763—1830后)，字汉槎、星海，清泉(今属湖南衡阳)人，嘉庆十年进士，授铅山知县，调进贤、钟陵、安仁、芝阳等地知县，后为宁都知州、处州知府。汪廷珍谓其"居官廉介，遇事敢为"。蒋祥墀对其政绩称："誉者半，毁者亦半。"著有《政余书屋文钞》二十卷。

这篇序从诗体演变叙说词曲源流，在诗学史上没有太多新意。只是王泉之更强调《离骚》，或说楚辞，在诗体演变中对词曲形成和体式衍变上的作用，则与一般曲论侧重点有所不同。前人多重视古乐府、唐绝句在词曲形成上的作用，而王泉之则认为"得骚之流风余韵，而为词曲也"。这是从句式的灵活应用上阐述词曲源流的一种见解。自然更是为了突出蒋秋帆对《离骚》的爱好，以及因为爱好，而形成他的传奇关目结构"离奇变幻"，情致悲壮缠绵，其味"溢于楮墨间"的许多特点。

从戏曲研究，特别是清代剧目的研究看，该序的主要价值是：著录了嘉庆、道光间一位传奇作者蒋秋帆和他的四种传奇作品。这四种传奇，即文中所列：

《远香亭》

《镜中花》

《续幻缘》

① 《清代诗文集汇编》475册，页575。

《仙人岛》

这四种传奇未见流传,本事不能详考。《聊斋志异》有《仙人岛》一篇,叙灵山王勉,自视高才而有轻薄之孽,有道士欲其反身修道,乃以仙术引入仙宫,期登仙籍,但王勉欲得富贵,意念不坚,道士以长石为骑送其归去。石飞起,半途中王勉忽念下方景界,微微开眼,身与长石已跌落海中。有女子鼓掌嘲笑而来,驾船引之入仙人岛。村中桓某殷勤款待,妻以美女,宴时桓父请教王郎才情,王勉自信才名,自夸才学,吟诗论文,却相继遭十五六岁垂髫少女数落嘲讽,谓之"不通、不通又不通"。王勉屡受诮辱,神气俱丧,汗淫淫而下。夫人劝王从此不作诗,王勉大惭,从此绝笔。夫人芳云告诉王生,他们本是地仙,因念王生有父,不忍违离,只能降落红尘。后以篮中草具为构巨第华屋,并送王父天年,王勉始觉"富贵纵可携取,与空花何异"。临丧日,夫妇皆不知所终。[①] 这篇小说,很有传奇色彩,而所讽刺自称才子者亦颇深刻,是否为蒋秋帆所取材,也不可知。献疑于此,以待高明。

蒋秋帆,真实名字不可考,秋帆应是他的字号。读王泉之序,知道王泉之非常重视蒋翠、蒋之翘的楚辞论。蒋之翘(1596—1659),明末清初人,是一位重要的楚辞研究家,所作《七十二家评楚辞》影响深远。

---

① 张友鹤辑校《聊斋志异》,中华书局,1962 年,页 946—955。

查揆所作剧目一种补

查揆剧作,庄一拂《古典戏曲存目汇考》著录《桃花影》一种,并谓本唐人小说《画里真真》串以《离魂记》,合演赵颜与真真、倩倩事。剧存乾隆刻本。这是一种。又,《中国戏曲志·浙江卷》引述陈文述《颐道堂诗外集》卷九,《秦淮访李香君居》诗,其第十首云"我忆琵琶查八十,剪灯同谱影梅庵",原注:"余与查梅史相约,谱影梅庵传奇,记董小宛事。"[1]今据《颐道堂诗外集》卷九重校[2],于此可知,陈文述与查揆曾合撰过《影梅庵》剧,剧演冒襄与董小宛事,这是第二种,它是对查揆所作剧目的一个补充。除这二种外,是否还有第三种呢?

我在读钟大源《东海半人诗钞》时,见其卷六有《题小青传奇为梅史作》诗,诗云:

> 横桥才子多情客,绝妙词成欺白雪。把酒题残芍药红,临风吟遍葡萄碧。多情端的恨无情,不分人甘薄幸名。南国偶传埋玉地,西泠为谱断肠声。乌衣子弟红闺秀,廿四桥边惊邂逅。借得芳名柳色新,生来弱貌花枝瘦。盈盈碧玉破瓜秋,飞絮飘零不自由。嫁得钱塘轻薄婿,三星错喜抱衾裯。载归桃叶轻歌舞,金屋藏娇空自许。岂识中闺拥髻人,居然绣阁胭脂虎。我见犹怜事未真,相逢那得便相亲。爱河不是杨枝水,怨海流从妒妇津。脂愁粉惨真何计,迹向梅花深处避。萧郎从此路人看,凤约鸳盟等闲弃。挑灯闲读牡丹亭,顾影徘徊暗涕零。夜雨梨花人悄悄,春风

---

① 见张庚等编《中国戏曲志·浙江卷》,1997年,页776。
② 见《清代诗文集汇编》504册,页707。

蝴蝶梦惺惺。凄凉懒把他生卜,自信红颜应桎梏。并蒂人间少宿因,掌书天上多仙福。岂是樊姬别乐天,亦非金谷堕楼年。崔徽泪尽空留画,小玉神伤易化烟。茫茫幽恨凭谁诉?倩女魂归竹西路。卿须怜我我怜卿,留得千秋痛心句。夕阳谁复醉湖漘,一片桃花护古坟。犹幸年年傍苏小,不教寂寂卧朝云。君今往事重提起,多少娥眉曾若此。杀粉慵书堕泪碑,研朱怕续伤心史。叔夏清宵唤奈何,分明百阕懊侬歌。潇潇莫遣吴娘唱,湖上秋风正碧波。①

钟大源(1763—1817),号箬溪,东海半人,海宁人,终身布衣。查揆(1770—1834),字伯揆,号梅史,同为海宁人,二人相知颇深。查揆《筼谷诗钞》卷一一有《海昌诗人钟半人贫病且老,丐同人为助》诗②,卷一六有《怀旧》十五首,其第十三首即怀钟半人诗。诗叙其穷态"潮声撼卧榻,破屋才如舟",而内心则又是"谁知咳唾地,中有万古愁",③可见钟大源穷困潦倒,而二人来往频繁。他所记查揆(梅史)撰剧《小青传奇》,自真实可信。《东海半人诗钞》编年,可查得此诗作于乾隆癸丑(五十八年,1793)。如此,查揆《小青传奇》必成于此时不久。

钟大源这首诗,前叙查揆有情而多才,写出的剧本,赛过阳春白雪。主客在一起,临风饮酒,谈论多情、无情等话题,对世上薄幸之人都很反感。

然后诗进入主题,直述查揆的《小青传奇》的故事:这位小青本扬州的大家闺秀,她的芳名与柳色一样清新。小青体貌消瘦、孱弱,年龄只在十二三岁间,命运如飞絮一样漂浮不定,不能自主。她错嫁了杭州的轻薄子弟,自己已不再像桃叶渡的女子那样轻歌曼舞,但丈夫"金屋藏娇"的许诺也没有兑现。丈夫原有妻子,如胭脂虎一样厉害非常,小青的肉体与精神备受摧残。为此丈夫对小青也时时疏远,把以前的盟约都丢弃不顾。小青幽闷无聊,顾影徘徊,夜间挑灯闲读《牡丹亭》,

---

① 《清代诗文集汇编》471 册,页 593—594。
② 同上书,497 册,页 287。
③ 同上书,页 333。

想到梨花夜雨,春风蝴蝶,美景不长,红颜幽困,此情此景不同于樊素离别白居易,绿珠坠楼金谷园,唐代歌姬崔徽伤心泪尽仅留下画像,也不像张倩女为思念王文举以至离魂,霍小玉被抛弃而神伤欲绝,而无处诉说,唯有自己暗自涕泪不已。读了《牡丹亭》后,写下"瘦影自临春水照,卿须怜我我怜卿"的伤心诗句。泪干情尽,小青一恸而绝。她的坟茔就在苏小小的墓边,与苏小小相伴。除了坟上还留下桃花相护外,有谁再到她坟前去祭奠呢? 这段叙事,与我们所知的支如增《小青传》相仿,也与朱京藩的《风流院》重叠,与吴炳的《疗妒羹》传奇、徐士俊的杂剧《春波影》相似。可知查揆的《小青传奇》,其关目大致本于这些小说戏曲改编。

钟诗最后一段,表达了对剧中人物的深切同情,并从《小青传奇》引出对这种痛苦的思考。"多少蛾眉曾若此",反映了古往今来像小青这样幽愤而死的年轻女子不幸命运的普遍性。全诗在悲剧气氛中,表达了无可奈何的心情。这多半也是此前冯小青的小说与戏剧中表达的情感基调。也许因为朱、吴、徐所作杂剧传奇已为人知,影响很大,查氏的《小青传奇》就湮没无闻,剧也失传了。但作为剧目钩沉来说,查揆作有一部《小青传奇》则无疑,现在我们应当把它列入清代的一个失传剧目。综而论之,查揆至少有剧三种,即:

《桃花影》
《影梅庵》
《小青传奇》

女剧家蕉卿的《梦影缘》

女剧家蕉卿与她的传奇《梦影缘》，以往戏曲目录未见著录。陶梁《红豆树馆诗稿》卷一四，有《蕉卿女史梦影缘题词》四首，录有蕉卿剧作一种。诗谓：

老去情怀逝水知，偶拈红豆谱新词。南来法曲仙音近，才子而今让扫眉。

滴粉搓酥妙染翰，广寒廿载十分寒。要将清节凭摹写，莫作寻常咏絮看。

兰闺女伴话三生（原注：女芳芸来京口述蕉卿有前生圣叹之语），别有幽怀写不成。绮语全除思忏悔，记曾图史妄批评。

节孝长留天地间，传抄闺阁几曾闲。言言都是关风化，坊本盲词好尽删。①

陶梁(1772—1857)，字宁求，号凫乡，又作凫芗，长洲（今属苏州）人。嘉庆十三年进士，选庶吉士，累官至内阁学士，礼部侍郎。工诗词，精鉴赏，儒雅风流，文名籍甚，著有《红豆树诗稿》《红豆树词》《红豆树书画记》《词综补遗》，并参与《国朝词综》《金石粹编》诸书之编成。

蕉卿其人，我们所知甚少。施淑仪《清代闺阁诗人征略》谓："郑贞华，字蕉卿，乌程人，广西巡抚郑祖琛女，钱塘贡生周锡诰室，有《绿饮楼遗诗》。"又谓："青年守节，庚申殉难。"②大约因随父在广西，咸丰十

---

① 《清代诗文集汇编》507 册，页 695。
② 《清代闺阁诗人征略》卷九。

年(1860)遭遇了太平天国之乱而殉难。蕉卿诗集未见,我在其父郑祖
琛《小谷口诗续钞》中,见其附录有蕉卿所撰《题诗》八首,因其未见引
录,少为人知,今录如下:

> 吴楚江山湘浦烟,旧游重忆十年前。金銮才弱难刊石,直待
> 香山诗史编。
> 精忠武穆继周文,此喻从来得未闻。击碎唾壶歌一阕,悲风
> 夜起背嵬军。
> 全收五岳灵奇气,放笔如倾万斛泉。眼底绝无余子在,豪吟
> 直欲驾青莲。
> 兼征潜德发幽光,代写蛮姬铁石肠。从此堪消雌伏恨,须眉
> 正气自堂堂。
> 八番何幸迎旌节,岂独民歌生佛来。万丈光芒一枝笔,蛮烟
> 瘴雾尽冲开。
> 感时费尽万沉吟,力挽狂澜仗寸心。指下音声弦外意,更无
> 人识伯牙琴。
> 谁复扪心似木鸡,任他万卷乱排挤。金银洞口多佳气,只怅
> 难邀彤管题。
> 镜里孤鸾血泪多,频年掩卷废吟哦。望云竟遂趋庭愿,万里
> 求经相见坡。①

蕉卿诗这里不作详解,我们从中可以看出,蕉卿有很高的文化素养,写
诗造诣颇深,以这样的才华来写作剧本,无疑能胜任愉快。

　　陶梁的四首诗,诗题点明蕉卿有传奇《梦影缘》,诗的内容主要赞
美蕉卿才气,过于须眉男子。蕉卿曾自称"前生圣叹",可知崇拜金圣
叹,并有金圣叹的才华。除了写剧外,二十年来作者如同身处广寒宫
中,别有许多幽怀深情无法写出,只能在深闺里,与兰闺女伴谈说三

---

① 《清代诗文集汇编》545 册,页 687。

生。其生活与思想的限制于此可见。这些叙述可以看出,她有着清代许多才女无可奈何的历史命运。

剧作讲究文采,精心敷衍,所作文字不是寻常"咏絮"女子所能望及的。但因为生活与身份所囿,她的剧作写的是女子的清芬名节,主旨重在张扬节孝,鼓吹风化。为了留下这片苦心,连绮语妙词都不得不删节干净,不留痕迹。陶梁这些诗句,虽不能传达出《梦影缘》的具体剧情,但"要将清节凭摹写"和"节孝长留天地间"可以说已把剧作内容、主旨透露得比较清楚了。

清代疑似剧目四种析

古人著录剧目，多以历史习惯和戏曲文体相称。或称为"词"，或称为"曲"，或称为"乐府"等。这些剧目文本不能见到，又未经剧目书簿著录，也就无法判断它们是否是剧，还真是"词"、"曲"、"乐府"，这就不能不存疑。下面所列数种，从文字著录上，无法判断它们的体式，故归之于疑似剧目。今不避谫陋，胪列于此，略陈己见，希望引起关注，尤其希望得到博雅之士的指导，以为完善戏曲目录之助。

一、韩崧《莺迁谱》乐府

历来剧簿未录《莺迁谱》。道光诗人陈廷庆《谦受堂全集》卷三，有《戏题韩听秋孝廉崧莺迁谱》与《听秋作莺迁乐府予题四绝于后复广此曲》两组诗。其题作"乐府"者，可能是词，也可能为剧。先来分析一下他的四绝句。其诗云：

> 芸香细爇桂香飘，荡漾银筝与凤箫。的是平章风月主，小红谱擅玉山樵。
>
> 当筵珠翠舞梁尘，好依红牙点拍频。可要金衣新出谷，一枝唤起上林春。
>
> 子夜歌残去梦赊，翻教瑟柱感年华。洛中魏紫今谁问？冷落江郎五色花。
>
> 茶烟如缕鬓如丝，君是前身杜牧之。犹向紫云翻一阕，春风

醉煞五陵儿。①

这四首绝句,第一首描写演唱《莺迁谱》的时令、环境,银筝、凤箫演奏的场面。诗人说作家韩崶是平章风月之主,小红所唱也很擅长韩偓(字群玉山樵)那样的篇章。

第二首描写演唱者的舞姿和歌唱的美妙。一面是舞姿惊下梁尘,红牙拍板节奏分明。其声如同金衣公子引发出谷之音,其声一出,如同唤起上林春色一样。

第三首说演唱到子夜时分,残梦远去,此时倒教演唱者、听唱者感慨年华消失。如今洛阳的牡丹魏紫姚黄的春色还能问谁? 江淹生花妙笔描绘的五彩斑斓的色彩也受到冷落。

第四首说茶烟缕缕升起,演唱者的鬓发也飘荡如丝。韩崶的经历也同风流的杜牧相似,现在为紫云重翻一曲,席上的春风已经把年少豪奢的五陵公子醉倒。

四首绝句虽有不少音乐描写,有许多乐器伴奏的文字,近于反映歌者唱词的环境和歌者演唱的美妙,这使《莺迁谱》乐府近似于词唱。但同时我们也看到,其中伴有舞蹈,如"当筵珠翠舞梁尘"的叙述,有故事,如"的是平章风月主"、"翻教瑟柱感年华"、"君是前身杜牧之",都不应是虚辞。其中当寓有类似于杜牧扬州梦的情景,这又有些像剧。吴熊和、严迪昌、林玫仪等编《清词别集知见目录汇编》②不载《莺迁谱》,似乎更有助于这种推测。

再看另一首。这一首系歌行,较长,亦录于此:

> 迷濛柳际烟,荡漾花间雾。无数栗留声,欲唤春光住。春光如海去如流,犹见阴阴夏木稠。不是芳邻搴桂树,定随仙侣到瀛洲。瀛洲仙侣渺何处? 湘泽骚人来自楚。孰倩鸩媒替蹇修,管教凤操停珠柱。凤兮凤兮去复来,丹山绣谷相徘徊。有时九韶和六

---

① 《清代诗文集汇编》439 册,页 453。
② 台北"中研院",1997 年。

吕,有时百啭与千回。华堂丝竹细如缕,一种缠绵总到汝。锦翼
新分郑鹧鸪,绿窗应赋祢鹦鹉。鹦鹉才人笔,金莺公子衣,不分如
花有越女,鸳湖一昔鹣双飞。嘹呖鸿,呢喃燕,巧簧滑滑临风擅。
浪忆西泠杨柳堤,声驰北地樱桃宴。猥余尝咏到间关,斗酒携来
缘未悭。隔街一片琉璃影,辊入轻喉脆琯间。轻喉脆琯纷追逐,
欲抵明珠赚量斛。载诵冬郎乐府词,莺迁别谱新迁曲。①

这篇歌行,起以描摹春花,铺张春光之美,中段与后段"有时九韶和六
吕,有时百啭与千回"、"嘹呖鸿,呢喃燕,巧簧滑滑临风擅"等句,也在
描摹歌声呖呖,巧舌如簧,都是歌唱性质的词唱本色。但诗中多数句
子说到屈原和他写过的神仙故事,所述人物或是月中芳邻攀折桂树,
或是神仙伴侣去往瀛洲仙境。仙侣来自何处?他们来自湘江、云梦泽
的骚人。谁请鸠媒来代替蹇修(今按:蹇修,《离骚》中的古贤,为寻宓
妃而为媒理,后衍为媒妁人物)这样贤能的媒妁呢?"凤兮凤兮"来而
复去,它在锦山绣谷中来往徘徊。锦绣华堂丝竹绕绕,总有一种缠绵
之情袭人心扉。诗举晚唐诗人郑谷有著名的《鹧鸪诗》,汉末祢衡有
著名的《鹦鹉赋》,来表现《鹧鸪诗》的诗意,《鹦鹉赋》作者的才名,这
些都不是纯粹的词乐描写,而是蕴涵着一定的情节故事,这就带有
演剧的痕迹,而诗中音乐舞蹈的描写则是演剧的一部分了。总之,
这出《莺迁谱》是否是词、是剧,都还值得探讨,今列在这里,只是期
待高明指教。

作者韩崶,石韫玉《韩听秋家传》记述十分详尽。传云:"君讳崶,
字峻维,又字听秋,江苏元和人。韩氏先后两宗伯,以文章勋业垂名当
世,遂为吴中望族。君生而颖异,少承尊甫乐余先生庭训,与令弟尚书
尌,同负盛名,一时有二陆双丁之目。年二十,受故侍郎谢金圃先生之
知,入学衮然举首。二十八癸卯科乡试,谢公复来主考,文端戴公副
之,君举于乡,偕计入都。维时尚书先以选士,观政秋曹,乐余翁亦就

---

① 《清代诗文集汇编》439 册,页 453。

养京邸,君遂携孥以从,父子兄弟欢聚一堂者有年。时有礼亲王闻君才名,延置宾馆,教授世子,又充国史馆誊录。长编告成,议叙以知县用。既而尚书公观察高廉,迎乐余翁入粤。君六试春官不第,又丁母忧,遂南归,历为大府宾客。偶患目疾,为庸医所误,遽失明,君于是谢绝世缘,皈心净业。于是者三十年,清修弗懈。君积学,工文章,长于诗,有水明楼集若干卷。昔齐梁间琅琊王氏,人人有集,当世以为美谈。今乐余翁及君与尚书,各有专集行于世,论者佥曰:江左青箱之业,复见于今兹也。君学佛,弗克翻译经论,则专修净土之业。一意西归,收视返听,性海自发光明。尝自题斋额,作擘窠书,甚瑰伟,殆昌黎所云盲于目,而不盲于心者欤?晚年自号知守老人。道光乙未七月既望,偶示维摩之疾,自知将化,口占辞世诗一百字,以示性命圭旨,翛然长逝,知君自得者深矣。余与君缔交六十年,知君最深,因叙其生平崖略,存诸家乘云。"①这些人生经历的记述,可供研究参考。

二、童梁《哭镜词》院本

此剧未见诸家剧簿著录,朱文治《绕竹山房诗稿》卷五,有《题童佛庵哭镜词院本》诗二首,其诗云:

乐府新声溅泪填,妆台尘涴倍凄然。不如镜背双龙影,长抱明珠对月眠。

花前欢笑酒边春,空影团圈不是真。只怕君心明似镜,旧人才照照新人。②

童佛庵,佛庵自然是他的字号,其真名与生平履历都不见有其他记载。有幸的是,我在《绕竹山房诗稿》里看到朱文治的《怀人诗五十首》中,有怀《童佛庵布衣梁》一首,可知这位童佛庵,名梁,其姓名即童梁。诗

① 石韫玉《独学庐余稿》,见《清代诗文集汇编》477 册,页 650。
② 《清人诗文集汇编》465 册,页 45。

说:"来往有诗朋,幽居近马塍。枯藤支老屋,破衲思山僧。嗜好难谐俗,图书得未曾。炊烟旦时绝,傲骨尚稜稜。"①这首诗告诉我们,这位童佛庵,名梁,是位老布衣。他生活非常穷困、落魄,情状是枯藤支屋,破衲穿身,居近马厩,三餐不继。这些描写不知是否有所夸张,但其穷困潦倒则无疑。虽然如此,诗中写到这位老布衣,所交多诗朋故友,而且傲骨铮铮,个性高傲,不随流俗。这也许就是始终为老布衣的原因。这首怀人诗传达的信息,大概就是现今对这位院本作者所了解的全部了。

《哭镜词》这样的题目,作为"词",体裁有被认作诗余的嫌疑。但朱文治既题作《哭镜词院本》,则是指古老的戏剧体式,就意味着可能属剧作。不过这种戏剧体制大都比较短小,与传奇有别。

这本《哭镜词》已佚,我们很难推测剧情与人物,朱诗仅七言八句,可供探寻的文字有限,故剧情不详。但仔细读朱文治的诗,可以推测,剧中的主人公,有一面镌刻双龙的铜镜,他经常持镜相对,对镜而哭,抱镜而眠。其中还有与女子花前欢笑的情景,追想当时花前酒边的春色。但好事未成,婚姻不遂,以至如镜花水月,只能在镜中相聚团圆,而饮恨无已。诗的最后二句,又像是调侃童梁:这面镜子曾照过旧人,现在又照新人,你自己也心明如镜吧。通观这些内容,这部院本,似是青春男子爱情失恋故事。因为失恋,所以对镜追思,对镜凄然落泪。而这些恰是本剧作者的自身经历,内心的自我表露。作为院本,体制短小,故可能是一部情节简略的抒情剧。

朱文治(1760—1845),字诗南,号少仙,浙江余姚人。乾隆五十三年举人,嘉庆六年大挑得知县任,后改海宁州学正,历10余年,引疾归。有《绕竹山房诗稿》10卷,诗余1卷,《续稿》14卷。诗未编年,然其《诗稿》收嘉庆戊寅(二十三年,1818)以前的诗作,《续稿》则至咸丰辛亥(元年,1851)付刻,据此推测,童梁的院本,必也作于嘉庆戊寅之前。

_____

① 《清代诗文集汇编》465册,页62。

三、《莳梅葬花》乐府

钟大源《东海半人诗钞》卷八，有《题莳梅葬花乐府后三绝句》，诗云：

> 恼人芳讯太匆匆，褪紫嫣红一霎中。肠断陆郎寻旧迹，数声杜魄怨东风。
>
> 一抔香土上啼痕，闲酹红梨酿半樽。梦里尚呼花好好，画帘尘箪倍销魂。
>
> 长开连理竟无因，蛱蝶双飞隔两尘。花亦有情应雪涕，凄凉何况葬花人。①

《莳梅葬花乐府》这样的剧目，历来没有著录过，也没有听说过。它是否就是剧本，也不能不存疑。因为明清人有时会把几套散曲连接，歌咏一事，也称作乐府。但把剧本称作乐府的，也大有人在。如仲振奎的传奇十六种，就统称《红豆斋乐府》。所以，这个题作《莳梅葬花乐府》的文本，或许是剧本，可以列入无名氏疑似剧目之列。

从钟大源的诗看，第一首似叙述春日时分，有人从培育梅花，为梅花莳草，不久又到春末，他又像林黛玉一样，为花下葬，这时不由不感叹春天芳讯太短，诸花褪色陨落竟在一霎之间。这个主人，好像就叫陆郎，他为葬花来到旧处，看到恼人天气，触景生情，感叹伤悲，为之断肠。其伤悲之状，竟令人想起杜宇啼血，数声而绝。

第二首叙述葬花情景。主人捧着一抔香土，因为伤感，土上也滴上泪痕，然后把半杯红梨酒作祭奠。祭奠何人？其人似乎名叫花好好，因为情深，陆郎梦中也常常呼唤她的名字。可是因为我们不知道的原因，他们姻缘隔绝，连他们日常见到的画帘尘箪都令人倍感销魂。

---

① 《清代诗文集汇编》471 册，页 614。

第三首在说,他们本有姻缘之分,可以结成连理枝,但结果,原来蛱蝶双飞的愿望,都已人尘相隔,无法团圆。诗人感叹:花如果有情都会擦拭花上的眼泪,更何况葬花人如此凄凉那就更伤心不已了。

三首诗叙述了一对年轻男女不幸的婚姻故事,他们有名有姓,有一定的情节串联,构成了简略的戏剧情节。不知所叙是一个短剧,还是一部长剧的片段,这里已无法判断了。

三诗的作者钟大源(1763—1817),里居简历见前。其《东海半人诗钞》编年,查得此诗作于嘉庆元年(1796),可证《莳梅葬花乐府》也出现于此前。

四、孙渌川:红豆村樵填词

顾宗泰《月满楼诗集》卷三八,有《孙渌川上舍以红豆村樵填词属题赋长句归之》诗,其诗云:

> 天台洞口桃花片,引得风流情一线。倾城名士暗销魂,遗恨三生空眷恋。兰阶贤从擅多才,书记从官东阁开。纵猎山原归未晚,逐鹰门巷巧成媒。巷有佳人芳姓郭,陆郎邂逅如期约。梅枝手赠蔼琼台,绮帐题诗照珠箔。偎红依翠结知音,酒湛灯明誓此心。只为萱帏须告娶,遂叫萍梗枉愁侵。幸看痴叔家书达,弹指佳期尘海拔。玉峡云为神女行,金茎露止文园渴。那料狂飙起骇波,变态官场春梦婆。片席凌空驱海若,孤身一剑谢妖魔。无端好事多磨折,鸾纵回首成轻诀。难得香闺五夜心,不移芳捻千寻铁。苍茫烟霭郁洪涛,惝惑鱼龙逝远艘。填石心如逐精卫,望夫山却踏灵鳌。追舟何处空回路,怀金愿寄怜前渡。箫市宁忘公子情,稿砧终向夫人诉。闭门从此对枇杷,寂寞青天抱怨赊。关盼楼中嗟去燕,崔徽卷里怅空花。彩云竟下瑶京坠,玉镜偏从椒馆碎。鬼劫囊宵痛夜风,旅魂今夕悲秋黛。棠梨雨滴薛涛坟,酒醒临觞潘令文。一哭重泉埋玉蕊,千秋情种惜金钗。生既多情为情

死,死欲留芳托才子。红牙曲按燠情侬,无限兰芬寄羽徵。[1]

孙渌川,生平履历待考,从诗题上称作"上舍",应是太学生,别号红豆村樵,其余经历未见记录。诗题称孙渌川之作为"填词",虽有词体之嫌,但据现今收录词集最为详备的吴熊和等编《清词别集知见目录汇编》[2]不收此集,似亦排除其作为词体作品的可能。而从顾宗泰诗所记此"填词"的内容来看,叙述的是陆郎与郭佳人邂逅相约,绮帐题诗,忽经狂飙骇浪,离别后佳人寂寞空对,对镜痛哭身埋重泉等情节,整个故事意在说明"生即多情为情死,死欲留芳托才子"。这显然是又是少女为情而逝、与才子情意缠绵不已的一场爱情婚变故事。看了这本剧作,诗人说是"红牙曲按燠情侬,无限兰芬寄羽徵",说明这个剧作声情并茂,可以流传人世。从顾宗泰所述看来,这本"填词",当属一种传奇剧本。顾宗泰(1749—1829?),乾隆、嘉庆间元和人,孙剧当作于此期间。

---

[1]《清代诗文集汇编》425 册,页 575。
[2] 台北"中研院"出版。

仲振奎《红豆斋乐府》与杨芳灿序

  《红豆斋乐府》,戏剧别集,仲振奎撰。庄一拂《古典戏曲存目汇考》录仲氏《红楼梦》《怜春阁》二种。仲氏《红楼梦》广为人知,《怜春阁》存稿本,衍李塘与叶丽华诸事。此外,未及其他剧作。今学者吴书荫据汤贻芬《隐琴园诗集》卷二三《七十感旧》诗注中,发现仲氏"著有传奇十六种"的记录,然后从仲氏《红云绿雨山房诗集》《红云绿雨山房文集》,发现仲氏《火齐环》、《红襦温酒》、《看花缘》、《雪香楼》、《卍字阑》、《霏香梦》、《香囊恨》、《画三青》、《风月断肠吟》(即后之《怜春阁》)、《后桃花扇》、《懊情侬》、《牟尼恨》、《水底鸳鸯》等十三种剧目及其自序(见《清代古典戏曲总目》待刊本),《泰县著述考》也作著录,并云"未刻"。这就把仲振奎剧作十五种剧目记录清楚了。所缺一种,《江苏艺文志·扬州卷》著为《诗囊梦》①,这样汤贻芬所言仲氏传奇十六种都已全录,无遗珠之憾了。笔者这里可以补充的,是这些剧目的总名,和杨芳灿为这些传奇所作的总序。杨芳灿《芙蓉山馆文钞》,有所撰《红豆斋乐府序》,蔡毅《中国古典戏曲序跋汇编》未收,现转录如下:

  盖闻翠翎红味,六幺传瑞鸟之声;珠佩云璈,三叠按素娥之谱。由来法曲半出仙灵,从此尘寰,尽娴音律。一曲鸾吟,唱《安公子》数声;鱼沫听念,家由②丽华巧啭。琼枝璧月之前,静婉娇歌;银烛金花之下,莫不拊红弦而弹怨。曲翻白纻,而擅佳名。
  洎乎院本争传,新声代变,官分南北,事杂悲欢。含商咀徵,

---

① 见该书页1194。
② 按:此数字漫漶不清,疑有误。

才士摛词,傅粉涂丹,伶官借面。笑陈王之细碎,只校妃豨;薄江令之妖浮,空歌婉转。

则有红豆斋主人者,青琴妙誉,湘瑟家声。高琳出而玉磬净波,任昉生而金铃坠地。髫龄顾曲,绮岁安歌。僧孺论乐,早知檀拍之名;摩诘按图,便识霓裳之制。

出画羽绣鞶之余技,为哀丝流管之新声。云笺细璧,墨浮蚌砚以成烟钿,笛孤吹尘绕虹梁而入梦,洵足令双鬟垂手,合座倾心矣。重以奉倩神伤,安仁叹逝,香桃骨瘦,玉豆心寒。鬻檀参佛,尘凝七宝之龛;刻石招魂,烛散千花之帐。每当篆销寒兽,月上明螺,银蒜帘垂,冰荷镫炧,影玲珑而无主,思结缃以谁知。翠管频抽,红牙小掐,一声初下,万缕争回。真珠密字,和泪点以俱圆;叠雪轻绡,写愁丝而不断。人之情也,能无叹乎? 是以辞缘苦而弥工,言因悲而转幻。

非因非想,疑佛疑仙。鸾胶再续,倩女魂游;蝶梦翻新,书生羽化。黄姑助聘,完旧誓于三生;彩翼为媒,传好音于一水。写凤靡莺吒之恨,寄天青海碧之愁。慧业难忘,情根永忏。风轮劫转,大众离欲界三千;绮语障空,随地设寓言十九。嗟乎,有怀难语,暂寄托于俳歌,独处工愁,惟流连于短翰。击节而珠跳玉裂,发唱而肉奋丝飞。偶堕青琳,字下未换仙心;曾参金粟,台前兼通禅悦。试看江管,应放西天称意之花,倘问萧斋,好寻南国相思之树。①

此序文字原本连书,不分段。为便于阅读,今划为五段。大致是:从头开始到"曲翻白纻"为一段,主要叙述曲的由来与曲的美妙。

自"洎乎院本"到"空歌婉转"为一段,则叙戏曲形成后南北曲的出现、艺人扮演、才人开始染指剧词。不过以前之作,或如陈思王(曹植)《甄妃赋》之类过于细碎,陈时尚书令江总的诗文过于浮艳。

自"则有红豆斋主人"到"便识霓裳之制"之第三段,意在介绍剧作

---

① 《芙蓉山馆文钞》卷四,见《清代诗文集汇编》435 册,页 623。

者红豆斋主人的聪明才智,称赞他出身书香门第,其才禀如高琳生为浮磬转世,如任昉为天降垂铃,不仅早识音律,而且天资颖异,如牛僧孺早知檀板,王摩诘从奏乐图中能识霓裳曲一样。

自"出画羽绣鞶之余技"至"言因悲而转幻"第四段,叙红豆主人撰剧时的情境,透露作者有荀粲、潘岳类似的伤感经历,故"辞缘苦而弥工"了。历史上,荀粲娶曹洪女,美姿色,未久染重病,荀粲熨其身,不逾而亡,粲痛悼不已,旋亦亡故,年仅29。潘岳妻杨氏,早卒,潘岳作《悼亡诗》,极尽哀伤。杨芳灿以此比附仲振奎,对我们了解仲振奎剧作的文辞特点和造成这种特点的原因颇有帮助。

自"非因非想"至尾,为最后一段,意在对其整体风格作了评价。杨芳灿评述《红豆斋乐府》各剧,以为其中大都包含了男女分离,姻缘再合,倩女离魂,书生羽化,黄姑助婚,彩翼为媒诸多情节,多在寄托情天碧海之恨。至最后都实现三生之愿,而又忏悔情根,跳出劫轮。风格上疑佛疑仙,似幻非幻。辞藻则如江淹,写得彩笔生花;付与演唱,音律则又跳跃飞扬,认为这都是作者擅于文辞又精于音乐的结果。

此序说明,仲振奎的传奇,统称或总名即作《红豆斋乐府》,这是仲振奎个人的剧作集。阅读序文,可以增强对仲氏十六剧中剧情、人物、剧作风格和作者风格的了解,故迻录、述说如上。

清代五种存疑剧目辨证

近年有机会参加"清代戏曲目录"的整理工作。在所涉及的剧目中,笔者查证了清人几种杂剧、传奇作品,核实了已有的目录,发现通行的庄一拂《古典戏曲存目汇考》,有一些误记、误录。庄《考》的部分失误,已故邓长风先生已作过许多厘清和订正,可惜邓先生英年早逝,明清剧目仍有许多问题还有待后人作进一步探讨。笔者近时阅读中得到的主要认识是:一、张贞的《画衣记》非传奇,而是散文;二、冒襄的所谓剧作《山花锦》《朴巢记》所据不实;三、所录《钗而弁》之本事,值得商榷;四、所录《芍药群》亦可疑。现草为《清代五种存疑剧目辨证》,以就正于大方之家。

一、关于张贞的《画衣记》

庄一拂《古典戏曲存目汇考》页 1268 于张贞名下著录传奇《画衣记》一种,并谓:

> 此戏未见著录。《居易录》云:沂水高平仲初举进士,手画白练衣,寄其内张夫人,凡花卉三十二丛,题诗八首。安邱张贞作《画衣记》。佚。

《居易录》为王士禛(渔洋山人)所作。庄氏据以摘录的这段文字见于《居易录》卷二九。原文为:

沂水高中丞平仲,讳名衡,工诗画,后抚汴,有功名。崇祯辛未初,举进士,在京师手画白练衣一称,寄其内张夫人。凡花卉二十五种,作三十二丛。着色生动,备极姿态。又题诗五七言绝句,凡八首。略云:对月偏成忆,临风更有思。乡心无可寄,聊写最娇枝。花枝鲜且妍,置之在怀袖。好记花枝新,怜取衣裳旧。轻襦画折枝,悠然感我思。画时肠已断,着时心自知。雾縠偏宜暑,冰绡迥出尘。着时怜百朵,应忆画眉人。安丘张贞杞园作《画衣记》。①

王士禛这段话指出,所谓"画衣",系沂水人高衡,工于诗画,崇祯四年(1631)在京中进士后,制了一件白绸衣,并在这件白衣上,亲自画了二十五种花卉,题了八首诗,寄给妻子张夫人,以表怀念之情。安丘人张贞则根据此事写了《画衣记》。

据王士禛之文,读高衡之诗,觉得这位进士虽地位改变,但笃于情义,不忘糟糠,其德可为风范。而自制白衣,自绘花卉,自题诗句,以寄夫人,也富有创意,别有情调,足以感人。有人据此撰作戏剧,也有韵致。况张贞所作,取名《画衣记》,深合明清传奇取名通例。这些情况,都可能使人联想它是一本传奇。

庄一拂的《汇考》意在汇集戏曲存目,故凡涉及古典戏曲目录之文都在收罗之内,见到《居易录》这一资料,自不会轻弃。当年庄氏以个人之力作这一浩大工程,也难对所及文献一一核对,所以就据此著录为张贞的一本传奇。

笔者为核实庄氏此目,查明该"剧"著录的原文及相关史实,乃从《四库全书》所收《居易录》查得出处,为庄《考》补出卷帙;又从《四库未收书》查得康熙四十九年春岑阁刻本之张贞《杞田集》十四卷。令人欣喜的是,《杞田集》卷四有《画衣记》一文,把画衣故事说得极为清楚,其文谓:

---

① 《居易录》卷二九,《文渊阁四库全书》869 册,页 670。

余家旧藏画衣一称,沂水高中丞笔也。盖写折枝墨卉于白练,上幂以青纱而成之者。……图于前襟者曰梅,曰绣球,曰山茶,曰水仙,曰竹石。观其后背,上秋葵一,稍下紫薇一,榴花一,一榴房尤怪伟。又下荷花一,而画水仙于两旁。肩上作芙蓉、木犀各一枝,柯叶交亚,颇极盘纡纷披之致。左袂为海棠,为芍药,为辛夷,为玫瑰,为秋菊,为灵芝、蕙草,又有桃杏、牡丹、栀子。百合、萱草在右袂。两褹下各缀兰石。合之得花卉二十五种,作三十二丛。便娟映带,穷态尽变,觉奕奕生气,射人眉睫。所谓妙而真者也。衣之前后及左右袂皆题五七言断句凡八首。诗亦秀丽饶韵,读者艳之。先生讳名衡,平仲其字。少负异质,与先叔父(江按:其叔名绪伦,字彝叙)侍御公同以才名颉颃齐鲁间。每赴郡试,踏省门遇之相好也。崇祯辛未共举进士,称同年生,相好加焉。侍御一日过先生邸舍,此衣适成,将以遗其妻张夫人,侍御公一见欣赏,辄自持去,先生亦无难色,此可以窥前辈交谊矣。尝考先生起家县令,征为御史,出按河南,既晋都御史,填抚其地。治民御寇,皆著声实。晚年纳节归田。壬午冬,沂水城陷,夫妇伏节,同日并命,可谓与日月争光,与天地俱磨灭矣。而其平日风流自命,柔翰关情如此,毋亦靖节赋闲情故事邪?当画衣时在先生释褐之初,方翱翔京国,观政部寺,使他人处此,必且朝集金张之馆,暮宿许史之庐,请谒奔竞为后日仕宦地,先生乃枯坐客窗,裁衣寄内,何其神怡务闲乃尔。呜呼,虚静恬淡是即先生功名节义之所从出欤?此皆不可以无传。因笔之为记,而录其诗于左,以存故事焉。(诗略)后书辛未夏日作于燕邸寄内子。平仲题。……此衣自辛未以来,藏吾家者已六十六年,庚辰春日,余在京师,过大司寇新城公邸舍,偶与言及,公甚艳其事,因以赠之而记其始末,详其形制,用存吾家一段致语,且使子孙知前辈交情也。康熙三十六年六月六日,张贞起元记。[1]

---

① 《杞田集》卷四,《四库未收书辑刊》第7辑,28册,页612。

这篇《画衣记》，详细记录了高衡1631年中进士，观政京城，不奔竞豪门，不请谒谋利，而是虚静恬淡，在邸舍剪练裁衣，并于白衣领上袖上，前襟后襟，细心画上三十二丛二十五种名称不同、姿态各异、奕奕有神的花卉，题上八首感物寄兴、情深意切的诗篇予妻子，表达"凭教雾縠传深意，永矢糟糠不下堂"的心意。衣尚未寄出，被同乡兼同年进士的张绪伦"一见欣赏"，不容分辩而"辄自取去"，此衣竟成张家之物。明清鼎革，高衡夫妇双双死节，此衣就留在张家六十多年。张贞遇王士禛于京城，言及此衣、此事，士禛极以为"艳"，张贞即把此衣转送士禛，士禛亦于《居易录》记其事。为留下高衡的功名节义及此衣与张家的这段佳话，康熙三十六年（1697），张贞写下了这篇《画衣记》。这便是张贞作《画衣记》的原由、情节和内容。见到《杞田集》，便可以知道《居易录》所说的《画衣记》，便是这篇文章，而不是别有什么传奇剧作。这当可以廓清庄《考》著录之误。

张贞，字起元，号杞园，山东安邱人，康熙壬子（十一年，1672）贡生，授候补翰林院孔目，不赴。十八年举鸿博，未与试。少好学，博雅好古，游施愚山之门，与王士禛为莫逆。精鉴别，工金石篆刻，尤工古文，时称文章巨手，著有《杞田集》十四卷，《杞纪》二十二卷，及《半部稿》《或语》《娱老》《潜州集》《乡贤传》《耳梦录》，行于世。

二、关于冒襄的《朴巢记》和《山花锦》

庄氏《汇考》页1190—1191在冒襄名下著录传奇《朴巢记》和《山花锦》两种，并谓两剧之目出自诸联《明斋小识》，其他戏曲目录未见著录。均佚。

冒襄（1611—1693），字辟疆，号巢民，如皋（今属江苏）人，是明末著名的四公子之一。入清后，以世乱不出，屡征不起，筑水绘园结诗友唱和以终。我们都知道冒襄知音律，人称顾曲周郎，蓄有家班，常演剧以娱宾客，友人项玉笋《庚戌岁寒水绘庵唱和诗》称"闻说园林全盛时，朝朝暮暮管弦丝",①便可知其演剧之盛。

王挺《水绘园序》称:"水绘庵之胜,树木掩映,亭榭参差,曲水环流,山亭独立,尝于其中高会名流,开尊章乐。其所教之童子,无不按拍中节,尽致极妍。"也可知其家班声誉之高。但我们不知道冒襄曾自撰传奇,有什么剧作,这又是剧目中的一个谜团。

为此,笔者先查阅诸联的《明斋小识》。诸联(1760—1830后),字晦香,青浦人,所著《明斋小识》有嘉庆十六年陈爱筠序本,十二卷。②该书所记,除当地风俗、物产、传闻、掌故外,也记了不少文人交往、个人情性的资料。尤可注意的是,该书还记有当地戏曲演出的若干史料和剧作家徐石麒、汪云湄、廖景文剧作事,这些都是很有价值的。但查遍全书,却未发现其中有一字涉及冒襄剧作,更无所谓《朴巢记》和《山花锦》的记载,因此笔者怀疑,庄氏所据到底是何种版本的《明斋小识》? 庄氏是否见过《明斋小识》? 如果见过,何以不注明版本、卷帙,而如此含糊其词? 这些问题现已无法向庄先生请教了,只好存疑。我们能做的,只有寻找其他证据。

直接的证据是冒襄自己的诗文著作。现所知他的诗文作品,有《巢民诗集》六卷,《巢民文集》七卷,两集今有《续修四库全书》所收康熙刻本;《影梅庵忆语》一卷,此书翻印甚广,随处可见;另有所编《同人集》十二卷,今有《四库全书存目丛书》所收本。

翻检《巢民文集》和《巢民诗集》,其文涉及赋、序、书、记、题跋、忆旧、诗评、祭文、碑文诸体,而无一篇言及撰剧事。其《诗集》之卷三、卷四、卷六,虽有宴饮观剧之什,然所言皆观剧有感,或赞艺人技艺,也无一语道及冒氏自撰剧目事。按照常理,明清自备家班的文人,其家班演出必不缺主人自撰剧作,主人举办家乐也常以自撰剧目飨客,凡有这样的盛事,必多多少少反映到他们的诗文中。现存冒襄诗文集无一字说及自撰或演出传奇《朴巢记》和《山花锦》,则有理由怀疑冒襄原本没有作过这样的传奇剧。

① 《同人集》卷七,《四库全书存目丛书》集部385册,页302。
② 《明斋小识》,见《笔记小说大观》21编10册,新兴书局,1978年。

最可注意的是《同人集》，这是冒襄花了六十年时间，辑录了从 24 岁至 82 岁，在水绘园、得全堂、小三吾等处，和友人交往、观剧、唱和留下的文献，是一部收罗宏富、容量很大的诗文汇编。这些文友，有钱谦益、龚鼎孳、王铎、王船山、王畿、邓汉仪、吴次尾、吴绮、尤侗、施闰章、王士禛、陈维崧，等等，几乎汇聚了明末至康熙间所有的清流和风雅之士。他们同声相应，同气相求，旨趣相近，推心置腹，于时事、文学、观剧都无所不谈，于演剧观剧，几乎都有同好，其规格之高、影响之大足可比拟顾瑛的玉山雅集。在《同人集》，我们可以看到冒襄和他们同看《燕子笺》《牡丹亭》《紫钗记》《南柯记》《秣陵春》《清忠谱》《非非想》诸剧的演出，彼此唱酬，留下了很多观剧诗。主客之间或叙及剧目的精粹，盛赞主人知音擅律，盛情款客，称赞冒家班尽致极妍，善舞善歌，但其中没有一诗一文提及水绘园主人有剧作如《朴巢记》和《山花锦》的记载，当然也没有演出主人剧作的记录。如果主人有这样的剧本，这些文士定不会全不知晓，也定不会无一人提及。这更说明冒襄本未撰写过剧本，因而就无演出自撰剧作之事。

但我们在《同人集》卷三，可以看到冒襄所作的一篇短文，名《朴巢记》。其文曰：

> 雉皋古龙游河畔，有朴树瘼生，偃盖如螭，回环似珂。上覆菌云，下横珊铁。枝叶笠垂，外敞内闿，余惭鸠拙，倦飞息影，借巢旁干，三面斗折，皆层溪浅渚，韬溜淡滟。巢左通小桥，冲风耐雪。衮度他枝，枝杪为台。如秋棠花，可月可渔。俱叠以冰纹片石，皆张功甫作。架霄亭于四古松间，悬以铁絚，风月之夜，与客梯登，自谓飘飘云表。此巢不絚不梯，空游满树，想际真人，神往邃古，更为旷绝。巢成，即从树名，余尤爱其朴也。①

同时，我们还可以看到崇川包壮行稚修所作的又一篇《朴巢记》，其

---

① 《同人集》卷三，《四库全书存目丛书》集部 385 册，页 96。

文曰：

> 朴巢者皋邑辟疆之巢也。朴者，木之似松柏而偃仰拳曲者也。木在邑东古龙游河畔，非冒子家物。岁甲戌，予不与南宫试，浪迹于皋，李徂徕留之。垒石为山，磊砢之骨，颇与石似。一日，冒子邀予舟游而过是木之下，木蔽舟如盖，杯影一绿木，体如卧虬，腰可数围，正恐风雨之朝，破地飞去。然强项河干，顾影自老。①

两篇《朴巢记》，说的都是冒氏家乡，雉皋河傍一株古老奇拙的树木，当年冒襄"倦飞息影，借巢旁干"，而成朴巢。所谓冒襄的《朴巢记》，就是他借古木筑巢之文记，与剧作全不相干。庄氏未见《同人集》，同时未见《朴巢记》文，可能就依据其文章篇目近于传奇《某某记》的取名，而误录为剧目。至于《山花锦》，笔者尚未见到类似的踪迹，未敢妄议。但在冒襄及其文友的诗文中同样不曾提及有此剧，其存在与否似与《朴巢记》同。

我们据以参考的旁证，是冒广生（鹤亭）的《冒巢民先生年谱》。冒广生是冒家的裔孙，为撰巢民年谱收藏了许多常人难以见到的史料。他又是近现代人，生活观念、文学观念已比较开放，对祖上之演剧、养戏班、纳妾都不讳言。《年谱》今有北京图书馆藏《珍本年谱丛刊》景印本，该谱记载了谱主一生的社会文化活动和家庭生活，详列了与人唱和及所辑《影园唱和诗》《三十二芙蓉斋唱和诗》《秦淮唱和诗》《水绘园燕集诗》《同人集》诸作品，演剧活动也作为谱主的重要生活内容加以著录。现在看来，这部年谱，凡涉及冒襄的著作和文学作品都如数家珍，一一列入。唯独没有作剧及《朴巢记》和《山花锦》剧目的纪录，这从侧面证明冒襄确实不曾作过这样的传奇。

三、关于《钗而弁》及其本事

庄氏《汇考》页 1643 著录明清阙名传奇一种，名《钗而弁》。谓：

---

① 《同人集》卷三，《四库全书存目丛书》集部 385 册，页 82。

《曲录》著录,其它戏曲书簿未见著录。《春在堂随笔》:"桐城
邑侯杨公尔铭,貌如处子,而折狱明决,善治军事,赏罚无私,战守
有法,兵民皆严惮之。每出巡城,著小靴,长不及六寸,扶仆从肩,
缓缓而行,人多疑为女子,即《聊斋》所记易弁而钗之颜氏也。大
约颜、杨音近而讹传之耳。"疑即演此。佚。

首先要指出,曲目文献所指的《曲录》即王国维《曲录》。今上海古籍出
版社《王国维遗书》所影《曲录》四,除著录具名剧家外,著录明代无名氏
传奇 120 种;《曲录》五,著录国朝无名氏传奇 372 种,都没有《钗而弁》
这一曲目,可见庄先生《汇考》说"《曲录》著录"便不准确,缺乏依据。

其次,庄氏《汇考》引录俞樾《春在堂随笔》,把明末桐城县令杨尔
铭描写成一个小脚、柔弱、需人扶持才能行走的弱女子。然虽为女子,
却处事果决,能征善战,其刚毅、多谋都过于男儿,这就把该剧本事推
断为一个女扮男装的故事。尤其值得注意的是,它把这位桐城县令杨
尔铭比之为《聊斋》中之"颜氏",以为同属"钗而弁"式的人物,只不过
颜、杨音近而讹传之耳,意为此剧所写实即颜氏。这一推断是否可信,
则颇值得一议。

《聊斋志异·颜氏》写的是河南洛河附近乡村,有一位颜姓孤女,聪
敏好学,被父亲称作"女学士"。可惜生为女子,无法取得功名。经人撮
合,颜女嫁一顺天来洛书生。书生丰仪秀美,却缺文墨,成婚后妻子朝
夕劝生研读,严如师友。经一年多的教习,其夫八股虽有长进,但考试
还是受挫。家境愈穷,夫失望悲泣,妻生气而呵责说:你不配做一个男
子汉、大丈夫,白白辜负了头上的冠弁。如让我去了发髻,穿上男子衣
冠,可以拾富贵如草芥。丈夫笑她空说大话。为证其言不误,妻请改装,
与夫伪称兄弟,同往顺天应试。结果夫(兄)仍落第,"弟"竟连捷,成进士,
授桐城令,有吏治,寻迁河南道御史。十年而富埒王侯,公婆封赠。后辞
官归里,闭门不出。不久明亡,始露真相。其夫始终以诸生自安。①

---

① 张友鹤辑校《聊斋志异》卷六,中华书局,1962 年,页 766—769。

这篇小说无论出于虚构或有所依据，小说《颜氏》与历史人物杨尔铭确有某些共同点。如他们同为明末人，同为桐城令，有吏治政绩，而且同由县令升迁为御史，两者是颇为相同的，其间似有若干巧合与吻合，这可能造成"颜、杨音近而讹传之耳"的联想。但仔细查阅杨尔铭其人、其事，二者是不可混淆的。

记载杨尔铭其人其事的主要资料，有康熙二十二年修《桐城县志》和光绪《叙州府志》。《桐城县志》卷三"宦绩"记：

> 陈尔铭，筠连人，进士，崇祯七年任，复姓杨，行取宣大巡按御史，有传。

其传云：

> 杨尔铭，筠连人，进士，崇祯末任桐城，时年甫弱冠，会流寇渡河，长驱江北，而城突被围。尔铭以其民格之，得退。亡何，贼势炽，围城，岁以为常。尔铭卒，士民登埤击柝，缮器请援者，七年如一日。城赖以完。贼语桐人曰，尔县令虽少，未可测也。至其宽大之量，公方之操，真不愧古循良焉。后擢御史。

康熙二十二年修的《桐城县志》，离明亡不过四十来年，其时，明清易代中的人物大都健在，往事遗闻也还记忆犹新，县志所载仍然新鲜。把此传与《聊斋·颜氏》比较，其间差别甚多。一，杨尔铭本来就是男子，是一个年轻、有方略度量的称职官员，与颜氏嫁人后女扮男装完全不同。二，杨为四川筠连人，而颜氏河南人。三，杨曾寄姓陈氏，一直称陈尔铭，似在就任后才恢复原姓的，俞樾疑杨、颜音近而讹传，也不能成立。四，杨复姓后行取山西宣大巡按御史，颜则是"寻迁河南道掌印御史"。无论地域、职掌都不相同。因此，把一个真实的桐城令和小说的桐城令混为一谈是十分牵强的。

光绪《叙州府志》成书年代虽然较晚，但它系据旧志撰成，本有依

据;它为本地人物立传,多本地风光,资料更详尽,所记当更可信。该志卷三五谓:

> 杨尔铭,字景先,崇祯癸酉举人,甲戌进士……因幼失怙恃,举人陈敦复见其颖异,育为己子,训以诗书,过目成诵。登第后,初任桐城,有善政,民颂父母,立生祠肖像以祀之。流贼三劫其邑,效死守之,邑赖以存。且捍御有方,有《三保桐城记》。邑民请祀名宦。累官至山西宣大巡按御史,兼督学政。复姓杨。甲申之变殉难。

这篇人物传,把杨尔铭之幼年丧父,被陈举人收养,先后成举人、进士,而为县令、守城,为御史,兼督学政,复姓归宗,死甲申之难,勾画得清清楚楚。试想,如果杨尔铭真为女子,当地举人陈敦复岂能不知而贸然收其为养子?若为女子,在现实生活中,而不是在文学作品中,又岂能顺顺当当成举人、登进士、做县令、擢御史、督学政?若为女子,桐城人岂能为她请祀名宦祠?甲申之变殉难后又岂仍旧"安能辨我是雄雌"?在我看来,其中任何一个疑问都足以破除所谓桐城令杨尔铭为女子之说,从而破除所谓《钗而弁》所演为杨尔铭女扮男装守桐城事。况且作为官员,一生中都有男女之大妨存焉,岂能一一隐瞒过去?所以照俞樾所说,杨尔铭"貌如处子","人多疑为女子"则可,若谓这位桐城令就是女扮男装,他的所作所为都是钗而弁的行为,则于情于理都难以令人置信。

回到《古典戏曲存目汇考》的著录上来,庄氏所引《春在堂随笔》文字,只说当年桐城令杨尔铭"貌如处子,而折狱明决,善治军事,战守有法等情",与小说《聊斋·颜氏》颇为相似,并未提及存有一部以杨尔铭或颜氏为题材的传奇,更没有提及这部传奇的题名。庄先生以《曲录》著录所谓《钗而弁》这一剧目为依据,并以《春在堂随笔》文字演绎其本事,都缺乏依据,不足听信。

仔细查阅光绪二十五年春在堂全书本《春在堂随笔》,可知俞樾此说来自桐城方濬颐之《梦园琐记》,而方濬颐所记又得之于许奉恩(叔平)。① 辗转相传,难免讹误,这是需要澄清的。

四、关于《芍药群》剧目的著录

《古典戏曲存目汇考》在"阙名传奇"中著录《芍药群》一目,在诸多曲目文献中属首次著录。庄氏说:"褚人获《坚瓠集》中《戏目诗》中有此本。"今查康熙刻本《坚瓠集》,其丁集卷二,有《戏目诗》,所载戏目见前文,不重录。

《坚瓠集》七言律诗 12 首,以剧名入诗,成"剧名诗"192 种。是一种如同"花名""药名"诗之类的剧名之作。所列戏目,有杂剧,有传奇,但以传奇为主。可知日常所见都是以南曲为主的剧目。这些诗,每句都嵌两个剧目,包括古南戏和明清传奇、杂剧,合计 190 余种,恰恰没有《芍药群》,这是康熙刻本及"柏香书屋"校订本的原貌。业师赵景深先生《读曲小记》,有《戏目十二律》一文,录其诗并详列剧目作者,于考订多有帮助。但先生所载诗之 5—8 首,与康熙刻本及"柏香书屋"校订本差别很大,这个问题,已另有文,见前。赵师所引第 8 首,其颔联为:"《奇衫》湿透《胭脂雪》,《绿绮》裁成《芍药》辞。"确有《芍药》一种。但此《《芍药》辞》,系指明人郑之文之《芍药记》或毕魏之《红芍药》。它在诸家曲簿,包括《古典戏曲存目汇考》都有著录。庄氏在阙名传奇中又著录《芍药群》则是误记了。

(本文刊于《中华戏曲》第 38 辑。)

---

① 方濬颐《梦园琐记》卷九,《四库未收书辑刊》第 3 辑 29 册,页 589—590。

第二编　演剧诗话

清代《踏谣娘》演出

　　《踏谣娘》(或作"踏摇娘"、"谈容娘")是中国戏剧史上非常著名的表演节目。凡是接触过古代戏剧文化的,可说是无人不知,无人不晓。剧虽然非常著名,但因为留下的历史文献极为有限,所以问题也很多。例如,它是歌舞还是戏剧? 是初具雏形的戏弄,还是成熟的戏剧? 如郑振铎、周贻白、卢前等人都有不同的判断。任二北先生研究得最为详细,他曾"远违成说,力排众议,指踏谣娘为唐代全能之戏剧"。[1] 这是迄今为止最具影响的评价了。笔者在这里也以戏剧相称。

　　《踏谣娘》的剧情和表演形式最早见于唐开元时崔令钦的《教坊记》。其文谓:

　　　　北齐有人姓苏,齇鼻,实不仕,而自号为郎中。嗜饮酗酒,每醉辄殴其妻。妻衔悲,诉于邻里。时人弄之:丈夫着妇人衣,徐行入场,行歌。每一叠,旁人齐声和之云:"踏谣和来,踏谣娘苦和来。"以其且步且歌,故谓之"踏谣"。以其称冤,故言"苦"。及其夫至,则作殴斗之状,以为笑乐。今则妇人为之,遂不呼"郎中",但云"阿叔子"。调弄又加典库,全失旧旨。或呼为谈容娘,又非。[2]

据这段记载,可知在6世纪中期,北齐出现了有歌舞、有帮腔、有装扮、有殴斗、有笑乐的歌舞剧《踏谣娘》。这出歌舞剧,在北方流传了200

---

[1] 任半塘《唐戏弄》,上海古籍出版社,1984年,页497。
[2]《中国古典戏曲论著集成》第1册,页18。

年左右以后,唐开元、天宝时发生了一些变化。这些变化,如:原来由男性扮演的丈夫由妇女扮演,主角不再称郎中,而称阿叔子。调弄,即表演中,除了原有的郎中、妻子之外,又增加了典库的角色,也就是说,由原来的对角戏衍变为三角戏。连剧名也因口口相传,"踏谣娘"也被称作"谈容娘"了。虽然有这样一些角色与称呼的改变,但原有的故事、剧情、歌舞、和唱、表演的形式,还保留着原来的样貌,所以杜佑《通典》、段安节《乐府杂录·鼓架部》、韦绚《刘宾客嘉话录》,仍然保留了与崔令钦相似的记载。

《踏谣娘》后世演出的踪迹断断续续。北齐、北周、隋末唐初,都有踪迹可寻。唐中期演出更为常见,且有记录。如任半塘《唐戏弄》所据《旧唐书·郭山恽传》,唐中宗数引近臣及修文学士,与之宴集,尝令各效伎艺,以为笑乐。工部尚书张锡为《谈容娘舞》。[1] 作为工部尚书,在中宗与文学之士面前演出谈容娘(即踏谣娘)舞蹈,来取乐君臣,足证此戏演出非常普遍,十分兴盛。

又如《类说》所记苏五奴妻张四娘:"善歌舞,亦姿色,能弄《踏谣娘》。"时在开元、天宝间。天宝间诗人常非月有《咏谈容娘》诗(见下文),写到观众围观《踏谣娘》的情景,更热闹非凡。到僖宗乾宁初(894年前后)段安节《乐府杂录》在"鼓架部"所记《苏中郎》,说到"每有歌场,辄入独舞。今为戏者,着绯,戴帽,面正赤,盖状其醉也。即有《踏谣娘》"[2],都是唐代演出的记录。

唐以后此剧的演出虽然没有此前的热闹,但并非绝迹。如元末陶宗仪《辍耕录》记"院本名目",在"诸杂大小院本"中,记有《告和来》一种。这出《告和来》,研究金院本者原先都未涉及,后人也不知其详。许地山在《梵剧体例及其在汉剧上底点点滴滴》提到:"和来欠解,想是歌中延声。我少时,在广东徐闻,曾理会那里的歌戏,每以一男一女对唱,为夫妇争吵状。歌唱之后,每有'和来''和惊'等声。徐闻为汉唐旧县,想其地所谓歌戏者,必系《踏谣娘》之类。"文中既写到夫妇争吵

---

① 《唐戏弄》,页505。
② 《中国古典戏曲论著集成》1册,页45。

状，又有"和来""和惊"的和唱，从而推断它属于《踏谣娘》之类。如果许地山的记忆与推测无误，则可见《踏谣娘》自金元至近代，还存有演出的踪迹，只不过因为杂剧、传奇的兴盛，它几乎湮没无闻，礼失而求诸野，只在偏远地方还有幸留存罢了。

目击并直接描写《踏谣娘》演出的诗歌只有天宝诗人常非月。因为诗出现在《踏谣娘》演出的鼎盛年代，又因为以往大家都不知道还有其他类似的观演诗，所以他的《咏踏谣娘》诗就显得十分珍贵。其诗云："举手整花钿，翻身舞锦筵。马围行处匝，人簇看场圆。歌要齐声和，情教细语传。不知心大小，容得许多怜。"这首诗写作的年代与《教坊记》的记录年代相当，所以演出剧目也称《谈容娘》。诗对《教坊记》所载的演出状况有所描述和补充，如第一、二句"举手整花钿，翻身舞锦筵"，描述了女性扮演者歌舞中的姿态、舞容，比《教坊记》具体。三、四句"马围行处匝，人簇看场圆"，描述了观众骑马围观，观众簇拥的场面，为《教坊记》所未及。五、六句"歌要齐声和，情教细语传"，把歌唱时齐声相和、对言时细语相应的唱白表演表达得最为具体。最后两句"不知心大小，容得许多怜"，可见剧以感情动人见长，演完后使人对剧中醉汉之妻的受难而产生的怜爱与痛惜，达到难以控制的程度。诗对《踏谣娘》在唐前期演出的描述，是这个重要剧目演出状况的见证，它无疑有非常重要的文献价值。

以前我们所知《踏谣娘》的观演诗只有常非月这一首，它已经鹤立鸡群；而且在一般的观念中，《踏谣娘》在隋唐以后，已经不见演出，元明之际，陶宗仪所记宋金院本中的《告和来》是否即《踏谣娘》也属可疑。这几乎表明，唐中宗(705—709)时张锡演过《踏谣娘》舞以后，它在宫廷和民间已经失传了一千数百年。如此，我们的戏剧史此后便不再涉及此剧的后续演出，或者说已经没有文献可征，要说也无从谈起了。

事有偶然，笔者在阅读清代诗文集时，读到乾嘉诗人乐钧的《青芝山馆诗集》时，竟然发现了乐钧一首歌咏、描述《踏谣娘》的诗，不由窃窃惊喜，一时都不敢相信真有其事。仔细看它的诗题，就是《踏谣娘》。

它的诗序引述的就是崔令钦的《教坊记》和韦绚《刘宾客嘉话录》,可证它完全与隋唐的古剧相衔接。故乐钧诗中所述,确是乾嘉年代的《踏谣娘》。因为这样的诗稀有且少见,现亦引录如下。

> **踏谣娘** 北齐时丈夫着妇人衣,行歌,旁人齐和,云:踏谣娘。今京师丐者,女衣,傅粉墨,歌舞行乞,疑即其类也。又按韦绚《刘宾客嘉话录》云,隋末有河间人鲍鼻酗酒,自号郎中,每醉必殴其妻,妻美而善歌,每为悲怨之声,辄摇动其身。好事者乃为假面,以写其状,呼为踏摇娘。今谓之谈娘。事与此异。谣作摇。
>
> 踏谣娘,红粉妆,画眉盘髻无完裳。转喉曼歌折腰舞,猥贱不如优与倡。踏谣娘,无赖子,日叩朱门饥欲死,面黄肌腊尘满头,市人闭目掩双耳。君不见,吴姬越女当垆坐,眼波微动颜欲破,宝马踟蹰不肯过。[①]

此诗小序,前段引录《教坊记》,后段引录《刘宾客嘉话录》,说的都是隋唐间《踏谣娘》的戏剧本事,及演唱时化妆、歌舞、唱和的情形。与我们所了解的《踏谣娘》的内容与演出,文字虽有繁简的不同,但讯息基本一致。可见乾嘉时的《踏谣娘》应与隋唐时的同名剧目一脉相承。

小序所记与古时《踏谣娘》演唱中的重要不同,是特地标明从事《踏谣娘》演出的艺人,已经蜕变为乞丐,所谓"今京师丐者,女衣,傅粉墨,歌舞行乞,疑即其类也"。即指一些艺人,男扮女装,脸涂粉墨,歌舞行乞。这与初始阶段的情形不同。我们知道,最高级别的演出者是工部尚书张锡,这是特例,不能作数。《教坊记》笼统地称"时人弄之",没有表明他们的身份。《旧唐书》音乐志,也未特注身份,但说及"近代优人颇改其制",可知演出者多优人,一般情况,当属优人演出。优人地位有高有低,变化不定,与乞丐还不一样。明清时代,优人部分归属于家班,甚至有的被招为宫廷戏班、王府戏班,为宫廷、王府、贵族士绅

①《青芝山馆诗集》卷三,见《清代诗文集汇编》481 册,页 96。

演出,生活相对优裕。也有一部分成为流动班社,走南闯北,冲州撞府,再其次降而为"打夜胡",撂地摊,在乡村市井奔波,那就与乞丐没有什么区别了。乐钧说京师丐者穿女衣,傅粉墨,一路歌舞行乞,演《踏谣娘》剧,表明自唐代中期后 1 000 余年,此剧地位已一落千丈,已沦落为乞丐行乞的工具。

为此,乐钧的《踏谣娘》诗,于剧目的内容和演出情景上,除了"转喉曼歌折腰舞"一句,与《教坊记》等文献所记《踏谣娘》的表演形式相关联以外,全诗主要突出描写了艺人的装束、社会身份及演出备受冷落的情景。"红粉妆"、"画眉盘髻",是他们的化妆;"无赖子",是人们对这些艺人的蔑称;而无衣,饥饿、肮脏,"猥贱不如优与娼",写的是他们的人生地位、生活惨状。最后三句写人们对演出的反映:市人对他们的表演闭目不视,吴姬越女眼波微动似在嘲笑的样子,至于骑马人士则踟蹰犹豫而不愿前往观瞻。这与当年常非月所写"马围行处匝,人簇看场圆"的观看场面已不可同日而语,这或许就是《踏谣娘》最终在戏曲演出史上消失的原因。

乐钧(1766—1814),字元淑,号莲裳,江西临川人。嘉庆六年举人,后屡试不第,家贫,不善治生,著有《青芝山馆诗集》《骈体文集》《断水词》《绿春诗》及笔记小说《耳余录》等。其《踏谣娘》诗作于乾隆壬子(1792)年春。从乐钧的诗,我们可以知道,古剧《踏谣娘》历经曲折艰难,苦苦挣扎,至少在乾隆末仍然生存于民间,而后延续到许地山所见的近代,这无疑可以增加我们对此剧生命史的认识。

戏文演出诗举例

拙著《明清戏曲》对观演南戏剧目所作观剧诗有所涉及,以期增加南戏演出史的感性认识,现在则作了一些新的扩允,供相关研究作参考。这里说到的几种戏文,除《琵琶记》是明末作者的自定本外,其余都属于明人改订本或舞台本,今学者称作"改本传奇"。在缺乏更早的版本依据的情况下,拙文所及,也只能以这些改本为依托了。

一、《琵琶记》演出

清代《琵琶记》演出十分频繁,文人士子观演机会较多,留下的观演诗也多于它剧。这里选录五家,以见一斑。

1. 孙世仪观演诗

孙世仪《文靖先生诗钞》卷五,有《观演琵琶记》诗一首,诗云:

> 中郎孝德古今型,一代煌煌汗简青。岂有糟糠勤远道,却从邸第哭双灵。逸才旷绝无良史,圣籍昭垂有石经。似此笔法真足畏,满眶铅泪为君零。①

孙世仪(1710—1778),字虞朝,号渔曹,其先徽州休宁人,明末迁南通,为南通望族。世仪少有才名,未冠时诗名已卓然成家。当时科考学籍管理尚严,参与考试,非土著往往受到限制。因此,十踏省门,都被黜

---

① 《清代诗文集汇编》316 册,页 543。

落,一生困于场屋,以诸生老。他天资纯粹,学问宏深,既无缘仕途,即致力于古文辞,经史百家之学,无不精研,世人目为通儒。乾隆间,学人谥为文靖先生。

《文靖先生诗钞》13 卷,各卷诗皆编年,因而容易查得其《观演琵琶记》诗,作于乾隆三十五年庚寅,即 1770 年,时当作者 60 岁。这次《琵琶记》演出,也即在此时。

孙世仪作为传统的通儒,熟知经学、历史,对蔡邕(伯喈)道德学问、孝行经历,无不熟悉。他见到所演的蔡伯喈,竟然出现三不孝的故事,自然不能接受。尽管高则诚《琵琶记》为维护风化,已将"三不孝"改写为"三不从",但舞台效果,仍然保持了蔡伯喈因为求官,弃亲不顾,弃妻别娶,于父母生不能养、死不能葬的故事框架,造成赵五娘请粮吃糠、代尝汤药、祝发买葬、罗裙抱土、描容上路、书馆题诗等一系列悲苦情节,反衬出蔡伯喈的负心和不孝,结果造成了家庭的不幸和苦难。所以尽管高则诚在改本《琵琶记》里,把剧中历史人物,标榜成"全忠全孝蔡伯喈",但民间只按照庶民思维、大众逻辑,不管舞台人物是否失真,是否有据,都仍然相信传说,认同说唱和旧戏文《赵贞女蔡二郎》中的蔡伯喈为不孝人物。这种观念模式,在社会舆论和社会生活中造成对历史人物的误读和曲解。

孙世仪看了这样的戏,有意告知社会,告知观众,剧中人物与历史人物道德行事不同,戏剧人物与历史人物道德行为存在极大反差。孙诗为之鸣冤辩枉主要在孝行,其诗一开头,便提出"中郎孝德"为古今的模范和典型,这有历史记载。范晔《后汉书》蔡邕本传载:蔡邕"性笃孝,母常滞病三年,邕自非寒暑节变,未尝解襟带不寝寐者十旬。母卒,庐于冢侧,动静以礼",故汉末太尉马日磾称赞蔡伯喈"忠孝素著"。孙诗说,蔡邕孝德,"一代煌煌汗简青",意指这些品德早已垂诸史册,不容置疑了。

蔡邕行实传于史册的还有他的才华,孙诗赞他"逸才旷绝",这也符合史实。同据《后汉书》蔡邕传,董卓事败,邕受牵连,被收付治罪,汉士大夫多同情而欲相救,马日磾更称赞他"旷世逸才",因董卓败而收捕蔡邕,定罪无名,故请留邕以续成汉史,成一代大典。只因王允担心留邕著史,恐于己不利,执意杀之。当时缙绅诸儒,莫不流涕。蔡邕之死,给史学造成了很大的损失,孙诗故有"逸才旷绝"竟无良史之叹。

孙诗还特地指出蔡邕书写熹平石经的重要价值。邕《传》载,熹平四年(公元 175 年),蔡邕"奏求正定六经文字,灵帝许之",于是蔡邕亲自将《易》《书》《诗》《仪礼》《春秋》《论语》几部经典书写下来,镌刻上石,立于太学门外,成为今文经学家的范本。其书开阖宏阔,深沉有力,也是汉代隶书的典范法书碑刻,史称《熹平石经》。孙世仪以为这一文化事件,于儒学经典传播意义重大,故诗中称之为"圣籍昭垂",意为其经籍文本与蔡邕汉隶书法,都足以垂范后世,这也是千余年来许多学者的结论。

诗人从以史论戏,以历史人物检验剧中人物的行为故事,故孙诗对《琵琶记》所写诸多情节的合理性表现了怀疑和不满,"岂有糟糠勤远道,却从邸第哭双灵"两句,就是指责剧中赵五娘寻夫上路、之京、书馆祭奠双亲诸遗容等情节不合情理。既然是有道德的人,怎么可能让糟糠之妻单身千里寻夫? 既然为母庐墓守孝三年,怎么可能又在状元书馆祭奠父母遗容? 这在传统伦理社会都是不可能有的事。现在经过戏剧传播,史上的蔡伯喈成了背亲弃妇"三不孝"的人物。熟悉《春秋》都知道,一字褒贬,严于斧钺。而今谱成戏剧,混淆是非,四处传唱,岂不令人生畏? 诗人看了这样的戏,不能不为蔡伯喈痛哭流涕了。

回顾历史,蔡邕固非完人,但孙诗所涉及他的孝行,他的史学、文学、书法,历史上都有正面的记录。[①] 这是历史人物论。但戏剧是虚构的艺术,如果像孙世仪那样以此论剧,则未免胶柱鼓瑟,缺乏对传统戏曲特征的认识。他的观剧议论表现出对历史的偏爱,对戏剧特点的疏离。

2. 张衡观演诗

张衡《听云阁集》卷五绝句,有《观剧》诗,诗云:

---

① 欲对蔡邕作更全面的了解,可参看邵毅平《论蔡邕及其史学与文学》,见邵毅平《中国古典文学论集》,上海古籍出版社,2013 年,页 85—156。

琵琶记里绘双亲,渲染成时洟涕频。自是心头先沥血,非关席上解传神。(原注:演五娘拜奠处,洟泪满襟,殆梨园之有血性者,故志之。)①

张衡(1628—1701),字友石,号晴峰,直隶景县人,通经史,精赏鉴,顺治十八年进士,授内阁中书舍人,康熙二十一年任浙江学政,二十七年官陕西榆林东路道。所至振兴文教,关注民生,时人称之。

张衡这首观剧诗,写的是观看《琵琶记》"描容上路",又称"乞丐寻夫"后的感受。未知当时所演是多种剧目的单出合演,《琵琶记》仅演此一出折子戏,还是虽演《琵琶记》的全本,诗人仅就此出抒发观感,这已无从考知。诗分体,不编年,观演时间也无从确知,或大致在视学浙江的康熙二十一年至二十六年间。

"乞丐寻夫"有两段情节,一是赵五娘描容,一是张大公送别。戏演饥荒岁月,公婆饿死,五娘苦筑坟台,守孝一年,过了小祥,准备背负琵琶,沿路乞讨,往京寻夫。因与公婆相依为命,厮守数年,不忍离去。于是画了公婆画像,带在身边,相亲相傍。在描画真容、祭奠遗像时,五娘唱出了许多发自肺腑、感人至深唱段。如:"一从他每死后,要相逢不能够,除非梦里,暂时略聚首。若要描,描不就,暗想象,教我未写先泪流。写,写不出他苦心头;描,描不出他饥证候;画,画不出他望孩儿的睁睁两眸。只画得他发飕飕,和那衣衫敝垢。"这些唱词,都是白描,都从心里流出。张大公送别,五娘感谢拜托,大公关心告诫,也深刻地反映了邻里间淳朴的真情。这出"描容上路"或"乞丐寻夫",是与吃糠、尝药、卖发、筑坟、行路等出同样感人至深的文字,徐渭称之为"句句本色语",从人心流出(《南词叙录》)。王世贞称为"体贴人情,委屈必尽。描写物态,仿佛如生"(《曲藻》)。故历来演出,都令人落泪。张衡的诗,一面说《琵琶记》这段情节,这些唱段,写得悲切凄惨,感人肺腑,使人眼泪纵横。另一方面说,扮演五娘的艺人,本有血性,能体

---

① 《清代诗文集汇编》109 册,页 39。

验剧中人物的苦难、感情,演出前就在心头感受到五娘的痛苦,未演时自己已心头滴血,因此演来涕泪满襟,令人感动。从这两方面而言,张衡的诗句重在强调艺人本身的经历、素养和感情体验。"自是心头先沥血,非关席上解传神",是剧场表演赵五娘这样的人物必不可少的准备。有这样的感情体验,就可以避免肤浅的、单见程式的表演了。

3. 王霖观演诗

王霖《弇山诗钞》卷九,有《村中观剧漫作》(演《琵琶记》)诗,诗云:

> 古人遗事半荒唐,谁以传讹俗不妨。不是东嘉能好事,村翁谁识蔡中郎。(原注:放翁诗:"斜阳古柳赵家庄,负鼓盲翁正作场。身后是非谁管得,满村听唱蔡中郎。"可见琵琶记事南宋时已有此俚俗之讹矣,元人不过敷衍为填词耳。)①

王霖(1679—1754),字雨枫、雨丰,号弇山,山阴(今浙江绍兴)人,康熙四十四年举人,考授内阁中书,后改直隶南宫知县,乾隆元年荐鸿博,为贪吏所扼,被弹劾归里,不能尽其用。天姿英敏,7岁能诗,诗宗陆游,作诗万首有余,今所见有《弇山诗钞》。据作者纪年,本诗作于雍正元年至二年间。

自宋代盲翁鼓词、东嘉南戏,把蔡伯喈(蔡邕)写成"三不孝",或虽为全忠全孝的"三不从"实际上不改"三不孝"内核的《琵琶记》之后,历史家、剧评家都纷纷为蔡伯喈申辩、洗冤,但正如剧中所言:"纵然你衣锦归故里,补不得你名行亏。"可见剧里的负心型人物的污迹便难以完全抹去,而"身后是非"便令人感慨唏嘘。王霖这首诗的新异之处,是完全抛开历史人物的原型,指剧作人物为虚构(荒唐)。既是虚拟的,任何人物传说,无论事迹正讹,都无关系。人们不必责怪高则诚多此一举,生事好事,如果不是他写出琵琶记在各处演出,那些村翁(百姓)有谁知道有一位蔡中郎呢!这种论调,完全把剧中人物与历史人物真

① 《清代诗文集汇编》245册,页131。

实性的对比中解脱出来,看重的是戏剧的大众接受度和接受心理,这在《琵琶记》人物评价上是较为圆通的见解,对剧论中不能摆脱历史人物框框的定见是一种突破。

4. 陆奎勋观演诗

陆奎勋《陆堂诗集》卷三,有《村剧》诗,诗云:

> 熟闻胶漆输良友,漫言糟糠罕下堂。今岁丰收麦几斛,村村演唱蔡中郎。

陆奎勋(1665—1740),字聚缑,号坡星、陆堂,晚号易窝老人,平湖(今属浙江)人。久困诸生,康熙六十年举进士,选庶吉士,雍正二年改翰林院检讨,与修《明史》,晚年讲学广西秀峰书院。

《陆堂诗集》卷三又题《石耕韵语》,其诗皆康熙辛未(三十年,1691)四月至癸酉(三十二年,1693)九月间所作,故所观《琵琶记》演出亦在这段时间。诗所述为乡村演出。文人观剧诗多半写文人雅集,厅堂演出,描写乡村演剧较少。这里可以看到乡村演出《琵琶记》的一例。

诗从胶漆之约比喻良友关系的密切,糟糠之妻不下堂比喻结发夫妇贫富与共。但现实中随着丈夫地位的变化,许多负心男子或依附权贵,抛弃发妻,而另娶新欢,甚至如俗语所说,只要多收几斛小麦也要换妻再娶。陆奎勋的诗,以为各地乡村中所演《琵琶记》,蔡中郎已从负心型转变为"三不从"而无可奈何的不幸的人物。村村演唱"蔡中郎",不是鼓励停妻再娶,另结新欢,而是对这类人物的否定吧。

在《琵琶记》成形的初始阶段,如徐渭《南词叙录》所说,剧中蔡中郎(伯喈)背妇弃亲,为暴雷震死,确是一个"三不孝"的负心人物。但自高则诚《琵琶记》以后,蔡中郎已改头换面,成为受皇帝、丞相、父母所逼迫的"三不从"的悲剧角色。后世所存、所演,都是高本《琵琶记》和它的若干节选本、改编本,古南戏本已佚。这首诗,只是诗人就男子负心的社会现象借题发挥而已。既为乡村演出,其诗句亦取乡村意象,平易浅近,可谓当前景,当前事,别有情趣。

5. 鲍皋观演诗

鲍皋《海门二集》,有《一草亭观剧即席同赋四绝句》,为艺人弹琵琶曲而作,而其二、三两首,所说系《琵琶记》剧,现将演剧诗移录如下:

> (二)每听清歌唤奈何,青衫狼藉泪痕多。当筵更奏琵琶伎,阿大中郎鬓已皤。
>
> (三)瑞光楼上按宫商,自度南音定绕梁。哀乐中年恒易感,那堪丝竹间糟糠。①

鲍皋(1708—1766),字步江,号海门,其先徽州歙县人,侨居真州,后至京口,居丹徒,为丹徒(今属江苏)人。能诗,喜游历,不乐应举,乾隆元年举鸿博,不赴。有《海门集》三十卷,今见《海门诗钞》《海门二集》《海门三集》,又著有《京口文献录》三卷、《华阳瘞鹤铭考》一卷。

诗编年,其观演《琵琶记》诗作于乾隆乙亥九月,即乾隆二十年(1755)九月。此次《琵琶记》演出,即在此时。

鲍皋这首观演诗,是在亭园与友人同时观演《琵琶记》而作的即景诗,作者未列出友人姓名,故不知其他作者及他们"同赋"之作。

诗中所谓当筵奏伎,即意味在宴席上演剧,所演《琵琶》伎,即演《琵琶记》。诗中"阿大中郎",似指艺人阿大,惯演剧中蔡邕蔡中郎。这位阿大,大约从青年时即擅演这个角色,现在鬓发已白,还在扮演中郎,说明诗人看过他的多次演出,是一位比较专门的"末"角(后世谓之生角)艺人。

诗人知道阿大多年扮演《琵琶记》的蔡中郎,说明他也熟悉演剧情形,喜爱观剧。尤其可以注意的,是他对民间传说及收于府志的高则诚寓居鄞县栎社,在瑞光楼创作《琵琶记》的故事也很熟悉,诗中特别写到"瑞光楼上按宫商",指的就是高则诚在瑞光楼上,清夜按拍,瑞光

① 《清代诗文集汇编》310 册,页 492。

交合的故事,说明鲍皋也是一位留心《琵琶记》、熟悉高则诚逸闻轶事的文化人。

二诗透露作者时常看戏,每当看戏,经常为戏中人物、情节和人物情感所打动,看到悲苦处,不能不感动流泪,因之所着青衫,都留下纵横斑驳的泪痕。《琵琶记》人物中,最令他感动的是赵五娘,诗中所言"那堪丝竹间糟糠",即故事中蔡伯喈的糟糠之妻,为孝顺公婆,吃糠、剪发、筑坟、描容等描写。这次观演,似乎又在他的青衫上留下新的泪痕了。鲍皋的诗,不纠缠于剧中蔡伯喈形象与历史人物真实性的关系,而关注剧中赵五娘的遭遇,关注戏剧表达的情感,是多数戏剧观赏者观赏《琵琶记》的真情流露,也是《琵琶记》主体艺术效应的表现。

二、《荆 钗 记》

江盈科《雪涛阁集》卷二,七言古诗类有《汤理问邀集陈园杨太史钟内翰袁国学同集看演荆钗》一首,诗云:

> 侯家亭馆殊突兀,花栋年深半湮没。老树槎枒似秃翁,秋草蒙茸如乱发。汤君脱冠自扫除,行炙以马酒以车。褒衣肃客次第坐,奉觞趻踔行越趄。问客为谁?何官何氏?檇李中书,云间太史,武陵廷尉,公安博士。本是同年及第人,臭味契合肝肠真。尊前大嚼意兴剧,一石五斗何须论。主人爱客情独诣,拣得梨园佳子弟。歌声婉转如串珠,又似鸣泉出石际。传奇演出号《荆钗》,恰少欢会多离哀。极意描写逼真境,四座太息仍徘徊。或云此戏本伪撰,当日龟龄无此变。便如说梦向痴人,添出一番闲识见。从来天地是俳场,生旦丑净由人装。假固假兮真亦假,浪生欢喜浪悲伤。何如对客倾杯酒,且自雄谈开笑口。醒能多事醉能忘,曲里糟丘真乐土。五更酩酊金罍竭,归鞭挞碎长安月。西窗一觉成未成?晓鸡喔喔催明发。

江盈科(1553—1605),字进之,号渌萝山人,湖南桃源人,万历壬辰(二十年,1592)进士,授长洲知县,擢吏部主事,历四川提学副使。他与袁宏道共倡文学革新,成为公安派的健将。有《雪涛阁集》等著,今有黄仁生辑《江盈科集》。

江盈科这首观剧诗,赵山林《历代咏剧诗歌选注》收录,且作注释。所作注释对了解该诗内容很有帮助。但江盈科《雪涛阁集》分体不编年,故难以确定该诗写作年限。从诗题称汤沐理问、杨继礼太史、袁宏道国学等官衔,和诗中"本是同年及第人,臭味契合肝肠真"的诗句看,他们于万历二十年登第。汤沐自二十三年任钱塘县令,共六年,后升给事中。诗句涉及"长安月",故诗作于二十九年入京为官以后,最晚在万历三十三年前,这也就是这次《荆钗记》的演出时间。

戏演于汤沐亭园,从观剧诗的角度看,这首诗记述了演剧环境,即对园中亭馆、花木着意描写,亭馆突兀,花栋年深,老树槎岈,秋草蒙茸,概括了陈园的庭院和花木。然后写宴席上的酒食,车载马驮,极为丰盛,席间主人待客极为殷勤,敬酒频频,观演客人,他们都是同年进士,一朝相聚,大家意气相投,神情契合,真情相对,兴奋忘形,到后来都不像开始时褒衣宽带的官员样子。诗的中心是演出剧目,诗说主人特地请了好戏班来演《荆钗记》,为大家助兴,艺人的歌声非常美妙,演得也非常逼真,但这出演王十朋与钱玉莲故事的《荆钗记》,却是离多会少,欢少悲多,大家看了,无不叹息徘徊,表现了他们的心神和感受。最后是诗人从《荆钗记》所演王十朋的故事中,发表了对戏剧人物事迹真假、戏剧情节真实与虚构的议论。所言"从来天地是俳场,生旦丑净由人装。假固假兮真亦假,浪生欢喜浪悲伤"便属真知灼见。如果把剧中的主人公等同为历史上的王十朋,自然就是"便如说梦向痴人,添出一番闲识见",那就不是戏剧了。

《荆钗记》演出的事例在《鸾啸小品》《板桥杂记》中已有记载,乡村集市及宗族庙堂都有演出记录,明清戏曲选本中,更可以看到这部以做工擅长的南戏历演不断。但以诗的形式如此记述演出情况、演出效果,并从演出谈论戏曲观念的,还要以江盈科的诗为代表,故此诗所展示的演出亦有特别的意义。

又及，吴骞《拜经楼诗集续编》卷四，有《哀兰绝句十九首》，其第十二首云：

> 节义尤钦院本传，灯前月下墨犹研。荆钗不负簪花笔，妖梦
> 何曾到玉莲。（原注：院本有《荆钗记》，姬读而忧之，手为传录。
> 未及半，忽梦一丽姝坠于渊，惊而寤，自是遂绝笔矣。）①

吴骞(1733—1814)，字槎客，号愚谷、兔床山人。浙江海宁人，诸生。性嗜典籍，精校勘，工诗词，拥书十万卷，筑拜经楼藏之。钱大昕谓其博文赡学，著述等身。著有《拜经楼诗集》《愚谷文存》等十余种。吴骞有妾，姓徐名贞，字兰贞，平湖人，嘉庆二年归骞，年19，历13年而卒。兔床山人为撰《徐姬小传》（见《朱楼遗稿》）。读此小传，知吴骞哀兰贞诗，当作于嘉庆十五年左右。

吴骞诗表明，《荆钗记》在嘉庆时，继续流行于文士书楼及闺阁间，仍旧为文士和闺阁妇女所关注。这种流传，一面出于文本，如《六十种曲》及数种评本都收录此剧，流传较广；一面则演出不断，妇孺皆知。徐贞对《荆钗记》情有独钟，因有感于王十朋、钱玉莲的节义，对夫妇感情的坚贞，还研墨展纸，亲手抄录此剧。抄录未半，一日忽然梦见一位美丽女子坠落于深渊，徐贞受惊而醒，从此绝笔，也就是从此一病不起，撒手西归了。因为这一梦，徐贞就此绝笔而亡，所以吴骞称徐贞此梦实为妖梦。诗中"荆钗"固指《荆钗记》，又指徐贞这位女"荆钗"，写得美女簪花好书法。实是词语巧用。

《荆钗记》有玉莲《投江》一出，剧演孙汝权偷改王十朋家信，称十朋已中状元，入赘相府，命玉莲改嫁。继母欺贫爱富，姑母也听信谎言，屡屡逼她改嫁，玉莲被逼不过，投江自尽，以表贞洁。这出戏，是全剧高潮，徐贞抄到这里，日有所思，夜有所梦，就梦见有美丽女子坠落

① 《清代诗文集汇编》380册，页167。

深渊,一惊而醒,由此一病不起。这就可见,玉莲的命运与当时妇女的命运是如何息息相通了。

三、《姜诗跃鲤记》

张符骧《自长吟》卷十,有《看音隐女优》诗,诗云:

> 感人丝竹妙纷拏,旧样何嫌太舛差。巾帼自然多血性,满庭风雨溅桃花。(原注:姜诗子以汲水没,安安事非实,然易于感人,诸伎演此辄流涕。)①

张符骧(1664—1727),字良御,号海房,别号天傭子,扬州人,康熙六十年进士,选庶吉士,旋乞假归。家居贫约,不私谒官府,好苦吟疾书。为文师法归有光,故集名《依归草》。另有《自长吟》《日下丽泽集》《顺时录》《海房文稿》等。

诗题是看一位名叫音隐的女优演出而发的观感。诗说的是,所见演出已多,这些演出大多丝竹美妙,音调纷呈,如果照旧样演出多有谬误、差错。而舞台上的女性多含血性,她们演来,好像使演出庭院都洒遍风雨,血溅桃花。这几句诗比较简略,如对音隐这次表演的剧目都未能点题,故诗人加一小注,谓所演系后汉姜诗、庞三娘故事。故事中有其子安安汲水、送米情节,剧情虽非实事,却最为感人,艺人演此,每每流泪云。

诗所叙剧目即《姜诗跃鲤记》,这是据《后汉书·列女传》中姜诗妻传衍生的南戏剧目。按《后汉书·列女传》的记叙,姜诗奉母至孝,妻庞氏奉侍尤为尽心。婆婆喜饮长江水,庞氏溯流数里外以汲取江水,因遇风浪不能及时取水回家被休,只能寄居邻家,不计日夜,纺织度日。后来婆母得知实情,内心惭愧,呼之还家。庞氏对婆婆于是更为

---

① 《清人诗文集汇编》212 册,页 642。

尽力。后来庞子又代母往远处取水,不幸溺死,姜诗夫妇恐老母哀伤过度,不敢直言,对老人只说儿子出外求学未归,以安母心。这部分记叙,到了《跃鲤记》中,则多有改动增饰。如在邻居王媪外,又增加秋娘,专事在庞氏婆媳间挑拨离间,加强了剧情矛盾。剧中增加了庞氏之子安安的戏份,其母被赶出门前,安安 7 岁,悲痛不过,曾下决心:不能救出母亲枉为人。① 被休后,母亲受难,安安独自思母,泪下如雨,至于昏厥。知道母亲寄居邻家,就拜托邻居“看顾我娘”(23 出)。想到母亲在外挨饿,他每日从家里、学堂里的七合米中省出三合米,积攒下口粮给母亲,送到邻家。母亲看到儿子每日积攒的、不同颜色不同品质的米,更是伤心欲绝(24 出)。这就是舞台上历久不衰的“安安送米”。虽然原剧笼罩在忠孝说教的理念下,但一个 7 岁孩子,这样思念母亲,安慰母亲,救助母亲,却也是不可泯灭的赤子之心的表现。在女性生存条件极端艰难的时代,无疑感人至深。历来的观剧人,如张凤翼、祁彪佳、焦循都写下了肯定的评价。张符骧的诗再次同情庞氏的不幸,赞美了庞氏的人性美,有普遍的认识意义。

诗中所谓“旧样何嫌太舛差”,和“巾帼自然多血性”,因诗句简略,含义跳跃过大,已难以知其所以。我们如据《风月锦囊》所记卖鱼人对庞氏的调戏或可见一斑。在“买鱼奉姑”一段,以丑饰卖鱼人者与旦庞氏有这样的对话:

> (丑)小娘子这等爱吃鱼?(旦)奴家不是爱吃鱼,只因婆婆病久,因此问你买些鱼煮羹,送与婆婆。(丑)原来这等。小娘子孝意坚,讨鱼人要算眼前利,见娘行心意坚,要买这鱼儿,只要你身边。待说起羞着脸。

“只要你身边”是诨话,所以卖鱼人“待说起羞着脸”,故庞氏严词斥责,后以麻篮银丝与渔人换了鲜鱼,以尽孝心,这都可见庞氏品格,即诗所

---

① 《六十种曲》本,21 出。下同。

谓"巾帼自然多血性"。

四、《玉镜台记》

龚鼎孳《定山堂诗集》卷一六,有《雪航寓中看演〈玉镜台〉传奇》诗二首,诗云:

> 狂狷千秋不可裁,风流飘映自兰台。六朝文士夸吴会,一日中原散楚材。乐府巧分团扇笑,博山香傍绿樽回。玉箫金管伤心丽,蓬鬓愁偏此夕开。
>
> 绮阁烟花散后庭,行云犹自绕秦青。西园客共铜驼月,北海樽横柱史星。鹦鹉梦回狂似昨,杜鹃春远泪交零。征歌骂座原同调,不用金人口铸铭。

《玉镜台》传奇所演为晋时温峤以玉镜台聘娶从姑女刘润玉事,元关汉卿已有《温太真玉镜台》杂剧,所叙限于温峤赚婚娶亲事,与政事无涉。至朱鼎《玉镜台记》,则增加了西晋末,石勒刘曜之南侵,晋帝后之被掳,周顗、王导、刘琨等的新亭对泣,祖逖之北伐,王敦之叛乱,温峤败王含,王导擒王敦等,即所谓"神州陆沉,怀愍北狩"至"一怒鲸波尽削平"诸多历史内容,这在明末清初的社会背景下无疑有强烈的现实意义。龚鼎孳在顺治初观演《玉镜台》传奇演出诗,除夸耀主人的款待、艺人演出的精美外,也突出了剧中表现的铜驼荆棘,动乱残破的社会现实,观剧人伤心落泪以及征歌骂座的情景,都为所见该剧演出场面所少见,故是《玉镜台》演出富有文献价值的记录。

龚鼎孳(1615—1673)是一位有争议的历史人物。他做明朝的官,却在李自成入京后投降了李自成。李自成被驱出北京,他又投降了清朝,二三年间,三变其节,故其政治操守历来多被诟病。但他也以自己的能力,倾囊恤穷,荫庇了许多遗民志士,许多人不仅恕其行为,还多乐于与之往来,一时成了文坛核心人物。他的诗也多有感叹兴亡,声情悲壮之音。他的这首观剧诗,也是有感而发。《定山堂诗集》卷一六,收录辛巳(崇祯十四年)至丙戌(顺治三年)之作,正是华夏大动乱的年代,故这首观剧诗的出现并非偶然。

五、《苏武牧羊记》

《苏武牧羊记》,明清以来演出盛行。

如《群音类选》戏文类,收《牧羊记》之《持觞祝寿》《卫律说降》《啮雪吞毡》《北海牧羝》《女德不惑》等出。

《吴歈萃雅》戏文类,收《牧羊记》之《寄雁》"西风起云乱飞"、《劝亲》"鸡鸣初起"。

《南音三籁》戏文类,收《劝降》(江按:即台本《小逼》)"丰姿标致"、《劝亲》"鸡啼初起"、《寄雁》"西风起"。

《词林逸响》戏文类,收《劝亲》"鸡啼初起"、《寄雁》"西风起"。

《尧天乐》戏文类,收《牧羊》。

《增订珊珊集》收《劝降》"丰姿标致"。

《乐府遏云编》戏文收《拒奸》。

《醉怡情》戏文类,收《小逼》《大逼》《守羝》《望乡》。

《缀白裘全集》戏文类收《小逼》《大逼》《守羝》《还乡》。

钱编《缀白裘》戏文类,收《庆寿》《颁诏》《小逼》《望乡》《大逼》《看羊》《遣妓》《告雁》。

这些戏曲选本收录《牧羊记》出目之多,遴选频率之高,都说明自明至清《牧羊记》是常演剧目。但查阅入清至嘉庆间的诗文集,文人观演《牧羊记》的歌咏诗并不很多,这或许因为《牧羊记》剧中多涉及华夷之辨,又有许多被清廷视为大不敬的所谓"违碍"之语,在清初严厉的文字祸气氛的笼罩下,文士们不能不有所顾忌,写诗也着意回避许多涉嫌情节和违碍文字。但民间演出依然不减。我们看到观演《牧羊记》的诗,可以举出高文照诗、顾诒禄诗、秦瀛诗。高文照诗见后,顾诒禄《吹万阁集》之《观剧为韵语当偈》一首云:

登台归思逐云飞,万里关山隔帝畿。椎结堪怜李都尉,也将乡泪望南归。①

顾治禄康熙至乾隆间长洲人,任职沈德潜门下记室。其观《牧羊记》系其中的《望乡》,剧叙李陵带苏武至受降城望乡台,以高官厚禄、美酒歌舞相诱,意图劝降苏武,反被苏武义正词严地指其"背义忘恩"、"去顺从逆",为人臣所共耻,使其羞愧而去。剧词表达苏武对国家之忠、家乡家人的爱,感情直薄云天。"登台归思逐云飞"就是一种象征。

秦瀛《观剧四首》之第一首也是观苏武剧诗:

冠剑丁年在自登,节旄落尽卧冰层。故人枉赋河梁什,身没单于恨李陵。②

秦瀛是乾隆、嘉庆时无锡人,累官至刑部右侍郎。据其自编《小岘山人诗文集》目录,此诗约作于退官后之嘉庆后期,就是说其观苏武剧约在嘉庆间。诗说苏武于成年时候即为国出使匈奴,十九年受尽千磨百灭,吞毡饮雪,节旄落尽,故人李陵当年离别时虽有"携手上河梁,游子暮何之"③这样的送别诗,但李陵投降了匈奴,两人情谊已经恩断义绝,以至当面责备李陵"没廉耻","再来我就一剑",可见痛恨李陵之深了。诗有概述全剧情节、精神的意味。

吕天成《曲品》列《牧羊记》入妙品,并称"吴优演之最可观"。苏州、无锡的演出是可知的例证。因其经常串演,已出现了擅演苏武的出色演员,如宋琬《安雅堂文集》所载的杜伶某就是其中的代表者。宋琬《杜伶诗序》说:杜伶系浙江余姚人,生性慷慨有奇气,曾读书应举,能诗歌,科场不得志而未能入仕,天生有一副好嗓子,于是佯狂玩世,混迹于优伶中。每于大庭广众、市肆酒楼,一声歌唱,可谓声如金石。

---

① 《清代诗文集汇编》289 册,页 313。
② 《清代诗文集汇编》407 册,页 418。
③ 《昭明文选·李少卿与苏武诗》。

其所擅长,多为忠孝节义、放臣侠士一类人物,而常演剧目,为《苏武牧羊记》,所演剧中的《系书雁足》,因为描摹逼真,"观者无不唏嘘泣下,信一时之绝技也"①。其演唱水准无疑是出类拔萃的了。

据宋琬为这位艺人所作诗序,我们知道,这位演员在顺治十六、十七年,当宋琬以浙江布政使司参政分守宁波、绍兴台道时,即为演过《牧羊记》。十八年末,宋琬第二次被陷害入狱,康熙二年十一月冤情申雪出狱,三年流寓江南到杭州,这位艺人又多次为他演唱《牧羊记》的"系书雁足"。汪超宏《宋琬年谱》系杜伶演唱于顺治十七年和康熙二年,甚是。② 艺人演唱非常投入,宋琬看到苏武吞毡饮雪,历尽艰辛,告雁系书,终于复归,感叹自己两次入狱,受尽折磨,有如云阳市上获赦,死而复生之感,因而产生命运颠簸的联想,以至"哽咽不能终曲而罢"。演唱者与观赏者,产生了强烈的感情共鸣,竟因这样哀伤、感慨而停演,这在《牧羊记》演出史上,当是一件台上台下强烈感情交流的生动例证。

---

① 《安雅堂文集》卷一《杜伶诗序》,《清代诗文集汇编》44 册,页 627。
② 见汪超宏《宋琬年谱》,人民文学出版社,2010 年,页 138、174。

邹迪光的观演剧诗

　　邹迪光是晚明著名的诗文家和书法家,万历二年进士,官至湖广提学副使,不久罢官,在无锡惠山,筑愚公谷,极田园之胜。他长期优游林下,与诗人、戏曲家赋诗论文,演剧赏曲,不仅写下了有关戏曲的理论文字,还留下了多首观剧诗。人称邹迪光诗文集有 300 卷,现存仅 100 卷,已不能窥见全豹。在仅存的诗文中,仍留有观剧诗 30 余首。其所作观剧诗之多,和涉及剧目之广,在明清诗文家里面也是很突出的。这里检邹迪光现存诗文集所载观剧诗题,罗列如下。

　　1.《郁仪楼集》,有《观女乐三首》(卷一九),《五月二日载酒要屠长卿钱叔达宋明之盛季长诸君演昙花戏三首》(卷二三),计 6 首。

　　2.《石语斋集》,有《秋日周承明偕徐伯明集予山园膏夏堂观剧》(卷五),《绳河楼观剧》(卷五),《具茨楼观剧》(卷六),《和马仲良观剧二十韵》(卷八),《和俞羡长入余愚公谷观儿僮作剧二十四韵》(卷八),《正月十六日夜集友人于一指堂观演昆仑奴红线故事分得十三寒》(卷九),《仲夏雨夜同粤西高公先许觉父王君美集一指堂观剧》(卷一〇),《冬夜与顾仲默诸君看演神镜传奇》(卷一〇),《酒未阑而范长白乘夜过喑复而开尊演霍小玉紫钗不觉达曙和觉父韵》(卷一〇),《八月十五夜同沈虎臣于惠生沈渊渊诸君虎丘舟中看剧》(卷一一),《赏牡丹观剧》(卷一一)。计 11 首。

　　3.《调象庵稿》有《余阅搬演昙花传奇而有悟立散两部梨园将于空门置力焉示曲师朱轮六首》(卷二一),计 6 首。

　　4.《始青阁稿》,有《鸿宝堂看演蓝桥传奇》(卷六),《八月十五夜包彦平钱征荣诸君山园看月演剧四首》(卷七),《正月十四灯前演剧》

(卷七),《友人携所欢诣余草堂看剧有赋》(卷八),《元成丈载酒楼船于
阊闾城西濠沿泛衍剧二首》(卷八),《一指堂同承明兄看演长命缕传奇
此是梅禹金所作禹金物故即事生感二首》(卷八),《周承明有端午前一
日蔚蓝堂观演裴航传奇余于午日集客观剧就其韵和之》(卷九),《立秋
后二日集客鸿宾堂演蕉帕传奇和钱征荣韵》(卷九),共 13 首。

　　以上四种诗文集共存其观剧诗 36 首。这些诗记载了演剧的时
日、处所、观者、剧目,和观赏者的心情感受。这是观剧者直观的描写,
真实可信,它们无疑为研究明代剧目的演出状况提供了重要的资料。
这里就这些观剧诗所涉剧目与演出简述如下。

一、《昆仑奴》与《红线女》

　　《石语斋集》卷九,有《正月十六日夜集友人于一指堂观演昆仑奴
红线故事分得十三寒》诗一首,其诗谓:

> 剧演仙英解送欢,当场争吐壮心看。青衣窃玉能飞剑,红粉
> 销兵似弄丸。二八蟾光浮瑞兔,十三鹍柱奏哀鸾。灯轮未熄阳春
> 满,不待灵犀可辟寒。

明代万历间,梅鼎祚据唐传奇改编有《昆仑奴》杂剧,梁辰鱼作《红线
女》杂剧。前者题作《昆仑奴剑侠成仙》,今存万历刊本、《盛明杂剧》
本、《古本戏曲丛刊》影印《鹯江集》本。后者题作《红线女夜窃黄金
盒》,今亦存《盛明杂剧》本、《鹯江集》本等。

　　邹迪光一指堂演出《昆仑奴》和《红线女》,邀集了多位文友观看,
并互相步韵唱和。主人分得"寒"韵,可证其唱和诗不少。可惜目前难
以看到其他宾客的诗作,现在只以邹诗来说明主人作此演出的主旨。

　　诗的前两句,说的是剧中昆仑奴磨勒。他本结仙胎,旁通剑术,驱
神役鬼,出有入无,只身飞入郭子仪府邸,背负崔生、红绡出入相府,成
就二人姻缘,最终入道的故事,而突出磨勒侠义心胸。当郭子仪派兵

将追赶他们时,磨勒不仅放出手段,使追兵近不得身,还说当今要除的不是俺们贫贱的,倒是那些窃国奸佞。说得理直气壮,义正词严,正如诗中所说"当场争吐壮心看",是《昆仑奴》的思想亮点。

诗的三、四句,说的是《红线女》。剧演唐至德以后,薛嵩与田承嗣分守潞州、魏博,互相联姻。承嗣聚众十万,壮士三千,图谋兼并潞州,薛嵩无策。薛嵩帐下有年轻女子红线,既擅歌舞、书札,又素熟兵机,兼通孙武之策。故而虽作深闺之妾,实为入幕之宾。在此危急关头,她主动请命,飞身独往魏博,费时二三刻,夜行数百里,趁其夜寝,直入承嗣内宅,取其床头金盒而还。薛嵩旋将金盒送达承嗣,承嗣悟知,面对一女子尚且命悬一线,大为恐惧,只得罢手。红线以孤身之力,使乱臣贼子知惧,终于化解了潞州之难。"青衣窃玉能飞剑,红粉销兵似弄丸",非常简洁地写出了《红线》剧的传奇色彩。

二、《神 镜 记》

《石语斋集》卷十,又有《冬夜与顾仲默诸君看演神镜传奇》诗,诗云:

> 凤蜡高烧照夜多,不烦清影到嫦娥。七盘擎出巴渝舞,双板敲成敕勒歌。岂意红颜能报主,也知粉黛可降魔。砗磲竞嚼雄心起,击裂珊瑚奈若何。

明吕天成有《神镜记》传奇,《曲海目》《传奇汇考》至《曲录》著录。剧谱唐传奇《聂隐娘》故事。唐传奇《聂隐娘》主要情节有三,一记唐贞元间隐娘为仙尼摄取学剑,五年后返家,嫁一磨镜少年。二记元和间魏博帅与陈许节度使刘昌裔不和,魏帅使隐娘害昌裔,隐娘夫妇骑黑白二卫(驴)往,事被昌裔算中。三记隐娘在刘处破精精儿、妙手空空儿神术。所谓"神镜"仅有磨镜少年但能淬镜事,而无任何神奇描写。因《神镜记》目前仅存残曲,无法知道吕天成如何夸饰磨镜少年所淬之镜有何神异。清康熙初,尤侗作《黑白卫》杂剧,亦大致谱《聂隐娘》故事,也未铺张"神镜"作用和功能。但从邹迪光的诗看,在红颜报主、粉黛降魔中,有"砗磲竞嚼雄心起"的情节。这里的"砗磲"应指美玉(虽为次玉)做的玉镜,而"雄心"似指磨镜少年的活动心理。就是说,此剧固然以聂隐娘为主角,但其丈夫也不像小说所描绘的那样无所作为,其神镜在剧中理应为推动剧情起了作用,如此才可以把聂隐娘的故事发展为神镜的故事。作为传奇,生旦的戏份才比较匹配。故邹迪光的诗使我们猜想《神镜记》对唐人小说的增饰、改编的蛛丝马迹。

又,李修生主编《古本戏曲剧目提要》有葆伟撰《广陵胜迹传奇》八种提要,其七有《邗沟庙神镜悬忠照朗》一目,题作《神镜》,叙战国时吴灭,广陵士民感念夫差筑城凿沟,垂利无穷,因建邗沟大王祠以祀。当年夫差雄据三吴,富甲天下,百姓又奉为财神福王。开元中,扬州出一神镜,可以辟邪鉴正,大王即取至台前,为人指迷祈梦。赵甲愿学郭子仪,立功扬名,终成扬州太守。钱乙欲富贵,因得钱十万贯。孙丙欲长寿,终登仙台。李丁愿福禄寿均有,做富贵神仙,终得腰缠万贯,骑鹤下扬州。众人如愿后,至王前拜谢。大王再取神镜予观,只见镜心现忠孝二字。大王即训诫诸人:遂了心愿后,不要忘记做忠孝双全之人。众人称是,大王即命春梦婆将四人催醒。

从这段介绍来看,神镜在剧中是一个点醒主题、贯穿首尾的道具,称为《神镜记》可谓切题。但此单折戏无聂隐娘报主降魔的情节,与邹迪光诗中所记全然不合,故此《神镜》非邹氏所见《神镜》传奇,二者同名不同剧。

三、《紫钗记》

《石语斋集》卷十,有《酒未阑而范长白乘夜过喑复而开尊演霍小玉紫钗不觉达曙和觉父韵》诗,诗云:

急管烦弦声正哀,翩翩有客夜深来。灯残再莐生花烛,酒涸重拈泛蚁杯。分燕此时怜玉镜,调鸾何处望琼台。主人好客能申旦,那怕城闉漏箭催。

这是万历四十年左右,邹迪光妻子病故,迪光举哀,朋友周承明、范长白先后来吊,演汤显祖《紫钗记》而作的诗。诗说家中演出《紫钗记》,管弦奏出哀悼之音,范长白竟深夜来吊。主人重点花烛,重整杯箸,想起妻子之死,劳燕分飞,睹镜思人,那里可以望见仙宫中的妻子呢?主人好客,可以通宵达旦地留住客人,那怕什么漏箭频催,城门关闭。

这是一首悼亡演剧诗。丧期演剧,属于仪式剧演出的一种形态,历来多有。值得注意的是演出汤显祖的《紫钗记》。汤剧据唐人传奇《霍小玉传》改编,演的是李益与霍小玉爱情与婚姻故事。其中主要情节,演观灯、议媒、佳期及边关战事,与哀伤情绪并不协调,但《折柳阳关》《边愁写意》《怨撒金钱》几出,却无论男主角或女主角,都陷在离愁、痛苦之中,唱来如诉如泣,悲痛欲绝。演来切近现场气氛。尤其是《怨撒金钱》,霍小玉唱【小桃红】、【下山虎】、【醉归迟】、【五般宜】、【忆多娇】、【哭相思】,"谁知誓冷盟寒空掷断钗头玉,双飞燕不上俺云鬟","俺把它乱洒东风,一似榆荚钱","看落花飞絮是俺命丝悬"等,一边泣诉,一边在台上漫撒金钱。这种舞台上漫撒纸钱的情节,与民俗中哭丧、送葬十分近似。这样的场景与邹迪光丧妻治丧的情境也非常合拍。故令人怀疑,邹迪光正是借《紫钗记》的这些情节、唱词,来宣泄他此时的悲情也未可知。

四、《蓝桥》《裴航》传奇

《始青阁集》卷六,有《鸿宝堂秋兰花下,留钱微荣看演蓝桥传奇,钱有作和韵》诗,诗云:

祝融收虐政,少昊引新凉。玉露酥烦骨,金风捣浊肠。连旬岸巾帻,此日理衣裳。曲槛芙蓉衬,珊栏薜荔装。不禁兰气发,直使麝烟藏。杂出笙竽队，高悬傀儡场。玉人扶玉杵，琼女荐琼浆。方合蓝桥卺，随联碧海航。群仙遗胜事，千载漱余香。人具长生算，家储太乙粮。木公非惚恍，金母讵荒唐。总被尘鞅缚，难于登篆详。蹉跎悲药物，龌龊笑皮囊。慕道予方切，怀仙尔亦当。倘然生羽翼，相与共翱翔。

《蓝桥》《裴航》传奇，演的都是裴航遇云英于蓝桥的故事，二者是一而二、二而一的。但前人戏曲中，有的突出男主角裴航，题作《裴航》。有的以蓝桥相遇为主轴，题作《蓝桥》。元庚天锡有《裴航遇云英》杂剧，已佚。明龙膺有《蓝桥记》传奇，今佚。吕天成也有《蓝桥记》传奇，亦佚。《古本戏曲丛刊》初集又有《新镌全像蓝桥玉杵记》的传奇一种，题"明杨之炯撰"。清黄之隽《四才子》杂剧，其一有《蓝桥驿》，亦演同一故事。

　　剧史上有这么多同题材剧目，邹迪光于鸿宝堂所演属那一种？元庚天锡之杂剧在臧晋叔的《元曲选》里已不存，邹迪光自然没有演出的可能。黄之隽生于康熙间，所作剧在康熙五十年，时间远在邹迪光观剧之后，他的《四才子》本《蓝桥驿》无疑也在青山之外。龙膺《蓝桥记》作于万历晚期，吕天成评其才曰："雅韵炊金馔玉，新裁绣口锦心。"[1]与邹迪光喜爱梅禹金、屠隆的文采剧趣味相符，故在邹迪光鸿宝堂，演出龙膺传奇的可能性最大。潘之恒《鸾啸小品》记有邹家班的演出。

　　邹诗起首几句，说的是夏日已过，新凉已生，秋露酥人骨骼，金风洗涤浊肠。衣帽都重新换过，秋兰也发出清香。诗以气候物象点明演出时令。从"玉人扶玉杵"起开始写剧情，故事中，裴航欲聘云英，蓝桥老妪要裴航取得玉杵，捣药百日，裴航到京，不事举业，从卖玉老翁处取来玉杵，玉兔夜间持杵臼而捣药。诗句所言即此。其他如仙女献琼浆、蓝桥合卺、鄂渚同舟，都是剧情的描述。"群仙遗胜事，千载漱余香"，是对此剧的赞美。

－－－－－－－－－－

① 吕天成《曲品》卷上，吴书荫校注，中华书局，2006 年，页 77。

从"人具长生算"起，是诗人观剧后的感想。意为人人都想长生，神仙也并非虚妄，只是大家都被世俗尘事羁绊，只留下龌龊皮囊。现在我很想入道，你也想成神仙，如果有日真能长出羽翼，你我就可以共同相与翱翔了。这些或许有些诙谐打趣的成分，但可以看出两位观剧人都有若干出世幻想。

《始青阁集》卷九，载《周承明有端午前一日蔚蓝堂演裴航之作，余于午日集客观剧就其韵和之》诗一首，诗云：

> 将雏为炙小于拳，刺眼榴花烂绮筵。艾火高烧香似缕，蒲觞迭送酒如泉。门前符篆悬驱鬼，傀儡衣冠幻作仙。但得佳辰长醉倒，从他沧海变桑田。

周承明，苏州人。他与林若抚、王亦房，被邹迪光称作吴门三秀，彼此来往密切。周在端午前一日于蔚蓝堂观演过《裴航》，作有诗，邹迪光于端午又演此剧，并和其诗。诗主要描述端午时令，端午习俗，关于演戏，只以一句"傀儡衣冠幻作仙"带过。主客于此观戏作乐，故说"但得佳辰长醉倒，从他沧海变桑田"，也带有希望超脱尘世的心境。

五、《长命缕》

《始青阁集》卷八，有《一指堂同承明兄看演长命缕传奇，此是梅禹金所作。禹金物故，即事生感二首，仍用咏玉兰之韵》诗，诗云：

> 江左才郎笔吐花，填词按谱号当家。吹箫单史珠能返，望石邢娘璧不瑕。两部清商依绛缕，一时大椀嚼绯霞。若教锦□随□化，此曲应传萼绿华。
>
> 词人身已跨蓬瀛，留得笙歌满座倾。檀板按来皆白雪，香喉流出是明琼。青楼误落鸳鸯种，彩缕还多鼓瑟情。莫道雕虫真小技，骊驹采葛尽传名。

梅鼎祚(1549—1615),江南宣城人,诸生。性不喜生业,以古学自任,发为文辞,沉博雅赡,所交有王世贞、汪道昆、屠隆、汤显祖等巨公。著有《鹿裘石室集》,戏曲《昆仑奴》《玉合记》《长命缕》,辑刻《古乐苑》《历代文纪》《汉魏六朝诗》《青泥莲花记》等数十种,多取上世以来诗文,下及杂记、传奇,并有辑撰,多至千余卷。故邹迪光诗称其为江左才郎,填词行家。其剧,词句如才笔吐花,唱来如阳春白雪,喉出明琼。这些都是对作者和演唱者的赞美。

《长命缕》作于万历四十三年,演的是单飞英与表妹邢春娘以丝织彩带"长命缕"少小订亲,值金兵南侵,春娘南下全州,被卖入青楼,守贞不屈。飞英因抗金立功,授全州司户,经观音菩萨指引,至会胜寺相会,后终团圆。故邹诗谓单郎如箫史能返,春娘如白璧无瑕。邹迪光最后说:此剧大旨也如《诗经·采葛》与佚诗《骊驹》那样,有讽刺离别中男女淫奔之意。

现在阅读此剧,只见重在诉说"妻贤子孝臣忠勇",立意已显陈腐。全剧虽未必如《玉盒》藻缋满纸,但也远没有作者序中所言,有"鲜韶宛然,览者惊魂"的效果,故此剧后来不见演出,明清反映实际演出的戏曲选本也无载录,惠山一指堂演出此剧,实为少见之一例了。

六、《蕉帕记》

《始青阁集》卷九有《立秋后二日,集客鸿宾堂演蕉帕传奇,和钱征荣韵》诗,谓:

> 金飔乍袅天衢清,集客虚斋泛兕觥。酒令频驱归胜地,谈锋一发下愁城。瓶花细剪千枝艳,架鼓高挝四座惊。小鼎绯微风习习,疏帘碧海水晶晶。白狐假黛娥眉巧,绿叶裁绡袅篆横。按节尽依新置伍,填词不用旧题名。芙蓉屏侧灯初列,傀儡场中客半醒。多尔摛毫能纪胜,不烦刻烛已先成。

这首诗,前八句说的是秋日演剧待宾之事,这时天高气爽,宾客盈门,饮酒行令,一片谈笑风生的情状,只有"白狐假黛"、"绿叶裁绡"两句,涉及《蕉帕记》的剧情。这段剧情说的是吴国亡后,天曹将西施罚作白狐,经3 000年修炼,已成霜华大圣。为成正果,她化作胡招讨之女弱妹,用幻术点蕉叶为诗帕,用藏头诗勾引书生龙骧,取其真阳。白狐知龙骧、弱妹有夫妻之分,终助龙骧、弱妹姻缘。当日演出如果仅有这段情节,只能是剧中少数折子。但这段点蕉为帕的情节只是故事的开头,这位霜华大圣是全剧牵引人物,她的幻术,以及变弱妹之钗为蔷薇,保持弱妹名节。在龙骧新婚之夜,又吹气使诗帕变为蕉叶,使龙骧夫妇释疑。其后,她的幻术还助龙骧中状元及取天书助龙骧大败金寇、生擒刘豫的功劳。最后一家荣升,各成正果。全剧有浓重的道家气味,但许多情节构思精巧,生动活泼,语言也鲜活俊爽,故历来多有传承演出。《月露音》《时调青昆》《万壑清音》《玄雪谱》《千家合锦》等所录《脱化》《花园相会》《闹闹》《龙生解迷》诸出,就是舞台演出的遗存。《蕉帕记》演出史上还没有其他的诗证记录,邹迪光所留下的这首诗就是这种演出的实证,故邹诗可以作为该剧演出中一件诗的文献。

七、《昙 花 记》

《郁仪楼集》卷二三,有《五月二日载酒,要屠长卿、俞羡长、钱叔达、宋明之、盛季长诸君入惠山寺,饮秦氏园亭。时长卿命侍儿演其所制昙花戏,予亦命双童挟瑟唱歌为欢竟日,赋诗三首》,诗云:

(一)丹崖细草翠平铺,列席频呼金笪箩。树杪妖童歌袅袅,花间醉客舞傞傞。辟兵节近传蒲艾,招隐人来坐薜萝。齐楚当年盟尚在,词坛牛耳奈君何。

(二)谁唱新声到梵宫,昙花此夕领春风。那知竺国多罗氏,只在梨园傀儡中。柘枝轻挝留白日,刀环小队踏飞虹。人生何可长拘束,酒色声闻理自通。

（三）百罚深杯醉不辞,追欢犹似少年时。越儿解作巴渝舞,吴管能调敕勒词。依槛文鱼乐在藻,窥帘飞鸟能游丝。金乌景匿还乘兴,踏叶穿花信所之。

《郁仪楼集》收邹迪光万历癸巳(二十一年,1593)至壬寅(三十年,1602)间的诗。诗集不编年,故不知详细年份,但必在此期间。这时作者尚处盛年,社会亦比较安定,虽在惠山秦氏庭园观演《昙花记》,以戏为佛,但不见出世心态。诗写演剧场景,铺设优雅。童子演剧,歌声袅袅。换盏飞觞,客人狂放不羁,多有乘兴追欢、及时行乐的心理。诗没有涉及此剧传言甚多的各种隐喻曲笔,只说佛家多罗氏(多罗尊观音),化为梨园傀儡(剧中人)。这样就剧论剧,反倒反映了屠隆《昙花记序》所言:"此余佛事也。"

《调象庵稿》是邹迪光晚年之作,集中所存《余阅搬演昙花传奇而有悟,立散两部梨园,将于空门置力焉。示曲师朱轮六首》(卷二一)也就有洞明世事,皈依佛理的心迹。其诗云:

（其一）几年心在法云边,选伎征声亦偶然。凤曲不留惊燕罢,一时火宅有青莲。

（其二）千金教舞百金歌,激楚阳阿奈若何。尝鼎未多先属餍,桃花一夜付流波。

（其三）长将旧谱订新词,教得延年绝代奇。掷尽豪华不复问,回身竺国礼摩尼。

（其四）挂冠归隐鬓犹玄,丝竹东山二十年。世事真同傀儡戏,何如天外领钧天。

（其五）伊州一曲动帘帏,惊得梁尘处处飞。不是主人怜玉浅,长斋新着水田衣。

（其六）青丝为绋善清讴,牙板轻敲木叶流。今日周郎懒回顾,抱琴一任过他舟。

《昙花》传奇,即屠隆的《昙花记》,演唐国定兴王木清泰,受罗汉宾头罗及蓬莱道者点化,随僧道云游西川、地府、天界,与家人共成正果事。剧中《祖师说法》《郊游点化》《西来悟道》诸出,都教人超脱世尘,皈依净土。邹迪光万历二年,当 20 岁时即成进士,授工部主事,出为黄州知府,三年升福建提学副使。拂中丞意,挂冠归。起为嘉湖兵备道,调湖广提学副使。四十岁罢官,回无锡,卜居惠山,创愚公谷,蓄家班选声征歌,丝竹东山,20 余年。到了晚年,对人生又有感悟。家中梨园再演《昙花记》,受剧中情节人物感染,感叹世事如傀儡登场,于是决意掷尽繁华,驱散梨园,置力空门,回身竺国。他写给曲帅朱轮的六首诗,表达了历年选伎征歌、教舞听戏、打谱订词的戏曲生活都将弃绝,主人即将新披袈裟,长斋礼佛,这反映了诗人历经颠簸,有舍弃繁华、超越尘世之感,这与前诗的感情基调有明显的不同,从这种不同中我们看到了诗人人生观的变化。

彭士望所见宫戏与其观宫戏诗

彭士望《耻躬堂诗钞》卷四,有《观宫戏有感》诗 12 首,前有序,序云:

> 偶可八寸许,能自着衣冠,或骑马,或扇,或鼓吹,手指屈伸俯仰有致。上不缀线,下无掇人。最异有吹烛、焚香、吞酒、食烟、更衣者。武剧尤浑脱顿挫,运矛飞动,真绝技也。传弘光时,故相马士英作于禁中,以娱乐天子,国破后流落民间,犹号宫戏。予于樟墅茶肆见之,叹曰:此奚至哉!因述古十二章。于时同观为朱古畦古农、姚子诚、金令襄、万云翼。

诗云:

> (一)二圣同仇不共天,平章湖山日开筵。只今愁绝西泠水,未见厓门返只船。
>
> (二)多少宣和献媚臣,丰亨盘乐共朝昏。独留万岁峰头石,犹为南朝打北人。
>
> (三)角觝鱼龙百草生,渔阳一鼓散西京。吞声野老今犹恨,密口哓哓说太平。
>
> (四)月下清游马上吹,空陈百戏诳诸夷。民间久识官音异,恰对萧娘引镜时。
>
> (五)玉树歌残数举杯,急书城破未曾开。坐中狎客能亡国,此败非专自酒来。

（六）寂寞邯郸倚赵弦，千秋石椁亦徒然。何如多置云中守，世世匈奴莫犯边。

（七）长乐宫中秘戏新，珊珊犹见李夫人。自非卫霍能深入，未必仙游老白云。

（八）刘项兴亡各壮歌，美人虞戚竟如何。汉中一出摧西楚，豁达能招猛士多。

（九）本自沙陀强作优，告功三矢事全休。群伶乐器焚天下，一后囊金系马头。

（十）歌舞生人剥面皮，老羌恶谑惨何之。长年虎视淮南上，骨肉萧墙只自夷。

（十一）中年丝竹为陶情，晚岁声歌避盛名。未必小儿能破贼，徒将荒乐误王明。

（十二）衣冠犹赖尺人存，老客观场发尽星。歌哭不传沙漠信，月明何处吊冬青？①

宫戏，现在一般多以为是宫廷戏，如明宫戏，清宫戏之类，这些都指敷衍明清宫廷故事或在宫廷演出的戏剧而言，是从内容及演出场所上作的分类。但戏曲史上的"宫戏"，却是指一种戏剧表演类别，即木偶戏。木偶戏在唐代即已收于宫禁，也演于贵邸和市井。明宫内水上木偶谓之"过锦戏"，近代人震钧《天咫偶闻》疑之为"今宫戏之滥觞"。② 也许因为宫廷内演出百戏的种类繁多，所以并没有把傀儡戏称为宫戏，反称为"人间俗戏"。③ 到了清后期，则有一些民俗记录文献，把傀儡戏称作宫戏了。如《燕京岁时记》说："京师戏剧之外，又有托偶……托偶即傀儡子，又名大台宫戏。一般唱皮黄，有时也演武戏和大戏。"④这就是把傀儡戏，特别是其中的托偶（杖头傀儡）称作宫戏，或大台宫戏。

---

① 《清代诗文集汇编》32 册，页 202。原诗 12 首，不标次序，为叙述方便，暂标出序列。
② 见李家瑞编《北平风俗类征》，商务印书馆，1937 年，页 335。
③ 孙楷第《傀儡戏考原》。
④ 见李家瑞编《北平风俗类征》，商务印书馆，1937 年，页 379。

《道咸以来朝野杂记》对大台宫戏的陈设与表演方式作过如下的描述："大台宫戏的表演舞台小于戏台,小半截用隔扇围着,可以把里面遮住,内外隔绝。而傀儡人大约高三尺,装束与戏曲里一样。下面用人举着舞动,动作也同伶人,唱者另配,坐在台内,看不到外,称关防者。戏班有金麟班、四义班。"所以传到清末,人们就把圆明园的木偶戏,称之为大台宫戏。

彭士望这次所看的宫戏,是茶肆中即茶馆中的演出,也就是民间的、观众很少的演出。除了彭士望,所记观演者就只有他的四五个朋友了。这种民间宫戏,木偶的形制要比大台宫戏小得多。彭诗序说"偶可八寸许",这与高三尺的大木偶人相比,不到三分之一。除了木偶小,舞台自然也小,各种陈设无疑相对都小,这或许就是大台木偶和小台木偶的差别,也就是大台宫戏与民间小台宫戏的区别。

民间宫戏虽然形制小,设备简陋,但木偶制作技巧与表演水平,丝毫不亚于大木偶,甚至反见出高度技巧。彭序说:木偶人"能自着衣冠,或骑马,或扇,或鼓吹,手指屈伸俯仰有致。上不缀线,下无掇人。最异有吹烛、焚香、吞酒、食烟、更衣者。武剧尤浑脱顿挫,运矛飞动,真绝技也"。没有非常灵巧的设计、娴熟的技艺、高超的表演水平,这种种动作都是无法完成的,更不可能一无破绽而受欣赏被称作"绝技"的。这使我们对明末清初宫戏的表演水准刮目相看,并留下深刻的印象。

值得注意的还有,我们所知道的木偶戏,都是有牵引或托举的,如悬丝木偶、提线木偶、杖头木偶、药发木偶、水机木偶之类,或靠线引,或靠人托,或靠火药水力,才能转动、活动。彭士望这次所见,却是"上不缀线,下无掇人",似乎是既无牵引,又无托举,不知是演者善于掩饰,使人难以觉察,还是观者没有仔细而未看清,总之,这也反映出民间宫戏表演以假乱真的技巧也是非常高明的。

木偶戏由来已久,简单来说,汉初陈平造木偶为汉高祖解平城之围,是木偶戏之由来。段安节《乐府杂录》告诉我们,此后乐家即演为傀儡戏。① 隋唐间,傀儡技艺精进,有"超诸百戏"之誉。② 至唐宋时,傀儡戏已收演于禁中,演于达官贵人府邸,尤盛演于市井勾栏。彭士望诗序说,其所见宫戏,是明末弘光时马士英作于禁中,以娱乐天子,这恐怕属于民间传说,因为弘光荒淫,国将倾覆,仍然选美演戏;马士英为相,助纣为虐,并举荐阮大铖,演出《春灯谜》《燕子笺》。夏完淳《续幸存录》说"弘光狎近匪人,梨园子弟供奉后廷,教坊乐官出入朝房",引起朝中官吏和正直之士的反感。时人作诗说:"夜半钟声下九天,转呼法部合门前。相公奏罢天颜喜,初进新词《燕子笺》。"③又有诗云:"轻轻断送南朝事,一曲《春灯》《燕子笺》。"④或许由于马士英对弘光一意谄媚,投其所好,所以把这种宫戏也当成是马士英所创了。

彭序主要说的是他所见宫戏的技巧、来源、观演的场所和观演者。彭诗则主要叙述演出的剧目内容,表达诗人观剧后的愤激和感慨。

第一首说的是北宋靖康之难,至南宋灭亡的历史。当年金兵攻占开封,徽钦二帝被掳,成南宋朝廷的奇耻大辱,群情愤愤,誓言君父之仇,不共戴天。可是一朝定都临安,秦桧卖国投敌,杀害功臣,朝廷仍然是纸醉金迷,直把杭州作汴州。到贾似道当政,造第葛岭,坐占西湖,卖国虐民,元兵所至,宋室逃亡直至厓山,9 岁皇帝沉海而死,尸浮海上十万余众。诗所言二圣同仇,即指徽钦二帝之辱。平章湖上开筵指贾似道荒淫无道。愁绝西泠,指南宋之危机,"未见厓山返只船",即是南宋之亡的惨象。故彭士望所咏,应是演述南宋灭亡的故事剧。

第二首仍是就宋代历史故事而言。宣和年间,蔡京、童贯、王黼、高俅、朱勔等相继用事,徽宗赏赐无度,造艮岳(称万岁山),铸九鼎,兴花石纲,耗费国库民力殆尽,其后金兵再至,围城日久,宋兵只好于万岁山"拆屋为薪,凿石为炮"⑤。南渡后,一些降臣叛将反为金兵前驱,

---

① 《乐府杂录·傀儡子》。
② 任半塘《唐戏弄》,页 429。
③ 《明宫杂咏·弘光宫词》。
④ 《秦淮闻见录》曹伟谟诗。
⑤ 《续资治通鉴》卷九四,页 2456。

京城里只剩下万岁山这些薪火与石炮拿来反击入侵,所谓"犹为南朝打北人",这是何等屈辱。诗对宣和间政治、军事的困境讽刺得入木三分。

以下各首,各有所指。如第三首系叙唐明皇宠用安禄山故事,结果造成渔阳鼙鼓动地来,西京失守,五陵野老同声哭的结局。第五首系叙南朝陈后主穷奢极欲,沉湎女色,虽国难当头,仍与孔贵嫔、张丽华饮酒嬉戏,作诗唱歌,一曲《玉树后庭花》还未唱完,已落得悲剧下场。第七首叙汉武帝思念李夫人,有齐人少翁于长乐宫,设帐张灯烛,为影戏,武帝于帐上望之,仿佛见李夫人故事。诗人指出,武帝当年如果不是卫青、霍去病驱逐匈奴,保疆拓土,武帝未必能一味求仙,而老于白云乡(指仙境)。第八首叙刘项相争,刘邦出关袭击西楚霸王,项羽兵败乌江,虞姬自刎的故事,借以指出,刘邦能以宽容大度,收容人才,所以多有猛士,项羽虽勇,终无济于事。总之,12首诗,多各述所演剧目,内容丰富,剧目纷繁。

剧目内容如此之多,可能有两种情况,一是诗人和他的朋友确实在茶肆中看到了诸多剧目,说明清初民间傀儡戏演出节目丰富。二是诗人未必见到这么多的节目,而是借观傀儡戏所演南北宋故事,引类比喻,借题发挥,大抒对明末政事的不满,表达对明清易代的感想。故彭诗最后一首说"衣冠犹赖尺人存",意谓各种衣冠之士,政治人物,都在木偶戏中出现,依赖木偶重现于舞台。但观演者都已老去,白发稀疏,看了演出,虽然长歌当哭,老泪纵横,但已不能传达出当年北部沙漠中元蒙南下的信息。在此明月当头的时刻,何处可以吊念南宋遗民唐珏、林景熙在会稽山重拾宋陵遗骨重植冬青树,以寄托对故国的哀思、怀念? 这些应是明末遗民彭士望的心理反映。

彭士望的观宫戏诗的戏剧史价值,一是告诉我们在明末清初,木偶戏、傀儡戏在当时就被称为宫戏,这比我们现今知道的这一名称流行期间要早。就是说,不是到晚清才把木偶戏称为宫戏,而是早在清初就已流行,这在确定这一戏剧名称流传时间上有文献价值。二是告诉我们,清初木偶戏剧目丰富,并贴近时代变迁,反映社会斗争,有深刻的现实性。三是清初木偶戏表演技术有很大进步。我们虽不能确定它是否真是"上不缀线,下无掇人",但从诗序所描写的吹烛、焚香、吞酒、食烟、更衣,武剧浑脱顿挫、运矛飞动,从这类"绝技"看,也能充分体会到其表演技术的成熟和表演艺术的高超。在一个乡镇茶肆有这样的表演,确实令人惊叹。

高文照观剧诗所涉剧目与表达的观感

高文照《高东井先生诗选》卷三,有《观剧》诗 12 首。前有序,现一并迻录如下:

庚寅秋试报罢,侨居杭城佑圣观,日与优伶狎,得徧观生旦净丑之技。歌弦拨响,辄唤奈何。竿木逢场,大家作戏。偶有所会,杂成短章,集之得如干首。

演出炎凉态逼真,黄金散尽客归秦。人间大有停机妇,切莫相逢苦效颦。

望气成龙信有之,鸿门剑击计嫌迟。撞来玉斗终何益,已是旋车霸上时。

帛书迢递达冰天,毡霰凄凉十九年。难怪甘心学都尉,酬功只博一区田。

跋扈将军蓄祸机,卯金劫运到延禧。杜乔下狱清河贬,不信真龙在钓矶。

小说纷纷那是真?红绡红拂事陈陈。虬髯入海昆仑死,从此怜才少美人。

谪去炎荒未要愁,沉香亭事擅风流。玻璃酌酒真妃劝,也算人才吐气秋。

剥啄相过霰正深,君臣语洽漏签沉。怪他行炙厨中嫂,不进江南瓜子金。

度牒髡缁总异闻,尚书无术洗冤氛。金川门失宫中火,尚说西山老佛坟。(原注:相传千忠会剧成,索严尚书家金不遂,因污蔑其事。予谓：建文披剃，国史无明文，其它更无论矣。）

官中秘事外难询，程杵千秋有寇陈。埋怨金河桥下水，绿绨方底又何人。

铃语分明劝秃当，那教万众度车厢。破军竟应黄来兆，气尽将军泣数行。

蒯誓消磨赕泪凝，梦鞋掷酒两无凭。都缘世少黄衫侠，李十郎今被鬼憎。

曲江宴上探花回，试窘师门却费才。端莫轻他由窦客，许多卿相此中来。[1]

诗前有小序，言其观剧缘由和年月。庚寅年即乾隆三十五年(1770)。当时诗人落第后，寄居杭州佑圣观，几乎每日与优伶相处。一遇演出，即心往神驰，趋之若鹜，因而几乎尽观生旦净丑各行技艺。同时作者认为，戏虽是优伶演出，而因为"戏场小天地，天地大戏场"，大家都在戏中，似乎都在表演，所以戏中所演，就是人间情事，观演后因而感触尤深。他留下的这些诗，就是在观看了许多戏而选其感触最深者、即所谓"偶有所会"者而写的诗。因此这些诗不单留下了看戏的记录，也是诗人情感的记录。

高诗第一首"演出炎凉态逼真，黄金散尽客归秦。人间大有停机妇，切莫相逢苦效颦"中有"客归秦""停机妇"之语，应是观演苏秦故事剧。苏秦故事剧，宋元南戏有《苏秦衣锦还乡》，元杂剧有《冻苏秦》，无名氏有《金印记》，万历间有杭州高一苇改本《金印合纵记》(又名《黑貂裘》)，以《金印记》较为通行。清代的地方戏、京剧改编演出更为普及。剧情以苏秦入秦国应召，落第而归，至家则妻不下机，嫂不为炊，连父母对他也不搭理。苏秦不堪羞辱，一怒而去。后挂六国相印，衣锦还乡，父母带家人至官亭迎接。前后对照，苏秦看破人情世故、世态炎凉。高文照身处下层，对此感受深刻，在庚寅年乡试落第后，尤有切身

---

[1] 《清代诗文集汇编》393 册，页 288。

之感。故其诗特地表达所见世态炎凉和演出的逼真,而希望今人不要继续效仿。这应是诗人"偶有所会"、即触发自身经历有感而发。

第二首"望气成龙信有之,鸿门剑击计嫌迟。撞来玉斗终何益,已是旋车霸上时",是观演《千金记》。《千金记》十二出《入关》,演曹无伤往项羽军中报告刘邦已定关中,往怀王处请功封王,项羽愤愤不平。范亚夫提醒项羽,日前着人观其气象,"似龙成五彩,此天子气也,大王宜乘早击之"。诗谓"望气成龙信有之",即指此。后三句说鸿门宴上,项羽以兄弟之情,不忍刺杀刘邦,亚夫虽一再以玉斗(玦)提醒、警告,项羽终是懵懂不忍,最后项庄舞剑欲击沛公,沛公已被张良、陈平、项伯等救至霸上,成功脱逃。戏演得惊心动魄,诗人在字里行间无不表达出扼腕叹息之意。

第三首"帛书迢递达冰天,毡霰凄凉十九年。难怪甘心学都尉,酬功只博一区田"歌咏《苏武牧羊记》。前文说及《牧羊记》演出,文士歌咏诗少见,高文照诗是稀见的一首。诗所涉及的背景是汉武帝使苏武等至匈奴为使节,不辱使命,不肯屈降,被匈奴拘留。武帝驾崩,昭帝即位,汉匈和亲,欲取苏武归汉。匈奴谎称苏武已死,时汉帝狩猎上林,得一雁,雁足系一帛书,知苏武实在北海大泽中。汉使质疑单于,不得已单于放苏武等九人南归。苏武在匈奴 19 年,牧羊北海,吞毡饮雪,不改志节,史称其为志士仁人,"有杀身成仁,无求生以害仁,使于四方不辱君命"者①。明改本《牧羊记》即据史传改编而成。文照诗前两句即言苏武在冰天雪地牧羊,以雁足系帛书,传达讯息,为归汉创造条件,19 年的毡霰凄凉才得以结束。后二句说的是苏武归汉后的结果。按照剧本,演到霍光迎请苏武还朝,苏武一家团圆后,剧就此落幕,但诗人却因苏武还朝后的封赏表示不平。苏武还朝,汉帝只拜为典属国,田二顷,宅一区,所谓"酬功只博一区田"而已。而当时朝廷,却如李陵所言:"妨功害能之臣,尽为万户侯;亲戚贪佞之类,悉为廊庙宰。"因为这样的不平,所以有人甘心效仿"骑都尉"李陵,投降异类,做

---

① 见《汉书·苏武传》。

外敌的鹰犬了。这种诗句大约只是诗人的牢骚，为苏武的遭遇打抱不平而已。

第四首"跋扈将军蓄祸机，卯金劫运到延禧。杜乔下狱清河贬，不信真龙在钓矶"，是观演朱佐朝的《渔家乐》所咏诗。《渔家乐》演东汉后期梁冀专权，冲帝刘炳夭折，朝议清河王刘蒜为人庄重，可即位，而外戚、大将军梁冀专权，立质帝刘缵，质帝当诸臣面，称之为"跋扈将军"，梁冀当日即鸩杀之。而立桓帝刘志，因国相刘岿等人拟立刘蒜，梁冀杀国相，蒜被贬，至桂阳自杀。太尉李固、杜乔等则下狱死。桓帝延熹末年，宦官把持朝政，中常侍枉杀清流，李膺等二百余人坐"党人"罪，禁锢下狱，结果造成汉末乱象，以至汉亡。《渔家乐》以历史为背景，作了不少虚构加工，尤突出刘蒜出逃到浔江边，遇渔家父女，说明情由，渔舟中刘蒜封邬飞霞为正妃，后河东节度使简章传檄各地讨伐梁冀，邬飞霞冒险进入梁府刺杀梁冀。最后刘蒜回朝即位，封飞霞为正妃，其余功臣都得晋封，这些都是子虚乌有情节。故高文照的诗说到梁冀跋扈专权，为东汉之乱留下祸机，大汉劫运到延熹的党祸已不可挽回。这时杜乔、李固都已下狱，清河王刘蒜已贬斥朝外，即便是一条真龙，其实已经自杀，那里还能在河边遇上飞霞，回朝正位。高诗一面回顾历史，一面指戏剧的虚造。拘泥史实，借题发挥，正是文人观剧的一种习性。剧作有以历史为鉴的意图在，故历来演出不断。

第五首"小说纷纷那是真？红绡红拂事陈陈。虬髯入海昆仑死，从此怜才少美人"，系观红绡、红拂故事剧所咏诗。红绡、红拂故事自唐传奇《昆仑奴》《红线传》后，戏曲改编、搬演时间很久，相关剧作也多。如戏文之《磨勒盗红绡》(存残曲)、梁辰鱼杂剧《红线女窃盗黄金盒》、梅鼎祚传奇《昆仑奴》。已佚者尚有梁辰鱼《红绡妓手语传情》、胡汝嘉的《红线记》。至清始有更生子合红线、红绡二事为一剧的《双红记》。高文照诗同说红拂、红绡事，当为观演《双红记》而发。诗句浅显，谓双红故事，系小说家虚造渲染，没有历史根据，但因为故事神奇，历来却陈陈相因，流传不断。双红故事，一则叙身为侍妾的红绡于战乱中慧眼识豪杰，昆仑奴磨勒飞墙越壁盗出红绡，以完成宿愿。一则叙红线在军阀征战中,报效主人,飞越数百里取仇人卧室金盒,如探囊取物,甚至传言,可以夜入卧室偷吸强敌脑髓,这种非凡手段竟使敌首惊惧,因而打消发动攻战的阴谋。观剧后作者感叹,千年而下,时局与社会已变,现实中再也没有虬髯客、昆仑奴这样的英雄豪杰,也没有红绡、红线那样识人于芸芸众生之中的佳人。

诗以表述观演《双红记》为主,但又牵连了传奇《虬髯客传》的情节。所谓"虬髯入海",即杜光庭传奇所记虬髯客以"甲兵十万,入扶余国,杀主自立"事,这与《双红记》中,红线换上道装,准备修行,最后都归天庭是大异其趣的。这只能表明,诗人作诗归结为"从此怜才少美人",其意或在希望平生有怜才之遇吧。其中也许包括美人之遇,托物寄兴,也包含得遇伯乐有人生事业之遇。

高诗第六首"谪去炎荒未要愁,沉香亭事擅风流。玻璃酌酒真妃劝,也算人才吐气秋",是咏观演《惊鸿记》的。《惊鸿记》系明吴世美所作。剧以安史之乱前后的政治环境为背景,主要演唐明皇、江采蘋、杨贵妃的爱情纠葛。其中《吟诗》《脱靴》两出,演唐明皇与杨贵妃宴于沉香亭赏牡丹,宣李白作《清平乐》三首助兴。诗人联想到李白在安史之乱中,接受永王李璘的招聘,曾入永王幕府参与讨伐安史叛军。不意永王图谋不轨,被肃宗猜忌,派兵消灭。李白受到牵连获罪,流放夜郎(今贵州属地)。这就是诗中所谓"谪去炎荒"所含的内容。诗说李白虽受贬谪炎荒的处分,但不足为此忧愁。李白曾有在沉香亭畔恃才傲物、放诞风流的时光。在皇上与贵妃的宴席上,能让贵妃劝酒,力士脱靴。自己醉态朦胧,挥笔潇洒,眼中无物,诗才横溢,这一场景,《清平乐》三首的诗章,足以为自己、也为天下才士吐气。这首观剧诗可以看到高文照的一种精神向往。

第七首"剥啄相过霰正深,君臣语洽漏签沉。怪他行炙厨中嫂,不进江南瓜子金",是咏罗贯中杂剧《宋太祖龙虎风云会》。《风云会》叙宋太祖赵匡胤手提杆棒行天下,后聚集赵普、郑恩、曹彬、苗光训等乱世英雄,黄袍加身,陈桥兵变,成大宋开国皇帝。太祖恐万民失望,诸国未平,于风雪之夜,扮成白衣秀士,夜访丞相府邸,与丞相赵普商议破南唐、吴越、后蜀、南汉之策。诗之前两句,写太祖顶风冒雪叩环敲门而入,与赵普深夜长谈,而定下江南收川广之策。其间,赵普之妻进献酒肴,太祖感谢嫂嫂厨下亲捧美酒,称赞嫂嫂如古之梁鸿配了孟光,日后福寿绵长。

诗之第三句本说从普妻进献酒肴而发,为何反怪她只送来酒肴,为何不送江南瓜子金呢?这是高文照联系到了历史情节。据史载,开宝四年(971),南唐后主使其弟、郑王李从善向宋主朝贡,曾以白银五万两赠赵普。赵普告于太祖,帝曰:此不可不受。赵普不敢收,帝曰:"大国之体,不可自为削弱,常使之勿测。""他日,帝因出,忽幸普第,时吴越王俶方遣使遗普书及海物十瓶列庑下,会车驾卒至,普亟出迎,弗及屏也。帝顾问何物,普以实对。帝曰:海物必佳。即命启之,皆满贮瓜子金。普惶恐,顿首谢曰:臣实未尝发书,若知此,当奏闻而却之。帝笑曰:但受之无害,彼谓国家事皆由汝书生耳。"①这里表现出赵普的谨慎,宋太祖的咄咄逼人。太祖表面上雪夜虚心向赵普求教,商议大事,其实对赵普这样的书生不屑一顾,所谓"彼谓国家事皆由汝书生耳",既是对敌方的嘲笑,也是对赵普的警告,所以赵普只能胆战心惊,诗寓含了作者对当时君臣关系的认识。

高诗第八首"度牒髡缁总异闻,尚书无术洗冤氛。金川门失宫中火,尚说西山老佛坟",为观《千忠会》诗。《千忠会》又名《千钟录》《琉璃塔》,为李玉戏剧名作。剧演明燕王朱棣以靖难为名,攻陷南京,建文帝削发披缁,作僧人打扮,与陈济等逃往广西避难。严震直奉命寻缉逮捕,正当震直将建文打入囚车、解往京师,陈济晓之以同朝之情,说之以君臣之义,严军皆弃甲而走,震直亦自刎谢罪。这些剧情因《草诏》《惨睹》《搜山》《打车》等昆曲的演出,而为观众所熟知。

剧情有部分历史依据,但更多出于传闻和虚构。特别是靖难之役,建文帝之生死、出逃、下落,曾出现过数十种传闻。连官家正史也

---

① 毕沅《续资治通鉴》卷七,中华书局点校本第一册,页157。

无从判断。如《明史·恭闵帝纪》就建文之生死剧说："谷王橞及李景隆叛，纳燕兵，都城陷，宫中火起，帝不知所终。燕王遣中使出帝后尸于火中。越八日壬申葬之。或云帝由地道出亡。"到底是不知所终、葬身火海、或由地道出逃？到修《明史》时都难定论。至于严震直是否奉命去追捕过惠帝，民间传说更是矛盾重重。高文照的诗，说建文帝"度牒髡缁"化妆成大师不合史实，属于轶闻异说，洪武中任工部尚书的严震直，背着骂名对自己的冤枉也无力洗涮。诗人认为，朱橞、李景隆金川门纳降，宫中火起，建文帝后可能葬身火海，所以在史书中（如《英宗实录》正统五年载），称建文死，葬郊外西山，树碑曰"天下大一法师"之墓。这就是诗中所谓"尚说西山老佛坟"了。高文照作为文士，比较重视历史事实，故所发观感，即偏于纠正异说。诗后小字注，对剧家索取严尚书家金钱，亦持不值一笑的态度。

高诗第九首"宫中秘事外难询，程杵千秋有寇陈。埋怨金河桥下水，绿绨方底又何人"，系咏观演清代石子斐《正昭阳》的咏剧诗。首句说宫闱秘事，外人不得而知，也无法了解。第二句举例说，千年之前有程婴、公孙杵臼冒死救出赵氏孤儿的戏剧，千年之后又有《抱妆盒》及《金丸记》《正昭阳》等演出宋宫女寇珠、穿宫内侍陈琳冒死救护真宗之子、后为仁宗的戏剧。第三句说，刘后因为嫉妒李宸妃，命寇珠把李妃刚生下的太子溺死于金水桥下，寇珠不忍，于金水桥边将婴儿交程琳用妆盒私带出宫，寄于楚王府中留养。10年后真相显露，刘后严刑拷打寇珠，致寇珠触阶而死。可见金水桥下埋下了多少冤屈。第四句"绿绨方底"之人不详，或指剧中龙图阁大学士包拯。剧叙真宗被刘后所逛，赐李妃绞死，经寇准、吕端保奏免死，贬守皇陵，日夜啼哭致双目失明。刘后仍以谋刺和纵火烧宫不断加害，竟不死。后包拯审理诸案，始知实情。仁宗认母，迎往昭阳殿，宸妃双目复明。此剧案情由包拯审明，全剧加重了包拯的许多情节，故包拯当是诗人期盼的"绿绨方底"之人。

叙说同一故事的戏剧，元剧有《抱妆盒》，明有阙名《金丸记》。京剧及各地戏曲搬演改编者多有，以京剧《狸猫换太子》《断后》《打龙袍》

最为流行。

高诗第十首"铃语分明劬秃当,那教万众度车厢。破军竟应黄来兆,气尽将军泣数行",所观剧目不详,但据诗意,此剧所衍当为晋及十六国时期后赵石勒与刘曜战争的历史事件。史载,晋元帝大兴二年(319),匈奴人刘曜与石勒取刘汉政权,刘曜为汉主,立国为前赵。后石勒反刘曜,明帝咸和三年(328)冬,石勒与刘曜战于洛阳,幕僚当中有人以为不可,甚至劝石勒不要亲征。石勒问计于大师佛图澄,大师回答说:"相传铃语云'秀支替戾冈,仆谷劬秃当',此羯语也。透支,军也。替戾冈,出也。仆谷,刘曜朝位也。劬秃当,捉也。言捉得刘曜也。后果生擒。"这是佛图澄用少数民族羯族人所熟悉的佛塔檐铃语,来鼓动石勒出征,捉拿刘曜。诗中"车厢"一词,当指华山附近的车箱坡,或是石勒、刘曜争战的必经之地。这次战争,石勒率领四万人入洛阳,石虎以三万攻赵中军,石堪、石聪以八千攻赵军前锋,石勒自己穿上甲胄夹击。而刘曜好酒,末年尤甚,往往饮酒数斗。这时将出战,仍饮斗余,战事大败,刘曜昏醉退走,马陷石渠,坠于冰上,身中十余创,被石军所擒。押至襄国(今邢台),舍于小城,给其妻妾,严兵围守。刘曜叹曰:"今日之祸,自其分耳。"330 年,石勒即皇帝位,称后赵。① 依诗所叙,此剧可拟名为《石勒擒刘曜》。描述石勒与刘曜战事的剧目,在现存的剧目中尚未见过,故应是一个稀见剧目。昆曲、京剧演出中也未见有此目,未知是否属弋阳腔或地方戏曲剧目。对此,尤祈博识人士予以指教。

第十一首"鲗誓消磨臕泪凝,梦鞋掷酒两无凭。都缘世少黄衫侠,李十郎今被鬼憎",当系观演《紫钗记》。"都缘世少黄衫客,李十郎今被鬼憎"无疑说的是《紫钗记》中黄衫客听得卢太尉拘留李益(李十郎),强拆李益、霍小玉美好婚姻,因此挺身而出,除暴安良,打抱不平,使有情人终于团聚的剧情。笔者推测,鲗系乌贼,诗取其乌黑之色。鲗誓,指李益、霍小玉成亲后在花园中时用乌丝阑素缎写下誓言:"水

---

① 见《通鉴纪事本末》卷一三。

上鸳鸯,云中翡翠,日夜相从,生死无悔。引喻山河,指诚日月。生则同衾,死则共穴。"(22 出《花院盟香》)意为这种写在乌丝阑纸或绸缎上的誓言已经被思念的泪痕磨损,只剩下泪痕。

"梦鞋"则是 49 出所叙,小玉一病恹恹,与鲍四娘的一段答问:

> 【黄莺儿】……(鲍)李郎可来梦中?(旦)咱思量梦伊,他精神傍谁? 四娘,咱梦来,见一人似剑侠非常遇,着黄衣,分明递与,一辆小鞋儿。(鲍)鞋者,谐也。李郎必重谐连理。
>
> 【前腔】此梦不须疑……同谐并履,行住似锦鸳齐。

可知"鞋"字谐音"谐",表达的是小玉希望与李郎相聚而日思梦想。

"掷酒",或指 52 出,黄衫客劫得李益与小玉相会后,李益将酒为小玉把盏,小玉悲痛中说:

> 我为女子,薄命如斯。君是丈夫,负心若此。韶颜稚齿,饮恨而终。慈母在堂,不能供养,绮罗弦管,从此永休。征痛黄泉,皆君所致。李君,李君,今当永诀。(作左握生臂,掷杯于地,长叹数声倒地闷绝介)

高诗前两句说,李益、小玉当地指天立誓的纸上,只留下泪痕。剧中"梦鞋"、"掷酒"的情景也无实据。后两句说,世上因为缺少黄衫客这样豪侠之士,所以现今那些负心男子都被当作李益而遭人唾骂。诗人观《紫钗记》,对痴情女子表示了同情,对负心男子则深表谴责。

高文照诗第十二首"曲江宴上探花回,试窖师门却费才。端莫轻他由窦客,许多卿相此中来",指的是阮大铖的《燕子笺》。《燕子笺》主要叙说霍都梁与郦飞云因为误收裱画及燕子含笺而成就姻缘的曲折故事,剧中副线,则演绎副净鲜于佶的各种丑行。鲜于佶本是酒囊饭袋,胸无点墨,但因想弄个"乌纱盖顶",竟使人利用裁割试卷的手段,骗得个头名状元。放榜后主考官郦道安听其女说,鲜于佶实是光棍,一字不识,郦道安发现这场考试,让"乌鸦抢入凤凰群",于是乘门生谢师之便,把鲜于佶招入书房作一次面试。结果鲜于佶露出白丁本相,连座师出的文章题目都不知所云,三篇文章竟不能下一字。他被锁在书房,上天无路,入地无门,急成热锅蚂蚁,先欲逾墙攀树而逃,却从树上跌落;后听得狗叫,发现墙边有一狗洞,此时无计可施,无可奈何,为脱大难,竟从狗洞爬出,一溜烟逃走。这就是昆曲截取《燕子笺》的《奸遁》而加工的《狗洞》。戏把冒名顶替骗取功名的士人不学无术的丑态刻画得入木三分,所以历来上演不衰。高诗说,鲜于佶骗取状元,曲江池赴过琼林宴,一派洋洋得意,可到了座师书房面试,即便费尽心思,不过出丑而已。但我们却不要小看这种从狗洞中出来的角色,世上有许多卿相高官其实也都从狗洞爬出,不足为奇。这里,高文照借观演《燕子笺》,痛斥了科举的许多弊端,痛骂了许多不择手段爬上高位的官僚。高文照是在乾隆庚寅年乡试落第后,怀才不遇、寂寞无聊时看《燕子笺》的,这就增加了更多的感情色彩。

高文照(1727—1775),字润中,号东井,浙江武康人。乾隆间诗名甚盛,与毕沅、蒋士铨等诗文家交往密切,但直到乾隆三十九年(1774)才考中举人,第二年公车北上,不幸竟夭折都门。短短40余年生涯,全都埋名于诗词中。后人刻其著作,有《阐清山房集》《高东井先生诗选》《蘋香词》等。

刘墉的观剧诗

一、刘墉(刘罗锅)的观剧诗
引起研究的兴趣

　　1999年8月,学长胡忌先生在《中国文化报》"古代戏曲论坛"上,发表了一篇很具新意的短文,题作《刘墉(罗锅)手书观剧诗》①。文章虽不长,但所据材料,来自清末探花、香港著名收藏家陈伯陶所藏刘墉所书《观剧诗》16首手卷。这份手卷作为书法精品,既是墨宝,又是戏曲文献,故颇为珍贵。所观剧目全是折子戏,故也是讨论折子戏的具体例证,也值得关注。

　　刘墉是乾隆、嘉庆间著名的朝廷大员和文化人。十多年前因电视剧《宰相刘罗锅》热播而使刘罗锅之名举国皆知。电视剧主要依据传说改编,带有不少戏说成分,与历史上真实的刘墉距离很远。据清人传记所记简历,刘墉(1720—1805),字崇如,号石庵,晚号日观峰道人,山东诸城人,乾隆十六年进士。曾担任过学政、巡抚、工部尚书、吏部尚书、内阁大学士,为官五十年,政声清廉。死后谥"文清",有《刘文清公遗集》存世。他也是著名的书法家,擅于行、草,尤精小楷。其字得颜真卿、苏轼精髓,厚中带筋,腴中有骨。人得其书,都以为至宝。林则徐见过刘墉所书《观剧诗》手卷,称其"词翰皆致传妙"。香港陈氏内部编印非卖品《陈伯陶纪念集》,影印刘墉手卷面世,赠送亲友,可以看出这位名藏家对此卷手书真迹的珍视。

---

① 《中国文化报》1998年8月25日。又见吴敢、杨胜生编《古代戏曲论丛》,江苏古籍出版社,2001年,页126。

　　胡忌先生带着"惊喜若狂"的心情,据《陈伯陶纪念集》(非卖品)影印刘墉《观剧诗》手书,写作文章,引录了所作观剧诗16首全文(见后)面世,为我们开了眼界。看了这些诗,可以说,这确是刘墉观剧和研究昆剧演出史的宝贵资料。不仅如此,由于这幅手书诗句没有标注所咏剧目,胡先生费了较大的精力,考证了16首诗所歌咏的剧目,使读者知道刘墉诗所咏的具体昆剧单出出目,对我们极有启发,很有学术价值。我们知道,诗句一般都很简练,诗歌意象比较抽象,如果没有相关线索,要从诗句中考订剧目,不是容易的事。胡忌先生文中坦陈,在这些剧目的考订工作中,曾与著名的昆剧史家陆萼庭通信讨论,并采纳了陆先生的一些意见,这说明两位昆剧史家,在考定刘墉观剧诗所咏折子剧目上,是多么认真慎重,颇费斟酌。

　　由于这些诗的资料价值和胡先生发现与考订剧目的价值,胡先生的文章在戏曲研究中立即产生了影响。例如,赵山林先生在他的《中国戏曲传播接受史》中,就引用了这一新的发现,以证明昆曲折子戏演出盛行的状况。确如赵山林先生所言,这一实物文献为探求清代昆曲演剧,增加了不为人知的新例证,给人以耳目一新之感。①

　　笔者至今无缘看到《陈伯陶纪念集》,更遑论这一手书真迹。但近年读《清代诗文集汇编》,读到刘墉诗文时,却在《刘文清公遗集》读到他的《观剧诗》。② 如果说,当年胡忌学长见到影印《观剧诗》手卷,是一种"惊喜若狂"心情的话,那么,笔者在见到这些观剧诗的文本时,就有一种重睹庐山真面目之感。欣喜之情,也不在胡先生之下。于是,取胡忌文章来重读,并就文本与手书影本作一比较,撰为小文,以响应并继续胡忌先生的工作。

二、两种《观剧诗》文本

　　胡先生引录刘墉《观剧》诗绝句16首,其诗如下(胡忌引用时另加

① 赵山林《中国戏曲传播接受史》,上海人民出版社,2008年,页510。
② 《清代诗文集汇编》348册,页96。

序号,今亦照录):

(1) 水复山重第一村,牵萝补屋几朝昏。玉人倘向吴宫老,枉却殷勤再到门。

(2) 齐晋兵休越未来,芙蓉恰旁美人开,银塘一夜衣香满,知是莲舟棹月回。

(3) 搴珠拾翠竟芳华,朱阁深严宰相家。懊恼双鬟慵不起,夜来风雨损梨花。

(4) 抱琴小立月华边,消渴书生夜不眠。一奏潇湘水云曲,万珠清露满阶圆。

(5) 铅华久向病来收,良夜偏将好客留。歌罢新词人已困,满天星采下西楼。

(6) 元宵灯火宴豪家,细马驮来眼带纱。误杀书生相待苦,一庭明月浸梨花。

(7) 沉香亭里报花开,酒态低昂供奉来。奏罢清平春已去,六龙西幸谪仙回。

(8) 蜀道山青怨杜鹃,鸟啼花落雨如烟。铃声恰似丁宁语,好为三生话旧缘。

(9) 一夕书帏驻彩云,湘弦楚瑟暗留芬。娉婷久立空阶冷,露湿金泥蛱蝶飞。

(10) 停舻不御两魂销,水远山长梦亦遥。今夜蒲关萧寺月,依然花影转良宵。

(11) 渔蓑披向宝衣寒,汉室山河一叶宽。载得王孙何处去,满江风浪起龙蟠。

(12) 玉软红肌昵枕眠,为郎强嚼亦堪怜。寒(褰)帏一顾魂先去,爱声(色)书生大抵然。

(13) 冒死求丹路渺茫,上真喜怒迥难量。心灰气尽归来日,夫婿回生妄断肠。

(14) 浮玉山高钟磬音,莫愁艇子在江心。良人咫尺不相见,一径禅房花木深。

（15）已归仙道更何论,往事寻思却断魂。忆子难逢怀婢旧,怨郎薄幸念师恩。

（16）脱缰撄锁自豪雄,禅板蒲团一扫空。明日清凉山下路,杏花深处酒旗风。①

我看到的《刘文清公遗集》(以下简称《遗集》)卷一七,《观剧》诗也是绝句,只有 14 首,少胡文所引(12)、(15)两首。所存 14 首,诗句文字大致相同。但各诗排列顺序则不同。而且《遗集》本前有引子,于各诗后均列出所咏折子戏剧目,一目了然。为便于对照,现亦逐录于下:

观 剧 并 引

王元美、杨升庵无所不学。宋词、元曲以下,或未必尽为之,未尝不尽知之也。弇州谈论,尤为超卓。闲中阅及《四部》杂文,见其所论词曲优劣,因思近日剧场,亦清商乐府之遗音也。美斯爱,爱斯传焉。玩其华藻,节而不溺,达者有取焉耳。绝句数首,偶然作之。旧人集中,亦有此题,非以斗巧,聊以寓兴而已。

刘墉诗如下(原诗不编序号,为叙述方便,现加序号):

（一）水复山重第一村,牵萝补屋几朝昏。玉人倘向吴宫老,枉却殷勤再到门。 后访

（二）齐晋兵休越未来,芙蓉恰傍美人开,银塘一夜衣香满,知是莲舟櫂月回。 采莲

（三）铅华久向病来收,良夜偏将好客留。歌罢新词人已困,漫天星采下西楼。 楼会

（四）沉香亭里报花开,酒态低昂供奉来。奏罢清平春已去,

---

① 《中国文化报》1998 年 8 月 25 日。又见吴敢、杨胜生编《古代戏曲论丛》,页 127—128。其中括号内文,系异文所在,见胡忌文。

六龙西幸谪仙回。　吟诗

（五）抱琴小立月华边，消渴书生夜不眠。一奏潇湘水云曲，万珠清露满阶圆。　琴心

（六）一夕书帏驻彩云，湘弦楚珮暗留芬。娉婷久立空阶冷，露湿金泥蛱蝶飞。　佳期

（七）停筋不御两魂销，水远山长梦亦遥。今夜蒲关萧寺月，依然花影转良宵。　长亭

（八）襄珠拾翠竞芳华，朱阁深严宰相家。懊恼双鬟慵不起，夜来风雨损梨花。　规奴

（九）渔蓑披向宝衣寒，汉室山河一叶宽。载得王孙何处去，满江风浪起龙蟠。　藏舟

（十）脱缰摆索自豪雄，禅板蒲团一扫空。明日清凉山下路，杏花深处酒旗风。　山门

（十一）蜀道山青怨杜鹃，鸟啼花落雨如烟。铃声恰似丁宁语，好为三生话旧缘。　闻铃

（十二）元宵灯火宴豪家，细马驮来眼带纱。误煞书生相待苦，一庭明月浸梨花。　豪宴

（十三）浮玉山高钟磬音，莫愁亭子在江心。良人咫尺不相见，一径禅房花木深。　水漫

（十四）万死求丹路渺茫，上真喜怒迥难量。心灰力尽归来日，夫婿回生妾断肠。　采药[1]

三、两种文本的比较

从上面的引录，我们看到了刘墉观剧诗的两种文本，其间于文字、诗句，都有同与不同之处，可供比较。

先说引子。胡忌先生的文章没有说及"手书"中的引子，这说明刘

---

[1] 《清代诗文集汇编》348 册，页 96。

墉的手书原就单录了观剧诗,没有引子。否则,作为剧史家的胡忌先生,是不会忽略这篇引子提供的刘墉观剧议论的相关讯息的。也许刘墉在书写这幅诗卷时,出于录存与观赏诗篇与书法的角度,没有照录引子,而其后人刊刻祖上文字定本(即刊印《刘文清公遗集》时),才保留了作者所写的引子。故今存刘墉观剧诗有无引子,是《遗集》本与诗卷本的一个很大区别。

这篇引子,从王世贞、杨慎曲论说起,除赞扬王氏、杨氏学识渊博外,进而论及目前剧作情况,诗人撰写观剧诗的心理活动等等。从中可以感知刘墉对戏曲的爱好以及其曲学学识的积累。

王世贞的曲论散见于《四部稿》的附录和单本中,现有后人辑录的王氏《曲藻》。杨慎有《丹铅录》,其中也有不少论曲、论剧的文字散见于篇幅之间。刘墉认为,王、杨二位虽不一定自己作曲作剧,但都深知宋元词曲和元明以来的杂剧、传奇,他们的理论,正是这种曲学剧学修养、造诣的表现。刘墉推崇王世贞、杨慎词曲之学的修养,说明他的戏曲爱好与明代这两位学识渊博的学者的学识有一脉相承的联系。但刘墉进一步指出,近日剧场所唱所演,是传统清商乐府遗音,渊源有自。而这"近日剧场",包括花雅两部,主要指雅部昆曲。这从其诗所咏都是昆曲剧目,也可以得到印证。因为昆曲之美,"美斯爱,爱斯传焉",昆曲艺术于是在文人雅集与大众中广为流传。刘墉强调,传奇与昆曲,只有在阅读或演出时,因其文采和舞台艺术给读者和观众带来美感,带来美的享受,才能流传,才能引起文人的兴趣,才会有许多人写诗予以赞美,以至有不少观剧诗在前人和清人的诗文集中保存,并在观众中流传,"旧人集中亦有此题,非以斗巧,聊以寓兴"。如刘墉所言,明清文集、诗集中多有观演诗文,留下关于剧目、演出的丰富资料。这方面的文献,可惜至今仍缺乏系统整理、深入研究。刘墉所指撰写观剧诗"兴"之所在,应该即是"美斯爱,爱斯传"的结果。刘墉这段话,说出了明清昆曲兴盛和诗文中观剧诗流行的一个重要原因。

刘墉观剧诗《遗集》本与诗卷本的第二个重要区别,是诗卷本有16首,而《遗集》本为14首,诗卷本多出(12)、(15)两首。同一组诗,为什么会有这样的差别? 这有两种可能。一是刘墉手录时,抄录了全部 16 首,后来自己删除了 2 首。这是刘墉自己割爱的结果。第二种情况是,这组诗刘墉存有不同的手稿,刘墉在世时,没有自编诗集刊刻,到道光年间,刘墉之孙刘喜海等编撰《遗集》时用了 14 首稿本刊刻问世,故今存世的道光六年刘氏味经堂刻《刘文清公遗集》十七卷本,就仅有 14 首了。诗卷本所存、《遗集》本所缺 2 首,据胡忌先生考证,系《占花魁》的"受吐",《雷峰塔》的"合钵"。删除"受吐",可能是该诗过分纤巧,对书生批评又过分直露,编《遗集》时略去。删除"合钵",或是咏《雷峰塔》诗多至 3 首,比例不够平衡,从而减省 1 首。或者诗人对《合钵》剧情有所不忍,因而删削。这种推测,自然只是推测而已。

《遗集》本与诗卷的第三个区别,是《遗集》本与诗卷在诗篇排列顺序上前后不一。如果以手卷为序,那么按照《遗集》十四首的顺序,应该是: (一)、(二)、(八)、(五)、(三)、(十二)、(四)、(十一)、(六)、(七)、(九)、(十四)、(十三)、(十)。可以看出,次序完全不同。如以诗卷为序,则《遗集》顺序同样排列紊乱。可见这组观剧诗的组合顺序,诗卷本只是刘墉的一种组合形式,《遗集》本是另一种形式。这另一种形式可能是刘墉自己重排顺序留下的,也可能是其后人刘喜海经过调整另行重编的。无论哪种安排顺序,都与剧目诞生的年代前后无关,这就可能与诗人所见剧目演出的先后有关。此外,我们还可以推测,14 种或 16 种出目(折子),容量很大,剧情气氛各异,作一次集中演出,无论从时间或观赏氛围上看,都不适宜,如此可以推想,这些诗不是一时一次所作,而是多次观剧留下的记录,这就有不同排列组合的可能。因此,这两种排列都是合理的,可信的。

刘墉观剧诗手卷与《遗集》还有一个区别,是诗中文字有若干异同。如第(2)首的"旁"与"傍","櫂"与"棹"。第(3)首的"搴"与"褰"。第(6)首的"杀"与"煞"。第(13)首的"冒"与"万","气"与"力"。第(14)首的"艇"与"亭"。第(16)首的"攐锁"与"摆索"。差异颇不少。这些差别中,有的可以通用,如"櫂"与"棹"。有的可以部分通用,如"杀"与"煞","杀"只有在形容行为或事物极甚程度时可以通"煞",否则可能造成误解。如第(6)首,"误杀书生",显然是极度延误的意思,两者虽可通用,当以"煞"字为好。

其他一些差异,或是刘墉自己改动,或是其后人编辑刘墉诗集时改动,私意以为:从诗意看,"万死""冒死",两者互用应无不可。"力尽""气尽",似以"力尽"为佳,"气尽"则人死矣,不是《雷峰塔·盗草》情景。"亭子""艇子",应为"艇子",即白娘子所乘小艇,乘之以与法海斗法,所乘自然不是"亭子"。最后一首,"脱缰摆锁"与"脱缰摆索",都形容鲁智深醉打山门时,挣脱束缚、枷锁,尽显英雄本色,有豪雄之气概,似不分轩轾。手卷与《遗集》文本的异同,可供我们作校订的依据,都有文献价值。

四、刘墉诗所咏剧目辨析

《遗集》本与手卷最引人注目之不同,是《遗集》本于每首诗后,都注明所咏剧目折子,如(一)、(二)首之末所注"后访""采莲"等出目,而手卷不注。也许,刘墉诗原来有剧目小注,仅抄录时予以省略;也许刘墉本来就没有注明剧目,小注是其后人所加。有无小注,于刘墉作诗几乎没有直接关系,因为诗是刘墉观剧所感,作者所咏对象是明确的。但事过境迁,若干年、一二百年后,"诗无达诂",要了解诗人当年所咏对象(剧目、出目),就要费一番考据工夫,也就很不容易。在这一点上,《遗集》本注明每首诗所咏的出目,无疑为我们了解诗意提供了很大的方便。胡忌先生所见诗卷,因为不标明剧目,为此,胡先生就费了很多精力,逐一考出了每首诗所咏剧目与其折子。这是值得感谢的。

按诗卷本的顺序,刘墉所观折子戏,按胡文的结论是:

《浣纱记·前访、采莲》(1、2),《双红记·盗绡》(3),《玉簪记·琴挑》(4),《西楼记·楼会》(5),《红梨记·访素》(6),《惊鸿记·醉写》(7),《长生殿·闻铃》(8),《西厢记·听琴、赖婚》(9、10),《渔家乐·藏舟》(11),《占花魁·受吐》(12),《雷峰塔·盗斥,竟要禁止丫鬟睹物怀春。刘墉诗的前二句,点出丞相府花柳争春、朱门森严的环境,牛小姐穿珠带翠的衣着。后二句写此间丫鬟因为怀春慵懒不起,雨打梨花,把几分春、三月景,都分付与东流。诗人见此,为之惋惜。戏剧场面与刘墉诗所咏比较合拍。反观《双红记》,剧叙《红线》《红绡》传奇中,昆仑奴为崔千牛从郭子仪府窃取红绡事,其中第八出《草笺》,尚有红线在薛嵩节度府,规劝侍女不要到处游玩的情节,但因为不在丞相府邸,与刘墉所咏已不合。而且这一出,重点在规劝薛嵩,不要在天下多事之秋恣意欢乐,与诗中突出双鬟慵懒,也不着边。胡文考为《盗绡》的一出,此出只叙昆仑奴暗随崔千牛,潜入郭丞相府,与红绡相见。后又越过高墙大院,背负红绡、千牛等人回到千牛私邸,剧情全在张扬昆仑奴的机警和功夫,与刘墉诗全不合拍。[①] 可见该绝句也不是歌咏《双红记·盗绡》。

再如其(6)"元宵灯火"一绝,胡文考为咏《红梨记·访素》,《遗集》则注为"豪宴"。李玉《一捧雪》有《豪宴》一出,因《红楼梦》写贾府庆贺元春省亲演过此剧而广为人知。只是《一捧雪》的《豪宴》,写严世蕃、莫怀古、汤勤宴饮,演出戏中戏《中山狼》事,与刘墉诗所写"书生苦待"、"明月梨花"诗意不符,故《遗集》所注"豪宴",定非出自《一捧雪》。

除了《一捧雪》,明徐复初《红梨记》也有一出《豪宴》,这就与胡忌所考之《红梨记·访素》密切相关了。

《红梨记》演赵汝州(伯畴)、谢素秋婚姻离合故事。其大致情节是:赵汝州会试京城访美,听说人言"男中赵伯畴,女中谢素秋"的传闻,一意寻访素秋。妓女素秋知道汝州才名,也寻访汝州。一日,素秋的平头下人寻到钱济之府见到汝州,传递诗书,约定次日相会。不意此时金人南伐,奸臣梁师成、王黼狼狈为奸。王黼"预借元宵",在太尉府邸款待梁师成。宴席上,王丞相看到素秋艳丽非常,就要收作妻妾。素秋不从,即被强行拘留。时京城危急,王黼引敌入城,自带家资出逃。王府花婆同情素秋,乘乱携带素秋逃出王府,出奔雍丘。汝州赴

---

① 禹航更生氏《剑侠传双红记》,《古本戏曲丛刊》二集。

过程,包括第六出《赴约》(《访素》)。这就说明,刘墉虽然只就观赏《豪宴》一折而发为诗歌,其实他对全剧情节都很熟悉,所以诗中把此后剧情都囊括入诗了。

最后说一下(9)、(10)两绝所咏《西厢记》的《听琴》《赖婚》。胡文以"一夕书帏"系咏《听琴》,而《遗集》注为"佳期"。《听琴》系原剧二本第四折,事在老夫人赖婚后,红娘设计,使张生弹琴,由红娘促莺莺至张生书帏外听琴,以通情愫。红娘借故离开,张生弹《凤求凰》,莺莺久立空阶,为琴声所动,决心挽留张生,"好歹不让他落空"。刘诗所写书帏彩云、湘弦楚珮、婷婷久立、露湿金泥,都与舞台情景相符。定此绝为咏《听琴》,十分恰切。《遗集》注作"佳期",可能是因为《南西厢》舞台本《佳期》,在红娘成就小姐与张生意愿后,在书房门外演唱【十二红】等待小姐,似有久立空阶、露湿金泥的状态。但此中无"湘弦"可言,故难说是《佳期》。《遗集》所注,不如胡文所考准确。

至于"停觞不御",胡文以为系咏《赖婚》,《遗集》所注为"长亭"。《赖婚》所叙:普救寺解围后,老夫人背弃承诺,让张生、莺莺以兄妹相称,张生非常失落,莺莺也深感意外,"闷杀没头鹅,撇下赔钱货","肚肠阁落泪珠多"。因此两人都停觞不御,黯然销魂。此时张生背井离乡,寄居萧寺,闲愁梦想,水远山遥。无奈之下,竟欲解开腰带,寻个自尽。没有"今夜蒲关萧寺月,依然花影转良宵"的情景。而《长亭》中,张生被逼赴京,莺莺长亭送别,意似痴,心如醉,酒和食尝着似土和泥,因此也停觞不御。等到车而投东,马儿向西,今宵有梦也难寻觅,诗说"水远山长梦亦遥"就是点景之句。"今夜蒲关萧寺月,依然花影转良宵",如同莺莺所唱:"昨宵个绣衾香暖留春住,今夜个翠被生寒有梦知",用想象反衬出离别的无奈,故与《长亭》比较吻合。

总之,刘墉这组绝句所咏剧目,经《遗集》注,又经胡忌先生考订,我们基本上知道了所咏剧目以及它们的单出折子。归纳起来,依手卷诗序并附《遗集》顺序,其各诗所咏剧目当是:

(1)(一)"水复山重":《浣纱记·后访》

(2)(二)"齐晋兵休":《浣纱记·采莲》

(3)（八）"搴珠拾翠"：《琵琶记·规奴》

(4)（五）"抱琴小立"：《玉簪记·琴挑》

(5)（三）"铅华久向"：《西楼记·楼会》

(6)（十二）"元宵灯火"：《红梨记·豪宴》

(7)（四）"沉香亭里"：《惊鸿记·醉写》

(8)（十一）"蜀道山清"：《长生殿·闻铃》

(9)（六）"一夕书帏"：《西厢记·听琴》

(10)（七）"停舻不御"：《西厢记·长亭》

(11)（九）"渔蓑披向"：《渔家乐·藏舟》

(12)（缺）"玉软红肌"：《占花魁·受吐》

(13)（十四）"冒死求丹"：《雷峰塔·盗草》

(14)（十三）"浮玉山高"：《雷峰塔·水斗》

(15)（缺）"已归仙道"：《雷峰塔·合钵》

(16)（十）"脱缰擩锁"：《虎囊弹·山门》

这些诗,是刘墉观剧的一个缩影,从中可以了解刘墉所见和当时受到欢迎的昆曲演出剧目,这对研究昆曲演出史无疑很有帮助。

五、小　　结

观剧诗,是明清诗歌中一个常见的类型,也是长盛不衰的一个传统。刘墉说"旧人集中亦有此题",千真万确。这些诗,或是为了表达对家乐主人盛情款待的感激,或是表达对艺人演出技艺的赞美,或是对剧目表达的思想、剧中人物行为的赞叹和共鸣。这些观剧诗,都因社会环境和演出环境的不同,表现了不同的内容和情感。刘墉的诗,则从"美斯爱,爱斯传"的观念,从所观演的剧目中,选取不同时期不同作家、不同风格、不同题材、不同剧场效应的剧目加以歌咏,这不仅反映了刘墉个人的戏剧爱好,也反映了当时社会戏曲喜好的倾向。这十一本传奇,十六个折子,经过200多年(有的剧目更为长久)的舞台检验,绝大多数到今天仍是昆曲的保留剧目、精品剧目,可见刘墉对昆曲美的观察和喜爱,是一种有眼光的选择。

　　陆萼庭先生曾经指出:乾隆时代是昆曲折子戏的时代。这十六个或十四个折子戏的演出,引起刘墉对这些折子戏的咏叹,又是一次生动的证明。不过,乾隆时昆曲折子戏虽大放光芒,但并不排斥全本戏(这里指经过提炼、剧情比较完整的"本戏")同时存在,即本戏与折子并行演出。否则何以说明刘墉涉及《红梨记》前后单出的剧情,《雷峰塔》会同时列了三个折子? 一般说来,只有看过较完全的剧情演出之后,才可能对某个剧情片段的来龙去脉,有所涉及。一本戏有几个折子同时出现,则此剧必有较全的本戏。诗人举证歌咏的折子,只是其最感兴趣的精华而已。

　　(本文原刊于《第十一届全国戏曲学术研讨会暨中国古代戏曲学会 2015 年年会论文集》,今有部分修订。)

人间唱遍《牡丹亭》

——明清诗家观演《牡丹亭》述略

晚清至民国间的江西诗人胡焕,写有一组《论西江诗派十五首》的组诗,其中一首是论汤显祖的。诗云:"玉茗堂前灯火青,人间唱遍牡丹亭。谁知处士心如铁,袖里梅花百韵馨。(原注:汤若士《梅花百韵》,自比广平。)"①这首诗,研究明代诗史的学者已予重视,戏曲研究中注意此诗、引录此诗的,似还未见,故读来很有新鲜感;它也反映了400多年来《牡丹亭》演出的舞台生命力,值得关注《牡丹亭》演出史的人们重视。胡焕的诗与注,本身有一些问题值得讨论,如说汤显祖有《梅花百韵》,这在现存汤显祖全集和相关著录中都是从未有过的,这里不作详考。笔者这里只是借"人间唱遍牡丹亭"的诗句,以为题目,选录明清诗家观演《牡丹亭》演出的若干诗作,用来证实明清以来中华大地《牡丹亭》长期、持续不断演唱的盛况,以纪念汤显祖逝世400周年。《牡丹亭》演出历史长,范围广,这里暂以明末清初演出为限,以见此剧问世之初已遍及大江南北,并广受赞誉的一斑。

一、江西故土的演出

我们知道,《牡丹亭》从撰写开始,汤显祖就是一面谱写,一面验唱和饰演的。他的诗《七夕醉答君东》之二云:"玉茗堂开春翠屏,新词传

---

① 郭绍虞、钱仲联、王蘧常编《万首论诗绝句》4 册,人民文学出版社,1991 年,页 1680。

唱《牡丹亭》。伤心拍遍无人会,自掐檀痕教小伶。"①从中可以看到这种边写边唱、边唱边教的场面。"新词传唱"已显露出流传的痕迹,可惜没有更多的文字记录,无法详考。剧作问世后,演唱便在江西故里出现了第一次热闹演出场景。引人注目的,如南昌澹台门臞王朱权六代孙瀑泉公、七代王孙图南主持的《牡丹亭》演出。

汤显祖诗《图南邀宴其先公瀑泉归隐旧作》:"佳期长是说参差,江楚风流自一时。幽意动寻丛桂隐,高情传唱牡丹词。澹台门北秋生蚤,蚬子湖西月上迟。烂醉长松深夜语,瀑泉风雨到寒枝。"由诗可见,朱图南王孙盛情邀请作者到其先人瀑泉公的居所宴集,演出《牡丹亭》成为显现江楚风流的盛事。诗意说:这里的环境幽静,丛桂幽深,时令已是初秋,蚬子湖上的月儿迟迟从西边升起,正是在这样的宴席上,主人盛情演出了《牡丹亭》。大家高兴得喝到烂醉,客人留到深夜仍旧交谈不歇,这样的宴会好像是瀑泉公的雨露洒到如今的贫寒之士的身上了。此诗记录了南昌朱权后裔的一次《牡丹亭》演出,表现了这位图南王孙对此剧的喜爱和推崇。臞王六代孙虽然早已失势,但他在地方的政治文化影响依然不容忽视,因此臞王府的演出,在《牡丹亭》的演出史上是一次难得的盛会。

与这次演出相辉映的,有滕王阁《牡丹亭》演唱。汤诗《滕王阁看王有信演〈牡丹亭〉》:

> 韵若笙箫气若丝,《牡丹》魂梦去来时。河移客散江波起,不解销魂不遣知。
>
> 桦烛烟销泣绛纱,清微苦调翠残霞。愁来一座更衣起,江树沉沉天汉斜。

这是汤显祖记述滕王阁演出《牡丹亭》为艺人王有信作的两首诗。滕

---

① 文中所列汤显祖诗文,均据徐朔方笺校《汤显祖诗文集》(上海古籍出版社,1982年),以下引汤显祖诗文均出于此。

王阁在南昌附近,南昌文友常为汤显祖举办曲会演出《牡丹亭》,这次演出即是这些曲会中的一次。滕王阁是名楼古阁,能在这里演出意味着《牡丹亭》在江西文人士绅心目中的地位不同一般。汤诗没有对这次演出的因由作交代,而集中描述主角王有信演唱的技艺和影响。第一首大致谓王有信的演唱非常动人,诗句可以使人感到,歌唱时韵律如笙箫合奏,非常动听,气韵如游丝一样细微,这些都与杜丽娘的梦魂来去,生而死、死而生的过程非常吻合。时间随着情节星移斗换,不觉夜深,等到客人散去,听到的只是江上波浪的声音,不理解剧中销人魂魄的情感就无法使人知道艺人演唱的精妙了。第二首写演唱中蜡烛烟销,烛泪如泣,艺人的眼泪都洒向红色的衣衫。其中所包含的一种清微的苦调,与残霞相映,好像使残阳显出青翠。因为演唱带来的忧愁和悲情,使满座起立更衣,大家看到的只是沉沉的江树和西斜的星汉,似乎都沉浸在魂梦与苦调中。两首诗虽没有具体描写演出情景,但通过对王有信演唱的记述与观剧者的反应,把这次《牡丹亭》演出的感情渲染表现得非常形象。

除了名阁名邸的演出,临川艺人于采、王有信、许细,都在当地民间作过寻常的演出,所以汤显祖写过一首《伤歌者》云:"聪明许细自朝昏,慢舞凝歌向莫论。死去一春传不死,花神留玩《牡丹》魂。"诗说明这位许细,经常朝来夕往,独自钻研表演技艺歌舞,其曼舞清歌之妙无人可比。虽然他已死去一个春天,却又传说不死,这大概是留在花神那里在继续琢磨《牡丹亭》的魂梦吧。整首诗没有写许细演出《牡丹亭》的经历,但可知他为演出《牡丹亭》所作的努力,才有超群的技艺,这也说明他们有不断演出的演唱实践。

汤显祖留下的这三首诗,都是《牡丹亭》脱稿初期剧作演出的重要记录。于采、王有信、许细,都是临川、南昌一带的艺人,他们所唱可能是宜黄腔。熊文举曾说"汤词端合唱宜黄",证明《牡丹亭》适合用宜黄腔演唱。但汤显祖《唱二梦》诗说"半学侬歌小梵天,宜伶相伴酒中禅",不能排除他们已受昆腔的影响,而带有昆曲的意味。

二、明末江南各地的演出

《牡丹亭》的出现,很快引起江南文士、乡绅的注意。昆曲兴起后,昆山、苏州等地演过《浣纱记》等许多传奇,现在又有了很好的剧目,于是太仓、苏州、南京、常州、嘉兴、常熟等地都相继演出《牡丹亭》。

(一) 太仓王锡爵相国府邸的《牡丹亭》演出

太仓地方虽小,但与昆曲关系甚大。明自弘治合昆山、常熟、嘉定三县部分地区设太仓州后,太仓在东南贸易和文化发展上便非常重要。经济上它成了国内南北贸易的主要港口,也是郑和下西洋的出海口,促进了包括苏州在内的东南经济的发展。由于经济发达,文人聚集,文化事业也得到突飞猛进的发展。太仓、昆山、嘉定、苏州等处,撰歌曲,教僮仆,为俳优,相沿成习。16 世纪,太仓州便出现了昆山陶九官、太仓魏上泉(良辅)和苏州周梦谷、邓全拙等昆曲改革家和曲家。潘之恒曰:自魏良辅立昆山之宗,而吴郡与并起。[1] 这既表明了魏良辅在昆曲发展中的重要地位,也显示了太仓在昆曲发展中的重要地位。昆曲改革成功并走上舞台,在昆山、太仓已有梁辰鱼的《浣纱记》、王世贞或其门客所撰的《鸣凤记》相继出现并演出,这都是娄东戏剧文化的代表。《牡丹亭》问世以后,由于文人的文化交往频繁和艺术敏感,这部传奇立即传到娄东,在常熟、太仓开始演出。常熟钱谦益有《春夜听歌赠秀姬十首》,其中"台上争传寻梦好,恰留残梦与君看"、"侬今也解寻他梦,三日歌声在耳边"[2]这类诗句,就反映当地歌姬、艺人擅于演唱《牡丹亭》的情况。

汤显祖诗有《哭娄江女子二首》,其序不仅说到娄江女子俞二娘,酷嗜《牡丹亭》传奇,为情所感,17 岁惋愤而终,而且说到娄江王相国家,出家乐演此。相国云:"吾老年人,近颇为此曲惆怅。"诗涉及《牡丹

---

[1] 文中所列均见潘之恒《鸾啸小品》卷三。
[2] 《牧斋初学集》,上海古籍出版社,2009 年,页 576。

亭》文本流传和家庭演出的两桩掌故。一是娄江俞二娘因批注《牡丹亭》伤心至死,二是王相国(王锡爵)府邸以家乐演出此剧,主人也为之"惆怅"。俞二娘因酷嗜《牡丹亭》,细心批注文字,饱含幽思苦韵,悲痛之状,其情近于剧中的杜丽娘。俞氏年17,饮恨而终。她同王锡爵都是娄东(今江苏太仓)人,前者为读而死,后者为演而"惆怅",故汤显祖有"如何伤此曲,偏只在娄江"之叹。

王锡爵家班演出《牡丹亭》,明清以来颇多热议。朱彝尊、杨复吉、江熙、杨恩寿等诗话、杂录,都有记载。如朱彝尊《静志居诗话》载:"太仓相君实先令家乐演之。且云:吾老年人,近颇为此曲惆怅。"①王锡爵万历二十一年为首辅,次年辞官归里,三十五年加少保再召,辞不赴,3年后卒于家,得年77。《牡丹亭》成于万历二十六年秋,王锡爵府演出,当在万历三十年前后。可见它是剧作问世不久即出现的演出,这也推动了《牡丹亭》在江南的演唱。以首辅之尊命家乐演此情爱之剧,前人有所不解或好奇,竟揣测、杜撰汤显祖为泄私愤的猜测,有所写的杜丽娘生而至死,死而复生,是影射王锡爵之女的传闻。此是王相国府邸演出引出的一件公案,因与论题无关,这里略过。

(二) 苏州、南京《牡丹亭》的家班演出

潘之恒《鸾啸小品》有《观演杜丽娘,赠阿蘅江孺》《观演柳梦梅,赠阿荃昌孺》《病中观剧有怀吴越石》《赠吴亦史》等诗,均是反映南京、苏州家班演出状况的记录。其赠阿蘅云"本是情深者,冥然会此情",赠昌孺云"吴侬心总慧,似得董狐传",都可以看到潘之恒对他们演出《牡丹亭》在表演艺术上的精进有深切的体会。江孺、昌孺,都是苏州人,江孺工旦角,擅演杜丽娘。昌孺工生角,擅演柳梦梅。他们都深于情、痴于情,但表演特点有异。潘之恒云:"江孺情隐于幻,登场字字寻幻,而终离幻。昌孺情荡于扬,临局步步思扬,而未能扬。"这条演艺短评

---

① 朱彝尊《静志居诗话》卷一五,《续修四库全书》1698 册,页364。

与此二诗,可谓相得益彰。而多练多演,形成自身的风格,正是艺人成熟和成名的必要条件。潘之恒已见擅长扮演杜丽娘、柳梦梅的专职艺人,可以看出苏、宁一带演出《牡丹亭》已相当普遍,这是久演常练的结果。

潘之恒《病中观剧有怀吴越石序》说:"余喜汤临川《牡丹亭记》,得越石征丽于吴,似多慧心者,足振逸响。"诗则云:"谩道观如幻,宁非情所钟。"可以看出苏州艺人对《牡丹亭》精神的把握。吴越石,歙县人,与潘之恒为同乡,二人于演戏、观戏,都有同好。越石在南京,潘之恒是座上客。吴家戏班不仅精挑艺人,而且严于训练。潘之恒说:主人越石,博雅高流,其演《牡丹亭》"先以名士训其义,继以词士合其调,复以通士标其式。珠喉婉转如串,美度绰约如仙"。可见吴越石家班对于说戏、定调、场式安排都十分讲究,因此演来美不胜收。此诗形容吴越石家班的吴伶演出《牡丹亭》如诗如幻,仪态宛然,都是钟情所致,确也突出了吴家班演《牡丹亭》的情感内涵。

潘之恒《赠吴亦史》云:"汤临川所撰《牡丹亭还魂记》初行,丹阳吴太乙携一生来留都,名亦史,年方十三。邀至曲中,同允兆、晋叔诸人坐佳色亭观演此剧,唯亦史甚得柳梦梅恃才恃婿、沾沾得意、不肯屈服景状。后之生色,极力模拟,皆不能及。酷令人思之。因捡出《情痴》旧文,附录于此。其一:明月清辉送尽秋,西风吹曲入凉州。从今不用悲团扇,留得余光在玉钩。其二:风流情事尽堪传,况是才人第一编。刚及秋宵宵渐永,出门犹恨未明天。其三:无论后代与前身,闻即相思见即真。优梦但知传楚相,可能仿佛向来人?其四:丰韵超群艳过都,天闲虽有世应无。易偿一顾千金璧,难买当筵如意珠。"

由潘之恒《病中观剧有怀吴越石序》来看,《牡丹亭》时兴未久,丹阳吴太乙就带了一名叫吴太史、年龄仅13岁的优伶到南京佳色亭为吴梦旸(字允兆)、臧懋循(字晋叔)和潘之恒等演出此剧。吴、臧、潘都是当时著名的剧评家、曲学家。臧、潘都为我们所熟知,吴梦旸允兆,嘉靖、万历间归安(今浙江湖州)人,钱谦益《列朝诗集小传》谓

初,暗省从前倍起予。尊前此意堪生死,谁似琅琊王伯舆。①

朱隗,字云子,长洲(今苏州)人,原为应社元老,后入复社。与张溥、张采、顾梦麟、陈子龙、吴昌时等相唱和。明亡,辑有天启至崇祯甲申诗为《明诗平论》20卷,著有《咫闻斋稿》。以上诗所记鸳湖主人,即吴昌时。昌时,嘉兴人,亦为应社同人。政治上因通厂卫,以权势巧取豪夺,故名声不佳。为自救,他也与东林人物周旋。所建勺园,为园林名家张南垣所设计,原址在今南湖。朱隗诗先写鸳鸯湖的环境和主人对赏曲客人的要求,时有萧瑟寒雨,竹兰相映。客人都是精于赏曲的知音,从不招留俗客。堂中翠帘低垂,侍儿添香,灯光明灭,人影参差。屏后的伶人,不用化妆都美丽如玉,歌唱时无需伴奏也优美动人。演出的《牡丹亭》,无论歌唱,无论舞姿,都真切自然,别有情致,难以形容。即便是唱到无声的时候,也更是充满感情。想到当年老临川写剧本时那么痴情并穷极其至情,故剧中人物或为人,或做鬼,或在人世,或在阴间,都有情的寄托。戏演到夜深四更,想起此前受到的启发和教益,现在看戏,更感到情之可以生,可以死。然而又有谁能像晋人王廞(字伯舆)那样说"琅琊王伯舆,终当为情死"②呢!

(四) 南昌李明睿沧浪亭演出

熊文举《耻庐近集》卷一,有《春夜集李太翁沧浪亭观女伎演〈还魂〉诸剧太翁索诗纪赠次第赋之》诗一组,诗云:

1.沧浪亭外晚春晴,一抹云依舞袖轻。惆怅采菱人已远,相携来听断肠声。

2.龙沙往事已沧桑,驼阁雷塘尽渺茫。忽听紫箫翻丽曲,宛如天宝话霓裳。(原注:太翁旧有驼虞阁,予家在雷公塘,今俱

---

① 陈田《明诗纪事》辛签卷二二,上海古籍出版社,1993年,页3324。
② 《世说新语·任诞》,上海古籍出版社影印光绪十九年思贤讲舍刻本,1982年,页399。

废。江按：龙沙,新建地名。)

3. 杜鹃残梦许谁寻,痴绝临川作者心。却忆扶风有高足,十年邗水问知音。(原注:李宗伯旧为义仍门人。)

4. 不关生死不言情,情至无生死亦轻。大地山河情不隔,教人何处悟无明。

5. 清微苦调咽宫商,掩抑低徊夜未央。不是伤心那解此,误疑顾曲独周郎。

6. 亭亭微步袜生尘,烟水何曾问洛神。慷慨不禁轩袖起,画堂原有断肠人。

7. 香魂断续烛光残,来往幽冥夜色阑。欲赋小词翻玉茗,徒来学步愧邯郸。

8. 清溪幽会本非欢,溢浦琵琶怨谪官。学士此间堪坐处,淡云笼月玉笙寒。

9. 廿年筇吹暗尘寰,青草黄沙惨玉颜。忽喜广寒如再至,天风吹下珮珊珊。

10. 海棠开后最伤心,燕子来时愁病深。得近玉人歌态美,误疑飞雪洒琼林。

11. 愁他幽折复离奇,梦里丹青醒后诗。好酌金樽酬玉茗,唤回清远道人知。

12. 香山履道百花春,樊子樱桃更绝伦。不似伶玄向通德,野田荒草话酸辛。[1]

13. 乱后愁看拜月亭,别离如梦一灯青。何由得近周郎顾,香雨缤纷隔画屏。[2]

熊文举(1595—1668),字公远,号雪堂,新建(今属江西)人。崇祯四年进士,授合肥县令。降清,擢右通政,两任吏部侍郎。擅著作,有《雪堂集》40卷。这组诗原不标序号,为易于说明,笔者姑标举顺序如上。

---

① 传汉伶玄作《飞燕外传》,自言老休买妾樊通德。传中有荒田野草之悲,哀之至也。
② 《耻庐近集》卷一,《四库禁毁丛书》补编82册,北京出版社,1997年,页172—173。

这组诗不是某次观看《牡丹亭》的演出诗,也不是单看《牡丹亭》的演出诗,而是看过《牡丹亭》以及《拜月亭》等剧以后写下的观剧诗。所谓"次第赋之",即不单看一剧,单记一事,而是看过以《牡丹亭》为主的几次演出的纪事诗。诗中所记,除了《牡丹亭》外,据其13首明确剧名的有《拜月亭》,据其12首,可能还有白居易(香山)和樊素、樱桃故事的剧目。这组诗写作的年代应在清顺治末,第9首"廿年笳吹暗尘寰",即指明末、清初交替,战争频仍,社会破败情况。诗句"海棠开后"、"燕子来时",则点出具体时令在暮春时节。演出地点,在李明睿的故里所构的沧浪亭。据曾廷玫《西江诗话》(卷十),李明睿"归里,构亭寥水,榜曰沧浪,家有女乐一部,皆吴姬极选",可知李家演出,由家班承应,吴姬演唱,换言之即演唱昆曲。

李明睿之所以钟情于汤显祖的《牡丹亭》,一是因为李是汤显祖的门生,李对老师的名著很有感情。诗说"却忆扶风有高足",是说汤显祖如汉代扶风人马融那样,设帐授徒,学生千数,前授生徒,后列女乐。李明睿是汤显祖的门生,也是在这种热衷于戏曲的氛围中成长起来的,所以他也蓄养女乐,热衷演剧。二是因为《牡丹亭》所描述的至情,令人感动,令人断肠。第1、3、5、6、7、9、10各首,都有观剧中为剧情、为表演而受感动的诗句。第4首集中表述了剧中肯定的生死至情所具有的意义:情应该关乎生死,不关生死之情算不上至情。情也关乎死生,情如至死而不能再生,其死亦非至情。情遍及万物,大地山河,情不能隔断,除此之外,还能从哪里求得真知呢? 这里的表述与汤显祖的至情论及晚明王学观念是一致的。诗说"好酌金樽酬玉茗,唤回清远道人知",好似在说,这次演出就是对汤显祖剧作旨趣的礼敬和依归了。

组诗对艺人的表演也结合音乐、舞姿予以赞美,如形容舞袖为"一抹云依",步态为"亭亭微步",形象如烟水洛神,场景如广寒再至。"天风吹下珮珊珊"、"误疑飞雪洒琼林"、"香雨缤纷隔画屏"之类,则是对演出的精妙、演出的氛围所作的概括,写得生动具体,又多韵致,是诗人之笔。汤显祖故里的演出,还有康熙中赣南道和抚州陆辂重葺玉茗堂时的演出,此处从略。

(五) 宜兴太守府邸的演出

许楚《青岩集》(卷五)有《徐二玉招同马束庵谢定之陈善相燕集洑溪观令叔映薇太守家伎》诗四首,其第二首云:

> 夜明帘下牡丹词,金谷西园共一时。琥珀酿融千日液,兜罗纹罩五铢丝。朝云字字抽兰畹,樊素嘤嘤变竹枝。一斛明珠何足报,徐家溪上圣琉璃。①

许楚(1605—1676),字芳城,号旅亭、新安外史,歙县(今属安徽)人,诸生。清顺治三年涉明裔称王案入狱,次年释后归隐黄山,系明遗民诗人。许楚淹通经史,力振古风,张溥称其"弘赡",其子孙辑有《青岩集》。从诗题所记洑溪看,指宜兴洑溪河。徐二玉,宜兴人,徐映薇太守,即徐懋曙,字复生,号映微、映薇。二玉即懋曙侄。懋曙,崇祯三年举人,四年进士,授工部都水清吏司,典试粤东,后历任黄州、吉安、宁波太守,鼎革后不仕,康熙初年卒。著有《且朴斋诗稿》。徐太守自归田以后,自蓄家班,精选歌姬,其家班乐人,皆妙龄雅伎,色艺动人。②诗作于顺治庚寅(七年,1650)。它记录的是一些文人雅士聚于徐二玉府邸,徐太守家班艺人演出《牡丹亭》名剧。这次宴聚,如同晋石崇金谷园盛宴、宋苏轼等人西园雅集,听歌观剧,赏心悦目。宜兴徐家系名门望族,这次家宴,杯盘酒肴、衣着帐幔,都极尽奢华。艺人歌舞,如苏轼的侍妾王朝云、白居易的歌姬樊素,能歌善舞、善解人意、美妙绝伦,即便用明珠一斛作为奖赏也不足以酬谢其才艺,她们本身就是宜兴洑溪上精美的宝石,美不胜收。

许楚的诗虽没有具体写出演出《牡丹亭》的情况,但以"金谷"、"西园"雅集之美誉,以朝云、樊素的聪明美丽、能歌善舞作才艺比较,已彰

① 许楚《青岩集》,清康熙五十四年许象缙刻本,见《清代诗文集汇编》21 册,页 204。
② 陆林《清初戏曲家徐懋曙事迹考略》,《艺术百家》2006 年第 4 期。

显出这次演出的隆重和演出的美妙。诗句虽有夸饰意味,但无疑是顺治七年宜兴徐氏家班演出《牡丹亭》的记录。

(六) 无锡的家班演出

彭年《拂莲堂集》(卷四)有《观顾又玄家姬牡丹亭梦》诗,诗云:

> 吴裀蜀氍褰秋堂,玻璃卓罺凝月光。朱屏浅隔芙蓉房,芳斟清舞斯洋洋。一音忽与云相将,轻躯徐递随云翔。赏音萦梦撰丽娘,情区绵邈何悲凉。梅枝不散相思香,柳枝轻绾离别肠。已绎梦者穷其乡,槭情遥引徒相望。才人百折心事长,小娥影行如面商。不然死生无慧航,萧萧今古谁沧桑。欲啼悒悒怯座旁,欲笑无路媒高唐。酒座客散高晨霜,凤枝皇皇未敢忘。[①]

彭年,字鸿叟,无锡人,约生于万历三十三年前后,卒年不详。顺治贡生。据作者于顺治戊戌(十五年,1658)所作《拂莲堂集自序》,彭年10岁能诗,至十七八岁作诗三四百首,都已焚弃。天启癸亥甲子(1623—1624)间,因有风木之悲及饥荒,以抑郁侘傺之况,寄情于诗中,这些诗稍稍有所留存。此后游历齐鲁燕豫及瓯闽百越,始以唱酬为能事,后又想作诗无益,到崇祯壬申(五年,1632)又将此前所作诗都投于金山、焦山江中,甲申、乙酉诗又多裁减。现在所编《拂莲堂集》主要是崇祯癸酉(六年,1633)至顺治癸巳(十年,1653)近20年的诗作,经分体别类,于顺治十五年编成。这篇自序,叙述作者写诗经历和《拂莲堂集》收诗年限十分清楚,于此可以考定,其观演《牡丹亭》事和撰写此诗的年限就在崇祯末至顺治前期。

这是一首七言古诗,大意描述主人设宴,在朱屏浅隔、吴裀铺地的厅堂作《牡丹亭》的演出。主客酌饮美酒,看着歌舞,席间洋溢着一片愉悦喜乐之情。一曲初起,声歌入云,艺人身姿舞步亦随之进退舞动。

---

① 《清代诗文集汇编》64 册,页 348。

剧中杜丽娘,如梦萦绕生死遭遇,情感绵邈悲凉。梅边柳边,梅枝相思不散,柳枝始终相连,梅柳凝结着生离死别的情肠。台上演绎了梦中无限的情境,观者含情相看却只能徒然相望。剧作者为才子,其心意绵长百折,寄意遥深。演艺人虽为少女,其模仿随从,也如同亲见一样。如果不能这样,"生生死死"的至情,其姻缘就不会有慈悲的航船可以通往。冷落凄清的今古有谁经历过这样的变幻沧桑? 想为它啼哭,则怕使座上人也为之郁闷;要为婚姻圆满结局而笑,却又没有通往巫山高唐观那样的路径可以为媒。演唱结束,晨霜已积,客人离去,这里众多的凤竹令人久久不忘。诗句跌宕,然所述演出环境,剧旨剧情,及演出中诗人的感受,可以想见。其中饱含对剧中至情观的肯定。

三、京城一带的《牡丹亭》演出

(一)《冬夜观伎演牡丹亭》

梁清标《蕉林诗集》有《冬夜观伎演牡丹亭》绝句四首,其诗谓:

玉茗千秋绝妙词,玉人檀口正相宜。中丞含笑频筋客,那识江洲泣下时。

艳舞娇歌绝代无,高烧绛烛照氍毹。临川面目何人识,今认王维旧雪图。

优孟衣冠鬼亦灵,三生石上牡丹亭。临川以后无知己,子夜闻歌眼倍青。

红牙偏称玉搔头,今日卢家有莫愁。曲罢酒阑人未散,荧荧灯火下朱楼。[1]

梁清标(1621—1691),字玉立、棠村,号蕉林、苍岩,真定人(今河北正定),崇祯十六年进士,入清授编修,侍讲学士,后迁兵、礼、刑、吏、户部

---

[1] 《清代诗文集汇编》77 册,页 235。

尚书,保和殿大学士。魏裔介谓其文章德业,吏治武功,麟麟焰焰,著在国史。其实因为他在明代入仕,入清变节,对其人品气节,非议亦多,这也是不可否认的。

梁清标这组诗,毛效同、赵山林二先生据《本事诗》录其一首(即第三首),今据《蕉林诗集》录其全诗。这四首诗,是康熙九年(庚戌),在某中丞的宴席上看《牡丹亭》演出时写的,故诗中有"中丞含笑频觞客"的句子。因为是官筵,所以演出时"高烧绛烛",艺人是"玉人檀口",演出则是"艳舞娇歌",背景华丽,环境热烈。这场演出,是《牡丹亭》的全本还是节本,诗句没有交代,但诗说"临川面目何人识,今认王维旧雪图",已明确赞同汤显祖的意见,反对删改原作,坚持演出全本,以为删节原本,就是改动王维的雪里芭蕉,所谓"冬则冬矣,已非复王维旧雪图"了。康熙间这类改本、节本已很普遍,大家看了一些节本和改本,已忘记原作的面目了,故诗说"临川面目何人识",但这次演出是"今认王维旧雪图",或已表明,演的是王维的"雪里芭蕉",也就是汤显祖的旧本,即原本。

梁清标官高禄厚,家中备有戏班,与亲朋好友,时常聚饮观剧,留下了不少观剧诗词。他的词集《棠村词》里有,《蕉林诗集》里也有。词集里有观演"淮阴侯"故事的,刘邦项羽故事的,隋末故事的,以及观演吴梅村《秣陵春》、尤侗《清平调》(《李白登科记》)的词作,《蕉林诗集》则有观演《玉簪记》《黄孝子传》《黄粱梦》《祭皋陶》及《牡丹亭》的诗作,是一位对戏剧颇为嗜好的文人和官员。他对汤显祖极为推崇,于《牡丹亭》情有独钟。他曾把《牡丹亭》与《玉簪记》比作"吏部文章司马泪",称汤显祖是"词场玉茗古今师",可以看出他对汤显祖剧作的喜爱与崇敬。

(二) 张大受相国府邸的演出

顾嗣立《秀野草堂诗集》(卷二二)有《匠门席上赠歌者四绝》一组,诗云:

> 豆棚一缺莫天青,双眼低迷唤不醒。最是催人肠断尽,酒阑

高唱牡丹亭。

　　小丛花底是前身，肉竹宫商细更匀（原注：时匠门方倚歌）。想见徐郎风韵好，尊前新谱秣陵春。

　　淡妆初扫倍嫣然，相国园林八月天。往事十年还记得，旧人只剩李龟年。

　　乐府新词笛里吹，声声哀怨说相思。旗亭明日传将去，犹似开元天宝时。①

　　这四首绝句咏的不单是一本传奇。第一首点明咏《牡丹亭》，诗题中的"匠门"，即张大受。张大受（1641—1725），字日容，号匠门，嘉定（今属上海）人，康熙四十八年进士，选庶吉士，官翰林院检讨，嗣立与之交往甚密，住处亦相近。《秀野草堂诗集》有唱和诗多首。诗称张大受为相国，应是大受入阁以后事。演唱地点称相国园林，可证此次演出当在京城。诗的二、三两首，写的是对演出艺人（歌者）的赞赏，说他们扮相俊美，歌声匀细，风韵如同从前的徐郎演唱吴梅村的《秣陵春》的情景，流风遗韵令人想起往时的李龟年。在张相国家宴上，正值八月清新天气，丝竹相和，虽夜深酒残，还在演唱催人肠断的《牡丹亭》。

　　顾嗣立，其自序云："余雅抱山水癖，弱冠即赋远游。历览徐鲁燕赵之墟，岁戊辰（康熙二十七年，1688）卜筑秀野草堂，键户著书。"大半生都不预与官场。到晚年，朝廷特赐进士，选庶吉士，散馆留教习，授中书，不就，改知县，以疾告归，可以说一生都没有做官。生有余闲，即饱览山川，吟诗观剧。他的《怀云亭雨中观女乐》云：

　　两床丝竹水融融，舞乐霓裳下碧空。一笑顿教增嫣婉，双飞难得并雌雄（原注：二妓演《还魂》《西楼》）。蚁花劝醉当筵碧，蜡泪伤离隔座红。歌板帘衣回忆处，梦魂恼乱楚王宫（原注：时余将适楚）。

---

① 《清代诗文集汇编》214 册，页 162。

　　　　间丘犹记拥双鬟,抆笛挡琴不放闲。每到醉酣悲贺李,空将
　　贫健伴樊蛮。眼波乍转凝新渌,眉黛微攒缩远山。仙袂若非行雨
　　至,可能偷曲落人间。①

从这样的诗可以看到,顾嗣立坐对双鬟,由家伎演出《牡丹亭还魂记》
《西楼记》,一面是仙乐融融,丝竹之音如从天而下,一面是优美的表
演,眉黛身姿无不嫚婉动人。诗作于丙申(康熙五十五年,1716),显示
了诗人日常观剧及常演《牡丹亭》的情形。

四、屈复所见多地的演出

　　屈复《弱水集》卷一四有《听演牡丹亭传奇》诗二首,其诗谓:

　　　　一夜牡丹亭梦长,千钟不醉郁金香。相公老去犹惆怅②,信
　　有娄江俞二娘。
　　　　此曲已经百回听,春花秋月总缠绵。少年有梦有寻处,座上
　　人今非少年。③

屈复(1668—1745),初名北雄,字见心、晦翁、逋翁、金粟老人,世称关
西夫子,蒲城人(今属陕西)。初应童子试,得第一,后未中式,游历晋、
豫、苏、浙、闽、粤,四至京师。乾隆元年(1736),荐鸿博,时已 69 岁,以
老辞,终老京城。所著有《弱水集》及《楚辞新注》《杜工部诗评》《玉溪
生诗意》等。
　　此诗是写家宴待宾演出,故有"千钟不醉郁金香"的情景描写,意
谓因为《牡丹亭》的演出,好酒竟夜长饮也不醉人。"一夜牡丹亭梦长"
句,似指演唱《牡丹亭》曲,费时一夜。所演可能若干折子串演的"全

---

① 《清代诗文集汇编》214 册,页 325。
② 此处指王锡爵所言:吾老年人,近颇为此曲惆怅。
③ 《清代诗文集汇编》223 册,页 188。

本"戏。诗说"此曲已经百回听,春花秋月总缠绵",则诗人常听、常看《牡丹亭》演出的经历可见。一位落魄诗人,从康熙至雍正,大半生游历晋、豫、苏、浙、闽、粤,四至京师,多处听过、看过百来次的《牡丹亭》演唱,在京观演《牡丹亭》的机会更多。"此曲已经百回听",其所见演出之多和观演频率之高,实为《牡丹亭》演出史记载所未见,就一位观众观演次数之多,这首诗也留下了《牡丹亭》久演不衰、诗人长观不厌的一个明确、罕有的记录,弥足珍贵。

上引诸诗,都是明末、清初《牡丹亭》演出的实例,也是官僚士绅、文人墨客鉴赏《牡丹亭》的记录。《牡丹亭》有高度的文学性,它一问世,立即受到文人雅士的喜爱和推崇,本在情理之中。也是由于他们的推崇和鉴赏,它才在红氍毹上得到传播,逐渐普及,流行南北,在昆曲舞台演出 400 多年,流传不断。乾隆以后,演出多取单折或多折串演形式,仍旧历演不衰。等到花部诸腔兴起,《牡丹亭》又改编成多种声腔剧目,广泛流传。① 到了新时期,民间演出更为普及。遂昌人民怀念汤显祖,不断举办文化节,出现过万人齐唱《牡丹亭》宏大的动人场面。大学校园,昆曲社如雨后春笋,传唱着《牡丹亭》优美的乐句。专业剧团不断以不同样式的《牡丹亭》出国演出,青春版《牡丹亭》更以青春靓丽的面貌走向世界,把汤显祖创造的美的形象、美的文学和昆曲美的唱腔表演,传向欧美和亚洲各地,形成世界范围的《牡丹亭》热。胡焕"人间唱遍牡丹亭"的诗句,不仅非常精练准确地总结了《牡丹亭》明清四百年传播的盛况,更像预示着现在和未来《牡丹亭》演出史的前景,读来令人鼓舞和振奋。永远的《牡丹亭》,世界的《牡丹亭》,这就是历史的总结与展现。

---

① 见拙文《〈牡丹亭〉演出的多样性》,《中华戏曲》第 35 辑,2006 年。

杨士凝与《邯郸梦》

杨士凝《芙航诗襭》卷二，有《阅汤义仍邯郸传奇和元微之梦游春七十韵题其后》五古一首，其诗云：

古有邯郸生，睡乡得良遇。壮哉枕上游，大梦穷其趣。茫茫走长空，虹梁横斜渡。未能上霄汉，反入红尘路。人境亦幽僻，环廊往来互。彤霞绕青鸾，碧藻拱白鹭。庭院深沉沉，纱窗静熙熙。娉婷袅红裙，徐起凌波步。瞥见心动摇，旋窥色欣慕。鸳鸯宿池惊，鹦鹉飞笼惧。蜡焰绣屏张，麝囊香阁布。马战夜深寒，莺啼日高痞。狂辞故相谢，酡颜晕如怒。殷勤素手携，婉转朱唇谕。红厝惯凝妆，玉浆新治具。初含豆蔻梢，早种芙蓉树。风送四更钟，人迷五里雾。瑶宫七夕期，银汉双星聚。经岁怅难留，深情匿微露。入室恋翠衾，出门曳芒履。赠君蜀江锦，不惜作君袴。长歌白头吟，弗使新人故。流光驱春秋，倏忽易朝暮。奋踏青云梯，壮游京洛寓。金殿夺胪云，万里风帆泝。将相了须臾，回首尘心悟。觉来驾鹤去，蓬岛在指顾。竟作扫花人，痴情孰持护？我爱邯郸生，学步江陵句。幻境欲迟留，夜半卧握固。遂觉梦游春，神思感心腑。蘧蘧漆园游，会合殊嫁娶。渔父寻旧踪，刘郎认前度。欲采猗兰芳，应怜兔丝附。目成顾花丛，解佩谐欢裕。贮我白玉堂，迎我黄金辂。宝帐碎鲛匀，奇羞杂鳞厝。眠过换箔蚕，睡比藏书蠹。黛浓痕浅描，粉腻膏轻傅。刀尺响空闺，琵琶泣古戍。放燕卷帘帏，留香阁窗桓。莲浦木兰浮，蓼岸花骢驻。大块牵物情，缠绵缚丝绚。知序玉台诗，解作长门赋。巫峡楚王宫，钱塘苏小墓。

过眼尽成尘,余情空眷注。顷历碧霞城,阆苑识小素。丽人充离宫,吊古废百务。蔡琰塞儿悲,王嫱画工恶。夷光越纲收,阿环马嵬仆。跨凤杳无闻,立马看难屡。傍辇数枝憨,当铲几秋痼。扶风肠自楷,虢国颇多忤。琼树已歌翻,钗钿又亲付。难上绿珠楼,羞启庄姜瓠。贴金花未生,抱玉烟无措。狼藉乱春红,身世从头误。慷慨思古人,挥泪观史库。慎勿惑空花,我心似陶铸。灰烬炙金猊,夜光泻银兔。柔魂逸天涯,方寸谁能锢。碧落与黄泉,下上任驰骛。翡翠匣中吟,鹧鸪枕上诉。日暮嗟虚凉,伊人恍如晤。初梦尚难醒,成梦何时赴?陌柳吹不停,园梅落无数。谣诼谢蛾眉,禁此众女妒。尘缘异邯郸,大梦讵同住。烂醉倒泥沙,莲花本无污。①

这首长歌,是杨士凝戏和元稹《梦游春七十韵》而作。元稹《梦游春七十韵》,起自"昔岁梦游春,梦游何所遇",止于"泻水置叶中,君看不相污",是一首140句的五言长诗,作于元和五年,元稹由东台监察御史上疏触怒宦官,贬为江陵士曹参军时。元稹诗叙述诗人遇崔莺莺,会于西厢一月,后分离,再娶韦丛,韦氏亡,再娶裴柔之等情节。冯班评为"此即会真记也"②。就是说,其诗主要内容在叙述与崔莺莺的艳遇,而又接续其婚姻生活的结局。这首《梦游春七十韵》与元稹《会真记》相映,都含有"悔既往而悟将来"的自我掩饰成分。

杨士凝的诗,不仅在形式上受元稹诗的影响,诗体是五言古诗,用韵都按元诗步和,在内容上,也不脱元稹诗游仙艳遇、悔既往而悟将来的自我掩饰色彩。

全诗分三大段,前一段从"古有邯郸生"起,至"痴情孰持护"止,主要叙述《邯郸梦》中卢生入梦、奇遇,以至醒悟的过程。第二段从"我爱邯郸生"起,至"蓼岸花骢驻",主要记叙诗人的一次艳遇。第三段从"大块牵物情"至诗之末句"莲花本无污"止,所述则是诗人看了《邯郸

① 《清代诗文集汇编》268册,页214。
② 参见杨军《元稹集编年笺注》,三秦出版社,2002年,页337—344。

梦》剧所述卢生和清河豪族崔氏姻缘及自己所遇之后,对情之羁绊作了发挥和反思,并依元稹诗意而有所开脱。现依次略作说明。

第一段叙述《邯郸梦》剧情文字比较鲜明。诗从邯郸卢生进入梦乡,开始一次美梦奇遇开头,接着叙述卢生美梦未上霄汉,而入红尘。以至此后"流光驱春秋,倏忽易朝暮。奋踏青云梯,壮游京洛寓。金殿夺胪云,万里风帆泝。将相了须臾,回首尘心悟。觉来驾鹤去,蓬岛在指顾。竟作扫花人,痴情孰持护?"这就是第三十出"合仙"中,吕洞宾等人用六支【浪淘沙】点醒卢生,而后卢生走出迷魂阵,领了扫帚在天宫扫花。

其【沉醉东风】所唱:"再不想烟花故人,再不想金玉拖身。三生配马驴,一世行官运,碑记上到头难认。富贵场中走一尘,只落得高人笑哂。"这些就是诗中所概括的"竟作扫花人,痴情孰持护"了。

但从"彤霞绕青鸾,碧藻拱白鹭"以后三十余句所叙情景,却是汤显祖的《邯郸梦》文本中几乎都没有或不是着意表现的。如涉及红尘路上的人境:画廊回互,红霞袅袅,青鸟、白鹭,来往其间。卢生所到,只见庭院沉沉,纱窗寂静。娉婷女子,穿着红裙,迈起凌波脚步,使人一见,就怦然心动,立即欣喜仰慕。这里鸳鸯,因为双宿担惊惧,怕笼中鹦鹉学舌透露消息。银蜡焰烧,绣屏张挂,囊中麝香,弥漫香阁。一直沉睡到红日高挂,黄莺啼叫,他才苏醒。致语相谢,以至面红耳赤。与女子素手相携,朱唇婉转相言。她红晕的脸庞经常化妆,新的酒具盛的是美酒。这位年轻女子如豆蔻初含,面颊红艳如芙蓉。在这里过得十分逍遥,四更有风声传来钟声,人也好像坠入五里雾中。好像在仙宫里过美好的七夕,银河上总是双星相聚。但岁月既久,不能久居,临别时叮嘱日后仍要坚守爱情,不要见新弃旧,使自己有白头之叹。随着时间的流逝,春秋的转换,这位邯郸生重新攀登云梯,遥想殿头传唱,笼罩五云佳气,走上仕途。过了一次将相官瘾,然后有了觉悟,才驾鹤云游,到蓬莱山做了扫花使者。如此之类,这些情节和场景,少量是汤显祖的《邯郸梦》涉及的,但有不少,或是出自诗人的想象,或者诗人所见演出,竟有类似的铺张夸饰。概而言之,这些情景,大体出于剧作而多附以诗人的经历和想象。所以杨士凝诗的前半,已在借助《邯郸梦》,依据元稹诗韵,主要表现个人诗情的意味。

杨诗的第二大段自"我爱邯郸生,学步江陵句"开始,即明确宣示其学步江陵士曹参军元稹的《梦游春》诗的意图。诗说,此时他也入了幻境,像庄子那样"蘧蘧"而游,似乎来到旧踪,欲采猗兰之芳。如刘晨在天台山桃源洞遇见前度仙女,她竟如菟丝相附,两目传情,引入花丛,解佩结欢。此女非常热情好客,不仅把诗人载上黄金车,引入白玉堂,室内装饰着鲛绡宝帐,所食则多山珍海错。玉人黛浓痕浅,粉腻轻柔。空闺寂静只听得剪裁而响的刀尺声,征夫离去则多悲笳之声。女子登上木兰舟,才俊骑上五花马,二人从此离别。这些描写似乎在告诉我们,他所遇到的仙女应是他相识的旧人。天台遇仙,则是旧诗中艳遇的隐喻。元稹的《梦游春》既然写到与崔莺莺相遇相爱的经历,杨士凝之学步元稹,无非也在再现自己的一段不为人知的爱情故事。

从"大块牵物情,缠绵缚丝绚"起至末,是此诗的第三段。这一段意在对卢生梦境和杨士凝姻缘际遇作了一次联系发挥和反省。诗说:大地万物都与情相关,缠绵如丝互相系缚。诗人想到作为丽人艳歌的《玉台新咏》的编撰,司马相如为陈皇后被废置而作的哀歌《长门赋》,楚襄王于云梦而幸巫山神女,及因相思成疾的南齐钱塘名妓苏小小,这些艳情故事和它们的主人,时间一过都成灰烬,残留下来的怀念都是多余而无用的眷顾。游历与天国最近的碧霞仙宫,众多丽人都在上苑离宫。为吊念他们,令人都忘记甚至废弃了许多世事,想起蔡琰(蔡文姬)在塞外留下的儿子徒然而悲,王嫱(王昭君)的遭遇是出于画工毛延寿的舞弊狡诈,西施(夷光)被越王勾践收罗利用,杨玉环为唐明皇赐死在马嵬坡。此外如弄玉、卓文君、绿珠、庄姜、虢国夫人等,都是古代美人,却都香销玉殒,她们因牵于情,故一生从开始便出现错误,其风流韵事也如梦如烟。想起她们,无不令人感到慷慨悲凉,思绪万千。诗人表示,历史记载中的故事可以使人领悟,希望大家也不要为这些空花水月而迷惑。写到这里,熏香炉中的香末已成灰烬,月光照在笔毫如同银泻一般。自己虽说心如陶铸一样坚实,但一种幽情还是飞往天外,思绪不能控制。以至上追苍穹,下落黄泉,任其驰骋飞翔。翡翠在镜匣中吟哦,似在表达才人不受重用;鸱鸹在枕上诉说,意在企望向日而飞。天色已晚叹息空虚转凉,所想念的那人恍惚如同见面。初次入梦已经很难醒悟,既成梦想,何时可以相会? 野外的柳条被风吹得不停,园中的梅子落下无数。谣言诬语与蛾眉无关,这样也就不让其他女子再生妒忌。我的尘世因缘与《邯郸梦》不同,我的大梦岂与它相干。我已烂醉身倒泥沙,但莲花本性是入污泥而不染。这样的一些发挥和表达,有的表示出感情的矛盾,情感的纠结,最终归结为自己尘缘与《邯郸梦》的卢生不同,虽然烂醉如泥,仍像莲花那样出污泥而不染。这又像元稹《会真记》或《梦游春》那样是一面彰显诗人恋情韵事,一面又以"善为补过"而自我开脱。诗题虽据《邯郸梦》着笔,内容则以和元稹《梦游春》诗为主干,这在阅读和观演《邯郸梦》的诗歌中是少见的一个特例。

　　杨士凝(1691—1740),字妙合、立诚、笠乘,号芙航,武进人,康熙五十六年举人,官山东单县知县,有《芙航诗襫》29 卷。诗编年,作于辛卯,即康熙五十年(1711)。诗人时当 21 岁,是易为梦游春诗的年岁,尚无多少人生体验,所以造成对《邯郸梦》的别解。

二十六种明清剧目演出诗词述说

传统戏曲研究,注重剧目钩沉、文本校订、剧家评述、剧史梳理,少有对演出的关注。但戏曲不能脱离舞台,舞台给戏曲提供了再创造的空间和具象可观的艺术生命,并发挥了文本所难以具备的集体性的社会效应。剧场成为各个社会阶层交流、传播、引发共鸣、抒发情感的场所。因此,关于戏曲剧目舞台演出的研究不仅可以看到戏曲的二度创作,还可以更深入更具体地理解剧作的社会价值,因此对剧目演出的研究自有重要的意义。

从明清诗人所作诗词,考察古代戏曲的演出事例,是研究古代戏曲演出时间、演出环境及观众成分、观众体验的一条重要途径。其诗均出自观演者的当场之作,故记录演出,真实、准确,提供的演出史料真实可信。目前学界尚未见专事辑录演剧诗词的专门之作,笔者近年颇有兴于阅读明清诗文集,从中查得剧目演出诗若干首,今略事整理,除前文已涉观演诗外集中将二十六种剧目演出诗词资料,选录于此,供关心古代戏曲演出研究者参考。

为阅读方便,笔者对相关诗词作者的履历、诗词写作的年限及诗词内容,作了粗浅的考察,对诗词所涉剧目的相关事项作了一些说明,故名为观演诗词"述说"。其中不当与失误必不能免,敬祈方家多予指正。

一、黄景仁所咏《宝剑记》演出
(褚五郎演出《长生殿》附)

黄景仁(1749—1783),字仲则,江苏武进人,自幼聪明好学,4 岁丧父,生活清贫,举业不利,只能四处奔波靠做幕僚养家糊口。由于贫病交迫,仅35岁就结束了短暂的生命。但他博学能诗,与当时名家洪亮吉、袁枚、毕阮、蒋士铨、翁方纲诗文订交,并受到他们推崇。乾隆六十年间,论诗者推为第一,所作诗词今存1 100多首。有光绪《两当轩全集》本,今有李国章校点《两当轩集》本。其诗主要反映个人身世的寥落、穷愁,抒发寂寞凄凉的情怀。诗风低回悱恻,洪亮吉形容如"咽露秋虫,舞风病鹤"①。

黄景仁没有留下多少观剧诗,但《两当轩集》卷一九《醉太平》"夏夜闻邻家歌声"三首,却反映出他曾经多次看戏,并为艺人题写、留赠了不少诗。如其第二首:"也曾题遍香罗,唤当筵唱过。红儿玉娥,花娘丽哥,半生清泪如波,为伊曹费多。"这是看过许多歌儿伶人的演唱并为他们留诗的自白。不过因为"华心暗磨,欢场梦过,不听时也愁多,况听时奈何"②,为减少愁绪,他才少听少看,也没有留下很多诗词罢了。虽然如此,《两当轩集》还是有一诗一词,记录观演《宝剑记》和《长生殿》的情况,值得关注。

《两当轩集》卷一八有《金缕曲》观剧词一首。词谓:

> 姑妄言之矣,又何论,衣冠优孟,子虚亡是。雪夜窜身荆棘里,谁问头颅豹子?也曾望、封侯万里。不到伤心无泪洒,洒平皋、那肯因妻子?惹我发,冲冠起。　飞扬跋扈何能尔?只年时、逢场心性,几番不似。多少缠绵儿女恨,廿以年前如此。今有恨、英雄而已。话到从头恩怨处,待相持、一恸缘伊死。堪笑否,戏之耳。③

《林冲夜奔》是李开先所撰《宝剑记》中的37出,即《夜奔》,剧情与《水浒传》互有出入。《宝剑记》最鲜明之处是突出林冲因方腊作乱,仗剑

---

① 《北江诗话》。
② 李国章标点《两当轩集》,上海古籍出版社,1983年,页467—468。
③ 同上书,页431—432。

投军生擒方腊，功授征西统制。经张叔夜举荐，升禁军教头。见高俅、童贯为非作歹，上疏弹劾除奸。后高俅童贯设计以观宝剑为由，赚林冲入白虎堂，接续鲁智深大闹野猪林、陆虞侯火烧草料场、林冲杀陆谦，然后投奔梁山等情节。林冲误入白虎堂前许多情节与《水浒传》大异。这或许如沈德符所言："填词出才人余技，本游戏笔墨间耳。然亦有寓意讥讪者。如……李中鹿之《宝剑记》，则指分宜父子。"[①]这一论断未必十分准确，但作者自称"诛谗佞，表忠良，提真作假振纲常"，则意图明显。黄景仁观演《宝剑记·夜奔》，首先指林冲故事都为子虚乌有，作者只是姑妄言之，看戏自然也只有姑妄听之，不必论其实有。其次，诗人指出，这位豹子头本也企望为国立功，封侯万里，但其初因弹奏宵小弄权被降级，幸得张叔夜保护；后见高俅为徽宗大办花石纲，弄得百姓流离失所，干戈四起，上疏弹劾，以至被逮入狱，受尽狱吏折磨，发配沧州路上，草料场中，又一次次几乎丧命。所以林冲投奔梁山，全是伤心无泪，忍无可忍，才冲冠而起。与《水浒》故事中全为妻子受侮而与高俅父子结怨内涵不同。看来黄景仁看了《夜奔》以后，比较了林冲故事的不同，更赞赏《宝剑记》的创意，在观演诗中更加肯定了林冲投奔梁山的正当性。黄词的后半阕，似说自己当年也曾遇见飞扬跋扈的人，有过恩恩怨怨之事，但看了这出戏，觉得那些都已过去，为之悲恸的人已经死去，现在从戏里只看到一种英雄气概，所以以往之事都不过戏剧一场，可笑一场，到这时已无言可说，就让它如同戏剧逢场作戏了吧。

《两当轩集》卷二三尚有《褚五郎行》歌行一首，实咏其《长生殿》演出，现一并附录于此。诗谓：

> 廿条银烛高崔巍，筵前羯鼓纷喧阗。主人爱客客满座，相逢四海倾瑶杯。上座听歌气如虎，有客停杯惨无语。往事杨枝袅绿烟，故家燕子愁红雨。褚郎十五记将迎，袴褶妆成锁骨轻。故缓

---

① 《顾曲杂言·填词有他意》，见《中国古典戏曲论著集成》4册，页207。

红牙偷入破,惯抛珠泪得人情。徘徊舞榭兼歌榭,飘泊山城更水城。逢渠犹记花开夕,谢家子弟争移席。一啭轻喉发曼声,吴侬相顾皆无色。前辈风流酒作池,后堂丝管春成国。脱帽翻尊夺锦茵,就中狂杀江南客。江南一别又经年,西风吹梦寻无迹。顾曲周郎鬓渐星,多愁白傅衫席湿。崔九堂前有旧人,奉诚园内无新识。三千里外楚王台,蓦地重逢醉眼开。惊定相看翻似梦,关山知否得曾来。此际歌场正嘹亮,晴丝作阵空中飏。钿合方看订再生(原注:时演长生殿),霓裳已见归天上。背人脉脉送秋波,似曾相识惊无恙。舞罢更妆向画筵,尊前细诉飘零状。闻讯同游几辈存,羊昙华屋增悲怆。感时怀旧更长吁,我亦风尘无事无。肯把犁婆通贵戚,不堪铁笛老江湖。褚生饮汝一杯酒,酒尽犹能进歌否?人世悲欢转非是,青衫失路嗟何有?落魄空沾淮海尘,相思为怨金城柳。莫作伊凉变徵歌,酒阑萧瑟断肠多。他年此会知何日?月落乌啼奈尔何!①

这是黄景仁为艺人褚五郎演唱《长生殿》而写的诗。诗中描写这次演出是在一位好客、爱热闹的主人厅堂里,演时举办宴席,广招亲朋,高烧红烛,鼓乐喧阗,一幅热闹景象。观众席上,许多人意兴高涨,但诗人见到相识的艺人褚五郎,因他本是故家子弟,现在沦落做了艺人,四处漂泊,追欢卖笑,却不能不触景生情,感到悲凉,以至停杯无语。褚郎唱得美妙,许多昆腔演员无法与他相比,演出《长生殿》钿盒之情,霓裳之曲,无疑动听异常,听众反应十分热烈。诗的最后,作者把艺人遭际、诗人生活的困顿与《长生殿》的悲剧结合在一起,发出月落乌啼、人生聚散无可奈何的感叹,再现了诗人苍凉凄婉的诗风。

二、《四声猿·狂鼓史渔阳三弄》

徐渭《狂鼓史渔阳三弄》虽为文人杂剧,但历来剧坛演出不断。此

---

① 李国章标点《两当轩集》,上海古籍出版社,1983年,页525—526。

剧问世后,好评如潮。今京昆诸剧都有改编,继续着它的舞台生命力。但关于此剧的舞台演出经历,鲜有人注意,特别是关于明清诗家所经历的演出,更知之甚少。今将清人诗词中所见演出及诗作予以胪列,以见一斑。

冒襄的水绘园,是《渔阳三弄》常演之地。顺治戊戌(十五年,1658)冬日,陈瑚、瞿有仲、陈维崧有诗记其事。

陈瑚《和有仲观剧断句十首》,其五、六首云:

> 处士操挝气最雄,文长摹画调偏工。缘知横槊题诗胆,半落渔阳一鼓中。(原注:歌渔阳弄。)
>
> 秦箫北曲响摩天,刻羽流商动客怜。拟谱唐宫凝碧恨,海青心事倩伊传。

陈瑚(1613—1675),字言夏,号确庵,别号无闷道人,江南太仓人(今江苏太仓)。崇祯举人,入清后绝意仕进,隐居昆山,所交多英伟之士,成遗民诗人中的巨擘,著有《确庵文集》40卷。陈瑚与冒襄来往密切,是水绘园的座上客。顺治十五年冬,水绘园演出《狂鼓史》,陈瑚作绝句二首。前一首,赞美祢正平击鼓骂曹的豪迈气势,赞美徐文长剧作刻画人物之工。看了戏,似乎祢正平的一通鼓声,把当年横槊赋诗不可一世的英雄曹操都击落了。后一首说,此剧演出,唱的是北曲秦声,乐声流转就足以感动观众。诗人比喻此剧,好像谱的是雷海青在凝碧池痛骂安禄山,并以手中琵琶击贼一样,抒发了人们对奸臣逆贼的愤恨。这样的感愤,或许是当时遗民诗人的一种政治隐喻。

陈维崧《冬至前五日佘公佐、石尚卿、许子公招谯得全堂即席赋》二首,其一云:

> 连宵高会属群公,红烛青尊兴不穷。入夜层层金跳脱,当歌袅袅玉玲珑。月明隋苑三更后,霜紧渔阳一鼓中。座有狂奴重感旧,几年使酒在江东。

陈维崧(1625—1682),字其年,号迦陵,康熙十八年(1679)举鸿博,与修《明史》,为著名的词家。其父陈贞慧,与冒襄同在明末四公子之列,故其年事冒襄为父执,常居水绘园。词题中的佘治美,字公佐,石宝臣,字尚卿,许邺,字子公,都是冒襄、陈维崧的同乡友人。他们在水绘园得全堂观剧,本都放浪形骸,观看徐文长的《狂鼓史》,更加不拘形迹。他们一起连宵观剧,兴致丝毫不减,艺人穿着华丽,演出中可以听到金钏手镯和玉珮衣饰发出的清脆声音。半夜三更,月明霜严,祢正平三通打鼓骂曹,悲壮两扬,座上狂奴也控制不住情感,他们多年在江东饮酒使气,借此击壶和筑,同此悲歌了。

陈瑚在《得全堂夜谯记》中,记有冒襄教戏、家班演戏的一段话,其言曰:"予教此童子者,风雨萧萧则以为荆卿之歌,明月不寐则以为刘琨之笛,及其追维生死、凭吊旧游,又以为谢皋羽之竹如意也。"①可以看出,水绘园的演戏,有浓厚的忧国忧民情结,愤世抗争的情怀,不可以游戏人生而目之。

顾景星《白茅堂集》卷一三,有《太安荷池设伎作渔阳掺挝明日酬刘九幼凝》,诗云:

> 当筵落笔倾玉壶,蹉跎终岁一字无。刘生羁旅喜相值,伸纸索句如追逋。忆昔与君巷南北,望衡接宇歌偪仄。漂零兵后问讯稀,及至还乡隔乡邑。前年诣君紫石头,半亩茅茨拒墙棘。建安公子盛才华,永嘉遗民饶隐德。小儿十岁天麒麟,肉鬃阑筋骨态真。喜呼卫八作小友,不识庞公谁主宾。今年走访鼍江长,律兀火云蒸百丈。刘九颜色冰散如,仿佛置我罗浮上。吴侯委蛇兴有余,飞书奉席临芙蕖。华烛蟠烟白团破,金花帖鼓军装趋。坐中雪涕何者最? 渔阳遗挝声裂磕。白水空怜赤伏符,黄云尚指楼桑盖。君今亦是汉王孙,砣砀当涂谁复存。千年怨调山阴谱,一叠渔阳一断魂。

---

① 《同人集》卷三。

顾景星(1621—1687),字赤方、黄公,号后玉山金粟居士,蕲州(今湖北蕲春)人,明末贡生,授推官。入清,屡征不赴,杜门不出,于深山大泽,弹琴歌咏数十年。乡人私谥文靖先生,有《白茅堂集》等著作多种。

康熙四年(1665),当地县令吴侯吴太安,在自家庭院演出徐渭的《渔阳三弄》,特请顾景星与刘幼凝等人观演。此诗就是顾景星为这次演出写下的观剧诗。演出在官员府邸,庭院中有荷花池,演出设在荷花池边,故诗题有"荷池设伎"之语。刘幼凝是吴家友人,也与顾景星相识,诗中有许多回顾友情和赞誉幼凝才华的诗句。"华烛蟠烟白团破"写演出场所烛光燃烟情形,"金花帖鼓军装趋"写场景和艺人装饰。诗中指刘九为汉代王孙(即刘邦后裔),然而时过境迁,当年刘邦碣砀斩蛇起义,汉末"当涂高"指"代汉者魏"的谶言,指代汉者为曹魏。①无论传说,无论谶言,现在都成过去,只有文长所谱《渔阳三弄》中祢衡的愤激之曲,人们听来,还使人有一阵阵销魂的伤感。可见往事如烟,而文学的感染力长存。

邱志广《紫村诗钞》卷一,有《祢正平渔阳挝》诗,诗谓:

> 阿瞒身在三重阁,单绞岑牟殊不恶。金石渊渊伐鼓声,云天意气何磅礴。曹公视蚁正平同,正平亦蚁视曹公。

邱志广(1595—1677),字粟海,号蝶庵,别号柴村,山东诸城人,顺治间贡生,官山东长清县训导。这是邱志广在顺治年间观看徐渭《四声猿·狂鼓史渔阳三弄》写的诗。此剧有"操槌按板把鼓来挝"的情节,故又称《渔阳挝》。邱志广的这首诗,为我们再次提供了一个例证。这首诗没有直接在诗题上标明观剧诗字样,但诗中有"金石渊渊伐鼓声,云天意气何磅礴"的场景描写,与明清人所写读剧诗只是表达评价、抒发感想不同,应是阅剧和观看演出的记录。

邱诗说,曹操身为丞相,高居三重阁中,地位显赫。祢衡虽受曹操

---

① 语见裴松之注《三国志·袁术传》所引《典略》。谶语:"代汉者当涂高也。"

贬斥,降为鼓史,并命他穿着称作"单绞、岑牟"名目的鼓史衣帽,以示羞辱,但这并不能降低祢衡的人格。这时祢衡穿戴着苍黄色的单衣和小帽,反衬出他的落拓不羁、恃才傲物的品格,不掩其人格光焰。他在堂堂丞相和百僚面前,击鼓骂曹,正气直薄云天,其人格力量何等壮伟。手操大权的丞相依赖权力把祢衡视作蚂蚁,谁知堂下这位祢衡凭其胆识同样也把曹操看作蚂蚁呢! 邱志广通过他的观剧诗,揭示出徐渭追求人格平等的意识,也表达了诗人自己对社会不平所产生的不满。

我们又可以看到王式丹《梅花书屋集》有《观剧诗二首》,也是写看徐文长《四声猿》剧的,其诗如下:

> 四叠猿声愤欲争,穿云裂石鼓声声。人间旧谱渔阳掺,地下遗狂祢正平。
>
> 单绞岑牟本自狂,掺挝声里气飞扬。可怜已死奸雄骨,千载重教饮剑铓。

诗作于丙申,即康熙五十五年(1716)。诗以"四叠猿声"指徐渭"四声猿"四剧,而重点写《狂鼓史》一剧。诗写祢正平的扮演者,戴着称作岑牟的小帽,穿着单绞的简陋小衣,以狂士的姿态,边唱边鼓。鼓声如同穿云裂石,表情如怒目愤争,意气飞扬。徐渭笔下的祢衡写出了汉末的狂士精神,也表达了千载以下人们对奸雄的愤恨。诗人指出这场演出即便在千年以后,仍然是人们刺向奸雄的利剑。

王式丹(1645—1718),字方若,号楼邨,宝应(今属江苏)人,康熙四十二年一甲一名进士,授翰林院修撰。与修《佩文韵府》《大清一统志》《朱子全书》《渊鉴类函》等大型书籍,以诗文名海内,每一篇出,人相传诵。有《龙竿》《忍冬》等集,后合编为《楼邨集》25 卷,编年。

康熙至乾隆时人顾诒禄《吹万阁集》卷二,有《观剧为韵语当偈》诗四首,分别是观演《苏武》《王昭君》《四声猿》和《长生殿》所作。其第三首云:

单绞岑牟蹀躞来，参挝羯鼓有余哀。不须更吐英雄气，铜雀
漳河已劫灰。①

顾诒禄(1699—1768)，长洲人，其诗略及演出时艺人扮演与舞台动作，
诗人也从祢正平击鼓的声音里面听出台上主角发出的愤激和哀怨之
声。但诗人认为，台上人物不必再抒发英雄之气，因为曹瞒的功业和
享乐的陈迹铜雀台和漳河水已经成劫后余灰，早已烟消云散了。这是
历史的无情，也反映出现实情势的变迁。

胡敬《崇雅堂删余诗》有《观演徐青藤四声猿传奇戏作》诗，诗云：

岑牟单绞吏挝鼓，书生如羊老瞒虎。楼成白玉天少才，旌节
隐隐云边来。千椎阿瞒可知苦，书生神仙老瞒鼠。②

胡敬是乾隆至道光间人，官至武英殿、文颖馆纂修官，总纂《全唐文》和
《明鉴》，累迁侍讲学士。所著《崇雅堂诗钞》编年，而《删余诗》不编年，
故此诗写作年月不详。

诗以徐渭剧中书生祢正平与老瞒丞相的地位转换为视角，起初，
书生褒衣打扮与被丞相羞辱击鼓，此时书生如羊，听凭宰割，丞相如
虎，不可一世。但到了另一世界，祢正平成了白玉楼中的天才，站上了
道德的制高点，踢弄乾坤，使气骂座，历数老瞒一生罪过。千挝百挞，
出尽肮脏之气。这时书生成了神仙，阿瞒成了老鼠。诗不必再叙剧
情，而以剧中人物身份地位的对比，显示了《狂鼓史》给观众带来的心
理感受。诗带游戏之笔，却多历史寓意，这也是诗人的一种警示。

三、《浣 纱 记》

《浣纱记》一名《吴越春秋》，问世后无论厅堂，无论市井，都演出不

_____

① 《清代诗文集汇编》289 册，页 313。
② 《清代诗文集汇编》493 册，页 683。

断。文人以诗纪其事者亦多。如时人汪道昆《太函集》卷一○七，有《席上观吴越春秋有作四首》，其诗云：

　　一、吴王催劲越，谈笑释群囚。殊色恣所欢，巧言竞相投。长驱薄海岱，执耳盟诸侯。敌国尽西来，姑苏麋鹿游。岂无良股肱，宿昔撄属镂。已矣国无人，谁其殉主忧？

　　二、东海将时撼，盱睢待其时。三江足组练，一旅安所之？何物彼殊子，贤于神武师。轻身入后宫，褒妲复在兹。一笑褫王魄，再笑陈王屍。翩翩士女侠，匕首双娥眉。咄嗟徐夫人，千金徒尔为。

　　三、行人羁旅臣，借资复故楚。宿怨业已修，微躯何足数。榱桷破会稽，勾践甘衅鼓。谗巧乃见亲，君心日已蛊。国恩良不资，安得归环堵。抉目悬国门，甘心赴江浒。须臾国事去，佞幸皆为虏。利口复邦家，愿言饲豺虎。

　　四、反间入吴阖，俘囚幸不死。伊谁修戈矛，相国鸱夷子。一举袭江东，离宫夷故址。归来泛扁舟，去去从此始。富贵有危机，完名不受訾。良哉大夫种，精白照青史。或恐遇九原，因之额有泚。①

汪道昆(1525—1593)，字伯玉，玉卿，号太函，南溟，天都外臣，歙县(今属安徽)人，嘉靖二十五年进士，官至兵部左侍郎。有《太函集》及《大雅堂乐府》杂剧四种(《高唐梦》《五湖游》《洛水悲》《远山戏》)。

　　《浣纱记》的写作年代有不同的推断，徐朔方《梁辰鱼年谱》定为嘉靖二十二年，而据吴书荫考证，《浣纱记》约作于嘉靖四十二年左右(见《浣纱记的创作年代及版本》，《明清戏曲国际讨论会论文集》下，页454)。徐朔方《汪道昆年谱》系汪氏观演《吴越春秋》诗于嘉靖四十五年(1566)，离《浣纱记》实际完成仅三年左右。因此可以说，这是现知

① 据胡益民等《太函集》校点本，个别文字有异同。

最早的一次演出,也是现知最早的一首《浣纱记》观演诗。诗从吴王伐越叙至吴国覆亡,评述勾践、夫差、范蠡、文种、伍员、伯嚭等君臣在历史反复、纵横捭阖的吴越战争中的是非功过,赞美西施身入吴宫,力抵神武之师的作用。诗所及人物情节,与《浣纱记》完全吻合,可知是一次比较完整的演出。此诗,吴书荫编集点校《梁辰鱼集》已收录。

胡应麟《少室山房集》卷四十,有《罗生馆中阅伎作是夕演梁辰鱼吴越春秋》,诗云:

> 逆旅愁无赖,良宵兴若何。纤腰呈楚舞,稚齿发吴歌。院落飘红雾,楼台驻绛河。扁舟拉西子,蚤晚若耶过。
>
> 为探倾城色,聊停上汉槎。兴移金谷树,春满玉台花。益寿怀差壮,安仁鬓未华。异时云水约,珍重越溪纱。①

胡应麟(1551—1602),字元瑞,号少室山人,兰溪(今属浙江)人,万历四年举于乡,后久不第,于兰溪山中筑二酉山房,著书终老。有《少室山房集》《少室山房笔丛》《诗薮》等。这两首五律,或言自身心境,或言演艺情形,或言与罗生交往,内容含量广泛,涉及剧情的文字较少。值得重视的,一是在万历年间,《浣纱记》还是以旧名《吴越春秋》通行,胡应麟逝于万历三十年,故知是万历三十年以前的一次演出,它比起祁彪佳日记所载崇祯间的演出,要早数十年,可知这仍是《浣纱记》早期演出的记录。二是诗中明确记载"稚齿发吴歌",其时所演,系童稚优伶所唱的昆腔演出。

冒襄《同人集》卷一一,录有吴锵《得全堂即事呈巢民先生》诗二首,诗谓:

> 老去心情感慨多,为欢莫问夜如何。闲来银烛金尊下,低拍檀痕自按歌。

---

① 据《文渊阁四库全书》本。

馆娃思彻苎萝乡,倚遍东风白玉床。数曲冰弦无限态,当筵仿佛见夷光。(原注:是日演《吴越春秋》。)①

吴锜,字玉川,吴江人。据《同人集》所编年月,吴诗作于康熙二十八年秋日,则知冒襄在得全堂演出《吴越春秋》即在此时。这时吴锜已入老迈,经历明清易代,社会动乱,人世沧桑,故感慨良多。到水绘园看戏,一是老友相聚,可以畅叙情谊,倾吐心声;二是可以寄情于檀板笙歌,借酒浇愁,发思古之幽情。吴诗所叙"老去心情感慨多,为欢莫问夜如何",就是明代遗民,不容于世,希图寻求精神慰藉的心理。冒襄好客,热情款待,水绘园得全堂既有银烛金尊的盛设,又有檀板笙歌的演出,正是江南文人的精神家园。

吴诗眼中所见的《吴越春秋》全在西施,他看到西施在馆娃宫的生活,看到她对故国故乡的深沉思念。虽然吴王给予她无尽的宠爱,她对家园苎萝乡的思念仍然刻骨铭心,毫不改变。这一观察,表达了西施爱国的精神内核,也寄寓了吴锜对西施的评价。诗还有一个小注"为吴雏作也",这位"吴雏"即冒家班里的昆曲小演员徐彬如。因为他演得仪态无限,所以令人看来,如同见到真夷光(西施)一样,这对演员的技艺也是很高的赞誉。

李雯《蓼斋后集》卷三,有《端午日吴雪航水部招饮孝升斋看演吴越春秋赋得端字》,诗云:

高会犹将令节看,素交风义岂盘餐。酒因吊屈人难醉,事涉亡吴泪已弹。生意尽随麋鹿后,乡心几度玉兰残。年来歌哭浑同调,颠倒从前非一端。

李雯(1607—1647),字舒章,号蓼斋,青浦(今属上海)人。家华阀,有夏屋曲池,台榭丝竹,皆屏去,只是担囊负笈,假馆读书,崇祯十五年举

---

① 《同人集》卷一一,页477。

贡,与夏允彝、陈子龙等人唱和往还,时号"云间六子"。入清后,因廷臣举荐,授弘文馆撰文中书,一时诏诰书檄,皆出其手。诗词文赋俱佳,有《蓼斋集》《蓼斋后集》52 卷。

龚鼎孳《定山堂诗集》卷一七,有《午日李舒章中翰招同朱遂初孙惠可两给谏集小轩演吴越春秋得端字》,诗云:

> 青灯蒲酒共盘桓,崔九堂前韵未残。楚泽椒兰追侘傺,吴宫麋鹿幻悲酸。名花倾国人何恨,烟水藏身计果难。歌舞场中齐堕泪,乱余忧乐太无端。

龚鼎孳简历见前。

李雯、龚鼎孳二诗,吴书荫编集点校《梁辰鱼集》已收录于"附录"中。二诗诗题,都标明节令在端午日,又都在龚鼎孳宅,观演者都有李雯、龚鼎孳,李、龚二诗都押"端"字,这些情况,或疑二诗所记,为同一次演出,且二诗为步韵唱和,更易疑为同次演出。但李诗注明所记系吴雪航水部招饮观剧,龚诗则标明是李雯招饮观剧,并另有朱遂初、孙惠可同观。主事者不同,参与者又未尽相同,故不应是同次演出。同于端午,同押一韵,说明演出前后相承。

二诗都不再记述演出《吴越春秋》的实况,而是重在抒发自己的感受。二诗的共同点,都对吴国的覆亡感同身受,伤心掉泪,这在明亡未久,有现实的针对性。但李诗表现求生之意的失望,乡心之念受到摧残,更为悲凉。龚诗更关注范蠡"烟水藏身计果难",吐露的好像是自身出处两难的心境。

《浣纱记》"家门"【汉宫春】说:"看今古浣纱新记,旧名《吴越春秋》。"故此剧或称《浣纱记》,或称《吴越春秋》。上述四家诗皆称后者,万历后的剧选、曲选,如《八能奏锦》《群音类选》《乐府玉树英》等,则都称前者。这表明这几位诗人所见演出剧名,都通称《吴越春秋》,而在其剧入选剧选集之后,则多称《浣纱记》。一剧二名,诗人着眼多在历史,民间更喜欢西施浣纱。虽为同剧,所取轻重亦有差别。

彭士望《耻躬堂诗钞》卷十,有《同王鹤里……听歌姬文质度曲口号杂兴六首》,其五云:

> 一曲清歌万种情,愁人入耳尽商声。西施不共杨妃传,千载鸱夷恨未平。(原注:时歌浣纱杂剧,西施败吴归越,越王以鸱夷沉之江,误以为从少伯也。出《宙台编》。)

这是彭士望于友人处听文质唱《浣纱记》写下的即兴诗。彭士望(1610—1683),原姓危,字达生,南昌人,明诸生。甲申变后,起兵不成而投史可法,入清以讲学为生。光绪《南昌府志》卷三三有传。从诗题看,这次演出,应是文质清唱《浣纱记》中西施的相关唱段。梁辰鱼的原作写范蠡西施"佳人才子,泛太湖一叶扁舟",是一个近于团圆的结局。诗人则脱离《浣纱记》的原本,从《宙台编》所载:西施归越,越王命范蠡将西施沉江,让一个为国牺牲的美人换来悲剧的下场。这首观演诗,诗人出于对西施的同情,对这种历史悲剧的愤恨,不由不在诗中留下了悲凉、愤恨的感情色彩。

田雯《古欢堂集》七言古卷一,有《浣纱行观剧》,诗云:

> 柳花幂幂春风柔,法曲妙舞扬清讴。梨园小部锦缠头,红牙按拍弹箜篌。浣纱女儿年十六,君王之侧颜如玉。朝随锦帆泾上行,暮入馆娃宫里宿。铁甲水犀徒纷纷,夫椒臣妾属何人?会稽遗币有太宰,东门抉眼无将军。鞭楚伐齐不归老,鞅鞅少主江干道。空嗟伯嚭是佞臣,浪托鲍君盟旧好。倒行逆施多唏嘘,白首英雄悲远途。西施亦悔倾城色,不隐萝村嫁入吴。吴越春秋事如此,曲终酒散悲何已。秦庭痛哭申包胥,五湖高蹈鸱夷子。

田雯(1635—1704),字紫纶,号山薑、蒙斋,山东德州人,康熙三年进士,授中书,历官湖广督粮道、贵州巡抚、户部侍郎。所作《古欢堂集》,分体不编年,但这首《浣纱行观剧》后,紧接《百丈旗观剧》及《在都十年……歌以纪之》二诗。据《国朝耆献类征初编》卷五二"田雯传"，田雯康熙三年中进士后，六年考授中书舍人，十一年充顺天乡试同考官，十二年迁户部主事，十三年迁户部员外郎，十六年迁工部郎中，是其在都超过10年的日子，此后放任江南学政、湖北粮道、江苏巡抚、贵州巡抚，三十六年返京，三十八年调户部右侍郎，四十年乞休回籍，这次在都，不过4年时间。于此推断，这首《浣纱行观剧》应作于康熙十三年（1674）前后。这次《浣纱记》的演出，也就在康熙十三年至十六年的京城。

田雯的观剧诗，写了演出时令，演出梨园，演出剧情，重点是对剧中主要人物，如西施、伍子胥、范蠡、夫差、伯嚭等的历史作用作出评述，对吴国之灭亡抒发了沉痛之感。"吴越春秋事如此，曲终酒散悲何已"，是一种历史的反思，也是其所在年代现实的反思。

管椿《据梧诗集》卷三、《柏轩草》上，有《青村观剧》诗，诗云：

> 豫章二月东风起，吹破江楼碧花蕊。胸中百万感嘘事，来听歌声相尔汝。金堂步障春云开，珠灯百队花千堆。一群腰鼓樽前落，红幺翠羽屏中来。谱传南内消魂曲，金元院本斜行录。缓袖舞残官扇影，娇歌诉入娥眉蹙。姑苏台畔吴宫春，中有佳丽能倾城。陶朱公何独解事，至今史册推高人。东流万事去如海，白云苍狗倏然改。我今亦是当场人，莫笑筵前此傀儡。[①]

管椿（1662—1723），本姓杨，字青村，一字宇文，号据梧、柏轩，武进（今属江苏常州）人，官至刑部郎中。

此诗题目中未特别标出所演剧目，但诗中有"姑苏台畔吴宫春，中有佳丽能倾城。陶朱公何独解事，至今史册推高人"四句，显然指西施、范蠡故事，可证剧演《浣纱记》。诗作于康熙己巳（二十八年，1689），则剧演于此时。诗首句"豫章二月东风起"，更可判断，这次演

① 《清代诗文集汇编》209册，页336。

出在康熙二十八年二月,地点在南昌。演出很华丽,金堂步障、珠灯百队、红幺翠羽,已极尽形容。看过演出,诗人感叹"东流万事去如海,白云苍狗倏然改",是其"胸中百万感嘘事"的主要内容。或者亦是剧词所说:"看满目兴亡真惨凄,笑吴是何人越是谁!"故诗最后说"我今亦是当场人,莫笑筵前此傀儡",诗人自己已进入角色了。

鲁之裕《式馨堂诗前集》卷六,有《姑苏台观剧》,诗云:

> 覆国虽缘受托来,吴恩讵忍弃如灰。苏台不死归湖去,相对亏他笑口开。

这首诗最大的价值,就是表明姑苏台演过《浣纱记》。在吴国的遗迹上演出吴国的历史兴亡,这拉近了历史的距离,又能激起观众的故国之思。鲁之裕用诗记下这次难得的演出,这在已知《浣纱记》的演出史上绝无仅有。姑苏台在苏州灵岩山,姑苏台系吴王所造,吴王伐越即从此挥师,伍员死谏,说吴国将灭,吾将见麋豕游于姑胥之台。可见姑苏台见证了吴越的盛衰。尽管历史已越过千年,然姑苏台遗迹犹存,在这里演出《浣纱记》也就有重温历史的意义。诗人未标示剧名,但从诗意可知,作者是以剧中西施"投吴"至"泛湖"为线索,重现了西施在吴越战争中的行为,表现了诗人的褒贬。诗说西施助越而使夫差覆国,原是受勾践和范蠡诸人的嘱托,这反映了西施的特殊身份。但诗又说,她在吴国,也受到吴王的宠爱,受有吴国之恩,如今看到吴国覆灭,她怎么能弃之如灰,毫无顾念呢?这番议论,符合剧中"思忆"、"行成"等出所演西施矛盾心理。吴亡后,西施范蠡重逢,二人泛湖而去,以至"具舟中之花烛,结湖上之姻盟",笑口相对,作者以为于理有亏。这却不通人情,未免迂腐。

鲁之裕(1666—1746),字亮侪,号伟堂、尘花轩主人,湖北麻城人,寄籍安徽太湖,康熙五十九年举人,雍正五年入内阁中书。历任南阳知县、赣州知府、户部贵州司员外郎,迁湖北安襄郧道,乾隆四年迁直隶清河道,七年告归。有《式馨堂文集》《式馨堂诗前、后集》。据雍正丙午(四年,1726)戴昆《式馨堂诗集》序,鲁之裕在雍正丙午年前,多撰有播迁登览,酬客遣怀之作,这首姑苏台观剧诗,也就作于康熙末、雍正初。

乾嘉时人刘肇虞《刘广文集》卷一二有《观女旦陈七建演剧本漫成》绝句,其前二首亦是观《浣纱记》所作诗。诗谓:

> 吴王宫殿火摧颓,越女风流安在哉?图得香魂今未散,眼前历历姑苏台。
>
> 淡扫娥眉整素巾,乍启朱唇满院春。等闲笑嬉恣无限,未许邻儿得效颦。

诗说到这位女旦虽淡扫娥眉,平常装裹,一开口即满院生春。表演起来,虽寻常嬉笑也恣肆横生,其他人也无法效仿。女艺人的技艺才华给人留下深刻印象。剧中吴王宫殿为火所摧,越女当年风采已湮灭不再,但艺人的表演能唤起对西施的记忆,舞台之上仿佛现出姑苏台的历史戏剧。短短几句诗写出了简陋的舞台留下遐想的空间。

词曲名家金兆燕《棕亭词集》卷三有《绮罗香》一首,题作"沈沃田以吴伶品香小影索题时观其演浣纱记采莲剧作西子妆明艳夺目即席倚声授之",词曰:

> 秋水神清,春山韵秀,瘦到东阳难学。纵未闻声,已是暗魂销却。又仙裙,飞上氍毹;对好影,挂来帘幕。笑当年吴市金钱,漫教村女便轻握。　丹青休浣寒具,留向无双谱上,千秋评泊。如此风标,悔不置将仙壑。算多少、火色鸢肩,枉几度、云台烟阁。怎如他,夜夜薰香,小窗深处着。

这是金兆燕观演吴伶品香演出《浣纱记·采莲》,同时为其小照所题的一首词。词的上半阕主要是赞美品香的美丽,秋水、春山,美化她的容貌;仙裙、好影,美化她的装饰。黯然销魂则是对其明艳夺目的总概括、总感觉。下半阕主要以所演西施与历史功臣、忠臣义士作比,无论是汉唐以来图画功臣的云台、凌烟阁,还是清人金史、朱圭所绘刻的《无双谱》所列张良、文天祥等四十义士,西施虽不如他们显赫峥嵘,但她的千秋功罪还是可以留给后人作评价。作为扮演者的品香可以夜夜熏香坐在小窗下,则更活得自在潇洒。品味金兆燕观演《浣纱记》的词,作者对云台烟阁与对西施的态度可以略见一斑。

四、《鸣 凤 记》

旧称王世贞或无名氏所作《鸣凤记》,以明后期国内外重大政治事件为中心,展示了夏言、曾铣、杨继盛、邹应龙等十余位忠臣义士,抗击严嵩父子专权卖国、结党营私、卖官鬻爵、残害忠良所作的前赴后继的斗争,成为传奇史上最早的政治时事剧,影响很大,历来演出不断。剧始出,海盐腔优人金凤就扮严世蕃,演得惟妙惟肖,神态逼真(见《坚瓠集》),金陵梨园兴化部、华林部,相互竞演《鸣凤记》,艺人马锦以尽得严嵩之恶而出名(见侯方域《马锦传》)。《扬州画舫录》还记有乾隆间,老生山昆璧、白面马文观、三面顺天一,都因擅演《鸣凤记》而闻名一时。明末至清的传奇选本,如《群音类选》《醉怡情》《缀白裘》收录过其中《辞阁》、《嵩寿》、《吃茶》、《河套》、《写本》、《斩杨》(又名《法场》)、《醉易》、《放易》等出,既反映了经常演出的出目,又提供了舞台文本,是《鸣凤记》舞台生命的写照。读到较早歌咏《鸣凤记》演出的诗是程正揆《青溪遗稿》(卷一五),其《孟冬词二十首》第十五首云:

传奇鸣凤动宸颜,发指分宜父子奸。重译二十四大罪,转呼内苑说椒山。

这是作者在宫廷孟冬十月祭祀景山奉先坛日所写的诗。程正揆(1604—1676),明末清初著名书法家。祖上徽州,迁湖北孝感,为孝感人,崇祯四年进士,任编修。遇李自成乱被俘获免,丁忧在家,十四年入京,为尚宝卿。明亡投福王,充日讲官。降清,顺治十二年任大理寺少卿,次年升工部右侍郎,顺治帝曾召入瀛台论画,顺治十三年遭弹劾,次年去官,隐于南京,著有《青溪遗稿》28 卷。

《青溪遗稿》分体不编年,《孟冬诗二十首》不能确指其撰写年代,作者在崇祯时官职低微,又值明末动乱,参与朝廷祭祀应无可能。所祭景山奉先坛在北京,故不会在南明时。如此推测,此诗或作于顺治十二年任工部右侍郎至十四年去官之间。诗记叙了祭祀中天子领衔,鼓乐动地,百戏杂呈,梨园演剧的盛况,其中所演就有一本《鸣凤记》。诗中说,这本《鸣凤记》惊动朝廷,深受天子关注,演出中看戏人无不指责严嵩父子奸恶。诗说剧中演绎了严嵩二十四大罪,使朝廷怀念杨继盛当年冒死弹劾严嵩父子,因而要内苑用演剧来诉说并回顾杨继盛的故事。这里有个疑问,杨继盛弹劾严嵩的弹章实指其"十大罪、五奸",无二十四大罪之文,《鸣凤记》也未及二十四大罪之事,后来杨涟弹劾魏忠贤,才有"大罪二十四款"之说,程正揆把杨继盛弹劾严嵩与杨涟弹劾魏忠贤合在一起,大约是在强调这些奸臣误国之深、罪恶之大。

乾隆时人王友亮有《观演鸣凤记》诗二首,诗云:

　　浮云逝水去漫漫,重说山高胆尚寒。债帅百城分阃外,假男三窟聚朝端。君恩自藉青词护,公道何愁白简弹。笑煞大鸡先自斗,夏曾取次赤心剜。

　　十载钤山望羽仪,翻然一出变钦驺。生憎正论非佳妇(原注:嵩妻欧阳氏),却喜横行是肖儿。猘狗当门朝士怯,娄猪列屋路人知。可怜听雨楼如故,优孟能传本事诗。①

诗包含了演剧故事与观演人对历史事件的批判。前一首叙说剧情所记嘉靖间朝士与严嵩的斗争已经过了100多年,时间像流水与浮云一样逝去不回。即便如此,现时人说到严嵩的名字还感到胆寒。严嵩当

_____

① 《清代诗文集汇编》401 册,页738。

政时,阃外将军都是些以行贿占据高位将帅,朝廷上聚集的是他收罗的义子假儿。严嵩依靠擅作向天祈福的青词而得到成日追求长生的皇上宠爱和保护,主持公道也会被他指使手下人弹劾。二雄不能并立,朝上如大鸡恶斗,夏言、曾铣这样赤心为国的首相与将军都先后被杀害,政治黑暗可想而知。

后一首说严嵩曾于钤山读书十年,为诗古文也颇有时誉(见《明史·严嵩传》),但一朝出山做官,就成了祸害国家的大鹗。其妻欧阳氏在传闻中有好有坏,可恨议论中有人非难这位夫人(按:《鸣凤记》不涉欧阳氏,王世贞《嘉靖以来内阁首辅传》卷四云:"赵文华欲得浙江布政使,以珍宝贿赂严嵩夫妇,至入内室,叩见嵩夫人。夫人劳苦文华,谓:尚不能为郎君易腰带,我相公责也。"可见嵩妇亦好财卖官),反喜欢与父亲一样胡作非为的严世蕃。疯狗在朝堂,正直之士不能不胆怯害怕,淫乱的母猪在家里路人也要提防。主人家的听雨楼仍然如故,这些艺人演出的《鸣凤记》恰如原来的历史一样生动传神。

王友亮(1742—1797),字景南,号葑亭,徽州婺源(今属江西)人,乾隆四十六年进士,官至通政司副使,有《双佩斋诗文集》。诗编年,其观《鸣凤记》作于乾隆五十九年(甲寅),可知演出在于此时。到乾隆末年,优人演出《鸣凤记》仍然再现嘉靖历史面貌,历史教训仍为人们所记取。

又康熙、雍正时人张汉有《舟中遇雨读鸣凤记传奇感赋》云:

> 满船风雨载初秋,读罢传奇恨未休。碧血当年还化土,高名今日独如丘。谩从酒后歌新调,懒向人前说壮游。十亩桑田一曲水,独将心事问江鸥。①

张汉(1680—1759),字月槎,号茷思、蜇存,云南石屏人。诗是舟中遇

---

① 《清代诗文集汇编》248 册,页 399。

雨阅读《鸣凤记》而写的,诗说读这样的剧本,看到当年忠臣烈士,为反对朝政腐败、权奸横行,八义士前赴后继,不惜慷慨捐躯,如今他们的碧血都化为尘土,大名也埋入丘坟被人忘记,不由心绪激愤而又心灰气丧,由此自己已怕听演唱这样的剧本,希望甘守十亩桑田一弯曲水,把心事付于江鸥。从张汉的诗可以看出,《鸣凤记》的观演和阅读都寄托了诗人的历史的记忆和评判。

五、《红 梨 记》

明徐复祚《红梨记》演赵汝舟、谢素秋故事,是一个常演剧目。《吴歈萃雅》《南音三籁》至《乐府遏云》《缀白裘》等都有选录,其《踏月》《窥醉》《亭会》《访素》《花婆》等出历演不衰,为观众所熟悉,明末及清代诗人也留下不少观演印记。如:

彭士望《耻躬堂诗钞》卷一三,有《傀儡红梨诗》,诗云:

> 秋月秋风来上清,主人高会延群英。自言优笑雅难得,傀儡登场聊慰情。剧演红梨悲赵宋,元宵预借金兵动。士女坚贞都有情,君臣携散都无用。贩国从来有贼臣,逸乐惟期在一身。君亡祚覆浑闲事,却为金人戚宋人。肯使花婆为将相,奇谋定出王梁上(原注:王黼、梁师成)。谁教土木得归来,陈于(原注:陈善、于谦)今古宁多让。曲终三鼓月斜落,野哭荒鸡声角角。一枕桃笙百感生,梦中犹恨徽钦错。

彭士望(1610—1683),字达生,号躬庵,江西南昌人,明诸生。黄道周系狱,倾身营护。甲申变后,起兵不成,入史可法幕。乙酉后,依魏禧居翠微峰,讲学易堂,大抵以阳明念庵之说为宗,为易堂九子之一。当世豪士,多倾心相结。

此诗名为"傀儡"《红梨记》,我们容易设想为木偶戏演出,实则写《红梨记》的艺人演出,当时多有人称艺人表演为"傀儡"者,如王余佑

《观剧偶成》诗:"偶看演剧戏场开,翠袖红裙舞一回。曲罢又闻箫鼓响,谁家傀儡上场来。"①"翠袖红裙舞一回",写的就是观人演剧而非傀儡演出。姚夔《饮和堂集》卷一三《月三女乐见招》诗"当场傀儡由来假,优孟衣冠却认真",这里女乐见招自是艺人演出,这也是以傀儡指艺人表演的例证。

彭士望这首诗,写的是明末的某个秋日之夜,主人为招待亲朋,而作的一次《红梨记》演出。诗中涉及剧中赵汝州、钱济之、谢素秋爱情主线的文字几乎没有,却突出该剧的政治背景:梁师成、王黼狼狈为奸,国政日败。金人乘虚围攻汴梁,徽宗东奔,钦帝议和,太傅王黼窃传国玉玺投敌献策,使二帝被掳,大宋只剩半壁江山。所谓"剧演红梨悲赵宋,元宵预借金兵动。士女坚贞都有情,君臣携散都无用。贩国从来有贼臣,逸乐惟期在一身。君亡祚覆浑闲事,却为金人蹙宋人",就是对这些剧情的概括。为了表现对卖国求荣的贼臣的鄙视,诗中特别拿剧中的花婆作比,花婆虽是卖花老妪,却以聪敏才智促成赵谢婚姻,王黼、梁师成虽系三公,却以其奸诈断送了宋室江山。诗谓"肯使花婆为将相,奇谋定出王梁上",是对一代奸臣的嘲笑。

诗中提及的另一重要议题是明英宗遭遇的正统十四年(1449)的土木之变。这次事变,除了明朝防卫的松弛,蒙古也先部乘势南侵外,也因为王振的专权和内部的权力倾轧,终于导致英宗被俘及后来朝廷政治的动荡。彭诗借《红梨记》所叙宋徽钦二帝故事,发思古之幽情,哀叹明朝衰败,直至"君亡祚覆",作者与观剧人都不免百感丛生,这似乎反映了明之遗民思念故国的心结。

此诗有一个文字失误。诗句"陈于今古宁多让",作者原注作陈善、于谦。于谦身为兵部侍郎,是处理此次危机的主要军事指挥,没有问题。但陈善与此无干。与土木事变相关的臣僚是杨善。杨善为左副都御史,又是派往蒙古的特使,负责迎取英宗,以至自出家财,经过智辩舌战,才赎取皇上回国,见《明史·杨善传》。

---

① 《五公山人集》卷五。

江昱《题襟集》有《爱日堂家伶演剧即席赋赠三首》,诗云:

> 花覆东园动早莺,当筵合乐尽家生。主人自拈新红谱,不比巴渝作楚声。
>
> 兴来留客罄清欢,历历珍珠泻玉盘。红烛迟销帘幕梦,不知风雪夜深寒。
>
> 清词小部擅风流,江汉微波咽幕愁。醉里浑忘身是客,红梨亭外月如钩。(原注:时演红梨花杂剧。)

江昱(1706—1775),字宾谷,号松泉,广陵人,乾隆十八年廪生,精《尚书》,任石鼓书院主讲。有《梅鹤词》《松泉诗集》《尚书私学》等著作。爱日堂,孙宗彝堂号。宗彝有《爱日堂诗集》《爱日堂文集》,可知是孙宗彝用家班演出《红梨记》。

全诗几乎不触及剧情,而主要赞许家班演唱如珍珠落玉盘一样清脆动听,巴渝楚声难以与之相比,艺人表演风流尽致,演出了剧中缠绵曲折的爱情。由于这样的演出,客人无比陶醉,都忘记身为客人,也忘记风雪夜寒,作者以此表达对表演的赞美和对主人的感激。

林良铨《岑南林睡庐诗选》卷下,有《慈溪馆观剧口号四律拟赠为素秋者》,诗云:

> 垂杨婀娜学腰柔,恰见当时谢素秋。玉兔影从蝉鬓落,红梨痕在杏腮浮。能参即色应无相,不识前身也是倡。会得真真真面目,何曾人在假中求。
>
> 梨花一曲奏新声,鸾舞从容作凤鸣。回雪轻翻腰约素,遏云清响舌调笙。留仙只恐因风去,解语何须傍水生。闻道素娘真国色,婷婷未必果如卿。
>
> 淡妆素抹仿娇娘,吐出梨花亦带香。月影光中窥色相,花阴深处费思量。雍门学得黄莺啭,楚馆传来紫凤翔。我见犹怜空自解,温柔端的是谁乡。

杏脸柳眉秋水瞳，灵犀一点为谁通。歌余金谷人称绿，舞罢霓裳我识红。若得度蓝还向月，不教结翠欲乘风。当年未省梨花意，参透今知色是空。①

林良铨的四首诗，是在慈溪馆观看《红梨记》而写赠剧中谢素秋的扮演者某位女伶的。故四首诗，都在赞美女伶的歌唱美、舞姿美、音色美、面容美，形容她舞如回雪，腰如细柳，歌如凤鸣，脸如红杏。演奏如韩娥过齐之雍门，余音绕梁，三日不绝；扮相如国色天香，直是素秋真身。诗末诗人自言，当年不曾参透《红梨记》的含义，看了演出，知道了一切色相都归于空虚、无有。这是一些咏剧诗常见口吻。

林良铨，字朝宗，衡公，号睡庐，广东平远人，生卒年不详。雍正二年以岁贡生举贤良，历大竹、渠县、成都知县，擢知州、知府，乾隆二十四年改补苏州府总捕同知。工诗文，有《岭南林睡庐诗选》存世。

六、《金 雀 记》

吴雯《莲洋集》卷十，有《观柳明庵演金雀杂剧戏赠二首》，诗云：

梅子拈来齿半酸，绕场何处觅潘安？从来本地风光好，莫借他人院本看。
相公曲子久堪传，不是痴肠不是颠。领尽人间花月味，风流重见柳屯田。

《金雀记》是明无心子撰写的一部传奇。写晋代文士潘岳(安仁)出游，妇女掷果，并文鸾投以金雀，得谐姻缘。潘岳又以金雀娶巫彩凤，文鸾至河阳，夫妇释疑，成就一夫二妇故事。

本剧 27 出后，文鸾到河阳见到巫彩凤，并从彩凤口中知道丈夫已

---

① 《清代诗文集汇编》290 册，页 403。

娶彩凤为妾。只是文鸾贤惠，又尊敬彩凤为郎守节的志气，在随后的《临任》，即台本的《乔醋》一出，一面带醋拈酸，一面旁敲侧击，由潘郎说出真相，换得了完聚的结果。吴雯诗首句便是以梅子之酸点出剧中最足观赏之处。后面说，舞台上演的晋代潘安，其实就是本地艺人柳明庵，他的面貌和气质与剧中人物非常吻合，所以不必再到处找潘安，再借他人的院本来描绘，只要看他就可以了。这就是诗人所说的"从来本地风光好"。第二首全借柳明庵的姓来说事，他既姓柳，于是联系柳永这位"相公曲子"，两位柳氏都不痴不癫，但都领略尽人间风月滋味，柳明庵今天在舞台上把它表演出来，岂不是当年柳屯田再世了？这样的诗句，写出了艺人演出《金雀记》所呈现的风流潇洒的风姿。

吴雯(1644—1704)，字天章，号莲洋，奉天辽阳(今属辽宁)人，占籍蒲州。少聪慧，善属文，年十五补诸生第一，发愤读书，浏览群籍，好读南华、楞严佛道典籍。王士禛赏其诗，目为仙才。康熙十八年举鸿博，报罢，游历半天下。有《莲洋集》20卷。

七、《水 浒 记》

袁启旭《中江纪年诗集》卷三，有《曹文占席上赠吴公子歌是夕剧演水浒》诗，诗云：

> 姑苏城头霜叶黄，菊花秋高一丈长。西园曹生夜置酒，明灯绮席开华堂。缤纷车马盈阶下，朱缨锦带光相射。名香尽是海南珍，上客岂在平原亚。就中公子最贤豪，一笑契合青天高。乍许倾心结缡纻，眼看飞舄上扶摇。广场乐作众宾坐，繁丝急管娇无那。忽然遗事谱宣和，水泊逋逃忠义大。尔时天子失乾纲，满朝狐鼠随妖怅。得使绿林借名号，接纳亡命干天常。椎埋屠狗多奇气，时平遂失英雄利。驭之无术致披猖，非关伏莽生奸计。只今海内无风尘，狼烟既息鲸波清。一人当宁勤宵旰，疮痍渐复乐苍

生。君今已是青云器,结交须结天下士。磊落颇有昔人风,温恭自得群贤意。更期折节下豪英,广询民瘼咨治平。他日一出宰寓县,毋使草莽徒纵横。尊前且尽葡萄绿,参横斗转晨鸡鸣。①

袁启旭(1648—1696?),字士旦,号中江,宣城人,侨居芜湖。仕途不得志,而浪迹远游,放情山水,结识贤豪,以国学生终,著有《中江纪年诗集》《艹下和鸣集》。这是袁启旭康熙二十四年(1685)秋日,在苏州西园观看《水浒记》时写的观剧诗。主人曹文占,借华堂绮席,邀集名流,一面置酒高会,陈设珍馐,一面演戏作乐,交接宾朋。诗对演出环境作了铺张的描写,又赞扬主人与客人都是古时平原君座上一流人物。其中特别对吴公子表达了赞誉和期待,这就是题中"赠吴公子"的含义。

　　袁诗着重记叙了这次宴席所演的《水浒记》,并就剧中内容发表了观感。《水浒记》,明许自昌作,现存汲古阁本和复印本。剧叙宋江、晁盖等智取生辰纲、宋江杀惜、题反诗,及众好汉浔阳劫法场,然后归水泊的过程。袁诗借剧作(实际上也涉及原小说)所表现的情节,既肯定了水浒英雄的忠义,又表达了对满朝狐鼠的斥责,然后归之于"乱由上作、祸自贪生"。这种见解,凡是读《水浒》与看《水浒》剧,而不带偏见的人,都是认同的。诗之特别之处,在于袁启旭联系康熙平定三藩之乱后的现实,这时社会相对平静,民生相对复苏,他要借《水浒》剧阐明的道理,告诉吴公子,以及正在为官和将要为官的替补官员:"更期折节下豪英,广询民瘼咨治平。他日一出宰寓县,毋使草莽徒纵横。"这虽然有为"大清"维持统治的用意在,但也表现出这篇观剧诗在当时的现实意义。受历代统治者禁演的压制,许自昌的《水浒》删除了涉及阎婆惜与张文远的《渔色》《野合》《杀惜》《活捉》以外,全剧作全本演出机会很少。有这首观剧诗,可以让我们看到该剧有更多场次、更多内容的演出,也可以看到有人以此剧的社会现实、政治理念作诗,表达观感,表达愿望。这在《水浒记》的演出史上是一次难得一见的实例。

---

① 《清代诗文集汇编》172 册,页 372—373。

八、《义 侠 记》

任绳隗《直木斋全集》卷八,有《渔歌子》"舟泊张舍观演《义侠记》",词如下:

> 晚风凉,初月白,青词度曲红牙拍。倩挑帘,落画戟,演尽桑间本色。　　俏女郎,盈巷陌,低头不语乔羞涩。夜阑珊,歌已寂,堕履遗簪堪拾。

任绳隗(1621—1679),字青际,号植斋,宜兴人,顺治十四年举人,十八年因奏销案褫革,人评其词与陈维崧合称"阳羡双绝"。

词题中"张舍"即张舍镇,在无锡县西。于此可知,任绳隗所见《义侠记》的演出场所,是一次乡镇市集演出。词集不编年,不能确定演出时限,从其生活年代和生活经历推测,观赏这样的剧目并写下词作,应在成年后至褫革前,这就可能在顺治间。

沈璟的《义侠记》,从《万壑清音》开始选录《武松打虎》,《怡春锦》选录《巧媾》,《玄雪谱》选录《调叔》《说风情》,《醉怡情》选录《卖饼》《诱叔》《挑帘》《捉奸》,到钱德苍《缀白裘》选录《戏叔》《别兄》《挑帘》《裁衣》《捉奸》《服毒》《打虎》,舞台演出就大致离不开这些折子。任绳隗的词,突出了《挑帘》《裁衣》一路表现潘金莲的风情戏,以为写尽了男女桑间濮上的情色之欲,以至使盈街满巷的俊俏女郎都娇羞无语,到了剧歇人散,台下竟留下了许多妇女的鞋履和发簪。堕履遗簪既表示观剧妇女人数之多,情绪之热烈,又表示妇女对剧中人物行为的怀想。唐罗隐诗有"遗簪坠履应留念"之句,诗人用这一古"典",真实地描述出观剧妇女的行为和心理。

九、《玉 簪 记》

梁清标《蕉林诗集》七言绝句二,有《刘园观陈伶演秋江剧次雪堂》

十首,诗云:

一、秦青一曲和人难,写出秋江木叶寒。摇落浑疑江上立,
不知酒醒是长安。

二、千古风流未易寻,魂销罗袖泪痕侵。秋来宋玉愁何极,
历乱灯前此夜心。

三、霓裳绰约淡无尘,一笑全倾席上人。惆怅曲终云影散,
徘徊欲赋洛川神。

四、芙蓉秋影乱平波,折柳江头哀怨多。未免有情还我辈,
停杯搔首恨无那。

五、听罢新声送夕晖,行云暂驻尚依稀。分司御史疏狂甚,
谁复开笼放雪衣。

六、胜地良朋会此辰,十年回首叹风尘。白云红叶今何夕,
歌舞偏生四座春。

七、雏莺百啭拟轻喉,似笑如颦怪底愁。他日重寻肠断处,
沉沉烛影水边楼。

八、词场玉茗古今师,继起阳春更在斯。吏部文章司马泪,
秋塘萧瑟柳丝丝。

九、素袂幽香态最宜,萧森况复遇秋期。闻歌一夕头堪白,
千载伤心子野知。

十、闲心萧飒断诸缘,忽漫当歌体欲仙。秋水盈盈人宛在,
西风零乱芰荷天。①

高濂的《玉簪记》自晚明戏曲选本开始,就多选其 23 出《追别》,演的是
潘必正被姑母(观主)所逼,上京应试,陈妙常追往江边送别的情景。
因其【小桃红】曲有"秋江一望泪潸潸"句,故《群音类选》作《秋江送
别》,《玉谷新簧》《摘锦奇音》等称《秋江哭别》,后简称《送别》或《秋

---

① 《清代诗文集汇编》77 册,页 224—225。

江》。梁清标这组绝句,是在京中刘庄与刘雪堂淇瞻观演此剧的记录。组诗除写到演出的地点、时令、环境以外,还涉及艺人的表演。如赞美艺人的歌唱如同古时秦青,声振寥廓,无人可以相和。"素袂幽香态最宜"、"歌舞偏生四座春",写出了他们的装束仪态、表演,是如何感人。诗中说:演出间,秋江上凋零的景致,自己好像站立江上,酒醒了才知道人在京城。其演出之逼真,情景之引人入胜,表现得非常形象。

尤其值得重视的是,诗人写道:"词场玉茗古今师,继起阳春更在斯。"这不仅高度地评价了汤显祖,也高度地肯定了《玉簪记》是继"玉茗四梦"之后的阳春白雪之作。这也是很有见地的。后世《玉簪记》历演不衰,都得益于它表达的超乎世俗的爱情及阳春白雪的辞与曲。

梁清标(1621—1691),字玉立、棠村,号蕉林、苍岩,真定(今河北正定)人,崇祯十六年进士,选庶吉士。入清后以原官起用,寻授编修,历官礼部、吏部侍郎,迁兵、礼、刑、吏、户五部尚书,康熙二十七年降级。

徐倬《道贵堂遗稿词集》有《江城子·观剧》词八首,其七谓:

> 梳裹居然林下风。黛余峰,步犹弓。只为吹箫微褪旧脂红。如水罗衫倭堕髻,烧香去,露华浓。　　夫人头脑自冬烘。入花丛,怨游蜂。那识有人憔悴月明中。剩得开元内苑曲,留唱与,白头翁。①

徐倬《江城子·观剧》词八首,是对所见多种剧目演出的描写,尤其注目于女艺人的表演。许多诗句用在《玉簪记》的演出中也多适用。唯有第七首可以确信是作者观演《玉簪记》《西厢记》的记录,是对此剧演出的描写。上半阕说,陈(娇莲)妙常以道装打扮,褪去红妆脂粉,故有林下风韵。眉黛青青,行步如弓,罗衫如水,倭髻似堕,脚踏露华,每日烧香,是一位怀春的道姑。她的春心只借弄玉吹箫典故点出。下半阕叙及张生落第后寄居普救寺,与崔莺莺一见生情,却遇老夫人百般阻扰。"夫人头脑自冬烘"即指崔母。《玉簪记·寄弄》(俗谓《琴挑》),有

① 《清代诗文集汇编》86 册,页 545。

妙常所唱"粉墙花影自重重,帘卷残荷水殿风,抱琴弹向月明中",即"那识有人憔悴月明中"的注脚。

徐倬(1623—1712),字方虎,号蘋村,浙江德清人,康熙十二年进士,选庶吉士,授编修,年老以翰林院侍读告归。康熙四十四年南巡,在杭招试,得第一,帝嘉之。年89,获"寿祺雅正"匾额。工史学,擅诗文,有《道贵堂类稿》《修吉堂文稿》等。

李式玉《巴余集》有《拜星月慢》词一首,词题作《即席赠汴中周伶文洽是日演玉簪》。词谓:

> 皂帕蒙头,红裙拖地,扮得十分娇媚。非北非南莺声细。动人处,便似破瓜十五,那得这般标致。把酒殷勤,未饮心如醉。
>
> 更当筵演出陈姑事,卓儿上手托香腮睡。懊恨何物潘郎,先把香偷矣。我如今待学逢场戏。共携手半晌罗帏里,恰强似十载寒窗下,登科及第。

李式玉(1622—1683),字东琪,东玑,号鱼川,钱塘(今杭州)人,诸生,与毛先舒、沈谦友善。善诗歌,精音律,有《南肃堂申酉集》《春城乐府》《三都乐府》《鱼川集》《巴余集》等,人称博洽。

这首词,是李式玉为河南伶人周文恰演出《玉簪记》当场填的一首慢词。写出了演出时艺人的衣着打扮和风姿,"皂帕蒙头,红裙拖地,扮得十分娇媚",形象而具体。诗人为剧中陈姑的美丽动人和演唱音声的动听而心醉。词特别渲染剧中《词媾》一场(台本俗称《偷诗》),即陈姑思念潘郎,神情恍惚,身体困倦,在白云楼下小睡时,潘必正潜入室中,偷其诗稿,终于输情输意,暗结鸾凤。这一出激起诗人共鸣,以至要学样"逢场作戏"一番。这番情景,比书生熬过十载寒窗、登科及第还要令人兴奋。这种表述,除了显示诗人对科第的厌烦之外,也显示诗人此时已投入剧情而中心摇摇了。如此表露观演这类爱情戏的心迹的诗词也不多见,这或者是一个特例。

我们现在看到的《玉簪记》演出都是昆曲,但词中说到汴中周伶演唱,系"非北非南"。我们难以推测"非北非南"属何种声腔,但可以肯定,不是单纯的昆曲。《玉簪记》历来有多声腔的演唱,有滚调《玉簪记》选本,也有官腔《玉簪记》选本,就有昆腔、弋阳之别了。李式玉的"非北非南"唱法,再次证明了其演唱的多样性。

十、《尽 忠 记》

沈德潜《归愚诗钞余集》卷十,有《观尽忠传奇座上作》一首,诗云:

> 小朝廷议犬狺狺,大将长驱捷比神。拓地十年诬作叛,格天一德耸称臣(原注:秦桧建一德格天之阁)。莫须有定风波狱,归去来全明哲身。从此国仇无可报,万年遗臭款金人。

现存剧目文献中没有《尽忠记》,也不知内容。传奇有《精忠记》,《曲品》著录,今有汲古阁《六十种曲》本,《古本戏曲丛刊》影印原刻本。无名氏撰。叙岳飞抗金,受秦桧陷害故事。沈德潜诗题所作《尽忠记》,所叙剧情与《精忠记》相同,故疑沈诗记载有误。但诗中所咏,有"格天一德耸称臣"句,不知是沈氏所见演出有此一段情节,还是沈氏熟悉《宋史》,而把《宋史·秦桧传》所载,南宋绍兴十五年,高宗御笔书写"一德格天"匾额赐秦桧,秦桧于是立家庙,建"一德格天"阁。后来秦桧欲杀赵鼎、李光、胡铨,就把他们三人名字写在"一德格天"阁,以示必杀之意? 如果是前者,因为现存《精忠记》无此情节,可以怀疑,沈德潜所见演出,应是一本与今存《精忠记》不完全相同的岳飞、秦桧故事的剧目,其名即为《尽忠记》,内含秦桧"格天一德"相关故事。沈德潜的记载不误,那就说明确实另有一本《尽忠记》。如果是后者,所谓的《尽忠》传奇就是《精忠记》的误传,沈德潜是有意把高宗赐秦桧匾额的宠信,加到对历史的反讽中,以彰显高宗在杀害岳飞等人的过程中的历史责任。这表现了沈德潜观看《精忠记》演出的一种超出俗见的历史见解。

沈德潜(1673—1769),字确士,号归愚,长洲(今苏州)人,乾隆四年进士,选庶吉士,授编修,历官侍讲学士、内阁学士、礼部侍郎加礼部尚书衔,卒赠太子太师。著《说诗晬语》《归愚诗文抄》,选《古时源》《唐诗别裁集》《国朝诗别裁集》,于诗主"格调说",以此独步诗坛。

十一、《双 忠 庙》

周纶《不碍云山楼稿》卷五,有《求程飞九刘颖士过观剧即席口占赠阙》:

> 戴笠乘车竟若何,相看志业总蹉跎。名山老去文章在,宦辙穷来感慨多。曲栏花香闲对酒,疏帘月色夜征歌。狂生半带忧时泪,洒向当筵不啻过。(原注:时演廉儿双忠庙传奇。)

周纶,顺治、康熙间人,字鹰垂,号柯斋,华亭(今属上海)人,康熙十八年岁贡,廷试第五,授国子监学政。据王鸿绪康熙辛酉(二十年,1681)所作《不碍云山楼稿》序,谓其"今子归矣,放浪峰泖间",可知周纶此时已归华亭。纶子周稚廉(1657—1692),字冰持,号可笑人,可笑道人,贡生。性聪颖,10岁填词就能合调,著有《容居堂诗钞》《词钞》《文钞》。剧作多不存,今有《珊瑚玦》《元宝媒》《双忠庙》三种,合称《容居堂三种曲》。

《双忠庙》叙明朝御史舒模、舒真父子,谏官廉国宝奏刘谨、焦芳陷害,舒家父子死于非命,真妻自缢。国宝发配,妻亦亡。家仆王保改易女妆,携真子珍哥,至真定府祭祀公孙杵臼和程婴二神的双忠庙,诉冤求助,神赐义仆乳汁以育珍哥,并助王保刺杀焦芳。廉家乳母石氏抱廉女外逃,匿居十三年,遇朝廷选秀被人所卖,石氏触阶而死,司礼监骆善奉旨选秀,见秀女皆哀伤惨呼,都纵使归家。廉女无依,遇骆善,骆携往双忠庙,庙神再次显灵,使骆生髯满面。廉女改易男妆,二人权充父子。后真相大白,珍哥、廉女结为夫妇。得皇后之助,旧仇得报,舒、廉先人俱得荣封。

周稚廉在第一出"大概"中说："自小填词多绮语,刻羽流商,颇受伶工许。累牍连篇情作主,墨花浮处香生楮。郑卫虽然诗所取,忒煞淫哇,世道终无补。搦管更填忠义谱,一缕一字无难估。"说明以往少作,多男女情爱文字,现存作于康熙二十年前的《珊瑚玦》也有类似痕迹。现在作者改弦更张,决心删除郑卫,谱写忠义,则《双忠庙》之作,是其剧作思想的一大转折,约当在中青年时期,可能在康熙二十至三十年之间。

这时周纶已辞官归里,放浪峰泖间。以才学著称的周纶,只做了几年闲官,同样富有才学的儿子也还在填词观剧,无功名可言。现在趁《双忠庙》告成的机会,周纶约请了两位朋友到家观剧,写下了这首观剧诗。

诗的前半,写的是归乡后的生活状况。一面感叹宦辙困穷,志业蹉跎,一面对名山事业,念念不忘。后半叙述友人观剧,简叙曲栏对酒,疏帘征歌的情景,点出稚廉的《双忠庙》在文字之间,原有"忧时"之泪。其泪之多,已足以洒向酒筵之上。这样形容《双忠庙》忧时之深,不排除有过甚其词的成分,但知子莫若父,周稚廉这部传奇的深意,却也由他的诗透露了出来。这是我们在理解阐释《双忠庙》的思想内涵时需要进一步考虑的。

十二、《党 人 碑》

彭士望《耻躬堂诗钞》卷一三,有《研邻演党人碑观场感兴成二十五韵》,诗云:

> 读史年来增涕泪,流览稗官复憔悴。衰迟总怕说兴亡,便作戏看心亦碎。何人蹙宋使南迁,记得蔡京先弄权。最拙生人仇死骨,党人碑立垂千年。汝辈雪消应扫迹,千年正赖留碑石。天公假手弄贪愚,不及安民能远识。只今吴越多传奇,寄托随人心所

思。每从天际凿空出，信手拈成绝妙辞。名园雅集秋声起，主客
不喧频侧耳。笙管清和竹肉匀，恬淡人心静如水。镜古何曾别爱
憎，五岳胸中自不平。或起鸣剑或击筑，欲其人死其人生。斯民
三代非虚指，内外贤奸分泰否。周程乃作戏场看，曲终人散皆如
此。地老天荒说向谁？梨园天宝昔年时。曲江野老无多在，杜甫
飘零鬓雪丝。

《党人碑》系常熟丘园所作传奇。剧叙宋徽宗时，刘逵劾蔡京立元祐党
人碑，陷害司马光、苏轼等人士，以影射明天启时，魏忠贤及其党羽编
造《同志录》和《东林点将录》，以陷害东林党人士。这种创作意图不仅
表现在前立"元祐碑"，后立"东林党人碑"的主要情节中，还表现在剧
中宫廷设置事务许多是明制，足以引起明代观众的联想。可以说，丘
园此剧不是历史剧，而是当代剧。作者所在的常熟，万历间有与东林
近似的"虞山书院"。弹劾魏忠贤二十四大罪而死于诏狱的杨涟，曾担
任过常熟知县，他与东林顾宪成、高攀龙来往密切，这些都对剧作家撰
写《党人碑》有深刻的影响。

　　诗人经历过天启、崇祯间的激烈党争，又感受到明清易代，天崩地
陷的痛苦，现在看了邻居家演出这本现实感如此强烈的戏剧，对他有
很大的触动，也引起强烈的共鸣。诗一开始"读史年来增涕泪，流览稗
官复憔悴。衰迟总怕说兴亡，便作戏看心亦碎"，可以看到一个已经衰
老的诗人深沉的兴亡之感。彭士望活到70余岁，卒于康熙二十二年，
"衰迟"云云，可以推测此诗或作于康熙十年至二十年间。

　　彭士望的诗，对剧中谢廷玉与刘丽娟的婚姻，廷玉与侠客傅桂枝
的生死之交，田虎聘刘铁嘴为军师攻城掠地，这些剧情都无涉及，它们
都为虚构，故诗以为稗官之说。剧中记石工安民是非分明，不肯为蔡
京党人碑镌刻上石，诗中称赞他有远见卓识，这是对逆境中一个平民
的尊重。诗人更加感叹，因为时过境迁，许多人对不久前的历史变动
已经淡忘，于是名园雅集，笙管清和，心静如水，爱憎不辨。杜甫当
年描写的曲江野老吞声哭的场面已不可见，只有碑石垂立直至天荒

地老,还在向人们叙述着历史。这里,诗人已把有形与无形的碑石作了类比,肯定剧作所铸成的有形和无形的碑石,仍具有历史垂戒的价值。

十三、《祭皋陶》

宋琬的《祭皋陶》,写的是后汉李膺、范滂受宦官诬陷,范滂祭祀古代理刑之官皋陶,终得洗雪事。康熙十年,宋琬剧成,多次约请龚鼎孳、王士禛、汪懋麟、梁清标等友人看戏,这些名流也为他写下了咏剧和演出的即兴诗篇,激发了剧作的内涵。

汪懋麟《百尺梧桐阁集》卷十,有《玉叔观察招陪梁大司农龚大宗伯西樵阮亭诸先生集寓园泛舟观剧达曙作歌》诗,其中道:

> 梨园法部奏新曲,龟年贺老同招邀。酒阑感激党人事,永康阉寺真鸱鸮。元礼孟博意气尽,楷模之誉空名标。衰世诛杀总善类,法吏那得逢皋陶。宋侯当日苦鼇蛰,悲歌谑浪皆无聊。今复秉节按蛮部,束马秦栈车连镳。欢乐几时怅离别,磊块直用千杯浇。

这首歌行写在宋琬两次入狱冤情洗雪后,于康熙十一年重赴京师,接受四川按察使的任命时。他第二次入狱,拘系两年,冤情昭雪,旋后借汉代故事作《祭皋陶》以抒其不平与忿恨。汪懋麟的诗,概括出“衰世诛杀总善类,法吏那得逢皋陶”这一带有普遍性的社会黑暗,是对此剧社会价值的提升。

同时观看此剧演出的梁清标,此时已升任户部尚书,故汪楫称之为大司农。他于观戏后作有《宋荔裳观察暮春召饮寓园观祭皋陶新剧次韵》七言绝句四首,其一谓:

> 对酒当歌水竹丛,人间何事谤书同。不须重读三君传,今古伤心一曲同。

其三谓：

> 丝管声中逐冶游，已知世事曲如钩。笑啼千载凭优孟，花自
> 垂垂水自流。①

诗除了写到演出环境、优人表演外，又借题发挥，抒发了世事曲折如钩，士人多遭诽谤的感叹。他特别关注剧中所写后汉"党锢传"的人物，李膺、范滂，原与窦武、陈蕃、刘淑，即后汉"三君"，同气相求，同声相应，在汉末颓败的风气中，他们都遭受讪谤和陷害，但他们都重气节，严正气，关心国家命运，即便事败身死，也决不改志节，故人称"三君"而为"一世所宗"。《后汉书·陈蕃传》所谓"功虽不终，然其信义足以携持民心。汉世乱而不亡百余年间，数公之力也"。梁清标的观剧诗，从《祭皋陶》的剧情，联系宋琬的遭遇，用汉末"三君"故事来类比这本杂剧，这无疑是在明末颓败风气中对志节之士的呼唤，极大地提升了《祭皋陶》的社会批判意义。

汪懋麟(1640—1688)，字季用、蛟门，晚号觉堂，休宁人，长居江都，与同里汪楫齐名，人称"二汪"。康熙六年进士，授内阁中书，后以刑部主事充编修，与修《明史》。著作有《百尺梧桐阁集》《锦瑟词》等。

十四、《燕 子 笺》

冒襄《同人集》卷九，有为佘仪尊《往昔行》所作的《后记》一文，其中说到他与阮大铖曾有三次结怨，三次抗争。第一次在崇祯丙子(九年，1636)，冒襄在金陵桃叶寓所，会合受魏忠贤迫害的左光斗、魏大中、周顺昌的遗孤，公然对抗逆焰正炽的阮大铖。第二次在崇祯己卯(十二年，1639)，与陈定生、侯方域、吴次尾，共倡逐怀宁(大铖)公揭(即公告、檄文)，他们汇集百来人，对之鸣鼓而攻，使大铖无地自容。

---

① 《椒林诗集》七言绝三。

以至后来阮大铖恼羞成怒,欲把冒襄、侯朝宗等人一网打尽。第三次在崇祯壬午(十五年,1642),这年乡试,魏大中一子与李雯都高中得意,此时《燕子笺》初出,阮家班演出尽妍极态,很有声誉,多人聚集戏金,准备中秋演出,不意临时阮氏家伶辞以家宴不来,于是诸家令仆人上门鼓噪,大铖才命伶人持帖来演出。看戏时大家都觉演剧妙绝,"每折极赞歌者,交口痛骂作者",甚至"丑诋至极,达旦不休",伶人回告大铖,再结宿怨。至南明弘光时,阮大铖为南京大司马,于是极力报复,软硬兼施,冒襄、方域、定生、次尾,或逃出,或被捕,直至阮怀宁坠马而死,才结此公案。

从冒襄这篇《后记》中知道,崇祯十五年中秋之夜,在南都河房曾由阮氏家班,为东林、复社子弟作《燕子笺》演出。因为晚明清议与阉党之争的历史矛盾,冒襄等人,一边赞美演艺,一边痛骂作者,场景有浓厚的政治色彩。在《燕子笺》的演出史上,留下了当时遗民对《燕子笺》演唱的复杂心理。

冒襄回如皋以后,在水绘园继续演出《燕子笺》。这里再举二诗为证。

《同人集》卷六,瞿有仲《观剧杂成断句呈巢翁先生兼似谷梁、青岩两年道兄一粲》,其前三首云:

> 漫教小竖饰云鬟,日夕开樽花月间。最似风流谢安石,酒棋丝竹卧东山。
>
> 玳瑁筵前无限春,楚歌吴语各争新。销魂忽唱江南曲,不管江南有个人。
>
> 自别乌衣王谢堂,传笺燕子事微茫。玉京消息曾无意,只解飞来入建康。(原注:是夜歌燕子笺。)

陈瑚《和有仲观剧断句十首》,其三、四两首云:

> 曲曲明珠转玉盘,声声吹向碧云寒。无端愁杀江南客,袍笏

威仪见汉官。

　　燕子传笺未子虚，多情红叶御沟如。何当化作南飞燕，好寄苏卿塞外诗。(原注：歌燕子笺。)

瞿有仲、陈瑚，都是水绘园的座上客，诗约作于顺治十五年间。他们的唱和，反映了水绘园的文士虽一面痛骂阮大铖，一面仍然不废演出《燕子笺》的情况。瞿诗称冒襄以家班小子扮演女性，无论白日夜晚都看花赏月，开樽演唱，其生活状态有如晋时谢安，一面携伎品享丝竹之乐，一面伺机东山再起。当年人称："安石不出，其于苍生何！"诗以冒襄比谢安，反映了作者对过着隐居生活的冒襄的认识，这可供我们参考。

　　陈瑚的诗，政治色彩也很强。前一首诗说，他们这些观众，这些遗民，听着珠玉一般的曲子，其意都不在曲子的动听，而是它扮演中的穿着，留下了汉官威仪。联系清初对汉人强制剃发改装的命令，陈瑚如此怀念汉官威仪，已属大不敬。第二首说，燕子传笺虽出虚构，但也不是毫无根据，就像红叶从御沟流出，借此姻缘，于佑娶得韩翠蘋一样。诗人于此突发奇想，希望剧中的燕子化作南飞之燕，遥寄被囚在塞北的苏武忠贞爱国的塞外诗。诗人以苏武自比，似乎有不少心声需要传达于人。这样的诗，无疑别有寄托了。

　　李元鼎、朱中楣夫妇《石园全集》卷一七，有《丁酉初春家宗伯太虚偕夫人携小女伎过我演燕子笺牡丹亭诸剧因各赠一绝得八首》云：

　　平阳歌舞旧驰名，占尽风情最此生。欲揖不烦羞掩口，冠裳久已愧卿卿。(生)

　　新妆十五正盈盈，唱彻凉州举坐惊。若使甄妃今日见，应须还让小倾城。(旦)

　　斜拢犀梳淡点唇，向人含笑整纶巾。回风一曲花如霰，疑似何郎敷粉匀。(小生)

　　飞飞燕子曲江滨，为妒云娘独擅春。画到有情浑入画，这回

忘却女儿身。(小旦)

御居副末职为先,窈窕师生意更妍。巧咏关雎真比兴,牡丹亭畔月娟娟。(末)

强转莺簧放调歌,桂枝香杳动云和。娇容暗逐韶光老,儿女逢场取次多。(外)

遏云才度又凌霄,纵效雄装发尚鬏。跳跃一身轻似叶,楚王原自爱纤腰。(净)

不顾周郎羡小伶,发科全赖假惺惺。乔装最喜般般似,点缀词场乐满庭。(丑)

诗题中的丁酉系顺治十四年(1657)。宗伯太虚,即李明睿。明睿,字太虚,南昌人。天启进士,选庶吉士。李闯攻北京,建策南迁,不果行。入清后,汉官荐其贤,用为礼部侍郎,署尚书事。未几以病乞休,卒年87。作者李元鼎(1595—1670后),江西吉水人,天启进士,官光禄寺少卿。曾降李自成,又降清,官至兵部右侍郎。未三年免职,八年复官,十年因贿赂案论绞,诏免死,南归至终。妻朱中楣,明宗室,南昌人,崇祯十二年归元鼎,康熙十一年卒。

这八首诗,写的是顺治十四年(丁酉,1657),李明睿夫妇带着家班小伶到李元鼎家搬演《牡丹亭》和《燕子笺》等剧目的情况。这时李太虚已赋闲,李元鼎已南归,系两个退职官员的家庭演出。

八首诗分别歌咏生、旦、净、末、丑,以及从生旦衍生出来的小生、小旦八个角色,对每个角色的特点、演技,各赋一首,可知是咏行当和相关艺人的诗,而非单纯的观剧诗。但歌咏行当和艺人又是与观演《牡丹亭》《燕子笺》诸剧联系在一起的,故仍属观剧诗的一种形态。既然是歌咏行当,它就不限于具体剧目,如说"生"占尽风清,说"旦"体态盈盈,舞台上的生、旦大多如此。《牡丹亭》《燕子笺》中的柳梦梅、杜丽娘、霍都梁、郦飞云,无论在剧本里还是舞台上,都是典型代表了。所以这里的八首诗,差不多可说是对当时八个舞台行当形象和表演的生动描述。

　　八首诗具体涉及《燕子笺》的,只有歌咏小旦华行云的第四首。《燕子笺》的《写像》《写笺》《拾笺》,演霍都梁为小旦华行云画像,郦飞云得画并于画笺题诗,燕子衔笺,霍都梁曲江拾笺的情节,这在《燕子笺》中极为精彩生动,故诗人以它们为代表用以概括该剧演出的艺人如何感情投入,连女扮男装的女伶身份都忘记了。

　　同是这对夫妇,他们在次年(1658)迎春日的宴席上,又看了李大宗伯家的女伎演出的四出戏,为这四出戏各题了一首诗。题作《迎春日宴席宗伯年嫂命女伎演杂剧四首》,其一题《京兆画眉》,第二首题《桃花人面》,第三首题《江干解佩》,第四首题《燕子衔笺》。前三首的述说见后文,其题《燕子衔笺》诗谓:

　　　　清闺幽梦寄新声,谁料乌衣解误人。衔向曲江成底事,漫教
　　两地叹芳辰。

　　这是专咏《燕子笺》的诗句。写的是《写像》中郦飞云为华行云肖像题《醉桃源》词,表达香闺春梦,乌衣使者衔了这画飞往曲江,被霍都梁拾得,一段姻缘却因战乱和小人拨乱而延误,使得飞云、行云都与霍生两地相思。诗勾勒了霍都梁与华行云、郦飞云的爱情线索,又对他们因鲜于佶拨乱其间,致使情人两地相思予以同情,表达了他们的观感。

　　沈德潜《归愚诗钞余集》卷三,有《观燕子笺剧席上戏题》诗四首,诗云:

　　　　新辞进自阮怀宁,一德君臣醉不醒。声色但教娱耳目,何须
　　顾惜小朝廷。

　　　　兵戈丛里写温柔,合付官中鞠部头。燕子笺同后庭曲,两朝
　　天子总无愁。

　　　　尚书自昔曾由窦,况是奸雄欲遁时。狗国狗门闻晏子,状元
　　聊复试为之。

　　　　红氍毹上响歌筵,儿女情长众所怜。半壁河山等闲送,只今

留得看场圆。①

沈德潜(1673—1769)的四首绝句,丝毫不涉燕子衔笺,郦飞云、霍都梁情爱故事,而是直接议论明末国家倾覆,奸人弄权的主要矛盾,一是从阮大铖以剧进奉弘光演出此剧,直斥南明小朝廷,醉生梦死,不顾国事危急,仍然追求声色犬马,结果断送大明江山。二是就《燕子笺》所叙剧情,鞭笞鲜于佶冒名顶替,骗取状元,事情暴露,钻穴狗洞,狼狈而逃,令人想起晏子使楚故事。但晏子争得了尊严,而古今依靠钻营谋取高位的骗子只是奸雄而已。作为传统文人的沈德潜,虽在雍正乾隆间,观演虚构唐代爱情故事的《燕子笺》,却仍然念念不忘晚明历史,极力抨击弘光及其佞臣,可见这是一段无法抹去的记忆。

沈德潜诗后,乔亿有和诗五首,题作《教忠堂观燕子笺剧五首》,其诗云:

燕子矶头燕语愁,朱明终始恨悠悠。金川飞入萧墙变,又见笺成弃国秋。

新歌翻出旧歌停,细写吴绫进殿廷。自是天生奈何帝,却教人说阮怀宁。

又到南风不竞时,燕巢幕上未全知。状头判有奸贤迹,一曲诙谐为阿谁?

聚宝门西夜遁年,烽烟冲破艳阳天。沙虫猿鹤俱黄土,传遍人间燕子笺。

金陵遗事与谁评?山自逶迤水自清。今日东田尚书宅,郊居赋罢按歌声。②

乔亿(1702—1788),字慕韩,号实蕳老人,宝应(今属江苏)人,国子监生。因科举不利,弃而肆力于诗,与沈德潜相交密切,有《小独秀斋

---

① 《清代诗文集汇编》234 册,页 260。
② 《清代诗文集汇编》299 册,页 486。

诗》。著《杜诗义法》《艺林杂录》《元祐党籍传略》。

乔亿此诗,系步韵沈德潜观演《燕子笺》之作。沈诗借观演《燕子笺》,重新回顾南明旧事,抨击弘光及其奸佞之臣,乔亿诗主旨与之相似。乔诗于第三首有注云:"因观此剧,见阮元(江按:'元'应作'圆')海之肺肝。当日留都,无论已在庄烈朝,周宜兴之误国,钱嘉善之依违,温相、文文肃之去位,刘文烈之殉节。陈于泰本宜兴(指周延儒)私人,国论已定,何嘲之有? 直为己不得状头耳,抑废齿时乞宜兴援引不得,虽许其为荐,贵阳终有不能释然者欤?"这些言论,包含着作者对南明人物的评价,涉及阮大铖作《燕子笺》的许多内幕和隐情,不是深知其事者不能道,可以留作研究者参考。

阮大铖虽有《燕子笺》《春灯谜》等剧演于歌台,但因其依附阉党,陷害士林,南明朝攀附马士英,官历兵部尚书,彼此相互勾结,杀害异己、索贿敛财,倒行逆施,其人品为人所不齿,所以观演者有的鄙视他,说"除却春灯和燕子,无人肯道阮尚书"①,有的表现出不屑与不满,说"惯看亡国英雄泪,恼杀春灯燕子笺"②,这基本上是明清易代时诗人观演《春灯》《燕子》的情感指向。

十五、《西 楼 记》

《西楼记》,袁于令撰。剧演于叔夜、穆素徽爱情纠葛事,剧一问世,即受到广泛的欢迎,演出不断。吴之纪《春日袁荆州令昭过访百花洲口占二绝》说:"一曲才成传乐府,十千随到付缠头。"从诗中可以想见当年迅速流传及得到褒奖的状况。宋荦《筠廊偶笔》载:

> 袁箨庵以《西楼记》得盛名,与人谈及,辄有喜色。一日出饮归,月下肩舆过一大姓门,其家方燕宾,演《霸王夜宴》,舆人曰:如此良夜,何不唱'绣户传娇语',乃演《千金记》耶? 箨庵狂喜,

---

① 王苹《二十四泉草堂集》卷五。
② 杨士凝《芙航诗襭》卷二五。

几堕舆。

这一记载表明,引车卖浆之流的抬轿人,也熟悉《西楼记》"绣户传娇语"这样的唱词,其普遍流传于下层民众口头已非常深入,只是由于他们是下层无文化的观剧者,没有写诗来表达他们的观感而已。

《西楼记》引人关注的一次演出是顺治二年(1645)冬,在袁于令北京府邸聚集了当时一批贰臣和文化名人的演出活动。

剧作者袁于令,原名晋,字令昭、韫玉,号凫公、箨庵,明贡生。传顺治二年春,清兵南下,于令在苏州奉表降清,时以水部京官,议叙守荆州,因而在京招人演出《西楼记》。

演出后留诗叙述演剧情形及观感的,有龚鼎孳、曹溶两人。龚鼎孳,字孝升,号芝麓,合肥人,崇祯七年进士,官兵科给事中,李自成入京,纳降后成直指使。入清后官礼科给事中、太常寺少卿、左都御史、刑部尚书等职。

曹溶,字秋岳,嘉兴人,崇祯十年进士,官御史,降清补原官,再调太仆寺少卿、户部侍郎等职。

其他观演者包括:

陈名夏,字百史,溧阳(今属江苏)人,崇祯十六年进士,翰林院修撰。降过李自成,入"从贼案",降清后复原职,擢吏部侍郎,顺治八年被劾,十一年被处死。

金之俊,字岂凡,吴江人,万历四十七年进士,官兵部右侍郎,降清献"十从十不从"策,复原官,调吏部侍郎,时称"三朝元老大臣"。

胡统虞,字孝绪,武陵(今湖南常德)人,崇祯进士,改庶吉士,曾被李自成所执,南逃出,入清后被聘,授国史院检讨,后拜国子监祭酒。

张学曾,字尔唯,山阴(今绍兴)人,明末画家,崇祯六年副贡,官中书,任苏州知府。

吴达,字章甫,号雪航,无锡人,崇祯三年举人,入清起工部主事,官至通政使。

李雯,字舒章,青浦(今属上海)人,入清授弘文院撰文、中书舍人。

一时诏诰书檄,多出其手。

他们在明末清初激烈复杂的社会动荡中无疑都是变节者,这次演出是这些贰臣的聚会。

在这样特殊时期和特殊背景下看《西楼记》的观演诗,我们看到龚鼎孳《定山堂诗集》卷一七,有《袁兕公水部招饮演所著西楼传奇同秋岳赋》七律二首。诗谓:

> 凤管鹍弦奏合围,酒场新约醉无归。可怜蓟北红牙拍,犹唱江南金缕衣。词客幸随明月在,清歌应遏彩云飞。上林早得琴心赏,粉黛知音世总稀。
>
> 寒城客思绕更筹,梦里横塘阻十洲。一部管箫新解语,六朝人物旧多愁。乌栖往事谈何绮,莺啭当筵滑欲流。落魄信陵心自苦,征歌莫讶锦缠头。①

曹溶《静惕堂集》有《令昭水部招同百史岂凡两少宰、芝麓奉常、孝绪太史、雪航侍御、尔唯、舒章两中翰,演自度西楼曲,即席赋二首》。诗云:

> 油碧帘深步障围,客中嘉会缓思归。填词白纻喧檀板,贳酒红楼出舞衣。吴国迢遥云未散,才人仿佛凤初飞。若非江左知音在,安使当筵误曲稀。
>
> 胜日联床佐酒筹,依然丝管坐西州。宫园法部人人羡,纨扇新声夜夜愁。走马呼鹰余乐事,攀秬慕蔺总风流。长安此后留佳话,轻薄名居最上头。②

龚、曹两家诗主要在推崇袁于令剧作之精、演出之美,所谓清歌遏云、莺啭当筵就是对演唱的赞美之词。诗中多有醉酒贪欢、及时行乐的用

---

① 《清代诗文集汇编》50 册,页 481。
② 参见孟森《心史丛刊》,中华书局,2006 年,页 95。

意在,但龚诗所言"犹唱江南金缕衣"所含唐杜秋娘耸动李锜反唐事,"乌栖往事谈何锜"所含李白"姑苏台上乌栖时"所叹吴王宫中吴歌楚舞欢未毕,起看秋月坠江波的诗意,也可以看到吴越历史和六朝兴废的历史教训,而有及时建立功业的意图。这是清初一些背负历史污点而又未忘家国之痛的文士的心理独白。《西楼记》本是一部曲折的爱情戏剧,龚、曹等人在观剧诗中如此斤斤于历史,或许其意一半在掩饰污点,一半是表白心迹。

十六—十八、《远山戏》(《京兆眉》)、《人面桃花》、《洛水悲》

李元鼎、朱中楣夫妇《石园全集》卷一七,有《迎春日宴席宗伯年嫂命女伎演杂剧四首》,分别题作《京兆画眉》《桃花人面》《江干解佩》和《燕子衔笺》。他们为四剧各题诗一首。《燕子衔笺》前文已引,现从略。这四剧的演出,时间在顺治十五年(1658)迎春日,具体而言即立春日节日宴席。古时立春日,有迎春于东郊的仪式。演出地点在李明睿的府邸。四剧第一首题《京兆画眉》,诗谓:

> 汉廷吏治颇称循,太守风流实可论。毕竟闺中偕俊丽,故甘输作画眉人。

《京兆画眉》演的是汉京兆张敞为妻画眉的故事。历史上的张敞,敢于直谏,敢于用事,曾言:"忠孝之道,退家则尽心于亲,进宦则竭力于君。"他任职京兆,朝廷每有大议,多能引古论今,应对裕如,天子也多次听从采纳。然而他又旖旎多情,在家为妻子画眉,甚至公然说:闺房之内,夫妇之私,有过于画眉者。这样的人物和生活就成了剧家喜爱的题材。汪道昆有杂剧《远山戏》,范文若有传奇《倩画眉》,陈于鼎(南山逸史)有杂剧《京兆眉》,陈培脉有《画眉记》。范作《倩画眉》不存,陈培脉《画眉记》作于康熙晚期,故所演当是汪道昆的《远山戏》或陈于鼎的《京兆眉》。

李元鼎一面称赞张敞是汉代的循吏,一面称赞这种太守风流,这或者是李元鼎、朱中楣夫妇生活的一个缩影。

第二首题《桃花人面》,诗谓:

> 回雪婷婷缟带轻,桃花人面果倾城。经春一别空留句,辜负云英缱绻情。

无名氏有《崔护记》,孟称舜有《人面桃花》,阮大铖有《桃花笑》。乾隆后又有《桃花源》。《崔护记》《桃花笑》已佚,《桃花源》过晚,故李、朱所咏,当是孟称舜的《人面桃花》。其诗表达了李、朱夫妇对这种男女邂逅、一见钟情的肯定,对隔年相访,不遇蓁儿,题诗门上:"去年今日此门中,人面桃花相映红。人面只今何处在,桃花依旧笑春风。"表现出深深的怀念,后蓁儿为崔护伤心而逝,崔护抚尸而恸,此情此景,实辜负了少女一片缱绻之情表现出极度的惆怅。孟剧虽然重复了团圆的结局,但诗人从中看到了悲剧内涵。

第三首题《江干解佩》,诗谓:

> 新春重蹋杏花春,又见波光漾洛神。自古怜才应拟赋,至今遗恨隔仙尘。

所演系汪道昆《洛水悲》(又名《洛神记》)。剧据传说演三国甄后与曹植相思相恋,甄后死后,托名为洛水之神,曹植在洛水见水上神女,宛若甄后,感而赠以玉佩,神亦报以明珠,彼此声言,永矢不忘,于是曹植作《洛神赋》。演出中,既见神女"翩若惊鸿,婉若游龙"的惊人之美,又表达"余情悦其淑美兮,心振荡而不怡"的思念。李、朱的诗,记载演出的杏花开放时节,演出中波光荡漾的洛神形象,以及剧中才士作赋、留下与神女阻隔的遗恨,都很真实地反映了演出的氛围和观演的感想。

十九、苏张故事(《合纵记》)

唐梦赉《志壑堂后集》卷下有词,词牌作《霜叶飞》,题作"观剧演苏张故事"。词如下:

> 纵横前事,徘场上银戟牙旗如雪。誓海盟山都已败,堪笑苏张凭舌。半碎貂裘,如拳相印,恩怨何悲切。东秦西赵,漫劳此道陈说。　　咫尺瓦裂周原,载金加币,敢信诸侯结。翻手作云覆手雨,浩气感生黄发。鬼谷藏书,函关建业,原自传心别。戢戢钲鼓,无声默默闻鸩。

苏张故事,本之《史记》苏秦、张仪列传。戏文与元剧中有《苏秦衣锦还乡》《冻苏秦衣锦还乡》,明传奇有《金印记》。明末清初有杭州剧家高一苇,加强张仪戏份,把苏秦、张仪合并而成的《金印合纵记》,又名《黑貂裘》。唐梦赉词突出苏张故事,所演应高一苇的《合纵记》。剧演战国时,洛阳苏秦与张仪同事鬼谷子,遇秦国挂榜招贤,同往秦国。苏秦上万言书,被商鞅妒贤,罢黜苏秦而录张仪。苏秦穿破烂貂裘还乡,受尽奚落。张仪亦离去。苏秦寄居叔父处刻苦攻读。三年后二人赴魏,公孙衍黜张仪而荐苏秦于梁王,苏秦向梁王献联合六国破秦之策,梁王封之为纵约长。时秦国伐魏,苏秦暗助张仪去秦,秦王封张仪为横约长。后苏秦合纵成功,六国封之为都丞相,佩六国相印,衣锦还乡。

　　唐词对战国时以苏秦、张仪为代表的游说权变之士不存好感,对当时强秦与六国国君之间,时而合纵、时而连横的反复无常造成的国家灾难也予抨击。这种观感比单纯演绎世态炎凉、人情冷暖的苏秦故事,有更多的历史沧桑之感。唐词的另一亮点,是描写到演出中的舞台形象、舞台装扮,如"半碎貂裘,如拳相印"、"徘场上银戟牙旗如雪",在人物装饰和舞台设计上至今仍然给我们以想象空间。

二十、《虎口余生》

周京《无悔斋集》卷九,有《庆春楼观虎口余生剧本》诗六首,其诗谓:

> 承平日久事见嬉,值得当场对酒卮。走向庆春楼上看,一群腰鼓出王师。
>
> 将军一剑守云中,尽室甘随逆焰空。杀却当关周遇吉,遂教直入大明官。
>
> 幔亭钲鼓正喧哗,三殿官庭乱似麻。宝册一时收不得,玉河桥是内人斜。
>
> 世间好恶出金银,谁料多藏祸缙绅。民怨从来都不管,今朝同是可怜人。
>
> 内臣底事属官家,不信盈庭信狭邪。只有王承恩一个,不随班去唱排衙。
>
> 此身生长太平年,说到前朝倍黯然。何事不消亡国恨,重温歌板旧因缘。①

周京(1677—1749),字西穆,少穆,号穆门,钱塘人,廪广生。乾隆初举鸿博,京称疾不试而归。游秦、晋、齐、鲁等地,晚年在钱塘组吟社,以诗唱和,存《无悔斋诗集》15卷。

《虎口余生》,或作《铁冠图》,存抄本,署名遗民外史,姓氏里居履历均未详。剧演李自成起义,破北京,崇祯皇帝吊死煤山。清兵入关,李自成兵败覆灭,崇祯与殉节诸臣则升天界。第一首诗"一群腰鼓出王师",指清兵入关。第二首"将军一剑守云中"四句,咏总兵周遇吉守宁武关,寡不敌众,不屈而死,举家殉国。第三首写庆春楼演出,帏幔

---

① 《清代诗文集汇编》239册,页47。

遮蔽,锣鼓喧天,剧演李自成入城后,崇祯后妃、宫女自杀、被杀的悲惨情景,死人无数。第四首写国难当头,崇祯宣诏大臣勋贵出钱资助军饷,朝臣贵戚都一毛不拔,京城陷落后,终被牛金星酷刑追赃,直至家破人亡。第五首写剧中内臣或忠义或投降,特别表彰太监王承恩不畏强势,不随波逐流,自缢身亡。全诗写出了剧中的主要情节,表达了作者的褒贬爱憎。周京此诗作于乾隆四年,是他游历北京时观演《虎口余生》的观剧诗。周京生活于康熙后期至乾隆前期,社会已比较安定,经济已渐复苏,汉人已做了百年大清顺民,似乎处在太平盛世,诗人虽自己觉得生于太平,但从看戏中仍感慨人们对历史荒嬉淡忘已久,而以诗表达他的亡国之恨。自然,按照清人的舆论宣传,这是对李自成亡我大明之恨,大清则因"为明朝报了大仇",已成为合法的统治者了。但这位"遗民外史"仍然利用戏剧"歌板"演出,追念前朝,重温亡国之恨,这也是在承平日久对民众的警醒了。

二十一、《清 忠 谱》

《同人集》卷九,载佘仪尊《往昔行》长歌一首,叙康熙十六年(己未)重阳之夕,于水绘园得全堂演出李玉《清忠谱》情景,诗甚长,节其前半如下:

> 巢民司李文章伯,迩许我为同调客。纷纷轻薄少年场,往事茫茫心莫逆。说来泰昌及天启,愚蒙宵小干纲纪。忠直祸源何所胎,移宫易储红丸是。比当甲子乙丑间,孽阉吹焰焚丘山。杨左诸公在社稷,一疏再疏锄神奸。那知孽阉薰高天,嫁言三案戕名贤。一网杀尽东林人,国家元气晨星然。说言杨左遭蒙蔽,魏公忠节怀宁忌。周公忠烈受遗孤,心肝惨进英雄泪。缪李高黄与顾公,一时冤狱九家同。青天白日落霜雪,哀壑无光号黑风。忠节家儿随父死,死忠父兮死孝子。世间忠孝一门钟,子敬名同山岳峙。其时缇骑下吴苑,忠烈清忠风世远。五人市井莽男儿,疾邪

舍死美名建。从来邪正不两保，滔滔空惜头颅好。一旦乾纲揽烈皇，春风郁郁雪山倒。五虎五彪典型后，茕茕子一长安走。两上血书沥父冤，死狱孤儿谁其偶？

佘仪尊，字羽尊，常熟人，与冒襄为世交。这首观演诗，从万历晚年立常洛、常洵的易储案，导致光宗即位一月而致死的红丸案，光宗宠妃李选侍移出乾清宫案述起，连及东林党的杨涟、左光斗与阉党的斗争，说明晚明三案，是东林等清议人士惨遭杀害的苦难岁月，晚明三案是自戕国家元气的根源和祸胎。国祸连及天启间魏忠贤弄权，杨涟弹劾魏忠贤二十四大罪，左光斗、魏大中、缪昌期、周顺昌、黄尊素、高攀龙、李应升、顾大章等人，或前后上疏，都遭逮捕迫害。诗说"缪李高黄与顾公，一时冤狱九家同。青天白日落霜雪，哀壑无光号黑风"，这种种公案，就是《清忠谱》传奇的社会背景。为了反对魏忠贤对东林的迫害，苏州发生了抗议逮捕周顺昌的市民运动，如诗所说："忠节冢儿随父死，死忠父兮死孝子。世间忠孝一门钟，子敬名同山岳峙。其时缇骑下吴苑，忠烈清忠风世远。五人市井莽男儿，疾邪舍死美名建。"就是李玉剧中所叙：周顺昌抗议阉党迫害，与魏大中舟中相会，斥骂魏忠贤，并以女与大中孙联姻。阉党余孽毛一鹭诬劾顺昌，魏忠贤将之嵌入周起元案，并矫旨逮捕，激起苏州民愤。以颜佩韦等五人聚集民众，冲击都察院，打死校尉，周顺昌被解至京城，受严刑拷打，不屈而死。五义士为保苏州百姓，挺身而出，英勇就义。直到崇祯登极，魏阉戮尸，群奸论罪，忠义抚恤，周子茂兰刺血上书，诣阙诉冤，均得荣封。佘仪尊的诗，半叙历史，半叙剧情，把这次演出所引起的感情震撼表达得淋漓尽致。座客中那些东林后人及受马士英、阮大铖陷害的清议人士，更是感同身受。故冒襄在这篇《往昔行》所作的《后记》中称，这次观演，令人想起历次受害经历，都觉"悲壮淋漓"。座上受难遗孤回顾数十年的风雨，声泪俱下，使演出成了一次声讨魏党余孽的集会。这次演出所引起东林后人和在野文士的情感震动，在《清忠谱》的演出史上值得大书一笔。

二十二、《秣 陵 春》

（一）顺治九年吴伟业家班演唱《秣陵春》

顾师轼《吴梅村年谱》系《秣陵春》于顺治九年。剧初成,梅村尝于寒夜命小鬟歌唱,并自赋《金人捧露盘》词,词的题目即作"观演秣陵春"。其词谓:

> 记当年,曾供奉,旧霓裳。叹茂陵,遗事凄凉。酒旗戏鼓,买花簪帽一春狂。绿杨池馆,逢高会,身在他乡。　　喜新词,初填就,无限恨,断人肠。为知音仔细商量。偷声减字,画堂高烛弄丝簧。夜深风月,催檀板,顾曲周郎。

这里的"歌唱",实为演唱、演出。也就是说,《秣陵春》写成之后,在顺治九年冬月夜晚,作者已让年小伶人演出新剧,作者自观新剧,并赋观剧词,这无疑是该剧的首次预演。

词的前半,回忆当年谱写霓裳曲,感叹茂陵旧事,及自己疏狂神态。

吴伟业撰有三剧,传奇《秣陵春》成于顺治九年,杂剧《临春阁》《通天台》二种,撰写时间不详,三种完稿前后亦不能详考。涉及汉茂陵事者应指《通天台》,剧写南朝陈人沈炯,生于离乱,登汉武帝所建通天台,感叹国破家亡,梦中汉帝怜其伤痛,欲授官,沈不愿知遇两朝。汉帝乃唤宫人丽娟唱曲劝酒。梦醒,沈炯受当头棒喝,一生感喟都付之流水,所谓"遗事凄凉"即指此。于此可知,《通天台》应在《秣陵春》成稿前若干年。

词的后半阕,谓新剧完成,其中寄有无限遗恨,令人断肠。现在点起华烛在画堂演唱,也请知音君子,顾曲周郎,共同推敲文字音律,纠正得失。

知音君子、顾曲周郎,与之商量文字音律,这些都是对所请友人共同观剧的客套之词。作者真正表达的内核,还是在"无限恨,断人肠"的情感宣泄中。尤侗《梅村词序》云:"所谱通天台、临春阁、秣陵春诸曲,亦于兴亡盛衰之感,三致意焉。盖先生之遇为之也。"当时人对吴梅村身经亡国之痛,又不得已出仕新朝之内心纠结,多有共同的看法。

(二)康熙二十七年冒襄家班的演出

冒襄《同人集》卷十,载许承钦《戊辰仲春访巢民邀赴欢场是夕演秣陵春达旦始别生平仅见之乐也率成十绝志感》:诗云:

> 五十年中一故人,先过竹院话情亲。邀欢便入欢场里,金粉天花满绣茵。
>
> 娄江才子气常增,大手填词秣陵春。慧句幽情笼幻影,西宫宛在玉壶冰。
>
> 梦想歌喉一串珠,今宵何幸醉蟾蜍。当筵一阵清香绕,管领春风玉不如。
>
> 吴歈越弄串才多,揭调曼声孰敢歌。一啭春莺添妩媚,霓裳新序渺烟萝。
>
> 念奴高唱自氤氲,此日重看驻彩云。莫讶娇音清似水,虹桥元在半空闻。
>
> 含风细唾湿吴绵,字字微吟尽可怜。待到肠断心碎处,真疑看杀小婵娟。
>
> 一字清歌半炷香,消魂尽入少年场。莺喉缥缈谁堪并,剩有俞家众女郎。
>
> 江南江北聚优伶,聒耳淫声几耐听。不遇冒家诸子弟,梨园空自说娉婷。
>
> 灵心妙腕忆梅村,更赖巢民细讨论。何用雪儿频记豆,绕梁风雨自惊魂。
>
> 华堂坚坐酒徐倾,细听悠悠袅玉笙。神观虚凝娇不断,坐停银烛到天明。

许承钦,字漱雪,汉阳人,生活年代与冒襄相仿,进士,官户部主事。久居泰州,与冒襄之如皋相距甚近,故往来密切,水绘园多留其足迹。

许承钦的十首绝句,叙说康熙二十七年仲春,冒家班演出《秣陵春》的情景。其诗除称赞《秣陵春》为娄江才子吴梅村的大手笔,诗人与主人对剧作的灵心妙笔私下不断探讨议论以外,诗的重点,在描述作者与冒襄的情谊,当时的演出场景、演出精妙之处。诗开始便说二人情谊五十年,一见便邀入欢场,饮酒观剧。冒家伶人,能歌善舞,唱如春莺声啭,字字如珠。声声吴侬软语,轻歌慢唱。"一字清歌半炷香",把昆曲唱腔的水磨特点形容得淋漓尽致。伶人不仅会唱,而且能理解剧情,善于表演。演到悲情,可以令人肠断心碎,演到历史风云,也足以心魂震动。当代的家班以俞水云的女伶最为人称道,但如果不看到冒家班子弟的演出,那也不成定评。"不遇冒家诸子弟,梨园空自说娉婷",虽是友人间的赞誉之词,但可见冒襄家班的表演水准确也出类拔萃,广为人知。

许诗后,附有冒襄《步和许漱雪先生观小优演吴梅村祭酒秣陵春十断句原韵》,诗云:

> 同是先朝万历人,耄年一见一回亲。到来不待题凡鸟,湛岳从前喜接茵。

> 老气心伤日日增,仙音犹自爱迦陵。西宫旧恨娄东谱,四十余年红泪冰。

> 一部清商九曲珠,含毫花唾玉蟾蜍。临川妙好千秋擅,此日红牙字字如。

> 重谱霓裳乐事多,那知缓急付高歌。曹生早识兴亡状,薜荔山阿带女萝。(原注:唐霓裳羽衣最为大曲,乱失其传,昭惠周后得残谱以琵琶奏之,于是天宝遗音复传于世。内史舍人徐铉知音,问之国工曹生曰:法曲终则缓,此声反急何也?曹曰:旧谱原缓,宫中有人易之,非吉兆也。后主果亡。)

到来旧客妙氲氲,老态犹然痴若云。共听琵琶惊往事,青衫湿透不堪闻。(原注:琵琶是全部龙穴,观者须知其来脉。)

海棠揉色紫茸绵,含爵新莺更可怜。唱到情来芳意动,不须重咏四婵娟。

华音敢道发家伶,寂寞凝神始解听。昭惠小周皆绝代,保仪何独擅娉婷?(原注:二周后皆后主飞燕、合德,何以独表不数幸之保仪?作者之意,在此不在彼。)

想入非非字蕴香,当行声韵谱当场。唯余顾曲通毫发,不负偷声柳七郎。

阮亭传话到江村,三十年前未细论。今日曲中传怨恨,一齐遥拜杜鹃魂。(原注:梅村祭酒填秣陵春初成,时阮亭使君司李吾郡,寄札云:闻巢民家乐紫云、杨枝,声色并绝,亟寄副本为我翻出。阮亭以书传语,而副本未见。去夏偶得刻本,读之喜心倒极。字字皆鲛人之珠。先生寄托遥深,词场独擅。前有元人四家,后与临川作勍敌矣。)

谈笑偏令四座倾,晓钟听打炙瑶笙。玉山颓却诸年少,耸听清音到日明。①

主人的和诗,步许承钦原诗原韵而作。冒诗首先回应主客情谊,二人都出生于明朝万历,点明彼此都是先朝遗民。耄年相见,同声相应,同气相求,故一番相见一番亲切。客人到来,不必像晋时嵇康见吕安,不遇而题“凡鸟”(鳯之拆字),二人情谊之深,如同晋代夏侯湛与潘岳,不仅均富文才,而且友谊深厚。《晋书》卷五五《夏侯湛传》称:“湛幼有盛才,文章宏富,善构新词,而美容观。与潘岳友善,每行止,同舆接茵,京都谓之双璧。”冒襄借湛、岳故事,表达了同坐同席、情同手足的情谊。

冒诗进一步说明,因为日益衰老,伤感越多,故仍旧喜爱迦陵仙音

---

① 《同人集》卷十,页448。

(指艺人演剧)。艺人演唱,虽然"海棠揉色紫茸绵,含爵新莺更可怜",但不敢说,自家小伶发出的尽是美好华音。虽然如此,冒襄对自己听曲品曲、体会入微的本领,也不菲薄,"唯余顾曲通毫发,不负偷声柳七郎"二句,可以看到主人赏曲品曲的自负。不虚美,不掩饰,说真话,表达的是宾朋间的知己之言。

冒诗的主体乃在《秣陵春》所衍南唐亡国遗事,以及由此引起的故国之思。《秣陵春》的情节主线,在叙述以宜官神镜与晋唐法帖为媒介,徐适、黄展娘二人离奇曲折的婚姻。徐适系南唐学士徐铉之子,展娘系李后主宠妃黄氏保仪的侄女。二人姻缘离合就在南唐亡国的语境中展开。剧中既不断出现李后主及保仪的亡魂,又时时浮现引起故国之思的旧物于阗玉杯、宜官阁钟王真迹,最引人注目的,是南唐宫中的烧槽琵琶。乐工曹善才隐括李后主的词弹奏的琵琶曲,更集中表现了亡国之痛(如《赏音》《仙祠》)。因此,冒襄以"共听琵琶惊往事,青衫湿透不堪闻"、"今日曲中传怨恨,一齐遥拜杜鹃魂"这样的诗句,来表达观看演出的感受。这也正是水绘园借《秣陵春》演出所作的集体情感宣泄。

同年重九,冒襄扶病又往如皋城南文昌阁观演了一次《秣陵春》的市集演出,写诗道:

> 梅村祭酒谱秣陵,只有临川堪与京。橄果之味回甘苦,频年
> 繙绎神魂并。今夜对酒夜霜白,笑啼歌哭冰峥嵘。秋宵正永宜此
> 剧,红牙细按销残更。巢覆山移何足怪。眼前何事无败成。①

此诗证明,《秣陵春》不但在私人宅邸演出,也曾在文昌阁作大众演出,冒襄虽在病中,仍扶杖观演,说明他对吴梅村这部传奇感受深切。他将此剧与汤显祖剧作并列齐观,以为同样弘肆精妙("堪与京"),也有自己深邃的艺术眼光。

---

① 《同人集》卷一一。此处为节录。

(三) 南昌李明睿沧浪亭《秣陵春》演出

朱中楣《石园全集》卷一六,有《宗伯年嫂相期沧浪亭观女伎演秣陵春漫成十绝》,诗云:

越调吴歈可并论,梅邨翻入莫愁邨。兴亡瞬息成今古,谁吊荒陵过白门。

等闲风月且平分,曲误惊回独擅君。镜里不知身是幻,琵琶犹诉旧时焚。(原注:秣陵春有烧槽琵琶。)

半间亭子半疑舟,半识风流半解愁。一曲梨云胃春色,新诗聊作锦缠头。

宜光春色最宜春,话到伤情倍怆神。凝碧池头翻舞调,漫听鳏管动江滨。

无端古帙易瑶尊,花阵酣酣失晓昏。自是风情原有种,好教珍重护香魂。

娄江风韵寄箜篌,身世浮云类野鸥。为写南唐千古恨,可知不是旧时秋。

鸳鸯恍入杯中见,梦觉还从镜里寻。只有乐工偏解事,小楼深锁听遗音。

盘谷真珠擅妓围,烟波歌态世应稀。飘飘回雪堪争艳,共占春光对对飞。

底事从来实可悲,菱波激滟见文漪。芳魂误逐双双影,别后伤心怨保仪。

仙音似觉歌桃叶,幻舫公然横石头。出世不忘情景异,今人能解此风流?

《石园全集》系李元鼎、朱中楣夫妇的诗歌合集,李元鼎生平见前文,夫人朱中楣,明宗室,号远山,南昌人,崇祯十二年归元鼎,卒于康熙十一年。

远山诗中的"宗伯"系李明睿。同书卷一七,有《丁酉初春宗伯太

虚偕夫人携小女伎过我演燕子笺、牡丹亭诸剧》诗,宗伯太虚即同一
人。李明睿(1585—1671),字太虚,南昌人,天启二年进士,选庶吉士,
翰林侍讲,崇祯十年以论罢官,十六年应召入朝,升右春坊右庶子。入
清被征为礼部左侍郎,数月后革职回南,于南昌筑阆园。此后数年都
在南昌。远山诗所记演出《燕子笺》《牡丹亭》《秣陵春》都在此时。沧
浪亭亦是李太虚家的亭台,而非严沧浪在苏州所建之处所。

远山虽为女子,但其观《秣陵春》演出诗,同样围绕南唐兴亡千古
恨事,表现了世事如幻,身世浮云的感喟。不过描述更多色彩,用辞比
较含蓄蕴藉,不像冒襄"今夜对酒夜霜白,笑啼歌哭冰峥嵘"、"巢覆山
移何足怪,眼前何事无败成"那样直白。

二十三、《琼花梦》(又名《江花梦》)

龙燮《琼花梦》,演宋时荆州人江霖得扬州花神琼花仙使指引,以
一诗一笺,投陕西经略种世衡平李元昊叛乱,又娶女中秀才袁餐霞、扬
州侠女鲍云姬,于是往拜琼花仙使。江霖官拜极品,晋爵楚国公。经
吕洞宾点明宿缘,授以神丹,归于清修。剧成于康熙十四年,有高珩、
冯溥、施闰章、尤侗等十余名家题咏。言其演出观剧者,见于王士禛和
龙燮二家。现录举如下。

王士禛《蚕尾续诗》卷五,有《观演琼花梦传奇柬龙石楼宫允八
首》,诗云:

> 歌舞并州暂许窥,心如墙壁阿谁知。尊前唱彻销魂曲,不奈
> 横陈嚼蜡时。
> 歌似游丝袅碧空,舞如洛浦见惊魂。三乡陌上闻风水,偷入
> 霓裳曲调中。
> 临川遗迹草萧萧,绝调荆溪(原注:谓吴石渠)又寂寥。自掐
> 檀痕亲顾曲,江东惟有阿龙超。
> 贳酒旗亭风雪颜,凉州一曲唱双鬟。旧传龙衮江南录,新谱

江郎梦笔山。（原注：剧谱江某事。）

只手双提将相权，晚升碧落珥貂蝉。真灵位业都如此，那计孤寒到日边。

漏尽何辞倒玉壶，清歌十斛走明珠。金荃曲妙无人解，合付柔奴与态奴。

三年书记扬州梦，一梦扬州三十年。谁识蕃釐旧游侣，白头犹剩杜樊川。（原注：予去扬州三十有一年矣。）

香山翠色玉泉流，小别俄惊二十秋。不负残年好风景，千峰霁雪一登楼。（原注：昔与荔裳、西樵雪后游西山，亦二十四年。）①

王士禛(1634—1711)，因避雍正讳，又作王士祯。字子真，贻上，号阮亭、渔洋山人，山东新城（今桓台）人，顺治十五年(1658)进士，十六年授扬州推官，康熙朝历官礼部主事、户部郎中、国子监祭酒、至刑部尚书。标举"神韵说"，成当时诗坛盟主。

诗中说自己"三年书记扬州梦，一梦扬州三十年"，注中并说"予去扬州三十有一年"，阮亭康熙三年以郎廷佐荐举，内升礼部主事，离扬州职务，过三十一年，则知此诗作于康熙三十四年冬，所见《琼花梦》亦在此时，演出地点在京城。又据"香山翠色"云云，可以推测，这也是作者就眼前景物所作的联想，可知演出场所当在香山。

阮亭八首诗主要内容有四，一是赞美演出水准不同寻常，如以唐太宗并州歌舞形容这次演剧的艺术来源，以唐玄宗"三乡驿上望仙山，归作霓裳羽衣曲"来比拟乐曲如同仙乐。这样的销魂曲，唱得歌似游丝，舞如惊魂，那些低级、庸俗的表演只令人感到味同嚼蜡而已。二是感叹目前能接续汤显祖那样才华的人已经很少，即便像宜兴吴炳那样的也不多见，《琼花梦》谱宋时荆州江霖故事，这如同北宋龙衮作《江南野史》，记录南唐轶事，有某种寄托。《琼花梦》是龙燮的生花之作，但人多不了解其中之妙。剧中主角江霖，最后一家团圆，官登极品，这是

<hr>

① 《清代诗文集汇编》134册，页530。

琼花仙使指引的结局。神仙事业地位每每如此,它不可能让人登仙后仍旧孤寒。三是赞许龙燮不仅会撰剧,还会品曲教曲,诗说他也能像汤显祖那样自捎檀痕教小伶,而且这时只有这位阿龙最为突出,这一点可以补充对龙燮才艺的认识。最后,诗人联系自己当年在扬州的生活场景,并就剧目表达目前的怀念。诗说离开扬州虽然已经三十年,也许蕃釐观(原为扬州土地庙,后改名琼花观)的旧朋友已无人相识,自己今已白头,剩下的只有杜牧"十年一觉扬州梦"的感悟了。这种联想,巧妙而自然。

龙燮《和苏诗三集》有《看演琼花梦剧漫书六首》(送欧阳主簿),诗云:

> 花满芜城客正齐,独将茶灶笔床携。红衫绿鬓垂垂老,欹枕时还梦竹西。(原注:余寓扬州蕃釐观作此剧,今二十一年矣。)

> 歌商未了又歌齐,安得双鬟手自携。一蟹何曾如一蟹,至今犹笑岭东西。(原注:予在粤东观演此剧,删截大半。至赣州,太守招饮,集弋阳班演之,尤堪绝倒。)

> 敢言高唱和难齐,词客争从庙市携。唯有司农真赏鉴,起看月坠凤城西。(原注:剧本多于报国寺鬻之。渔洋先生与余札云:前从慈仁寺市得琼花梦归,读之击节唱叹,至烛屡见跋而不止,几忘五更启事。)

> 观听从来不易齐,名流一顾共招携。腰肢爱杀东阳沈,何况佳人实姓西。(原注:扮袁餐霞者有沈旦,殊雅倩,阮亭、山薑诸公俱赏之。)

> 刻画重新较整齐,紫藤花畔鹤同携(原注:用赵清献事)。笔端只道诗才艳,挥就雄文日未西。(原本为坊人重刻,有澂江少宰题辞。)

> 芙蓉直与四声齐(原注:徐文长有四声猿),脱稿知谁知袖底携(江按:句中第三"知"字当为衍字)。老觉江淹才思尽,水东流去那能西。(原注:曩客兰水撰芙蓉城记,本石曼卿事,音节极悲

壮可观,稿竟为某窃去,常拟续之,辙阁笔而罢。)①

龙燮(1640—1697),字理侯,号石楼、改庵、雷岸居士,望江(今属安徽)人,康熙十八年举鸿博,授翰林院检讨,官至屯田员外郎。作剧《琼花梦》《芙蓉城记》二种。《琼花梦》作于康熙乙卯(十四年,1675),六首观演诗作于乙亥(三十四年),已在此剧完稿后的 21 年。作者诗集标明为和苏轼诗,此诗即和苏轼《送欧阳主簿赴官韦城四首》(见王文诰辑注、孔凡礼点校《苏轼诗集》卷三四),这位主簿名欧阳宪,是欧阳修的孙子,元祐中授滑州韦城主簿。苏轼四首诗中的第二首,以“齐、携、西”为韵,龙燮和其诗,故都用此三字为韵。

　　龙燮诗点明这次演出,在原创地芜城(广陵),花满芜城,则指春天季候,观演者都为作者友人。全诗回顾了此剧问世后,抄本、坊本流传,及广东删节本、赣州弋阳班演出的情况,也道出了沈旦演出的特点,所撰《芙蓉城记》本事及剧作遗失的曲折,都是龙燮戏剧创作与演出的稀见史料,值得关注。第六首注谓:“曩客兰水撰芙蓉城记,本石曼卿事,音节极悲壮可观,稿竟为某窃去,常拟续之,辙阁笔而罢。”今乾隆刻本《龙改庵二种曲》所收《芙蓉城记》见存,与所谓“稿竟为某窃去”不合。未知是失而复得,或是此后的又一重作。

　　同书同集,龙燮另有《澂江少宰召集诸君于寄园演琼花梦剧即事》二首,其一云:

　　　雪后旗亭画壁回,西窗危坐已催颓。招携又向城南墅(寄园已三演此剧),觅得梨园小部来。②

诗题中的澂江少宰系赵士麟。《碑传集》卷一九,有徐文驹所作《赵士麟行状》云:“先生讳士麟,字玉峰,云南澂江府河阳人,甲辰进士(康熙三年)。”他康熙二十八年升吏部右侍郎,寻转左侍郎,所以龙燮称他为

① 《清人诗文集汇编》154 册,页 384。
② 同上书,页 389。

少宰。我们看龙燮的另一首诗,题作《集赵给谏恒夫寄园同玉峰先生作聚星堂诗》,诗中说"澂江少宰旧知我,岁寒肯作风花瞥",说的是赵士麟对自己有知遇之恩,年末岁寒仍看我的风花之作,即戏剧。赵给谏恒夫即赵吉士。赵吉士(1628—1706),字天羽,号恒夫,徽州休宁人,顺治八年举人,康熙七年任山西文城知县。以平寇功,升户部主事,二十五年迁户部给事中,故龙燮称作给谏。又据戴璐《藤阴杂记》卷九载:"寄园为高阳李文勤公别墅,其后归赵恒夫给谏吉士,改名寄园。"故寄园三演《琼花梦》,都是赵吉士招来小部梨园,召集诸友,在京城西南自家园墅的演出。赵吉士是一位最热心演出《琼花梦》的朋友,龙燮对此感激于心,故作诗纪之。

又,冯溥《佳山堂诗集》七言绝卷八,有《和高念东题龙石楼琼花梦传奇》:

(其一)得官得妇总堪疑,谁道书生是梦时。宝剑香闺缘并合,庸夫原不解情痴。

(其二)双娥秀映繁鬐观,一剑雄登射柳堂。牵得红丝天上种,琼花原是大花王。

(其三)玉茗新声笔已荒,歌场三梦绝华堂。谁知后起多情思,檀板轻敲满座香。

(其四)生来仙骨本应仙,了得仙缘正可怜。连理枝成花并蒂,却叫点破梦中天。①

高念东(珩)《栖云阁集》十六卷,《拾遗》三卷,有高珩与龙燮唱和之作,未见高珩题《琼花梦》诗,则冯诗就是这次观演《琼花梦》所存诗。

此诗第一首说江霖经历曲折,得官得妇,形同做梦,但梦也成真。成功之道,一因才华,一因军功。而恶少党连成虽使尽手段,不解情致,还是枉费心机的庸夫。

① 《清人诗文集汇编》29册,页742。

第二首结合扬州地缘风物,写出琼花仙子助成江霖与袁餐霞、鲍云姬的姻缘,竟如《牡丹亭》的花神牵合杜丽娘、柳梦梅的幽梦一样。她就是天上的花神,而且还是其中的大花王。这突出了琼花在剧中的作用,点出剧名原因。

第三首联系汤显祖四梦创作与演出的状况,以为自汤显祖以后,已无后继佳作,厅堂演出也已稀少,到龙燮这里,无论表达情思还是演出的热闹,都后继有人了。这样的诗句自然表现了冯溥对龙燮赞誉,不必当真。但"四梦"是否后继乏人,演出是否寂寞,则要做具体分析。

第四首指剧作结尾,江霖虽位极人臣,一门荣贵,但经吕洞宾点醒,授以神丹,归隐清修。这种结局,在明清传奇中已成常套,冯溥加以鼓吹,也是自身思想心态的表露。

二十四、岳端《扬州梦》

庞垲《丛碧山房诗》二集卷五,有《碧山堂观扬州梦新剧率赋》五首,诗云:

嬉笑成文才地雄,炎凉写尽传奇中。雪宫曾许看真本,演出当场又不同。

表扬节义元人曲,古调于今那更论。一觉扬州梦初醒,片时也使薄夫敦。

义侠神仙双度世,大家命意自超群。近时多少翻新曲,才子佳人总厌闻。

搬演新词上戏场,闹中指点意原长。石巢绮语真无赖,燕子春灯入奏章。

粲花那许作花看,总撮陈言上笔端。本地风光当行语,国香信合是红兰。①

---

① 《清代诗文集汇编》155 册,页 280。

《扬州梦》的同名剧有数种,元乔吉有《扬州梦》杂剧,清嵇永仁、岳端有《扬州梦》传奇,黄之隽、陈栋各有《扬州梦》《维扬梦》杂剧。庞垲所观剧,排除三种杂剧,尚有嵇剧、岳剧两种。二剧都作于康熙间,庞诗所指何剧容易混淆。幸好庞诗末句说"国香信合是红兰",为我们破解提供了钥匙,可知所观即是红兰室主人岳端的《扬州梦》。

岳端(1671—1704),又作袁端,字兼山、正子,号玉池生,别号红兰室主人,姓爱新觉罗,清宗室,安和亲王之子,索额图外甥,封郡王,地位显赫。索额图事败后,家门一落千丈。岳端被撤销封爵官衔,身份不如汉人小吏。世事沧桑,家境变幻,让岳端看清世情冷暖,于是看破红尘,追求超脱,写下《扬州梦》传奇。

同已有小说、戏剧以杜牧为中心,描述杜牧"十年一觉扬州梦"的风流韵事不同,岳端的《扬州梦》取《太平广记》"杜子春"事为题材,写的是唐长安杜子春,偕妻移居杭州,挥霍家产,难以度日,遇老君化为老者,赠银五万。再往扬州,又挥霍如故。求贷亲友,无一解囊。又遇老者,再赠十万,并约三年后至云台山相见。子春豪赌金尽,往云台,从老者修行。历经磨炼,终知为老君关尹喜后身。其妻韦氏同样经历屈辱,遇麻姑点化,赴蓬莱,最终夫妇双修成道。庞垲诗所谓"炎凉写尽传奇中"、"本地风光当行语",都指岳端把自身遭遇,隐含在剧中人物身上。这是熟知此剧作者人生经历的庞垲,对剧作的解读。

庞垲(1640—1708),字霁公,号雪鸦、牧翁,任丘(今属河北)人,康熙十四年举人,官福建建宁知府。善诗文,有《丛碧山房诗集》《丛碧山房文集》。剧作于康熙三十七八年间,庞垲此诗,称所演《扬州梦》为新剧,演出时间当也在康熙四十年前后。演出场所的碧山堂,疑在岳端府邸。孔尚任《燕台杂兴》诗谓:"压倒临川旧羽商,白云楼子碧山堂。伤春未醒朦胧眼,又看人间梦两场。(原注:玉池生作《扬州梦》传奇,龙改庵作《琼花梦》传奇,曾于碧山堂、白云楼两处扮演,予皆见之。)"从孔尚任的诗中,不仅可知孔尚任看过《扬州梦》《琼花梦》的演出,而且可知碧山堂就在京城。

庞垲诗告诉我们,一是岳端的《扬州梦》固嬉笑成文,但表现了作者遭遇,世态炎凉,热闹中别有指点尤觉意味深长。二是此剧在文本演出中有真本和改本的不同,这反映演出多有变动。三是表明诗人不满剧坛才子佳人剧目泛滥,对阮大铖剧中的绮语、吴炳"粲花"各剧中的陈言也多反感。庞垲喜欢的还是剧中"本地风光当行语",因此把岳端此剧称为国色天香。这样的赞誉,自是友人评剧的溢美之辞。

二十五、《幻 奇 缘》

《幻奇缘》,沈起凤撰传奇,《传奇汇考》卷一二著录,《曲海总目提要》有此本。陆萼庭《清代戏曲家丛考》于《幻奇缘传奇的作者》一文[①],虽以为此剧"不见任何曲目著录"未免失当,但陆先生据范来宗《恰园诗稿》所附《恰园诗余》之《木兰花慢》"榕皋招观幻奇缘新剧系沈桐翔制",断为沈起凤作,则无疑是重要的发现。因为范来宗诗明确记录《幻奇缘》系沈桐翔制,而桐翔,即沈起凤号,陆先生的判断自然明确无误了。《恰园诗稿》编年,而诗余不编年,故这次由潘奕隽招饮观剧的年月不详,但这首《木兰花慢》对于了解这次演出,还是第一手资料。陆先生的文章着重考订此剧的作者,于演出尚未顾及,故未详谈。本著出于记录诗人观演诗的角度,以为尚有文献价值。现引录如下:

木兰花慢　榕皋招观幻奇缘新剧系沈桐翔制

正风风雨雨,乍过去,逗晴天。有骑省闲居,雪飘舞袖,云遏歌筵。留连,舍南巷北,喜知心欢会自年年。共把清尊入手,浑忘白发盈颠。　　思前,瘦沈翩翩。翻旧谱,拨新弦,尽借来怒骂,供他笑噱,添段姻缘。堪怜幻空世界,最难抛痴想万千千。场上人,同说法;醉中我,爱逃禅。[②]

范来宗(1737—1817)、潘奕隽(1740—1630)、沈起凤(1741—1802),他

---

① 学林出版社,1995 年,页 366。
② 《清代诗文集汇编》393 册,页 224。

们年龄相近,都是吴县人,又都工诗善书,在一起饮酒看戏,应是常态。潘奕隽,乾隆三十七年(1772)进士,官户部主事、内阁中书、四库馆分校官,但未久即乞归故里,赏书品画,优游林下。不过,范来宗自乾隆四十年(1775)入京,举进士,选庶吉士,授编修,任国史馆提调总纂官,都在京城。沈起凤自乾隆五十三年官祁门教谕,嘉庆六年(1801)年任全椒教谕,后客死都门,他们早期同在吴县故里的年限应在乾隆四十年前。三人中,沈起凤年龄最小,这时才35岁,不应笼统共称"白发盈颠",可以估计,观演此剧时应在范来宗重返故里时。词谓:在一个风雨初歇,初逗晴天的日子,由闲居林下的潘奕隽招饮,共观沈起凤新剧。时间当在乾隆五十三年稍前。此时三人都在50岁前后,可谓"白发盈颠"了。招饮观剧,主人盛情款待,艺人舞袖轻盈,歌唱入云,饮酒观剧,是知心朋友间的一次欢快的聚会。

词的下半阕,说及沈起凤改作新剧,艺人拨弄新弦演唱,其中的故事无非滑稽调笑,嬉戏怒骂,情节虚幻,还点缀男女姻缘。世事空幻,但其中的痴情痴想,却在大千世界不断演出。场上人无非借此说法,我在醉中,则希望出世逃禅。

《幻奇缘》借苏州除夕"卖痴呆"风俗,叙丰瑞、丰祥兄弟,其兄夜夜梦见做官,其弟夜夜梦做乞丐,苦恼不已。因在除夕夜各绘图画,一称"荣华",一称"穷神","荣华"卖与乞丐之女松福儿,"穷神"卖与富翁之女董贞贞,恰有太监荣华奉太后旨意到中山建造瑞光寺,无赖邹之极诬告丰家兄弟卖画触犯太监名讳,太监乃收捕丰瑞兄弟,并发配宁夏充军,福儿、贞贞亦被捉拿。松父救出丰氏兄弟,使上京应考,得高中榜眼、探花,二女亦历尽曲折,各嫁瑞、祥。剧情所述姻缘奇奇幻幻,故范来宗词谓其"幻空世界"、"姻缘堪怜"。其中于荣华富贵、得失穷通,亦多笑谑及嬉笑怒骂场景,词亦予以拈出。范来宗最后指出,场上所演,无非是现身说法,警醒世人,故自己虽已沉醉,但看透世情,知道谁人都难以抛开,自己只好以逃禅为归宿了。词虽如此说,但这种文字,其实是文人习惯说法,未可为据。

二十六、《吉 庆 图》

林之蒨《偶存草堂集》卷五,有《重阳后二日承黄州郡伯蒋萝村先生邀同陈美卿黄尊古谦集观剧登高晚归赋谢》诗,诗谓:

> 重阳之后秋光盛,长江如练迎人静。郭外菊花满篱香,红树白云迷远径。稼穑登场晚稻黄,村醪社鼓家家庆。清贫太守有余闲,雅集同人声气应。赤壁崔嵬新落成,画梁石屋各相称。二赋堂开地势雄,旁门曲槛盘幽磴。古碑片碣遗句多,髯苏千载留名姓。凉飔习习日色和,如泉橘酒笙箫送。杂陈杯盘不细谋,忘形贵贱无官令。剧演先朝吉庆图,狂歌怒骂分邪正。浮生在世一邯郸,乾坤瞬息同如梦。脱帽露顶俯郊原,他乡放眼随真性。日转西山群鸟啼,长天月吐开明镜。烟雾微茫低野桥,聚宝山寺飘钟磬。抠衣重上亭边台,行乐及时须尽兴。入城不畏金吾嗔,灯光明月两相应。坐对秋花神更清,鹤唳析声盈耳听。低回一夜苦长吟,欲酬胜会难持赠。①

林之蒨(1672—1735),字素园,号梅村,济宁(今属山东)人,曾官河北武邑知县,寓居湖北孝感。善文工诗,足迹遍南北。

诗叙康熙间,黄州太守蒋萝村新葺赤壁亭阁,于重阳日后,邀集作者及陈美卿、黄尊古,饮酒赏秋。诸人登高来到赤壁,作"同人雅集"。登上赤壁,见长江如练,满目秋光,苏轼留下的遗迹《赤壁赋》,仍然熠熠生辉。席间主人特设优伶,命演唱明代戏剧《吉庆图》,优人演来,对剧中的反面人物极尽狂歌怒骂之态,舞台上正邪分明。这种戏场人生使人感到,人生不过是邯郸一梦,乾坤反复也只是一瞬之间。于是相互忘形,及时行乐,大家看戏一直看到明月高悬,城门都闭。诗人回到

① 《清代诗文集汇编》228 册,页 103。

家里,苦吟一夜,作诗以酬谢主人。

赤壁演戏,"赤壁崔嵬新落成,画梁石屋各相称",据今所知这是第一遭,历来少有如此记录,故可谓清代演剧史难得的新鲜材料。所演剧目,诗中写明为《吉庆图》。但《吉庆图》有两本,一是无名氏(按:系朱佐朝)所作,现存《古本戏曲丛刊》三集所收嘉庆梨园抄本,谱元末方国珍、徐寿辉、陈友谅群雄并起,拳师李珍出外贸易,其妾与人勾搭成奸,牵出命案。而邻人蓝玉被诬,乔装出逃,至尚书府订婚,以《吉庆图》为聘。后洗刷冤情,李珍返家,蓝玉并娶李、王二女。命案中尸首埋处,结出大倭瓜,故又名《南瓜传》。二是《传奇汇考》《曲海总目提要》所录又一无名氏的《吉庆图》,叙嘉靖时柳图(芳春),以所绘《吉庆图》为赵文华所得,文华留作书记。邹元标、陆友奇弹劾严嵩,受贬戍边,柳见文华奏章,怒掷地,亦入狱。海瑞劾严嵩二十四大罪,严党伏罪。柳图殿试第一,娶元标女吉娘、陆女庆娘。

比较这两本《吉庆图》,前一种是清朝朱佐朝所作,演的是元朝事,不能说是"先朝",也不涉及"狂歌怒骂分邪正"的情节。后一种演的是嘉靖间海瑞、邹元标等人与严嵩、赵文华、鄢懋卿等之忠奸斗争事,从清人眼中视之,符合林诗所载"剧演先朝吉庆图,狂歌怒骂分邪正"的描写。可知这次赤壁赏秋演出,演的是后一种《吉庆图》。近代昆曲仍演《扯本》《醉监》二出。

《长生殿》演出诗

《长生殿》成于康熙二十七年(1688),问世后即掀起一个演出的高潮。此后《长生殿》演出持续不断,出现了"家家收拾起,户户不提防"的局面。

《长生殿》最著名的演出是康熙二十八年的"肇祸"演出,即金埴《巾箱说》所言:"朝彦名流,闻《长生殿》出,各醵金过昉思邸首作搬演,觞而观之。"所谓"朝彦名流",有侍读学士朱典,赞善赵执信,思南知府翁世庸,侍读李澄中,编修查慎行,剧作家国学生洪昇。这是此剧问世后惊动朝野、影响最大的首次演出。这次演出造成赵执信、朱典、翁世庸之罢官,查慎行、洪昇之革籍的冤案,章培恒先生《洪昇年谱》已有专论,相关诸人所作诗文《洪昇年谱》已有详实、丰富的引证和考订,这里从略。

我们感兴趣的是,《长生殿》演出肇祸以后,文人是否噤若寒蝉,此后就不敢看《长生殿》,不敢写观演诗了? 舒位(铁云)在《论曲绝句十四首》中说"一声檀板便休官,谁向长生殿里看",似乎出现过不敢演、不敢看《长生殿》的担心,或者说是心有余悸,因而回避观看,避免写下这类观剧诗。但查检演出诗词,可证实际情况并非如此。因为康熙之恶《长生殿》仅治其假太后忌日所谓"国恤"演剧之罪,并没有在内容上公开刁难,所以后来演出不断。在后人的诗集中,也就保留有一些观演《长生殿》的演出诗。现有《长生殿》研究中,胪列或研究这些演出诗的文字尚属少见,现亦选录数首,以见舞台流传,并借此了解文人观感。

王锡《啸竹堂集》有《闻吴门演长生殿传奇,一时称盛,不得往与观有作》。前有小序云：

> 盖死生贵贱，乾坤都是戏场。离合悲欢，今古自成杂剧。男女人之大欲，帝王不免钟情。一片坚心，世世愿为夫妇。千年长恨，匆匆遥隔幽明。方闻蟾宫之霓裳，顿委马嵬之锦袜。风流云散，从来声色原空；彩笔生花，写得精神活现。意欲痛惩后世，俾知炯鉴前车。伊昔燕台登徒，中伤夫宋玉；于今鹤市伯牙，欣遇夫钟期。妙舞清歌，绮帐重开茂苑；吴姬越女，青钱竞买兰舟。若令季札来观，亦有蔑加之叹。即使魏文久听，应无恐卧之情。但念胜地筵慨，未与绝缨良会；徒念钧天乐奏，将寻堕珥闲游。

诗谓：

> 虎丘歌舞地，士女四时游。灯月原无夜，池台不易秋。忍寒辞半臂，扶醉赠缠头。况演长生殿，倾城倚画楼。
>
> 宋璟梅花赋，何嫌铁石肠（原注：宋大中丞命梨园演《长生殿》，水陆观者如蚁）。水嬉邀杜牧，曲误问周郎。豪杰生当代，风流每擅场。画船灯万点，争看舞霓裳（原注：《长生殿》原名《舞霓裳》）。
>
> 感事空相失，传闻心自驰。春风花月夜，绮席管弦时。牛女半宵感，马嵬千古悲。舞衣如未散，幽梦到鸡陂。[①]

王锡(1660—?)，字百朋，浙江仁和(今杭州)人，诸生，曾与沈用济等受业于洪昇(见《洪昇年谱》页 313)。有《啸竹堂集》。王诗意云：王锡在杭州，遥想吴门演出《长生殿》妙舞清歌，仕女依楼、观者如蚁的盛况，聚集观演的都是一时名流和风雅之士，自己失去观演机会只能驰想绮席管弦之乐。剧演杨贵妃马嵬悲剧，月宫嫦娥也为之悲悼不已。末句

---

① 《清代诗文集汇编》206 册，页 345。章培恒《洪昇年谱》引录，见页 335。"感事"，原作"胜事"，似指演出为胜事也。

"幽梦到鸡陂",实借古时吴王养鸡娄门,越兵以散卒三千擒拿吴王,竟无鸡报关(见《高青丘集》卷一八《鸡陂》诗),其意在表现对李杨故事的反思与同情。

王式丹《楼邨诗集·忍冬斋集》卷二十有《燕九日宴集观演长生殿杂剧四绝句》,诗云:

> 元宵才过花灯市,燕九旋开歌舞场。贪看新妆似飞燕,更无人记白云乡。(原注:京都旧俗,燕九日竞往白云观,寻丘真人遗迹。)
>
> 旧谱霓裳已不完,舞衫犹照烛花残。可怜沈七他生石,宝靥金钿马四官。
>
> 第一传头是永新,龟年弦索剩熙春。琼枝璧月凭谁见,勾引风情拨笛人。
>
> 琵琶一曲忍重听,月殿星宫付杳冥。舞罢红灯天欲晓,出门残雪万峰青。①

王式丹(1645—1718),字方若,号楼村,宝应(今属江苏)人,康熙四十二年一甲一名进士,授翰林院修撰,与修《佩文韵府》《大清一统志》《朱子全书》《渊鉴类函》。以诗文名海内,每一篇出,人相传诵。有《龙竿》《忍冬斋》等集,后合为《楼邨诗集》25卷。诗编年,这是康熙四十九年(1710)写的诗。道教全真道长春真人丘处机诞辰在正月十九日,后人为祭祀丘处机,大约从明初开始即衍为燕九节,流行于北京地区。故此诗是当年元月十九日宴席上观演《长生殿》所作。

王诗第一首说的是演出时令,点出演出场所在丘处机当年所居的白云观。因为年代久远,观众已经忘记真人的白云观,现在贪看精彩美丽的化妆演出,也不再注意白云乡的传说了。

第二首回顾旧班演出的情况,意谓往时所见李杨故事的旧剧已经

---

① 《清代诗文集汇编》166册,页701。

残缺,当前歌台上艺人的舞衫衣袖还照出烛花的余光。沈七、马四官所演金钗钿盒之情、盟誓三生之约,演得令人感动。

第三首说天宝艺人永新、李龟年都已逝去,剧中月殿琼枝也不过是虚幻,只有拆笛之声还勾起人们回顾剧中的风情。

第四首说《长生殿》中李龟年手弹琵琶,唱彻天宝遗事,内心伤感,曲声凄凉,不堪重听。明皇贵妃天宫团圆,也只能付之渺茫。戏演完,天已拂晓,大家走出庙门,踏着残雪,只见万重山峰,青翠而立。诗人内心,亦是感叹而已。

陈鹏年《秣陵集》卷一,有《冬夜看演长生殿传奇因赋琐事十六绝句和韩寄庵原韵》,作者按观剧顺序,作诗十六首。诗如下:

其一,定情:步虚唱罢斗坛开,云鬟新从别殿来。不识宫中女道士,只今朝暮赴阳台。

其二,禊游:椒房姐妹互承恩,并辔华清奉至尊。最是曲江三月节,长安花柳艳千门。

其三,春睡:春愁黯黯远峰微,唤起屏山翼欲飞。不比寒鸦迟日影,海棠娇处弄朝晖。

其四,娇妒:自占昭阳第一人,蛾眉婉转惯生憎。瓶梅已谢江姬老,三十六宫谁是春。

其五,出镇:六街簇拥看新王,羽骑联翩出范阳。莫道分桐嫌异姓,莲花曾赐洗儿汤。

其六,私盟:瓜果深深拜鹊桥,多生缔结自今宵。扬尘早识蓬莱浅,不怕银河水没腰。

其七,犯顺:曲江讽谏老臣心,一夕鸣笳塞草深。不信临淄曾定乱,宫闱养虎到如今。

其八,入关:阵云如墨惨难舒,百万良家丧釜鱼。一炬关中皆战血,蚕丛犹假越无诸。

其九,骂贼:一夕边烽彻禁中,铜驼石马泣秋风。可怜骂贼成千古,只剩梨园老乐工。

其十,埋玉:社稷佳人泪满怀,六军无语堕金钗。独留锦袜千年恨,不共西风一夜埋。

其十一,邮宿:剑阁崎岖隔万山,雨淋铃里度重关。悬知他日归南内,只有三郎匹马还。

其十二,曲哀:凝碧池空散管弦,白头人识李龟年。伤心莫更弹天宝,花落江南泪泫然。

其十三,魂游:玉鱼零落葬荒丘,杳杳香魂亦解愁。仿佛骊山犹望幸,岭云遮断曲江游。

其十四,戡乱:郭相深蒙国士知,两京收复未云迟。人间富贵兼眉寿,亦在天孙乞巧时。

其十五,仙遇:问讯蓬莱间碧霄,玉宫清寂路迢遥。腾波试看潢池水,恐有猪龙早晚朝。

其十六,重圆:咫尺虹桥达九天,年年金屋贮婵娟。多情翻觉愁牛女,一岁河边一度圆。①

陈鹏年(1664—1723),字北溟,号沧洲,湖南湘潭人,康熙三十年进士,授浙江西安知县,改江苏山阳知县。四十二年,康熙南巡阅河,返程召见济宁,赋诗称旨,擢江宁知府。康熙四十四年,因力阻两江总督阿山加税被诬下狱,奉诏罢官免死,后起复为苏州知府,河道总督。为人刚直,敢于任事,人称陈青天,死后谥恪勤,《清史稿》有传。著有《陈恪勤公诗集》《沧洲近诗》《道荣堂文集》等。在陈鹏年的诗文中,《秣陵集》系任江宁知府时所作,时在康熙四十二三年间,则这次演出《长生殿》,必在江宁,时在冬日。

陈鹏年十六首诗,从《定情》叙至《重圆》,包括了《长生殿》原著中的主要剧情和最精彩的一些段落,但不是全本。不知是作者只写了自己感兴趣的16出,还是当场只演出16出。所写16出的观感中,如其一所言"不识宫中女道士,只今朝暮赴阳台",其二"椒房姐妹互承恩,

---

① 《清代诗文集汇编》211册,页132。

并辔华清奉至尊",表现了剧中讽喻的内涵。而"不信临淄曾定乱,宫
闱养虎到如今"、"阵云如墨惨难舒,百万良家丧釜鱼",则表现了对唐
明皇养虎为患造成国家战乱、生民涂炭的恶果的痛心。诗中表彰梨园
雷海青骂贼,称之气节千古;郭子仪收复两京,功在社稷。诗也结合剧
情,写到杨玉环的娇妒,李隆基剑阁伤情,李龟年弹词泪洒江南,等等。
总观全诗,诗人着重表现的是观演《长生殿》的政治、历史感受,对剧中
的爱情情节比较淡漠,这或许与作为秉性刚直的诗人个性有密切
关系。

诗题中所涉韩寄庵,似为韩洽,韩洽字君望,号寄庵,晚号羊山畸
人,长洲(今苏州)人,生卒年不详,有《寄庵诗存》四卷,未见。韩洽观
《长生殿》原诗已失,故无法对韩、陈唱和二诗再作比较。

李必恒《樗巢诗选》卷五,有《春夜观演长生殿杂剧口占五绝却寄
钱塘洪丈昉思》五首,诗云:

> 檀槽亲揎教歌伶,玉茗新词擅义仍。不分怀宁阮司马,乌丝
> 栏格写吴绫。
> 氍毹如月踏来迟,散序开头入拍时。此夜婆罗亲按节,不劳
> 曲谱问微之。(原注:霓裳羽衣曲即西凉婆罗门曲,白乐天有答
> 元微之霓裳羽衣曲谱歌。)
> 金鸡障撤舞黄虬,夜雨零铃蜀道愁。肠断佛堂情尽日,何人
> 玉箸不交流。
> 合乐旗亭正斗班,定风波带念家山。延秋老部颓唐甚,看杀
> 鸦翎最小鬟。
> 舞衣风动散余薰,椽烛烧残坐夜分。拾得江南红豆子,矮笺
> 凭仗大冯君。(原注:谓山公先生。)①

李必恒(1666—?),字北岳、百药,晚号樗巢,高邮(今属江苏)人,诸生,

屡困场屋,康熙三十六年,宋荦举荐任幕府。著《三十六湖草堂诗集》,佚。嘉庆间,后人辑为《樗巢诗选》。

《樗巢诗选》取分体样式排列,故无法推定诗的写作年代,也就无法推断此次《长生殿》的演出时间。只能说在康熙中期,洪昇去世的康熙四十三年(1704)之前。

诗共五首,前二首从汤显祖自掐檀痕教小伶说起,赞美洪昇不仅擅长制曲,有玉茗之才,而且熟悉婆罗门曲霓裳羽衣,并亲自按节,于古曲有很高的修养。诗涉及《长生殿》的剧情主要有《埋玉》《闻铃》两出。马嵬自尽、蜀道闻铃无不令在场观者感动流泪。当时能演《长生殿》的班社不少,连延秋门出来的内班都已老迈,还是装饰双鬟的小伶最受青睐。这次演出舞衣风动,余香氤氲,演到深夜,诗人想到远在钱塘的洪昇,就请山公先生寄上几首诗表达对洪昇的思念。诗至此点明诗题,既为观剧又以诗寄怀洪昇的用意。

先著《之溪老人集》卷六有《演长生殿伤昉思》诗,诗云:

　　一曲新声是祸媒,当时传写遍燕台。阳侯不为才人惜,竟向钱塘水底埋。

　　飞燕昭阳事有无,玉环含恨不胜污。借他一曲红牙拍,洗却唐家秽史诬。(原注:洗儿钱事,盖小说之诬,为史家误采。喜其绝不涉此,可云雅奏。)

　　洪生本色填词客,出受遥拈若士香。正是断肠千载事,残春天气好排场。①

先著(1651—1721后),字渭求、迁夫,号矗斋、染庵,晚号盍旦子。四川泸州人。流寓江宁。《盍旦子传》谓其"四十以外,为病所苦,因自废焉"。擅诗词,著有《词洁》《劝影堂词》《之溪老人集》等。

康熙四十三年春末(六月一日),洪昇自江宁返,路经乌镇,酒后登

① 《清代诗文集汇编》182册,页93。

舟,失足坠水而逝。先著的诗作于洪昇去世未久,即在六月春残之时。诗揭示《长生殿》问世后传写京城,影响深远,更对才人之逝世深表惋惜。诗人肯定洪昇于史载杨妃污乱后宫的传说,系稗官之言,因而"概削不书","绝不阑入",使剧作曲终奏雅,与当时泛滥情色风气不同。诗人还指洪昇拈香若士,继承了汤显祖的遗风,这正如洪昇所言,《长生殿》犹如一部热闹《牡丹亭》。

康熙六十一年正月十五上元节,赵执信有《观演长生殿作十绝句》,其词谓:

> 倾国争夸天宝时,才人例解说相思。三生影响陈鸿传,一种风情白傅诗。

> 遥指仙山唤太真,华清一浴斩然新。怪来宇内求难得,元在深闺未识人。

> 脂粉无由污淡妆,双飞端合在昭阳。酷怜姐妹开来艳,虚忆梅花冷处香。

> 温泉清滑浸芙蓉,玉女飞来太华峰。石作凫鱼犹触忤,那教取次近猪龙。

> 月殿酣歌梦许攀,轻将仙乐落人间。笑他穆满无情思,身到瑶池白手还。

> 垂老荒迷花月场,临淄英略未销亡。投珠抵璧寻常事,夙遣元臣驻朔方。

> 蜀山秋水感飘零,残梦频回旧驿亭。妙写铃声入新曲,可能浑似月中听。

> 牛女经年梦亦傭,翻从人世管情踪,玉妃应有婚姻牒,才过开元便得逢。

> 黄泉碧落事荒哉,差胜楼船去不回。本与求仙情味别,何尝身欲到蓬莱。

> 清歌重引昔欢场,灯月何人共此堂。六百余年寻覆辙,菟裘怪底近沧浪。(原注:余以此词被放,事迹颇类苏子美。昔过苏

州,有句云:闻道沧浪有遗筑,故应许我问菟裘。)①

赵执信的十绝句,第一首说《长生殿》取材于陈鸿《长恨歌传》和白居易《长恨歌》,歌、传原是表现唐明皇与杨贵妃的相思之情的才子之作,《长生殿》与之一脉相承,也是擅演相思之代表作。第二首咏定情,剧写杨玉环册封贵妃,华清池赐浴。为保持《长恨歌传》的原貌,去其秽迹,也称玉环是养在深闺人未识的美人。第三首,咏"禊游",因韩、虢、秦三国夫人奉旨游历曲江,贵妃嫉妒,被谪出宫。尔后明皇懊悔,思念不已,复召回宫。故有"虚忆梅花"的比喻。其中也包含"絮阁"思念梅妃的意味。第四首仍说赐浴情境,重点斥责安禄山。据《明皇杂录》,安禄山在范阳,知玄宗扩建华清池,特"以白玉石为鱼龙凫雁,仍为石梁及石莲花以献,雕镂巧妙,殆非人力",但到建成,明皇入池时,这些鱼龙凫雁,若奋鳞举翼而动,帝大恐,即命撤去。又据《太真外传》,明皇曾见禄山醉中化为猪身而龙首,左右谏之,明皇曰:"此猪龙,无能为。"终不杀,结果酿成大祸。诗人也借此批评唐明皇轻易重用安禄山。第五首咏"闻乐",诗意说杨贵妃梦中从月殿偷得仙乐,轻易带到宫中,造成了宫内奢靡之风。第六首咏"疑谶"中的郭子仪,似指郭子仪如同古时封于临淄的姜尚,具有雄才大略,但此时不受朝廷重用,就像明珠、白璧一样丢弃,放任朔方。第七首咏禄山造反,马嵬兵变,明皇逃窜,剑阁闻铃,剧家写来如同新曲,但此情此景,早不是月中仙乐了。第八首主咏"怂合"中,牛郎织女因明皇贵妃曾有密誓,愿生生世世,永为夫妇,念二人死后此情生死不移,欲为之完成前誓,使会合月宫。第九首咏鸿都客"觅魂",所谓上穷碧落下黄泉,使之相会,永为夫妇。但诗人以为,这样的结局几近荒唐,唐明皇哪里要到蓬莱山去呢?最后一首说昔日观演《长生殿》的人物都已经凋零星散,自己当年受到弹劾,断送功名,现在告老隐居,与苏子美(舜钦)受谤,隐居沧浪亭相似吧。

---

① 《清代诗文集汇编》210 册,页 287。

赵执信的十首诗,记叙了演出的许多场景,评点剧中人物和剧情,都可以看出诗人的态度。因为看演《长生殿》废置终身,故感慨最深。诗最后以苏舜钦受谤相比,可以证实,所谓:"沧浪无过,恶子美意不在子美也。"《长生殿》当年演出之祸,实际上是政治倾轧的结果。

范来宗《恰园诗稿》卷一九,有《看演长生殿传奇全本》诗四首。诗谓:

> 才人余事订宫商,檀板珠喉雅擅场。旧梦春明谁再续,苏台今看舞霓裳。
>
> 柔情如水暮和朝,密誓深盟取次邀。一唱无愁天子曲,万夫回首尽魂销。
>
> 鼙鼓渔阳闹似雷,兴亡满眼极堪哀。还须按谱添私祭,白发红颜对话来。(原注:旧本有私祭,今删。)
>
> 纷纷名部出江南,迟暮相逢也自谐。丝竹中年陶写后,重听法曲奏何截。[1]

这是一组标明观演《长生殿》全本戏的观剧诗。前引陈彭年绝句十六首,已经把演出《长生殿》的主要关目 16 出作了评述,而作为观演全本演出的诗作,则以范诗为典型了。

范诗四首,第一首点明洪昇多才,洪昇出身仕宦之家,受业名师,名满京城,本有意于功名仕途,但负才不遇,布衣终老,一生不得意,故只好以其余才而作戏剧。他擅长词曲,精于曲律,艺人演来,无不喉吻调协。剧家在京城追求的旧梦难以实现,"佯狂玩世,自晦于玉箫檀板之间"[2],现在只好在苏州观看他的剧作了。《舞霓裳》原是《长生殿》的前身,这里即指观演《长生殿》。当时人往往用《舞霓裳》借指《长生殿》。如陶孚尹绝句:"西泠词客寄情长,天宝遗音金屑香。鸡肋浮名等闲事,人间赢得舞霓裳。"即为一例。诗句又指艺人演唱的服饰与音

---

① 《清代诗文集汇编》393 册,页 161。
② 吴作梅《长生殿跋》。

乐都异常美丽,如入仙境。

第二首突出《长生殿》所描述的李隆基与杨贵妃的爱情,这种爱情曾经柔情似水,朝朝暮暮。密誓深盟,反反复复。如洪昇所说:"情之所钟,在帝王家罕有。"李、杨爱情,故尔反复观看,随时观看,都非常感人。每当演唱这位如同北齐后主高纬和南明福王这样不问国事,沉湎声色的无愁天子之曲,多少人都为之感叹销魂。这样的诗句,反映了《长生殿》的钗盒情缘得到广泛的共鸣而又不胜哀伤。

第三首指《长生殿》的主题寓意,在"陷关"、"惊变"、"埋玉"诸出以后,乐极哀来,垂戒来世:所谓"古今来逞侈心而穷人欲,祸败随之,未有不悔者也"。所以安禄山造反,起兵渔阳,中原鼙鼓雷动,"陷了东京,破了潼关","乾坤覆翻,社稷摧残",李唐王朝从此一蹶不振。这种兴亡之象,兴亡之感,充分反映在全剧中,处处令人哀叹。此处"兴亡满眼极堪哀"首先是对唐王朝"一轮落日冷长安"的悲悼,也有对历代兴亡的思考。

接着第三、四句,说到这次观演,本系《长生殿》全本,但因为洪昇原剧长达50出,一般需要两个日夜方能演毕,这次号称演出全本,但实际上有所删节。诗举出原剧第三十九出"私祭"被删,以为遗憾,要求应该按照原谱,恢复全貌,保留此出。

在折子戏盛行的年月,连钱德苍本《缀白裘》都不收的《私祭》,范来宗为何希望继续保留演出呢?这说明范来宗对《长生殿》非常熟悉,充满感情,任何删节、省略,都非常关注。其次,《私祭》敷演天宝旧宫人永新、念奴逃难来到金陵女贞观,在清明节,一面诵经,一面哭奠杨贵妃。李龟年流落江南,与永新、念奴相遇,追思上皇和遇难旧人,白发与红颜共同回首往事,"对话"兴亡。剧中二曲即为"对话"之词:

> 【前腔】恩难馨,恨怎忘,风流陡然没下场……名花无恙,倾国佳人,先归黄壤。总有麦饭香醪,浇不到孤坟上。只落得望断眸,叫断肠。泪如泉,哭声放。
> 【供玉枝】言之痛伤,记伺坐华清,同演霓裳。玉纤抄秘谱,

檀口教新腔。他今日青青墓头新草长,我飘飘陌路杨花荡。蓦地相逢各沾裳。白首红颜,对话兴亡。

《私祭》这一出,因为属冷场戏,历来很少演出,曲选也不收录,但由永新、念奴、李龟年唱来,仍然伤感凄凉,感人肺腑。范诗强调《长生殿》的兴亡之感,所以主张恢复原词,演唱此曲,以凸显"白发红颜对话来"的场景,这也是诗人文学情趣的表现。

第四首,反映诗人对当时戏剧兴盛非常了解,而观剧亦复不少,所以知道江南地方名剧很多,"纷纷名部"即形容各类名作纷纷而至,自己虽然年老迟暮也多了解。在这种戏剧环境中,中年以来即受到丝竹管弦的熏陶,现在再听到《长生殿》这样典范的戏曲,看到这样美妙的戏剧,就像当年刘禹锡听到何戡唱《渭城曲》那样的天乐一样了。刘禹锡在离别京城长安二十年后,见到唱曲家何戡,写了一首诗说:"二十余年别帝京,重闻天乐不胜情。旧人唯有何戡在,更与殷勤唱渭城。"范来宗这里既高度评价《长生殿》的演出如闻天乐,同时因为洪昇有强烈的兴亡之感,所以不胜感慨。

范来宗观演《长生殿》全本绝句四首,虽没有具体表现全本演出的场面,但表现了全剧的历史教训和剧家的感情重点,具有概括力。范来宗(1737—1817),字翰尊,号芝岩、支山,吴县人,宋名臣范仲淹的后人。乾隆四十年进士,选庶吉士,授编修,任国史馆提调总纂官。

舒位《瓶水斋诗集》卷四有《观演长生殿乐府》四首,诗谓:

(一)一饭张巡妾,三秋织女星。他生原未卜,此曲竟难听。羯鼓催鼍鼓,盘铃换阁铃。青山啼杜宇,何处雨冥冥。

(二)奉诏惭高颎,题诗怨郑畋。佛堂埋玉树,仙海寄金钿。客唱霓裳序,人输锦袜钱。江南花落后,重见李龟年。

(三)白发谈天宝,琵琶唤奈何。未应来赤凤,从此老青娥。杨柳词成谶,梨花泪更多。至怜汤殿水,兵马洗天河。

(四)酒绿红灯夜,春风舞一场。乱离唐四纪,优梦李三郎。

国事休回首,诗篇说断肠。谁知新旧史,多为郭汾阳。①

舒位(1765—1815),字立人,号铁云,直隶大兴人(今北京),乾隆五十三年举人。家境贫寒,任王朝梧幕僚,从征黔西,治文书,后以母老辞归,长于诗,自成一家,有《瓶水斋诗集》。又能戏曲,有《瓶笙馆修箫谱》,收剧四种。

这四首诗,第一首,感叹安史之乱,张巡死守睢阳,城中粮绝,士卒多饿死,巡杀爱妾供军士充饥。叛军至京城,杨贵妃不能再为明皇作翠盘之舞,倒换来了剑阁悲伤,这样的伤心之曲,实在不堪再听。

第二首,以《埋玉》为中心,叙说对杨玉环马嵬坡赐死的复杂情感。一方面,诗以陈玄礼比隋将高颎,敢于违抗杨广旨意杀死张丽华,而使杨贵妃自尽,肯定了军士哗变的必要。另一方面,剧中所演,明皇、贵妃,情感天人,虽在人间天上,仍然钿盒重圆,因而当时留下的霓裳羽衣之音,郑畋怀怨之诗,以及贵妃生前的锦袜,都能引起后人的怀念。像杜甫一样,大家都怕在江南落花时节,听到李龟年再唱离乱兴亡之曲了。可见剧中所写兴亡之感,虽在乾隆年间,也不能抹去。

第三首说到,《长生殿》这样的戏剧,如同白头宫女说天宝遗事,当年人物的琵琶弹唱也只是无奈之音。宫中没有"赤凤"这样的角色,少年宫女已日渐变老。伶玄《飞燕外传》记宫奴燕赤凤雄捷,通于飞燕姐妹。李商隐《可叹》诗,有"梁家宅里秦宫入,赵后楼中赤凤来"之句。这里舒位以赤凤借指安禄山。高宗永淳年间,有民谣说"杨柳杨柳漫头驼",预示着"杨"家的厄运,贵妃只有泪流满面,如梨花带雨一样。虽然华清池仍在,但经历过战争,大地山河已如同经过兵马冲洗,汤殿之水也遭兵马洗劫而"呜咽县前流"。

第四首说,在灯红酒绿之夜演出《长生殿》,看到了玄宗在位四十余年离乱,台上的李三郎只是优人而已。国事变幻已不必回首去看,写下诗句无非断肠之言。看戏的谁知道新、旧《唐书》那些历史,大家

① 《清代诗文集汇编》479 册,页 50。

都知道郭子仪平乱,功封汾阳郡王的历史功绩。

　　舒位观演《长生殿》诗四首,表达了对唐明皇、杨贵妃的谴责和同情,抒发了世事沧桑的感慨,肯定郭子仪平定安史之乱的历史功绩。其中既是观剧的观感,也有对历史的评述,文人观演历史剧都不免如此。

　　沈德潜《归愚诗钞余集》卷十,有《观长生殿剧》诗一首,诗云:

> 　　天长地久两情绵,一破潼关顿弃捐。雨际闻铃荒主泣,墓前观袜众人怜。道流海外传仙语,私誓秋宵缔姻缘。旧事凄凉谁写出,江南零落李龟年。[1]

这首诗以画龙点睛之笔,在指明唐明皇与杨贵妃虽是两情绵绵,设誓天长地久,但一旦遭逢国难,仓皇出逃,皇上也不会重情,而顿时丢弃誓言,将杨贵妃赐死。看来沈德潜是不赞同把唐明皇看作忠于爱情的皇上的。

　　汪沈琇《太古山房诗钞》卷一三《环秀集》上,有《观演长生殿即事成诗二章》,诗云:

> 　　珠被空闲复御床,爱将法曲按霓裳。雕栏芍药酣新雨,水殿芙蓉护晓霜。香拂金车朝虢国,声吹玉笛醉宁王。不堪蜀道重回首,冷尽华清十六汤。
> 　　芜宫槐叶落秋烟,赢得词臣哭管弦。沙苑草深迷玉辇,蓬山云断隔金钿。无人南内供朝膳,有客东城伴夜禅。莫奏开元旧时曲,至今愁绝李龟年。[2]

汪沈琇(1679—1754),字西京,号茶圃,常熟人,雍正七年贡生,官宣城教谕。有名于诗,为虞山诗派后期作者,沈德潜评其诗有风雨驰

① 《清代诗文集汇编》234 册,页 328。
② 《清代诗文集汇编》245 册,页 452。

骋之势。

《太古山房诗钞》由作者编年,可以知道其诗作于己未,即乾隆四年,则此《长生殿》演出亦在此时。该诗所述演出,有"晓霜"、"秋烟"等词,故演出应在秋日。所述剧情,包括《禊游》《埋玉》《闻铃》《哭像》《弹词》《雨梦》《觅魂》等出。诗意不在对演出的情节作出勾画,而是通过唐宫的变迁,唐明皇的凄凉晚景的形容,表达安禄山作乱后给唐帝国所引带来的悲剧。

姚燮《复庄诗问》卷八,有《观演长生殿院本有作》诗,诗谓:

> 铃骑渔阳递战书,上皇凄绝马嵬车。竟将烟月沉天宝,那有蓬莱幻海墟。殄夏原难仇妹喜,防秋应悔仗哥舒。佳人粉黛才人笔,收拾龟年涕泪余。①

姚燮(1805—1864),字梅伯,号复庄,又号大梅山民、疏影词史,浙江镇海人,道光十四年举人,博学多才,博览群籍,诗词骈文,皆有盛名,又兼长戏曲、书画,有诗词文曲多种著作存世,合称《复庄全集》。

姚诗编年,此诗作于乙未(道光十五年),剧演于此时。姚诗涉及安禄山渔阳起兵,玄宗西狩,马嵬兵变,玉环赐死,道士杨通幽上天入地寻找玉环等剧情。诗人认为,是风情烟月使开元天宝盛世陷入沉沦,太上皇便到蓬莱也不能现出海岛,见不到娘娘。天宝间唐代这段历史,就像夏桀宠幸妃子妹喜一样,无不荒淫亡国。危亡时依靠哥舒翰来守卫潼关,结果一战而降,明皇理应后悔莫及。演出《长生殿》,固然留下台上佳人的粉黛,剧作者才华和文采,而所有的历史教训和人世悲伤,却都囊括到剧中李龟年一边痛哭、一边演唱的《弹词》中。姚燮的诗,言简意赅,表现了自己对《长生殿》所写天宝遗事的评判。虽然看法不离旧套,但也是一种警醒。

宋鸣琦《心铁石斋存稿》卷二四,有《上元前二夕观灯剧归,成长歌

---

① 《续修四库全书》1532 册,页 667。

一首》。诗云:

> 春城日丽芳菲早,万户笙歌彻昏晓。枌社初联广座簪,华筵竞擘安期枣。打点清音传菊部,梨园玉笋纷眉妩。莺脰刚调缓缓腔,霓裳巧试仙仙舞。六街人语静无尘,碧落才升月一轮。乍惊火树银花合,瞥换瑶宫贝阙新。彩云匝地香芬馥,八百仙真跨鸾鹿。擎来异种贡蟠桃,争喜长空飞蝙蝠。致祥毕竟缘和气,鸿钧酝酿非容易。团就金刚不坏身,唤回铁汉皆如意。瞬息人间春复秋,长生殿上意绸缪。女牛预借良宵度,乌鹊休疑绕树游。是处闻灯都看到,珠场粉袂花含笑。相逢耕读互诙谐,一任渔樵同笑傲。升平乐事从头纪,甲子三千大千里。凤律回环六十周,龙韬岁籥光华始。富贵何嫌乐有余,倾城士女步徐徐。金钱戏掷楂头利,长铗轻弹比目如。风云变化生俄顷,赤鬣青鳞各雄逞。不分双剑跃延津,但搏红珠斗清影。首尾之而杳难测,爆竹一声如裂帛。神功敛退百福齐,玉烛调和群动息。贴地齀䶅倍爽神,诗囊酒伴尚逡巡。金吾那禁归来晚,多少康衢击壤人。①

这是一首描写上元节民俗活动的七言长诗。上元节即元宵节,也称灯节。一般从元月十一或十三就开始张灯结彩,上灯,接灯,演百戏,演影戏,到十五日进入高潮。宋鸣琦的诗没有写明这次观灯戏的地址,只提到“春城”。“春城”的称呼比较笼统。我们现在把昆明称为春城,但宋鸣琦没有在昆明做官,其诗反映昆明上元节演灯戏的可能不大。诗中提到“莺脰刚调缓缓腔”,莺脰湖在吴江,诗或是写苏州一带上元灯节演剧的情景。元马致远散曲《仙吕·青哥儿》“十二月”写杭州上元节活动:“春城春宵无价,照星桥火树银花。妙舞清歌最是他。翡翠坡前那人家。鳌山下。”②马致远说的“春城”,则指杭州。

　　这首诗前半叙春节后,温暖如春的“春城”嘉兴,已经万物复苏,芳

---

① 《清代诗文集汇编》474 册,页 595。
② 隋树森《全元散曲》,中华书局,1964 年,页 230。

菲早现,上元前二日,千家万户,已盛设华筵,响彻笙歌。场上传来梨园菊部装扮的社火,伴有舒缓的乐曲,穿戴华美的乐舞。新月光下,有八百仙人骑着仙鸾仙鹿、异种蟠桃以及象征吉祥飞舞的蝙蝠、千年不坏的金刚等彩扮游于街衢,一派仙宫贝阙,火树银花。观灯的游人士女,兴高采烈。

然后写到:"瞬息人间春复秋,长生殿上意绸缪。女牛预借良宵度,乌鹊休疑绕树游。是处闻灯都看到,珠场粉袂花含笑。相逢耕读互诙谐,一任渔樵同笑傲。"

诗写的是《长生殿·密誓》在上元灯节演出的情况。上元节迎花灯、演灯戏,古已有之。范成大诗:"吴台今古繁华地,偏爱元宵影灯戏。"南宋朱玉《灯戏图》,描绘元宵节宋都城汴梁两支舞队扮演人物故事的形象,无论装扮或表情都非常诙谐滑稽,如同表演故事。元明清戏曲形态成熟,元宵灯戏也从灯影戏、宋杂剧走向南戏和传奇剧,如贵池元宵节上演《刘文龙》《孟姜女》等戏,《红楼梦》"荣国府归省庆元宵",上演《一捧雪》《邯郸梦》《长生殿》《牡丹亭》的折子戏。凑巧的是,宋鸣琦所记春城元宵灯剧为《长生殿·密誓》,与《红楼梦》元妃省亲所选、所演《长生殿》的折子戏一致,这反映出《长生殿》是清代元宵灯戏的常演剧目,可以说《密誓》在一定程度上已成为元宵民俗活动的喜闻乐见的剧目。《长生殿》演出的民间化于此可见一斑。

宋鸣琦(1763—1840),江西奉新人,弱冠补博士弟子员,次年举于乡,三年后成进士,任过仪制司主事,校读《四库全书》,嘉庆四年(1799)任叙州知府,续任嘉州(今四川乐山)知府,十五年(1810)权川南道印,升广西盐法道,退归后主讲豫章书院。其观灯剧诗作于戊子(道光八年,1828),是在退职之后。

清人《桃花扇》的咏剧诗和观演诗

一、清人的《桃花扇》咏剧诗

孔尚任的《桃花扇》,以其严谨的历史态度,虚实结合的创作方法,鲜明的历史与现实内容,问世后便引起社会的高度关注。诗人或读剧而撰咏剧诗,或观演而撰观演诗,用以赞美剧作,评判人物,抒发历史悲情和时代情怀。明清易代,南明覆亡,对经历这一历史事件的诗人来说自然是永远无法抹去的伤痛,即便在清廷巩固了统治地位,甚至经过"乾嘉盛世"以后,这种华夷之辨,文化和感情的裂痕,依然无法弥合,一旦触及这一敏感话题,仍然会借戏剧抒发思古之幽情,表达故国之思,禾黍麦秀之感。所以围绕《桃花扇》的咏剧诗和演剧诗,就连绵不绝,不胜枚举。赵山林《历代咏剧诗歌选注》收有金埴、吴陈琰、王特选、孔传铣、厉鹗、张问陶、舒位等约10家、诗词近30首。这些都是重要诗家的代表诗作,很有价值。我在读清人诗集时,还见到更多的诗家,不断为《桃花扇》题写诗词,就《桃花扇》所谱历史事件、历史人物,发表评论,抒发情感。

如果说《桃花扇》的演出不是很普遍、很经常,自然也不是最多的,但清代诗人为《桃花扇》所作的歌咏和题诗,除已知张问陶、舒位等人的诗作之外,就我所见,仅乾隆至嘉庆年间粗略统计一下至少还有30余家,如王苹的《题桃花扇乐府四绝句》,孔传铎的《题桃花扇歌》,郑江的《题桃花扇院本》,程盛修《曲阜怀孔岸堂先生兼题桃花扇后》,商盘《题桃花扇》,吴燨文《阅桃花扇十二截句》,钱琦《题桃花扇院本后十二首》,陶元藻《题桃花扇院本》,孙士毅《书桃花扇传奇后》,李友棠《题桃花扇传奇》，沈初《柏心有桃花扇传奇题词六首偶和之》，张埙《孔东塘桃花扇题辞》，王元文《题桃花扇传奇》，茹纶常《题桃花扇传奇十首》，韩是升《桃花扇题词》，石卓槐《桃花扇题词》，邵晋涵《读桃花扇乐府》，秦瀛《偶题桃花扇》，沈赤然《题云亭山人桃花扇传奇》，王筠《题桃花扇》，师范《题桃花扇》，李赓云《题桃花扇绝句》，薛传源《题桃花扇传奇》，李燧《题桃花扇乐府》，王士璂《题桃花扇传奇》，叶炜《书桃花扇传奇后》，宋椿《灯下阅桃花扇传奇》，查揆《自题桃花扇传奇》，宋之睿《题桃花扇传奇》，邵葆祺《题桃花扇传奇》，陈文述《秦淮访李香君故居题桃花扇乐府后》，管筠《题桃花扇诗》，邵葆祺《题桃花扇传奇》，郭书俊《桃花扇传奇题词》，王衍梅《题桃花扇传奇》，等等，各体诗约有200首。这在所有的杂剧传奇的题词中，恐怕是最多的。这些诗说明《桃花扇》在清代持续的思想和艺术影响，也说明了清代诗人对明代灭亡长期不寻常的反思。

咏《桃花扇》诗，大多不脱回顾南明史，指斥南明朝廷腐败的内容，并借以抒发国家兴亡之感。如孔传铎诗：

> 南朝自古伤心地，那堪追数当年事。偏安天子学无愁，泣血老臣徒倡议。殿前狎客何猖狂，广搜娥眉媚君王。不管江南与江北，且临凝碧奏霓裳。……乾坤正气渔樵有，野老悲歌来击缶。时移事去失中原，夜半将星陨如斗。岂但章台柳色休，吴宫花草尽含愁。石城一旦降旗出，无复吹箫十二楼。六十年来如转电，谁将艳曲开生面。新人欢笑故人哀，劝君莫唱桃花扇。①

这首七古，从福王的昏庸、好色，朝廷的腐败、纷争，说到史可法勤王，将星陨落，及至中原板荡，南明覆亡。时间虽过去六十年，但国家覆灭，仍旧使人伤心不已。诗人设想，石头城里，再也无法见到章台的旧人，听到当年十二楼的箫声，那里的山山水水，如同当年吴宫花草，无

---

① 《申椒集》卷下。

不处处饱含失国的哀愁一样。往事不堪回首,《桃花扇》恰又再揭伤疤,把旧事重提,如果演出这样的剧作,剧场里将会出现"新人欢笑故人哀"的情景,这就更令人难堪了。所以作者最后说:"新人欢笑故人哀,劝君莫唱桃花扇。"作者知道《桃花扇》是一部别开生面的剧作,而怕看这样的剧作,这又是一种怎样的悲哀。

诗中表现的这种兴亡之感,可以作为清代初中期许多汉族士人反观历史,回顾明亡旧事复杂感情的代表。这种观感,其他作者也都或深或浅、或浓或淡地倾注在其歌咏《桃花扇》的诗中。如韩是升《桃花扇题词》诗:

挑灯夜读桃花扇,南渡兴亡尽此编。沉醉朝廷巢幕上,临戎宰相哭江边。

中原鼙鼓收残局,旧院笙歌惨别筵。血迹泪痕磨不灭,春风一握最堪怜。①

王士璜《题桃花扇传奇》:

南朝旧事话难休,付与渔樵醉里讴。红粉青衫香梦断,夕阳衰草汉宫秋。

誓师空对三军恸,建社何堪一网收。读罢云亭新乐府,残山剩水恨悠悠。②

秦瀛《偶题桃花扇》:

南朝旧事话零星,法曲钿蝉不忍听。扇底桃花数行泪,秋风愁杀孔云亭。③

① 《听经楼诗稿》卷三。
② 《河璜老屋诗集》卷六。
③ 《小岘山房诗集》卷一一。

或把南渡遗恨,说得如血迹泪痕不灭,或形容时代成残山剩水留下悠悠长恨,或从桃花扇底见到孔云亭的泪痕,这些都是回顾六十年前历史所产生的共鸣。这应是明遗民诗人怀念故国情感的继承。

咏《桃花扇》诗在表达时人的兴亡之感时,对剧作人物,同时也是对真实的历史人物作了品评。诗中或赞美,或同情,或鞭笞,态度鲜明,感情强烈。在评述中,他们对剧作者描绘人物的艺术能力、艺术技巧多作了充分的肯定。

宋梌《灯下阅桃花扇传奇》诗:

> 屡剪残红倦眼开,南朝旧事剧堪哀。青楼豪侠奄儿伎,妙笔宛如绘出来。①

诗中所说南朝旧事,即南明覆亡旧事。这样的家国覆灭之痛,使人哀伤不已。这种哀伤不是泛泛的哀恸,而是非常强烈的哀恸,诗中下一"剧"字,即表示非常强烈。剧本不止写出了历史的悲剧,还写活了其中各色人物,如身处青楼,具有豪侠之气的李香君,如作为魏党子孙的马士英、阮大铖,他们专权行奸,陷害善类,如同当年奄儿故伎重演。其人物形象都刻画得栩栩如生,就像高明的画家用生花妙笔描绘出来的一样。诗句很短,宋梌这里只是提及主要的代表人物,而无法涉及其他。但"妙笔宛如绘出来",其实概括了宋梌对全剧所塑造的各色人物形象的鲜明、生动的评价。

这在许多诗里都可以看到。如钱琦诗:

> 老成谋国鬓丝斑,力振孤军势已屏。坐位尚然争不定,共谁更说旧江山。
> 登场傀儡魏家儿,蟒玉承恩得气时。长此东林一网尽,桃根桃叶总残枝。②

① 《鸡窗续集》卷六。
② 《湖墅钱氏家集》卷二。

这是惋惜史可法,而指斥马、阮的。诗结合剧中《争位》一出故事,说福王小朝廷已如残枝败叶,腐败不可收拾,马、阮则是一伙阉党子孙,继续陷害东林清议之士而倒行逆施。他们的所作所为,恰如傀儡登场作最后的表演。史可法临危受命,困守扬州,虽然竭尽全力,因受制于马、阮,而一筹莫展。当年高杰、黄得功、刘良佐、刘泽清等所谓江北四镇,相互水火不容,为争夺军中地位吵得不可开交,剧词说"没见阵上逞威风,早已窝里相争闹",以致互相残杀,内讧如此还说什么保卫江山社稷呢?这是剧作写下的历史悲剧,也是钱琦对这一悲剧所作的反思。

陈文述诗:

> 东下黄河起阵云,只余残泪哭三军。十年五度扬州过,再拜梅花阁部坟。①

《桃花扇·誓师》,叙黄河三镇被马、阮所撤,黄河一带已成空营,军心动摇,南京危急,史可法泣血扬州,收拾残局。诗人为表现对史可法的崇敬,因而每从扬州经过,都到梅花岭下拜谒史可法的衣冠冢。

张问陶诗:

> 生遇群奸死报君,裹尸惟藉一江云。梅花岭下衣冠冷,凄绝前朝阁部臣。②

这正是清代士大夫对史可法以死报国精神的礼赞。

赞美李香君的诗对她的识见不同凡俗及行为的激昂果决,同样充满热情和崇敬。如李梿诗:

> 血洒桃花泪万行,秦淮呜咽助凄凉。权奸得志终遗臭,翻逊

---

① 《颐道堂诗外集》卷九。
② 《船山诗草》卷五。

青楼侠骨香。①

师范诗：

扇底花开别是春，不随凡卉落红尘。珠帘高卷江南月，自是
当时齿冷人。

燕子笺残党局更，桃花三月雨空晴。敬亭流落昆生死，肠断
秦淮玉笛声。②

王元文诗：

白马清流祸又成，东林复社两峥嵘。青楼也折权奸气，奇绝
千秋女祢衡。③

钱琦诗：

翩翩公子醉红裙，一夕桃花散野氛。不爱妆奁爱名节，青楼
千古李香君。④

这些诗赞李香君虽在青楼，却不同凡卉。爱重名节，勇折权奸，一
副丹心侠骨，成为女中祢衡，奇绝千秋。可以看出《桃花扇》中的李
香君以及同样具有侠骨热肠的柳敬亭、苏昆生，在清代诗人心目中
的地位。

比较少见而又带有综合历史经验性质的诗篇，可举出王衍梅的
《题桃花扇传奇》：

---

① 《鸡窗续集》卷六。
② 《金华山樵诗前集》卷一。
③ 《北溪诗集》卷九。
④ 《澄碧斋诗抄》卷二。

桃花扇坠锁楼香,菊部新歌妙擅场。四镇虫沙空蔓草,六朝
雅点几垂杨。炉灰已尽庚申画,羽檄仍移戊巳防。惨淡风烟缠半
壁,迷离云雨梦高唐。春灯曲里霓裳破,璧月圆时玉树凉。辱井
胭脂缢帝子,秋堂蟋蟀闹平章。铜驼有泪抛金甲,石马无声卧铁
枪。闪闪萤流隋苑血,亭亭翠失汉宫妆。猳儿撼索惊箫史,燕子
衔笺泥阮郎。江上貔貅谁管籥,厂中缇骑又银铛。鬼薪早报输刘
辅,囊木争传械范滂。仅见黄冠逃故吏,终成青盖走屏王。陆沉
典午嗟何及,皇恐零丁黯自伤。岂曰无衣思复楚,可怜怀石竟沉
湘。招魂客剩张三影,落魄人悲脱十娘。断雁枉驮穷塞主,邻鸡如
哭板桥霜。由来南渡君臣狃,剧过西山寇盗狂。一局棋差缘采矿,
千金堤坏在萧墙。清流党祸生奄祸,末劫兵荒坐色荒。遂有雅音
惩板荡,徒令佳话播平康。英雄儿女都销歇,红杀啼鹃字数行。①

诗把历代失国帝王的耻辱与南明福王的荒淫误国联系起来,抨击守卫
南京的江上貔貅不堪一击,揭示阉祸、党争之祸出自萧墙,导致神州陆
沉,英雄殉难,生民涂炭。《桃花扇》作为时代雅音,写了已经消歇的英
雄儿女,也留下了如同杜宇泣血所剩的数行热血,这是何等的悲哀。

清人诗对《桃花扇》的结构技巧也有独到的评价。钱琦诗:

天荒地老可怜宵,才子飘零红粉消。半壁南朝一柄扇,留将
闲话付渔樵。

"半壁南朝一柄扇",高度概括了孔尚任剧构思的精妙。正如孔尚任自
己所说:"桃花者,美人之血痕也;血痕者,守贞待字、碎首淋漓不肯辱
于权奸者;权奸者,魏阉之余孽也;余孽者,进声色、罗货利,结党复仇,
隳三百年之帝基者也。"这是所谓"桃花扇底系南朝"巧妙构思的概括。
陈文述说:云亭山人的"清狂"之处,是"不写英雄写儿女,水天花月总

---

① 《绿雪堂遗集》卷八,《清代诗文集汇编》517 册,页 414。

沧桑",从侯方域与李香君的爱情遭遇中看到世事沧桑,从他们的遇合中写出悲壮,无疑打破常规,独树一帜。而这种时代沧桑之感,水天花月的情感寄托,恰是"女儿能作忠臣气"留下的风采。这种儿女之情与国家兴亡联系得如此紧密,息息相关,与以往的传奇相比,显得更为突出。这正是孔尚任这部传奇结构上出神入化的成功之处。

有的诗人还以为,孔尚任这种艺术构思和艺术观念,与汤显祖有密切关系。或者说,孔尚任正是继承了汤显祖的情至论,才发展到《桃花扇》具有历史深度的"情"的表现。

茹纶常诗:

> 绝调宁同燕子笺?重开坫坛继临川。休言情种关儿女,可作南朝野史传。①

这说明,《桃花扇》的历史情结,正是汤显祖至情论的发展。

二、《桃花扇》演剧诗

上世纪末叶,学术界对《桃花扇》是否适合演出,以及在清代是否有过舞台演出,曾有一次讨论。讨论中,蒋星煜先生根据孔尚任的记述,田雯、刘中柱、宋荦、李楠、王昶、吴陈琰等人的题剧诗和观演诗,证实了"桃花扇并未绝迹于清代舞台"、"桃花扇从未被表演艺术所漠视",或者甚可以说:桃花扇在清代演出非常盛行。②"非常盛行"虽不一定,但不断有过演出或庶几有之。不管如何,从观剧诗来考察剧目演出情况,是一条重要而可靠的途径。蒋先生的研究为我们提供了可行的方法、学术的思路,值得我们学习和借鉴。

我在翻阅清人诗文集时,也发现了顾嗣立和宫鸿历的两首观演《桃花扇》诗。它们与宋荦的诗关系密切,作为对蒋先生文章的补充,

①《容斋诗集》卷三。
② 见蒋星煜《〈桃花扇〉研究与欣赏》,上海人民出版社,2007年,页151—180。

现逐录如下。其中宋荦诗，蒋文已引录其中一、六两首，但诗题作《题桃花扇》。赵山林《历代咏剧诗歌选注》收其六首，但也题作《题桃花扇》。我所见《清代诗文集汇编》所影民国六年宋格宰重刻本《西陂类稿》，则作《观桃花扇传奇漫题六绝句》，故我怀疑宋荦诗原本是一首观剧诗而非题剧诗。诗中"今日梨园谱旧事"就证明是观演而非对文本的题咏。与之相和的宫鸿历诗其题也作《观桃花扇传奇》(见下文)，同样证明宋诗本是观看演剧之作。刘中柱诗，蒋先生有摘录，并配有书影，这里不重复。

宋荦《西陂类稿》卷一七，有《观桃花扇传奇漫题六绝句》如下：

> 中原公子说侯生，文笔曾高复社名。今日梨园谱遗事，何妨儿女有深情。
>
> 南渡真成傀儡场，一时党祸剧披猖。翩翩高致堪摹写，侥幸千秋是李香。
>
> 气压宁南惟倜傥，书投光禄杂诙谐。凭空撰出桃花扇，一段风流也自佳。
>
> 泪作桃花寄怨孤，天涯把扇几长吁。不知壮悔高堂下，入骨相思悔得无。
>
> 陈(定生)吴(次尾)名士镇周旋，狎客追欢向酒边(原注：柳敬亭、苏昆生)。何意尘扬东海日，江南留得李龟年(原注：丁继之)。
>
> 新词不让长生殿，幽韵全分玉茗堂。泉下故人呼欲出，旗亭樽酒一沾裳。

宋荦的诗，或说南明党祸，或说侯李爱情，重点仍在赞美李香君的气节，突出《桃花扇》所写侯李爱情与国家兴亡的关系。但就其涉及剧中人物看，除看到侯李深情、南明党祸、朝廷傀儡以外，还有柳敬亭、苏昆生、丁继之这些人物的戏份。尤其是第五首提到的丁继之，原是眠香楼的清客，战乱以后，即诗所谓东海扬尘之日，入了采真观，到第四十出《入道》，侯方域拜他为师父，再次出场。这个人物在剧中戏份极少，但却贯穿始终。宋诗提起这个人物,说明宋荦观演的或是《桃花扇》较完整的演出。

再看下文宫鸿历的诗。宫诗是宋诗的唱和之作,是同一次观剧的记录。宫诗作于康熙四十三年,则宋诗与之同时,也在康熙四十三年。

宫鸿历《恕堂诗感秋集》上,有《观桃花扇传奇六绝句次商丘公原韵》诗①,诗云:

> 燕子衔笺作戏场,翻山黄鹄尽披猖。扬州相国成何事,且续文山一瓣香。
>
> 唱董逃行去何所,听檀来歌事不谐。未知楚国两奇士,度曲弹词日夕佳。
>
> 美人名士尽羁孤,壮悔堂空足叹吁。商略此身归著地,却除害马入虚无。(原注:传奇末诸公皆作道装。)
>
> 金虎宫邻失斡旋,横空杀气浩无边。念奴贺老今余几,花甲平头六十年。
>
> 桑有柔条麦有芒,公余习射出东堂。传奇院本浑闲事,要使吴侬见衮裳。②

宫鸿历(1656—1718),又名鸿律,字櫄鹿,别字恕堂,泰州人。出身贵显,而常与贫士行歌于酒市人海间。康熙四十五年进士,选庶吉士、编修,擅长诗文,名重一时。有《恕堂诗》。诗编年,此诗作于甲申,即康熙四十三年(1704),此次《桃花扇》演出亦在此年秋季。

宫鸿历诗的标题所指商丘公,就是宋荦。故该诗即是对宋荦诗的步韵,二者同为六首(只是今影本只剩五首),每首韵脚相同,所韵亦为《桃花扇》的同次演出。与宋诗相比,宫诗多注意于史可法,诗中将之比拟为文天祥,是重要的思想亮点。宫诗称柳敬亭、苏昆生为楚国两奇士,柳敬亭是泰州人,苏昆生自称固始人,都属楚人。他们一个唱

---

① 据《清代诗文集汇编》影印本,首诗空白,故实缺第一首,共五首。第二首起。
② 《清代诗文集汇编》196 册,页 457。

曲,一个说书,虽地位低下,但所作所为,都如同豪杰之士,这也比宋诗更能反映他们在剧中的作用。

顾嗣立《秀野草堂诗集》卷三,有《十二月十四日商丘公招同朱竹垞、蔡息关、邵子湘、张超然、冯文子、张日容、吴荆山、胡元方、徐学人、汪西亭、陛交徐七来令嗣稚佳、兰挥,令孙经一西扯,集小沧浪观桃花扇传奇,谨次原韵六截句》。诗六首,诗云:

> 桃花佳话订三生,雪苑侯生趁美名。跌宕新声传乐府,缘知才子最多情。
> 词翻燕子斗欢场,老阮余威熊更猖。剩水残山留一角,又将歌舞上披香。
> 画阁笙箫调玉茗,旗亭谈笑说齐谐。一时复社皆名士,着个闲人亦复佳。
> 眼识陈吴品格孤,送君桃叶暗嗟吁。李姬还有琵琶调,试问侯生记也无。
> 四镇骄奢费斡旋,宁南髀肉老刀边。西风猎猎沧浪碧,劫火销沉六十年。
> 绛纱银蜡迷深院,白发青衫满后堂。不是中丞新顾曲,人间何日见霓裳。

此诗与宋荦、宫鸿历六绝句同为六首,押韵相同,说明它是与六首宋诗的唱和步韵之作,但是否属同次观演唱和,则存疑问。疑点有四,一是宋、宫的诗,都没有涉及演出地点,而顾诗标明在"小沧浪",即在山东济南大明湖附近。如果同在"小沧浪",宋、宫二人为何一无涉及?二是宋、宫二人,都没有提到同时观演的其他客人,而顾诗却详列了朱彝尊、蔡息关(方炳)、邵长蘅、汪西亭等许多学者名流。一般来说,如果一次演出中有这么多名人同时观剧,主人会引以为荣或礼貌地予以表现。宋、宫二诗未有一字表露,令人怀疑这些名流并未同时观演。三是顾诗详列了同时受邀观剧的不少客人,连几位令嗣、令孙都加罗列,但恰恰没有提到宫鸿历,这不应是顾嗣立的疏漏,而是说明宫鸿历这次没有受邀。四是宫鸿历诗写到演剧时间是"桑有柔条麦有芒",也就是春天季候,而顾嗣立的诗标明时间是"十二月十四日",前后相距约两三个月。有这样不同,可以推断顾嗣立所观,应是宫鸿历未曾参与的另一次《桃花扇》演出,顾嗣立只是为了表达对宋荦"招同"的感谢而步韵宋荦观剧诗而已。

顾诗提到"劫火销沉六十年",是说《桃花扇》所叙南明故事,已过了六十年。从弘光朝到康熙四十四年,正值一个甲子,即六十年。于此可以推论,顾诗应作于康熙四十四年(1705)前后不久。可知宋荦在康熙四十三四年间,即举办了两次《桃花扇》的演出。

顾嗣立的观演诗,肯定了侯方域才子多情,复社名士的反阉活动,《桃花扇》表现了一段风流佳话。诗对史可法调停淮上四镇的苦心、宁南侯的宝刀空老,充满同情,对马、阮猖狂误国予以斥责。诗还对主人演出新剧,以及演出的精美表示称赞,与李、宫诗同中有异。

明清两代诗文家、诗词家,留下了不少相关的诗词作品,记录了戏曲作家的人生经历、社会活动,记录了不少稀见或不为人知的剧目,记录了剧目演出的环境和背景,对演出剧目作诗化的描写和评价,对艺人的演技和才艺作具象的描写。如此之类,都是诗的戏剧史和演出史的一部分,是戏剧史和演出史的重要补充。参照诗话包括对诗史、诗评、诗人故实、诗本体诠释之例,这类用诗(及词)对剧作家、戏曲作品、戏曲演出、艺人才艺所作记录的文字,固属观剧演剧的诗存,也可称之为诗的剧话、剧的诗话。

这些诗作在记叙明清戏曲演出史上有重要的文献价值和认识价值。

第三编　诗外谈剧

汤显祖研究资料的新发现

　　汤显祖在文学上、戏剧创作上，成就很大，地位很高，影响很深。学文学的、学戏剧的，都比较关心。2016 年是汤显祖逝世 400 周年，他与英国戏剧家莎士比亚、西班牙小说家塞万提斯同年去世，他们也是逝世 400 周年。世界各国都在准备纪念这三位世界文化名人，我们自然不能置身事外。而且汤显祖与莎士比亚都是戏剧家，是东西方两大巨星，无疑有更多的话题，值得我们去研究，去探讨。所以我们理应投入更大的热情、更多的精力，做出成绩与贡献。

　　我国学界对汤显祖的研究历来是重视的，在文学研究和戏曲研究中，汤显祖与他的"四梦"研究一直都是重要题目。近 30 年来，汤显祖研究论著，更如雨后春笋，不断破土而出，引人注目。老专家老树长青，新专家不断涌现，这些都反映了汤显祖研究的新气象、新局面，我们从中可以学习到的东西是非常多的。

　　以前围绕教学需要，我对汤显祖的生平思想和剧作有过一些接触，读过前人和今人的一些著作，但以前因为找书不便，借书困难，读书很少，研究也不多；经过改革开放，许多大型丛书陆续问世，丛书中收录了许多过去无法看到的书，这时以自由之身，就开始在图书馆东翻西看，寻找读书之乐。先从《四库存目全书》《续修四库全书》《四库未收书》等作选择性阅读；接着逐册阅读、翻检《清代诗文集汇编》，陆续发现一些前人未曾见到或未曾论及的有关汤显祖研究的资料，于是兴趣就主要集中在资料上。所以今天的讲题，也集中于资料。经过多年的阅读、翻检，虽然只是做了几年书虫和文抄公，但也有一些新的发现。为了在汤显祖研究上不与他人重复或少与他人重复，愿借这次讲座的机会,与大家谈谈这些新资料,并分析一下这些资料的研究价值。

一、从汤显祖文献辑佚与考订着手, 增加对汤显祖交游的了解

汤显祖文献辑佚不少人做过,如毛效同的《汤显祖研究资料汇编》,徐朔方《汤显祖全集》的辑佚部分,还有江西本地的专家学者如龚重谟等从方志、家谱中发现的一些序传,吴书荫、郑志良发现的汤显祖文章、论著等,有相当多的收获。我因借助于"四库"系列丛书,从这些丛书收录的明人文集中,发现了汤显祖为师友、文友所写的六篇序文及一篇游记,即:为何镗《名山胜概记》所作《名山记序》及《记山阴道上》,为彭辂文集所作《彭比部集序》,为陈完所作《皆春园集叙》,为沈思孝所作《溪山堂草序》,为李言恭所作《青莲阁集序》,为周更生所作《虞精集序》。除《记山阴道上》真伪有疑问外,其余六篇,都是汤氏为名家文集所作序,也都刻入名家集中,其可信度、可靠性应无疑问。这些佚文,发表后即为徐朔方先生所肯定,随即征询鄙见,将四篇轶文收入其新编《汤显祖全集》中。现今又收入上海古籍出版社新版《汤显祖全集全编》,以飨读者,以供研究。

辑录佚文,属研究的第一步工作。有了材料,需要作进一步的考订与论证。即考订文字的真伪,阐释汤显祖与文集作者的关系,序文写作的若干背景,论述佚文对了解汤显祖的思想、交游的价值。如汤显祖为彭辂所作序,彭辂比汤显祖年长30岁,属两代人。彭何以邀请汤显祖为他的诗文集作序呢?查读的结果是,因为彭辂早年就听说汤显祖的文才,对他刮目相看。出于对汤显祖人格学问的仰望,彭的两个儿子,又曾到临川师事显祖多年,彼此的来往沟通就不奇怪了。沈思孝为何也请汤显祖作序?通过了解沈思孝、汤显祖的仕途经历,他们曾在京城上计时有过一次会面。重要的是,沈思孝是反张居正夺情的英雄,因为反对张居正,他被谪戍广东神电卫。汤显祖不满张居正的专横和官场的腐败,也被谪放徐闻,其往来岭表,所居房舍正是沈思

孝当年留下的遗戍之所,睹物思人,不能不感慨系之,于是以序表达自己的心迹,显示彼此宦迹与心灵的契合。这两位在政治、文化上有重要影响的人物,在已有的汤显祖年谱中,或尚未留下踪迹,或虽有涉及,却独缺与谱主汤显祖的直接联系,这是当时不曾得见汤显祖这类佚文的结果。发现这两篇序文,就可以填补此处的空白。可见这样的文字,对了解汤显祖的交游和思想,无疑有重要的意义。

在汤显祖的交游中,还有一位重要人物——李言恭(惟寅)。这位李言恭,是随朱元璋造反的开国功臣曹国公、武靖侯李文忠的后人。李文忠的后人经靖难之变,有过衰落反复,但到嘉靖时起用功臣后代,六世庭竹,再袭临淮侯,开府湖湘,领南京军府。七世言恭,字惟寅,号秀岩。生于嘉靖二十一年(1542),卒于万历二十七年(1599)。他在万历三年袭封临淮侯,环卫侍直,留守南京,十四年调京城,加太保,总督京营。承袭"开国辅运推诚宣力武臣"的官阶。这充分显示了他的家庭背景,社会地位。这位开国显贵后裔,自己也袭侯王封号,位至元戎,这在明代文人中可谓绝无仅有。

然而李言恭并未以家庭背景和自己元戎的身份骄人,并以此立足朝野。其实曹国公、临淮侯及其后裔,在明代诸军将中,比较重文教,重读书。当年李文忠虽以贵戚佐太祖于马上,但在诸武将中唯他好读书史,所以开国后兼领过国子监。文忠后裔、言恭之父李庭竹,人称盱山公,开府湖湘,守备南京时,又以"宏德邃学,庄简恤士"著称。故当时人王兆云说:"侯之先寔出岐阳武靖王文忠。文忠为佐明元勋,相传从戈矛以翊皇运,而马上诵读,迄成通儒。及宠司成,任兼文武,至今称之。厥嗣盱山公绍承祖烈,开府湖湘,其宏德邃学,庄简恤士,又当文恬武嬉,千载一时之会,由是观之,公子之诗学由来久矣。"①钱谦益对李言恭诗文的家学渊源也作了如下的概括:"李氏自岐阳父子,已好文墨,亲近文士。惟寅沿袭风流,奋迹词坛,招邀名流,折节寒素,两都词人游客,望走如鹜。"②这可以大致看出这位万历临淮侯的文化底蕴。

① 王兆云《皇明词林人物考》卷一二。
② 钱谦益《列朝诗集小传》丁集上。

如此,较之前代,李言恭诗作愈多,与文人交往更频繁。据陈田《明诗纪事》及王兆云《皇明词林人物考》,李言恭有诗集四种。一为《贝叶斋集》,王世懋序之,集佚,序见存于《王奉常文集》卷六。言恭府邸有斋名"贝叶",他曾为此斋题诗曰:"时来杖锡僧,跌坐谈世劫。得悟真菩提,何须翻贝叶。"可见这部诗集的主要内容多与僧人往来之作,主旨多说佛家空寂之教。这大约与深知朝廷斗争的激烈而产生的恐惧感不无关系。二为《楚游稿》,据朱之蕃《盛明百家诗选》的诗人籍贯简介,知它是随其父守湖湘时以出游、访友、宴酬为主要内容的诗集。无锡人俞宪在所编的《盛明百家诗后编》又称之为《李公子集》,实即《楚游稿》。现存诗近100首,都是游历湖湘所作。俞宪的《盛明百家诗》收《李公子集》在隆庆三年(1569)秋,可知它们是24岁前的作品。三为《游燕集》,今亦不存。顾名思义,这应是万历十四年他从南京调北京后的作品。四为《青莲阁集》,十卷,有陈文烛万历辛卯(十九年)序,李维桢序,汤显祖二十三年序。

汤显祖为李言恭《青莲阁集》作的序,题为《李秀岩先生诗序》,原汤显祖诗文集缺载。其文曰:

> 昔先王治军以礼。太师持六同之音,以听其风。俎豆弓矢,其道不异。盖时天子六卿,六师帅也。下及春秋列国之卿,将三军者,必且于名誉甚都。如云郤谷,说诗书,敦礼乐,其浅者耳。故其军旅誓告之文,宾客劳赠之纪,各称《诗》引《礼》,学而后政可知也。师固邦政。无学而以军,此其于折冲也,必不在尊俎间矣。观惟寅有昔人之思焉。其于戎政也,若汉南北军皆隶之矣。咏其《青莲》《贝叶》诸篇什如干,一何暇也。天子大搜、和戎、宴对之事,父子弟兄宾游、山川花鸟之观,行役瘁愉,一付之声诗。节和而锵,致蔚而亮。无论归来箛鼓,徒步山冈,即春秋列卿,酬奏音旨,当不是过。盖予于惟寅,游十余年矣,入都见其居处,供具萧然也。惟寅曰:吾名为侯,其实一禅那耳。唐人以诗思清,为"门对寒流雪满山",所致惟寅诗,其亦有清寒之色耶?善哉,太仓王

奉常之言：他公侯好子女、玉帛、狗马，而惟寅好诗。嗟乎，子女、玉帛有尽，而风雅无穷。惟寅其不朽矣。

　　　　万历二十三年仲春上浣日　　临川汤显祖谨序①

　　汤序的前半，从李言恭既是武臣又是诗人，既执兵权又操文柄的特殊地位出发，故始自先王的治军，说到战国的将军；从军旅之事，说到诗书礼乐之事。序文所说的先王治军之道，天子六师之制，以及郤谷说诗书敦礼乐等事都是依据儒家经典概括出来的。如《尚书·周官》谓天子六卿：冢宰、司徒、宗伯、司马、司寇、司空。其中司马有掌邦政，统六师，平邦国的权力和责任。天子即为总的统帅。周时六师，都重礼乐，不仅大小司马教战之法，要行祭祀，修祭礼，钟鼓之乐相随；大小宗伯更以执掌邦礼为主要任务，下有乐师教舞，大师掌六律六同（六吕），教风、雅、颂、赋、比、兴等六诗。《礼记·哀公问》说："军旅有礼，故武功成也。"到战国时代，这种传统还有所保存。当时统帅三军的将军，也都熟悉诗书、礼乐，如《左传》记僖公二十七年，楚与诸侯围宋，宋君到晋国告急求救，晋国君臣议定借春猎（搜）为名，以解宋国之围。他们在为挑选元帅而犯愁的时候，赵衰提出："郤谷可。臣亟闻其言矣，说礼乐而敦诗书。诗书，义之府也；礼乐，德之则也。德义，利之本也。"郤谷就凭着熟悉诗书、礼乐，做了元帅，赵衰、先轸等将军只好做了副将。在城濮之战中，一战而霸。这也是当时的治军、打仗需要发布誓词文告，需要应酬赠答，需要赋诗言志，所以仍然很注重诗书礼乐的应对能力的反映。汤显祖从这里得出结论：学而后可以为政。没有学问而治军，没有较深的文化修养而为军旅之事，那就不能发挥文化积累的优势，发挥文化的智慧，以至在诗书礼乐、杯酒言辞之间，巧妙地化解冲突，化干戈为玉帛。这大约是汤显祖对军事家及如何化解军事冲突的美好期望。

　　汤显祖论先王治军，或论"学而后政"，都是为了引出李言恭身兼

————————

① 李言恭《青莲阁集》，见《四库未收书辑刊》五辑。

文武、集武事和文事于一身的双重身份。序文说他,作为武臣,本职是京城侍卫,京营总督,职责相当于汉高祖时负责管理京师护卫的"南北军"。① 既然从事于"戎政",其中就有天子大搜、和戎、宴对之事,有酬奏音旨、行役瘁愉之劳。寥寥数语,概括了李言恭军政生活的内容。然而他是"学而后军",才兼文武,故无论"归来筱鼓"或"徒步山冈",他都付之诗歌,而且都写得"节和而锵,致蔚而亮"。"归来筱鼓"泛指军旅生活,"徒步山冈"概指闲居生活。两重生活,他都写得音节铿锵,文词清亮,几乎与春秋列卿相比美。这一评价很有溢美之嫌,作为序文,汤氏亦必不能完全免俗尔。

　　序文的最后部分说自己与李言恭的交往以及从交往中认知李氏的为人。汤显祖说到,他与李氏交往达十余年。后到北京,还到过他的居处,曾见到堂堂侯府,竟然"供具萧然",几乎看不到什么摆设。这应了王奉常(世懋)的话:其他公侯,都喜好子女、玉帛、狗马,也即沉湎于声色的享受,而惟寅独好写诗谈诗,趣味就与一般王公贵族不同。惟寅还亲自跟他说过:"吾名为侯,其实一禅那耳!"这大致是实话。从他的诗集中可以看到,他与僧人交往很密切,诗的内容也喜谈禅理。前引《贝叶斋》诗,已看到那部诗集的主题曲即求悟真菩提,其代表作《青莲阁》的自题诗也说:"面面起青山,蒲团自愉快。时有老瞿昙,来话青莲界。"也是与老僧坐蒲团谈莲花妙谛的生活。此外,他还时常到名山宝刹访僧谈玄。如其《过广济寺赠宝藏上人》:"一谈名理罢,回首万缘轻。"受到名僧的启发,什么都不在意了。确有禅那的悟性。这些都可以看到,这位武臣和王侯后代在明代激烈的权力斗争中已想尽力逃出漩涡,并出现了性格的极度扭曲。然而在汤显祖看来,正因为有这样的生活,这样的性格和情致,李言恭的诗风就形成了"清寒"的特色。它们都带着一种清净、悠闲、清冷的色调。汤显祖用唐代诗人韦应物《访王侍御》中的诗句来作譬喻,谓之清、寒。韦诗说:"怪来诗思清人骨,门对寒流雪满山。"这把清冷、幽寒之色形容得十分生动。自

————————

① 俞正燮《癸巳类稿》卷一一。

然,李言恭的诗思并不全为"清寒",所作《团营阅武》诗就有些雄浑、热烈,不过这类诗也极少;如就《青莲阁集》的总体风格而言,"清寒"这一概括则无疑把握了要点,而切中肯綮。

序文的结尾,汤显祖说他风雅无穷,可以不朽,这固然是序文例行的客套话,但由于李言恭具有武臣与文臣、公侯显爵与禅那诗人的双重身份,又作了那么多有一定特色的诗,他在当时诗坛上可谓绝无仅有,因而以其独特性占有了一席之地。加之他的诗尚具有一定的水平,故《列朝诗集》《明诗纪事》《诗薮》都存其诗。他的诗集也有两种留传了下来,似都可以说是风雅未灭,久而未朽了。汤显祖的话倒像是对今日状况的一种预言。

序文在汤显祖的交游上提供了一个新情况、新信息。以前,我们很少说起汤显祖有这样一位上层文友,更不知道他们之间来往有十余年。我们读汤显祖诗文集,可以看到一篇题为《李惟寅宅恭阅洪武天容衡岳碑有赠》的诗,①一般也不知这位宅主是什么身份,汤氏与宅主有什么关系。虽说,没有这篇序要找出李惟寅的身份地位并不困难,但要了解他与汤显祖的来往、情谊,这篇序文提供的信息就更丰富了。有了这篇序,有关李氏的背景、为人、作品以及他们之间的交谊等疑问都可以迎刃而解。这是该序在了解汤显祖的交游上的价值。其次,因为知道汤、李有十余年的交情,也就可以理解,汤氏至京何以愿意出入李侯贵宅;李氏也愿意把祖上传下的天容衡岳碑文请汤显祖观赏。汤显祖在这首诗里,说他"神爵推恩接上勋,列侯人地忝推君……画省半参江左客,柳营初按殿前军"。说他的出身,说他的人望,说他身边有不少金陵的文士,说他初来京城总督兵营。可以说句句落实,毫不走样。它对理解这首诗无疑有直接的帮助。其三,我们知道,李言恭在万历十四年二月奉调北京,而汤显祖在十五年以"京察"到过北京,这首诗当是这次在京会于李宅所作。"柳营初按殿前军"正是纪实。因此,这对于考订该诗的写作年月亦是很好的证明。

---

① 上海古籍出版社徐朔方笺校《汤显祖诗文集》卷十,1982年版未加注,页367。同氏《汤显祖全集》笺校,北京古籍出版社1999年版,始加笺注,见页230。

二、阅读佚文，意外发现了一位剧作家

以前我们不知道明诗人陈完，更不知道明剧作家陈完。前人戏曲目录，现今各种戏曲目录，都没有这位剧作家的身影。前些年读到陈完《皆春园集》，又读到汤显祖为此集所作《叙》，意外地发现了陈完不但是嘉靖间的一位诗人，还是撰写过二十余种剧作的剧作家。

南通陈氏，晚明时是当地望族。据明《通州志》，乾隆《直隶通州志》载，通州陈氏自陈尧始，有过一门三进士，数名宦，入乡国学者数十人的光荣。如陈尧，嘉靖十四年进士，官工部侍郎、刑部侍郎。有《梧冈文集》等著作。陈完，嘉靖二十五年中南畿乡魁。侄子大科，隆庆五年进士，历任兵部右侍郎，总督两广，晋右都御史。大壮，嘉靖四十一年进士，由中书擢刑部郎，转山东左参政。于此可见陈完家庭的政治背景和文化氛围。陈完因为没有中进士，未做官，所以有兴致写写诗，有条件在家里养戏班，写剧本，享受娱亲游宾之乐。陈完著有《皆春园集》《海沙文集》《崇理编》等数种，多散佚无存。《皆春园集》虽存世，也是罕见之书。只有到《四库存目全书》出版后，才容易见到。《皆春园集》只收诗，并不收剧。但从汤显祖所作叙，可以知道陈完教戏、撰剧、演剧的情况。现将汤显祖《皆春园序》摘录如下：

> 通州桐柏水之南，与姑苏挟海焉。姑苏多文人，或父子兄弟相世，以海为灵。通当亦有然者。后从长安见陈思进省郎，貌敦而蕴，明示我其父书，为司寇，甚流博焉。客曰：非徒其父子然己。省君之季父为孝廉名甫，亦盛有所蓄。不能去太夫人，方壮，遂绝意都试。稍有诗歌文集如干卷，杂剧二十种余。整御流映，各极其体，如其人。斯亦能世其家，钟海之灵也。……然如小子，为孝廉，放矣，稍读书，然不能于世忘，所读书复因忘去。尝以小乐府讥涉时贵，俗相为疵，吾悔前时数上春官仕矣。如陈名甫者，岂不为善用其孝廉者乎？笙歌华黍以娱其亲，清讴少吕以游其

宾,海上之欢已为至矣,此天下孝廉人所不能晓取者,篇可无传乎? 已而其从子思受君来言曰:且传矣。因以予言为端云。①

此序简述了陈完的家庭环境,指南通与苏州挟海相望,姑苏多文人,南通亦复如此。又叙到陈完绝意都试,不愿做官,而作有诗若干卷,可见他是一位诗人。尤其值得关注的是,汤叙说陈完撰有杂剧二十余种,"笙歌华黍以娱其亲,清讴少吕以游其宾",足以尽海上之欢。这就使我们了解了明嘉靖间南通一位不应忽视的文学家和剧作家。也许因为陈完家处海隅,交游不广,又仕途困厄,绝迹公门,其戏剧活动与创作就少人知,以至前代与今人所有明杂剧目录、传奇目录或通代戏剧目录,都没有著录这位剧作者的剧作,不能不说是文献目录上的一个欠缺。汤显祖叙可以帮助我们填补戏剧目录的一个空白。

汤显祖序外,我们可以在陈完集中看到一篇重要文献:《词场合璧小引》。《词场合璧》是一部什么样的书,史志中或未加说明,或连书名也未著录,因而不明所以。张慧剑先生好像是唯一见过汤氏序的研究者,在他的《江苏文人年表》"1590 年"的记事中,有"江西汤显祖此际序通州陈完集,谓完著有杂剧二十余种"的纪录,这很有价值;但同书"1546 年"的记事中,却说:"(陈完)所著有《皆春园集》,杂剧二十余种,所辑有《词场合璧》十卷。"明显将杂剧二十余种与《词场合璧》并列,似乎在杂剧二十余种外,还另有一部《词场合璧》。称该书为陈完"所辑",似又是辑录或编纂多人作品集一样,并使人疑为词类辑录的著作,这都是未见《皆春园集》中的《词场合璧小引》而生的误会。为廓清这些迷雾,谨将这篇小引逐录于后:

古之贤达,甘于隐沦者各有所托。或托之诗,或托之酒,或托之声色,要非无意者也。余初以母老,绝意公车。已而母殁,无心捧檄。且鄙性不羁,又不能仆仆以逐时好。见世之升沉靡定,胜

---

① 南京图书馆藏万历刻本。见《四库全书存目全书》集部影印本,182 册,页 741。

负不常,总是逢场作戏,于是感时忧事,触目激忠,辄著杂剧,填新词,久之遂成十余种。凡声之高下,字之阴阳,靡不统之九宫,得之三昧。揣切分别,务臻妙境,不然不已也。至于伎俩杂陈,每顾周郎之曲;宫商迭奏,颇善中郎之听。虽奇事足堪抵掌,而良工未免苦心矣。然戏,戏耳。余固托之乎戏,大都本人伦,阐世教,即感应可以观父子焉,触邪可以观君臣焉,轮回可以观人生之变幻焉。而诸本又以四乐为首,四乐者,余之所托而焉者也,盖有深意焉。岂徒流连光景,以耗壮心,颐养情性,以遣余年已哉!比岁杜门抱疴,百念俱废,回视旧业,如弁髦然。偶检笥中,不忍自弃,汇成十帙,贻厥同好。见余之托此,亦不为无意云。①

《小引》说及作者自己的经历,生活态度,创作杂剧的背景,剧作的主旨、内容,而且全是作者夫子自道,其真实性与重要性毋庸待言。读了《小引》,便知道所谓《词场合璧》,其实就是作者的杂剧集。"词"是明代人对"剧"的习惯指称。如《南词叙录》以南词称南戏,李开先《词谑》除偶尔论及散曲外,主要以"词"称杂剧传奇。陈完以此名其剧集,合乎当时的习惯。作者写了剧本,又经家班作过演出,晚年家境变化,撤弦罢曲,但敝帚自珍,不忍自弃,于是自辑自编,汇为十帙,就是这部《词场合璧》。所以,除这部剧集外,并无别的"杂剧二十余种"。集虽编好,可能并未刊刻,所以地志编者不明其详,著录紊乱,剧佚,后人就更不知其然了。

读汤显祖序发现了一位剧作家,是阅读中的意外收获。后来读清人诗集,见到更多的新剧目、稀见剧目,这是后话,此处省过。

三、阅读、发掘前人涉及汤显祖评价的诗文,可以加深对汤显祖的人格、才华、剧作的文化价值的认识

王国维在《录曲余谈》中说:"义仍应举时拒江陵之招,甘于沉滞。

---

① 《皆春园集》卷三,《四库未收书辑刊》五辑。

登第后,又抗疏劾申时行。不肯讲学,又不附和王、李。在明之文人中,可谓特立独行之士矣"。① 由于这样的特立独行,他的风骨和见识,以及杰出的诗文戏剧成就,汤显祖在当时就受到热情的推崇和高度评价。他离世以后,直至入清,社会环境改变,社会矛盾变化,他的"四梦",仍然享有崇高的赞誉,得到持续的追捧。清代诗人各以自己的视角、语言、标尺,赞扬他的品格和艺术成就,留下脍炙人口的诗篇,很值得作深入的研究。这里以所见清人诗为例,研究清代诗人如何评价他的人生经历,热评他的"四梦",再塑汤显祖的形象。这在认识汤显祖和他的剧作的传承中无疑有重要意义。

(一) 钱谦益:确立汤显祖"四梦"的大雅地位

钱谦益与汤显祖虽然没有见过面,但二人曾有书信来往,交情很深,文学见解契合。汤显祖的文集编成,托人带到常熟请钱谦益作序。钱谦益也不忘汤显祖对自己文学道路上启发引导之功。钱氏在与友人书中,多次谈到,自己十六七岁学古文,一头钻进后七子复古的圈套里,是李长蘅、程嘉燧、汤显祖把他从剽窃唐宋的歧路上扭转过来。由于这种启迪,在七子之外,知道有六朝、有白居易、三苏父子、有宋濂、有归有光。所以他为汤显祖文集作序时,反复为世上无人知道、理解汤义仍而愤愤不平,议论中"未尝不喟然太息也"。钱氏在《列朝诗集小传》为汤显祖写作传略时,也盛赞汤显祖的才华、风骨以及诗文成就。这些都是钱谦益对这位文学引路人深厚感情的流露。

钱谦益喜爱汤氏的剧作,观演过《邯郸梦》《牡丹亭》,都留有诗。观演《邯郸梦》有"邯郸曲罢酒人悲"之句②。观演《牡丹亭》则言"台上争传寻梦好,恰留残梦与君看"③。这都是有感之言。

他在《姚叔祥过明发堂共论近代词人戏作绝句十六首》第二、第三两首中说:

① 王国维《录曲余谈》,见《王国维遗书》,上海古籍出版社,1983 年。
② 钱谦益《有学集》卷四,见钱仲联标校《钱牧斋全集》,上海古籍出版社,2003 年,页 127。
③ 钱谦益《初学集》卷一六,见钱仲联标校《钱牧斋全集》,上海古籍出版社,2003 年,页 575。

> 一代词章孰建镳，近从万历数今朝。挽回大雅还谁事，嗤点
> 前贤岂我曹。
>
> 峥嵘汤义出临川，小赋新词许并传。何事后生饶笔舌，偏将
> 诗律议前贤。①

钱谦益领袖明清之际文坛数十年。他曾选录有明 200 余年、1 600 余人的诗作编为《列朝诗集》，并对这些诗家的成就得失作过精到的评述。这两首诗，前一首回顾明末至清初的诗文家、词赋家，他以万历以来的词家（指剧家）为前贤，认为他们理应得到应有的尊重，后辈不应该随意加以嗤笑。这虽是两首绝句，却辞短意长，诗中提出：明末以来，是谁在挽回颓风，让戏剧回归大雅？是谁在磨砺锋刃，建立标的？这就把汤显祖的作品放在时代和戏剧发展的重要地位上来观察"四梦"的思想，观察他在艺术发展中的意义。后一首直说汤显祖。他以为这位诗文家和剧作家是磅礴而出、峥嵘而生的人物。他的词赋戏曲，都照耀当代，可以流传后世。一些后生不知深浅，他们不能领会和认识汤显祖剧作的精神和文采，理解他的意趣神色，却假借诗律韵律，妄发议论，嗤笑前贤，这只是一种言不及义的饶舌功夫。从这里可以看出钱谦益对人云亦云、妄发议论的不屑。这与杜甫《戏为六绝句》批评当年轻薄为文者嘲笑初唐四杰一样，杜甫说他们是："尔曹身与名俱灭，不废江河万古流。"后世的饶舌者，自然也无法遮掩汤显祖的光芒，阻挡汤显祖被称作"小赋新词"的剧作传流后世，光照后代。这是钱谦益为捍卫汤显祖的文学地位、戏剧地位所作的努力。它在清人对"四梦"的评价中起有关键的作用。

"大雅"指才德高尚，文字雅正，汤显祖的剧作既挽回剧坛的颓腐之风，又建立起雅正的标的，是钱谦益对汤显祖剧作非常高的评价。这一评价标准在当时就得到呼应。如王夫之《夕堂永日绪论》在比较明代复古派与高启、汤显祖等人的不同时，把所谓大家，归于艺苑教

---

① 钱谦益《初学集》卷一七，见钱仲联标校《钱牧斋全集》，上海古籍出版社，2003 年，页 601。

师,而将高启、汤显祖、徐渭等人称为各擅胜场的风雅之士。王船山就教师与高手,艺苑匠人与有性情、有兴会、有思致、有灵警的风雅之士作对比。他引李文铙的话说:"好驴马不逐队行。"明复古派中,自立门庭与依傍门庭者皆逐队而行者也,也就不是好驴马了。① 这是非常生动的比喻。这里所谓的"教师",只指那些无见解、无创见,只会按照教条,循规蹈矩、照本宣科的教书匠,他们不立门户,却也无真性情。就像普通驴马,随着马队,逐队而行,不敢越雷池一步。就像艺术家中没有创造性的工匠,只能模仿,不能创新。这样既束缚自己,又束缚别人。这算不上是好驴马。而艺苑高手,风雅之士,则横空出世,飞行于绝壁悬崖。他们有自己的追求,自己的道路,虽不按部就班、逐队而行,但光焰照人,无可掩抑,这才是好驴马。这就把汤显祖与一般的词曲家的不同区分得十分清楚了。这是对汤显祖所作的整体观照,与钱谦益的看法异途同归,在认识汤显祖的人格和艺术成就上有重要启迪。

(二) 顾嗣立心目中的贤人与仙才

顾嗣立喜看《牡丹亭》,其《秀野草堂诗集》留有两首观演《牡丹亭》诗。已录入拙著《明清戏曲:剧目、文本与演出研究》中,此处从略。司马迁说,观其文亦想见其为人。顾嗣立观《牡丹亭》,也是观其剧亦想见其为人。他是把汤显祖看作一位有学问、有见识、有安邦治国才能的贤人来看待的,而不是只把他看作一个普通的剧作者。这有其《读玉茗堂集有感二绝》为证。诗云:

> 公孙东阁为谁开,不放贤人一个来。收拾雄心传四梦,枉教玉茗费仙才。
>
> 平生百拜服临川,屈抑虽同亦偶然。欲续还魂才思减,空将哀怨托湘弦。②

---

① 王夫之《薑斋诗话》,见《船山全书》第 15 册,岳麓书社,1996 年,页 831。
② 顾嗣立《秀野草堂集中》卷一五,见《清代诗文集汇编》214 册,页 305。

第一首开头两句,说的是汉武帝时,公孙弘受到舆论攻击,说他做了御史大夫,俸禄很多,却穿普通的衣服,用普通的用具、衣被,是做作与欺诈行为。武帝问他是不是这样?公孙弘回答说:说得对啊,他们说到了我的痛处。我听说,管仲做齐国丞相时,娶了三位妻子,其奢侈简直与君王差不多,但齐桓公终于称霸。晏婴做齐景公的丞相,吃饭时不吃两份肉食,妻妾也不穿很好的衣服,齐国也治理得不错。可见丞相无论奢侈还是廉洁得如同百姓,都可以把国家治理好。我如果不是这样平民化,皇上恐怕听不到这样的意见。武帝认为他说得对,有礼让之德,后来就让他做丞相并封平津侯。武帝还借此下诏广开贤路,说要学习古人:"任贤而序位,量能以授官。劳大者厥禄厚,德盛者获爵尊。"(班固《汉书》卷五八)汉代从公孙弘开始,以丞相而封侯才成为常态。公孙弘于是造客馆,开东阁以延聘贤人。诗中所谓公孙弘开东阁招揽贤才的故事即原于此。

但东阁虽开,到他这里来的,都是旧友故交和一些宾客,家里的俸禄花光了,有德有才的贤人却没有招到。而且公孙弘本来就妒贤忌能,杀主父偃、迁徙董仲舒,都与他有关。他死后,接任丞相先后有李蔡、严青翟、赵周、石庆、公孙贺、刘屈氂,那就不管也不理"东阁招贤"这事了。公孙弘丞相府的客馆、东阁,后都成了废墟,甚至成为马厩。所谓招贤,也就付之东流,故诗谓"不放贤人一个来"。

顾嗣立用公孙弘的故事意在说明汤显祖的遭遇。汤显祖早承家教,要求"文比韩柳欧苏,行追稷契皋虞",胸有豪杰之气,本可以大用,而先后遭遇到的丞相级实权人物如张居正、张四维、申时行、王锡爵等人,反使愿望成了泡影。张居正欣赏汤显祖的才华,却只是想让这位人才做他儿子登上进士的陪衬。万历十一年登第后,申时行、张四维也想把汤显祖招致门下,汤显祖以"木强之性",不愿攀附权势而拒绝招揽,被打发至南京太常寺,作闲部冷郎。而王锡爵之为人,史书载:"为相三年,忠臣贤士悉被斥退,佞夫险人�跻显要。"①这些丞相首辅之臣,是

① 《明史》卷二三〇。

不会为他开启公孙东阁的,所以汤显祖一生仕途坎坷,没有施展抱负的机会。顾嗣立认为,汤显祖既然受制于人,无法在政治上有大的作为,就把他的才华和雄心收束起来,把他的才华用到"四梦"的创作上。这无疑是才非所用,属无可奈何之举,故诗称"收拾雄心传四梦,枉教玉茗费仙才",意在为汤显祖不能于仕途经济有所大用而深表惋惜。这说明,同传统文人的见解一样,顾嗣立眼中的汤显祖,首先是一位具有经国才略的政治家,文学,尤其是戏曲,只是末事,是不得已而为之。

即便如此,汤显祖的文才也非他人可比。他一旦投身所谓的"乐府"、"小词"之作,他的"四梦"在难以数计的传奇作品中,也别开生面,独树一帜。故顾嗣立虽觉汤显祖政治上屈才,戏剧中却崭露头角,从而对他的戏剧无限喜爱,诚心拜服。"平生百拜服临川",即表达他对汤显祖戏剧才华的折服。此外,他觉得自己与汤显祖在社会上的坎坷和遭遇有些类似,自己也想续写《还魂》之作,但又觉得才思文采不能与汤显祖相比,只好放弃这样的打算,而热衷观剧、议剧,在剧场演出的管弦声中,寄托自己的悲哀了。这些可以看到顾嗣立观看"四梦"演出特殊的心理表白,这在诸多观演"四梦"诗中极为少见。

(三) 陈瑚之称临川为"狂流一柱"

如皋冒襄的水绘园,是清初以"世乱不出"的诗文家,如陈维崧、吴应箕、许承钦、邓汉仪、陈瑚、瞿有仲等人,聚会、演剧,议论时政、讨论人生哲学之处所。其得全堂演出剧目有《浣纱记》《红梅记》《玉簪记》等历史剧与风情剧,而以汤显祖的《牡丹亭》《邯郸梦》《紫钗记》最为多见,《清忠谱》《秣陵春》等政治时事剧同样受到青睐。阮大铖的《燕子笺》在艺术上受到赞赏,而剧作者则成为观剧家嘲笑抨击的对象。看过得全堂的演出,这些朋友知交互相唱和,留下了许多观剧诗文,不乏名篇佳什。冒襄与其后人汇集这些诗文,编为《同人集》12 卷。此书详细记录了这些同声相应、同气相求的"同人"们相互间的经历、友情和观剧感受,有重要的文化史和戏剧史价值。

陈瑚(1613—1675)是明清间著名的诗文家和学者,太仓人。崇祯进士，入清后绝意仕进，专事著述。作为明代遗民，他与冒襄交往甚密，是得全堂观剧的座上客，共同观演过《邯郸梦》《狂鼓史》《青冢记》《燕子笺》等剧目。他于顺治十七年观演《邯郸梦》后，作《得全堂夜谯后记》。记中说："伶人歌邯郸梦……主人顾予而言曰，嗟乎，人生固如是梦也，今日之会其在梦中乎？予仰而叹，俯而踌躇，久之乃大言曰：诸君子知临川作此之意乎？临川当朝廷苟安之运，值执政揽权之时，一时士大夫皆好功名，嗜富贵，如青蝇，如鸷鸟，汲汲营营，与邯郸生何异。"此时，他想起汤显祖多次拒绝执政大臣的招揽，又出于义愤，凛然上疏，弹劾执政大臣与辅政大臣结党营私、卖官鬻爵、中饱私囊种种政治弊端，遭受贬官后愤然辞职。陈瑚不由赞叹道："若临川者亦可为狂流之一柱也。其作《邯郸》也，义形于外，情发于中，冀欲改末俗之颓风，消斯人之鄙吝。一歌之中，三致意焉。呜呼，临川意念远矣。"[1]他无疑把汤显祖看作明代晚期腐败政治中的中流砥柱，把《邯郸梦》看作涤荡社会末俗，扫除士子钻营、贪鄙颓风的清醒剂。陈瑚以"狂流一柱"，来概括汤显祖在明代政治生活、社会生活中的作用，显现了汤显祖道德人格的力量，也显示了汤显祖在晚明戏剧文学上独有的地位。陈瑚的这种评价，无论在当时和后世对了解汤显祖和《邯郸梦》都有重要的启示意义。

四、读明清人诗，可以加深了解"四梦"演出的盛况

戏曲固是案头之作，也是场上之曲。戏剧的流播必须借助演出才有生命力。因此在文本研究外，关注、重视《牡丹亭》及其余"三梦"的演出，也十分重要。过去学者重文本，轻演出，对"四梦"演出史关注较少，所以对"四梦"演出状况，演出史实所知不够详细。为此我开始比较有意识地翻检了明清人的诗文集，看到明清文人所作观演"四梦"留

---

[1]《四库存目丛书》集部385册，页448。

下的诗文,所作《人间唱遍牡丹亭》《邯郸梦演出考述》两篇文字可见一斑。此外如从邹迪光《石语斋集》所见演《紫钗记》演出,杜诏《云川阁集》所见观剧八首,杨士凝《芙航诗襥》所见观演《南柯记》诗等,使我对明清以来"四梦"演出的场景、观演人士、演出时间及观演者的观感等,有了更直接的认识,丰富了我对"四梦"演出过程的了解,看到了汤剧在明清舞台上的生命力。

特别有意味的是,康熙初宋琬在杭州演出《邯郸梦》,引起数位著名诗人作诗填词,抒发感情,表现了这些文人观演《邯郸梦》的人生领悟,是文人官场受挫后一次集体的感情释放,值得研究。这次演出在康熙四年,当时宋琬在杭州,曾招王士禄(西樵)、林嗣环(铁崖)、曹尔堪(顾庵)、王追骐(雪洲)宴集,观演《邯郸梦》。五人作诗词记其事。

王士禄诗集《十笏草堂·上浮集》,有《荔裳席上观演邯郸梦剧歌同顾庵学士作》,诗谓:

> 前年拥传邯郸道,红旆青油心草草。风尘回首黄粱祠,已向烟霞嗟潦倒。去年请室披银铛,鬼门人鲊纷相望。只愁恶梦不得破,华亭鹤杳青天长。今年春风殊浩荡,青鞋布袜西湖上。还策卢生旧蹇驴,故人相见欣无恙。于中曹宋尤情亲,两公亦是支离人。间阔崎岖重握手,各道中情难具陈。宋公顾我言,吾曹良苦辛,何以娱乐开心神?玉茗老子善说法,千年欲使炊粱新。好向场中看幻灭,了知万事如前尘。鼓吹阛阓间箫管,阳羡鹅笼事非诞。凄风苦雨杂阳春,浮云变态无停缓。邛崃九折悲羊肠,高牙大纛还堂堂。宋公慷慨催行觞,大叫丈夫会有此。吾曹七尺元昂藏,王生摇头谓否否。此意狂奴不复有,无梦唯期效至人,大开双眼邯郸走。举向曹公何者然,曹公两俱无褒弹。但言丈人且安坐,难得今朝壁上观。①

诗写于乙巳,即康熙四年。诗首先回忆作者与宋琬、曹尔堪前年路经

---

① 王士禄《上浮集》卷一,见《清代诗文集汇编》98 册,页 691—692。

邯郸,去年都银铛入狱,曾入鬼门关,险成人肉,今年放出,始有幸相会
于西湖。宋琬为让几位精神与肉体都受过伤害的朋友消解苦闷,选了
汤显祖的《邯郸梦》来演出。看戏当中,既有凄风苦雨,又有春风得意,
情节变幻曲折。高兴时宋琬高喊大丈夫理应如此,诗人则连连摇头不
予赞同。最后请曹尔堪评判是非,曹公一无褒贬,只请大家安心看戏,
大家作为戏外人,都可置身事外作壁上观。

此诗所写王士禄、宋琬、曹尔堪"去年请室披银铛"事见下文。他
们经历了仕途险恶,以看《邯郸梦》来抒发愤懑,纾解郁闷,相互解嘲,
以求得心理解脱,是他们共同的观剧体验,和情绪释放。

除王士禄的长歌外,宋、曹、王还有《满江红》词的唱和之作。宋琬
题作:"铁崖、顾庵、西樵、雪洲小集寓中,看演《邯郸梦》传奇,殆为余五
人写照也。"词谓:

> 古陌邯郸,轮蹄路红尘飞涨。恰半晌,卢生醒矣,龟兹无恙。三
> 岛神仙游戏外,百年卿相蘧庐上,叹人间难熟是黄粱,谁能饷。
> 沧海曲,桃花漾,茅店内,黄鸡唱。阅今来古往,一杯新酿。蒲类
> 海边征伐碣,云阳市上修罗杖。笑吾侪半本未收场,如斯状。①

曹尔堪《南溪词》有《满江红》唱和之作九首,其中有"同悔庵既庭赋柬
荔裳观察"一首,词云:

> 枕畔邯郸,铜箭水乍消随涨。茫茫道,升沉倚伏,卢生无恙。
> 歌舞终归松柏下,钓竿好拂珊瑚上。去山中服术饵松花,群仙
> 饷。　蓬岛路,春潮漾,华胥国,钧天唱。但茧窝自蔽,蜜脾
> 休酿。汉苑已分方朔酒,葛陂快掷壶公杖。梦此生梦觉总成
> 空,无殊状。②

---

① 辛鸿义、赵家斌点校《宋琬全集》,齐鲁书社,2003 年,页 818。
② 曹尔堪《南溪词》,见张宏生《清词珍本丛刊》2 册,页 580。

王士禄《炊闻词》步宋琬、尔堪原韵,后半阕有这样的句子:

> 墨有縠,微微漾;歌有雪,低低唱。算官厨清酿,更谁解酿。司马高才原合腐,彦渊博学真须杖。悟吾徒底事暗虫鱼,臣无状。[①]

这次《满江红》唱和,词旨内涵和押韵都依宋琬原作,成为清初著名的"江村唱和",为词史中重要公案。这次唱和,以演出《邯郸梦》为主轴,聚集了王士禄、林嗣环、曹尔堪、王追骐、尤侗几位名人,有的留下词作,有的留有诗作,有的留有其他的文字记录,它们都把这些文化人观赏《邯郸梦》的感想现时地记录下来,是一份非常难得的演出记录。其中特别值得注意的是宋琬所说,二王、曹、林及宋琬看演《邯郸梦》的最深刻的感想,其实是"为余五人写照"。曹尔堪在给宋琬的信中引申说:"邯郸傀儡,聚首达曙,吾辈百年间,入梦出梦之境,一旦缩之银灯檀板之中,可笑亦可涕也。"其郁闷、悲愤溢于言表。

演出《邯郸梦》,何以成为这些文士的写照?何以成为他们出梦入梦"可笑可涕"之事?就观赏此次演出的几位名士来说,我们知道,作为传统读书人,他们无不依循学而优则仕的生活道路,早年都希望读书做官。但一则诡谲云涌,朝政本多风险,加之官场腐败,尔虞我诈,帮派争斗,陷阱四布,仕途荆棘,随时有灭顶之灾;二则他们处在明清易代之际,社会矛盾、民族矛盾,盘根错节,错综复杂,仕途顺逆,自己无法掌控。如宋琬,顺治四年34岁始中进士,授户部主事,未过三年,不意因仆人诬告,其兄入狱,宋琬受牵累也被逮捕下狱,达一年有余。狱中作《写哀》诗,谓"生存何面目"、"遭闵欲呼天"(《宋琬全集》,页459)。狱解起复,至顺治十七年升浙江提刑按察使,十八年忽然又有飞灾,再次入狱,至康熙二年出狱,在狱二年。其间备受牢狱酷烈难堪之苦,不可名状。[②] 50岁之前宋琬两次为官,两次入狱,与《邯郸梦》中的卢生,一度春风得意,旋受《飞语》《死窜》《谗快》《备苦》的遭遇,岂非

---

① 王士禄《炊闻词》,《清词珍本丛刊》第4册,页790。
② 汪超宏《宋琬年谱》,人民文学出版社,2010年,页88—92、157—166。

有共通之处？它作为宋琬的写照，即其词中"笑吾侪半本未收场，如斯状"，再也贴切不过了。

其余数人，虽经历不尽相同，但遭遇也多有近似之处。

王士禄，顺治九年进士，任莱州知府，擢考功司主事。康熙二年典试河南，因上司复核试卷（即所谓磨勘）受责，逮捕下狱。久后得赦，终免官（阮元《国史文苑传稿》卷二）。他在和诗中说"司马高才原合腐，彦渊博学真须杖"，前句说司马迁因为才高而遭受腐刑事，后句说南齐时陆澄，字彦渊，吴人，好学博览，无所不知，却因在泰始初（465 年）官尚书殿中郎。为了皇后称呼是否可以称其姓氏而违逆王后旨意免原官，而成白衣领职。旧时该官有坐杖的处分，却未见执行，故有名无实，但轮到他时，"积前后罚，一日并受千杖"（《南齐书》卷三九《陆澄传》）。这就是"彦渊博学真须杖"的出典。王士禄以此隐喻自己怀才不遇，受到不公平处罚，故现在只能混迹于书蠹虫鱼之间，他实在也忍受不了这种肮脏不平之气，故借观剧作诗，一吐为快。

曹尔堪，顺治三年举人，九年进士。入翰林，官至侍讲学士。康熙元年，受江南奏销案牵累，"夺级南归"。归乡后，又因童奴与县卒交恶，主人遭祸，被判谪居关外。[1]

林嗣环，福建晋江人，顺治六年进士。官观察。因倡议屯田，为武臣所中，被逮捕，久后得雪。从此寓居西湖，以著述自娱乐。[2]

王追骐，湖北黄冈人。顺治十六年进士，改庶吉士，礼科给事中。因言辞涉案，忼直忤时，革职。[3]

以上五人，都中进士，都相继为官，有过青云壮志的梦想。但或被诬陷，或为忼直，或受小事牵累，都受贬谪之苦、牢狱之灾。如此飞来横祸，世事翻复，官场险恶，他们都有深切感受，切肤之疼。因此他们都从《邯郸梦》的卢生的升沉履历中，看到自己。当他们看到此剧时，确是感到，这种官场腐败，升沉出处，就像《邯郸梦》在"为自己"也"为

① 施闰章《曹尔堪墓志铭》。
② 易宗夔《今世说》卷三。
③ 张维屏《国朝诗人征略初编》卷六。

余五人写照"一样。这是受陷失意官员观看《邯郸梦》特有的领悟。以
往文人虽也抒发过类似感想,但这种集体感悟,只有在共同看戏时才
表现得出来。可以说这次演出成了清初受挫文人观看《邯郸梦》后的
一种集体意识,集体的感情释放。所以都对号入座,感情投入。这或
许说明,戏曲的舞台生命,就来自剧作与观众的心理的契合吧。

(本文刊于《戏曲研究》第 97 辑。)

《牡丹亭》传播的一条特殊渠道

——以《牡丹亭》之作"戏中戏"为例

　　《牡丹亭》问世后,其传播渠道既多样而又深入。概而言之,其渠道有版本流传,有舞台演出,有文人题咏、国际交流之类。细而言之,版本流传,又有多种刊本、改本。舞台演出又有全本、原本、折子戏,及古代演出、近代演出和当代演出、多剧种演出。文人题咏则包括了万历以后,自明至清诸多文士、诗人所作的序跋和诗作。其量既多,而评介亦高屋建瓴而又细致入微。这些方方面面,历来研究都很重视,论著不少,而且成绩卓著,不容置言。笔者这里拟从另一个比较薄弱而少注意的侧面,即从《牡丹亭》作为"戏中戏"的角度,来观察《牡丹亭》的传播和影响。这在戏曲传播中是一条可见而又比较特殊的传播方式,故名之为"一条特殊的渠道"。这里笔者并没有全面地梳理作为"戏中戏"的《牡丹亭》的相关剧作,只是从所见的比较突出的几个剧目的情况作举例性的说明,吁请方家批评指正。

　　所谓"戏中戏",就是在正戏中穿插其他剧作的某出或某个片段,用以推动剧情或衬托人物。例如李玉的《占花魁》,正戏是表现花魁莘瑶琴与卖油郎秦钟的爱情经历,却在二十三出《巧遇》中穿插了恶少强逼莘瑶琴演出《党太尉赏雪》等戏,因为受到恶少多般凌辱,使花魁体认到秦钟的真诚与善良,花魁才向卖油郎表白:"妾身得侍君子,布衣蔬食,死而无憾。"这是衬托情景和推动剧情的成功例证。再如李渔的《比目鱼》,正戏演书生谭楚玉与"玉笋班"女伶刘藐姑间的曲折爱情,二人在戏班日久生情,假戏真做,姻事受父母阻扰,又受钱万贯逼迫,藐姑乃借演出《荆钗记·投江》,借题发挥,痛斥孙汝权,跳江寻死,成

"戏中戏",这也是把"戏中戏"与正戏融为一体的很好范例。

《牡丹亭》问世后,由于新锐的剧旨、奇巧的构思、精妙的文采,以至家弦户诵,普天四海传其薪火,其思想艺术影响遍于社会生活及艺术创作中,因此它也成为后代作者引入剧作中常见的"戏中戏"。下面列举数事以见一斑。

一、《桃花扇》中的《牡丹亭》

《桃花扇》是一部以侯方域、李香君爱情离合为主线,串起南明覆亡的政治事件、引发国家兴亡之感的历史剧和现实剧。剧情以清军南下、福王建国、史可法抗清、马士英阮大铖倒行逆施为背景,而展现侯、李相识——定情——离散——双双入道的过程。作为一部内容丰富而又富于生活色彩、艺术色彩的戏剧,随着历史背景和人物主线的展开,孔尚任在剧中穿插了不少"戏中戏",如柳敬亭的鼓词、阮大铖的《燕子笺》、高则诚的《琵琶记》,此外还有引人注目的《牡丹亭》。

《桃花扇》穿插的"戏中戏"《牡丹亭》首先出现在第二出《传歌》里。这是李香君首次出场的一出,这时香君在媚香楼,还藏在深楼人未识,养母已请昆曲家苏昆生为香君拍曲,拍的曲子就是《牡丹亭》。因为杨龙友来访,苏昆生借机请杨老爷指点,就让香君唱了《游园》中的【皂罗袍】"原来姹紫嫣红开遍"、【好姐姐】"遍青山啼红了杜鹃"两支曲子。香君一面唱,苏昆生一面指点:何字下板,何字相连;何处对,何处不妥;何字务头,如何唱出务头等技法诀窍。唱完一折,杨龙友极力称赞。

这一段《游园》虽然是一段清唱,但在香君人生经历中十分重要。一是显示出香君的聪明伶俐,二是显示出香君的艺术素养,三是成为杨龙友为之牵线侯方域的开始。这一场景也告诉我们,《牡丹亭》很早就传入烟花场所,而那些聪明美丽、富有素养的名妓也以演唱这样的名剧为时髦。这种传播存在于此后不少堂名、寓所中,成为检验艺人色艺高低的一项指标,对传播剧目影响很大,不能忽视。

《桃花扇》中的杨龙友是一个左右逢源、上下讨好的人物。他既混迹于清流队里、风月场中,时势一变,又与马、阮为伍,巴结权豪势要。马士英做了福王的首辅,要挑选承应歌姬,又是杨龙友荐出李香君,说她新学《牡丹亭》,可以伺候。于是李香君竟因会唱《牡丹亭》,被马、阮征召,香君不与恶势力妥协,立志守楼,撞头倒地,血流满面。不久,马阮之流为讨福王欢心,大搜旧院名妓,给福王点缀太平,作声色之奉,李香君又被征为内廷女乐,在正月灯节,被强行串戏。香君不肯学《燕子笺》,唱了《牡丹亭·寻梦》的【懒画眉】(二十五出):

> 为甚的玉真重溯武陵源,也只为水点花飞在眼前。是他天公不费买花钱,则咱人心上有啼红怨。嗨,辜负了春三二月天。

这里所唱不单是杜丽娘的无奈和怨恨,也是李香君被迫与方域分离,受尽诸多磨难的无奈与怨恨,从中反映了李香君出污泥而不染的品格。宋荦《观演桃花扇传奇漫题六绝句》中写道:"新词不让长生殿,幽韵全分玉茗堂。"(《西陂类稿》卷一七)诗人听着这样的演唱,不能不从《桃花扇》的演唱中感受到《牡丹亭》深含的幽韵。这是局部、片段的《牡丹亭》演唱,是一段《牡丹亭》戏中戏的穿插。

二、《红楼梦》剧中的《牡丹亭》

小说《红楼梦》多处写到《牡丹亭》,徐扶明《红楼梦与戏曲比较研究》详细胪列了小说涉及《牡丹亭》的有十一、十八、二十三、三十六、四十、五十一、五十四各回。[①] 其中三十六回和四十、五十一两回只在叙述中或诗作中偶然提及,可以不计;故实际上以《牡丹亭》介入《红楼梦》情节的只有:十一回贾政寿辰,凤姐点了一出《还魂》;十八回元妃省亲,元春点了《离魂》,龄官加演了《游园》《惊梦》;二十三回"牡丹亭

---

① 《红楼梦与戏曲比较研究》,上海古籍出版社,1984年,页48。

艳曲警芳心"黛玉到梨香院听十二个女孩唱了《游园》的片段；五十四回荣国府元宵开夜宴，史太君批评过才子佳人小说的陈词熟套，又演了热闹取胜的《八义记》后，命芳官唱了《寻梦》。

如果说曹雪芹笔下的大观园生活是一部结构精美、内容丰富的社会剧、爱情剧，那么《牡丹亭》就是其中多种多样的"戏中戏"的一部分，也是其中反复出现、闪亮光彩的一部分。仔细研究可知，小说中，曹雪芹已为戏剧中的"戏中戏"《牡丹亭》选定了最适当的场景并规定了剧目，但因为是小说，这些不是本文所要论及的"戏中戏"。本文探讨的是严格意义上的"戏中戏"，即在戏剧正戏中穿插其他剧作的片段，以推动原剧的剧情，渲染人物的性格。正戏是戏，而不是小说或其他文体，而其中穿插的恰是《牡丹亭》的单出或片段。从这个标准出发，我们可知《红楼梦》剧包含有"戏中戏"《牡丹亭》的剧目，有万荣恩的《潇湘怨》传奇、吴兰征的《绛蘅秋》传奇、吴镐的《红楼梦散套》、陈钟麟的《红楼梦》传奇。这里仅以这些剧作为代表作一些简略的分析，[①]有些《红楼梦》剧因为没有直接采用《牡丹亭》作为"戏中戏"，也就不在讨论的范围之内。

在以《牡丹亭》为"戏中戏"的剧作中，以取材《红楼梦》二十三回"牡丹亭艳曲警芳心"为最多。如《潇湘怨》的"警曲"，《绛蘅秋》的"词警"，《红楼梦散套》的"警曲"，陈钟麟《红楼梦传奇》的"读曲"，都有"戏中戏"《牡丹亭》的描写。这些"警曲"、"词警"、"读曲"，都在表现宝玉厌倦儒家陈腐说教、喜爱新鲜活泼的思想与个性，从而表现出与年轻人的喜怒哀乐密切相关的心理，也表现出宝玉对黛玉的感情追求，表现了宝黛爱情在美的共赏共鸣中翻开了新的一页。因此《西厢记》《牡丹亭》在原小说和"红楼"戏剧中占有重要的地位。

在原小说和"红楼戏"中，《西厢记》是作阅读处理的，如《潇湘怨》，宝玉怂恿黛玉读《西厢》，黛玉读来，只说"果然有趣"，宝玉一时兴奋，笑说"我是个多愁多病身，你就是那倾国倾城貌"，黛玉佯怒，宝玉讨

---

① 参见阿英编《红楼梦戏曲集》，中华书局，1978年。

饶,黛玉立即嘲笑宝玉"原来是银样镴枪头"。其中你来我往,说的都是《西厢》中语,这是阅读中的共鸣和逗趣。但剧本在描述《牡丹亭》时却突出了演唱。《牡丹亭》本是宝玉偷偷带给黛玉看的"淫词艳曲"之一,但宝、黛二人,既读了《西厢记》,再读《牡丹亭》,就显得手法重复、单调了,所以曹雪芹便写葬花之后,黛玉经过梨花院回房,就听见十二女孩从墙角上传来《牡丹亭·游园》的戏文。这虽然看似无意巧合,恰是贾府家乐小班训练和演唱《牡丹亭》的情景。

这段"警曲",《红楼梦散套》作如下表演:

> (生)妹妹,我且暂去,你休要伤感。(旦点头,生下。内唱《牡丹亭游园》"袅晴丝"一曲。旦)
>
> 【金盏儿】猛听得风送清讴,是梨香院演习歌喉。一声声绿怨红愁。一句句柳眷花羞。(内唱"姹紫嫣红"介。旦)呀! 原来曲中也有如许好文章的。教我九曲回肠转,蹙损了双眉岫。姹紫嫣红几日留? 怎不怨着他锦屏人看贱得韶光透? 想伊家也为着好春偏愁。咳,黄土朱颜,一刹谁长久? 岂独我三月厌厌,度这奈何时候? (内唱"如花美眷"一曲,旦蹲坐听讫)呀! 这又不是女孩口气了。
>
> 【前腔】那里是催短拍低按梁州,也不是唱前溪轻荡扁舟。一心儿凤恋凰求,一弄儿软款绸缪。这的是有个人知重,着意把微词逗。真个芳年水样流……
>
> 【江儿水】似听琼枝曲,如闻幔卷绅。一声河满才离口,两行玉筯罗襟透。分明子夜伤心,又如此好天长昼。镜里荣华,明日更应消瘦。①

万著《绛蘅秋》、吴著《潇湘怨》,除各作者所填曲文不同外,情节都跟吴著《散套》相仿。陈钟麟《红楼梦》所填曲文也不同,但他改剧中《牡丹

---

① 参见阿英编《红楼梦戏曲集》,中华书局,1978年,页438。

亭》【步步娇】、【皂罗袍】、【山桃红】曲,是宝玉、黛玉共往梨香院一起听得,并共同鉴赏的。这与小说原作稍有不同。

这些"红楼剧"所插演的《游园》,都是隔墙从梨香院传来的家乐小班的演唱,都是用"内唱"形式出现的暗场戏,所唱也都是《牡丹亭》曲文,并不见扮成杜丽娘的优人登场表演。这种处理首先是曹雪芹的高明处,小说作者只是通过宝黛读《西厢记》《牡丹亭》,听梨香院传出的乐曲,在约隐约现间,表达"牡丹亭艳曲警芳心"的效果。"红楼剧"作家,体会到小说的妙处,虽在戏剧中,他们也以这种暗场的方式,来穿插《牡丹亭》的《游园》,这种戏剧结构既达到小说所设定的效果,又避免在舞台上眼花缭乱,喧宾夺主。所以,《牡丹亭》在这里不用明场,而用暗场,也是红楼剧作中以之为"戏中戏"的一种艺术方式。

还有一种"戏中戏"的处理方式,是在小说和戏剧中,只点出剧名,而不出现任何唱段,更不见何表演场面。譬如陈钟麟的《红楼梦》,有元妃省亲的情节,其单出名为《送驾》。元妃驾临大观园,贾府准备女乐一部,请元妃点戏。小说中元妃点了《一捧雪·豪宴》《长生殿·乞巧》《邯郸梦·仙缘》《牡丹亭·离魂》。陈著《红楼梦》中也保留了这四出戏。不同的是,小说用"一个个歌欺裂石之音,舞有天魔之态,虽是妆演的形容,却作尽悲欢情状"(见十八回)这样的文字作侧面概括的描写,戏剧则有简略的场面提示:

太君:吩咐女乐们,请娘娘点戏。
　　(旦执戏本上。元妃)我最喜的是《豪宴》《乞巧》《仙缘》《离魂》四出。
　　太君:极好,女乐们认真唱来。(众旦四出随意唱一套下)①

这一场面显示,这四出戏,在剧作中属"有而无",在舞台上却是"无而有"。就是说,陈氏剧本,有四出戏的名目,却没有四出戏的演出。因

① 参见阿英编《红楼梦戏曲集》,中华书局,1978 年,页 586。

为这四出戏是热门戏,剧文点到,戏班可以演出,就省略了。文本不必把四出戏的演出穿插进剧中,可见文本是"有而无"。但到舞台上,如果史太君命戏班把四出戏"认真唱来",为了不使太君的吩咐落空,那就需要以舞台方式一一展示和呈现,至少要各唱一套,而不能如小说那样用文字带过,那就要真演出。所以陈氏剧本虽无具体文字而到舞台上则有真演出了。作为"戏中戏",这种情形也很常见。因此《牡丹亭·离魂》在陈著《红楼梦》中实际上可能有明场的"戏中戏",即在文本中省略在舞台上不能不有,是谓"无而有"。元妃省亲演出《牡丹亭》如脂砚斋所言,这出《离魂》埋伏了元春死亡征兆,也即预示了贾府由鼎盛而衰亡的结局。陈钟麟的《红楼梦》虽只提示"众旦四出随意唱一套",这就要求明场上有或多或少的演唱。这种明场演唱,将更容易引起观众的联想,衬托出贾府衰亡的征兆。

三、《小青传》与"戏中戏"《牡丹亭》

明末清初,因演唱与阅读《牡丹亭》而与杜丽娘命运一样,引发生生死死感情共鸣的故事和文学作品层出不穷。在传记文学中,出现了如戈戈居士、支如增、陈翼飞、张潮等人的《小青传》。戏剧中出现了诸如《风流院》《疗妒羹》《春波影》《挑灯闲看牡丹亭》这样一些剧作。[①]比较几种纪传小说,陈翼飞、张潮《虞初新志》的《小青传》,涉及《牡丹亭》的文字很少,取以为"戏中戏"的材料相对匮乏。戈戈居士、支如增的《小青传》,则或引录小青"冷雨幽窗不可听,挑灯闲看《牡丹亭》。人间亦有痴于我,岂独伤春是小青"诗,或以"小青读《牡丹亭》词,叹曰,人间亦有痴于我,岂独伤心是小青"。如此作小青传,小青命运便与《牡丹亭》息息相关,《牡丹亭》之为小青故事的"戏中戏",便有了充分的构思空间。

朱京藩生平履历不详,所知者系一落拓士子,因为自己怀才不遇,

---

① 徐永明《冯小青其人真伪考述》,华玮编《汤显祖与莎士比亚文化国际学术研讨会论文集》,浙江大学出版社,2015年,页109。

对小青的遭遇就非常同情。他既为小青作传，又为他撰剧。他的《小青传》比以上四传更多记叙了小青阅读《牡丹亭》的细节及抒发的感慨，如说：

> 一夜飚风铃雨，频剪泪烛，取牡丹亭阅遍，忽然叹曰：小青自有一人当于死后见之。杜丽娘其予之前身乎？所谓柳梦梅者，抑千里乎？抑同里乎？予当图一丰容传于人间，以试伊人之诚信也。天下有诚信如柳者，予不为醉乎？有痴情如予者，而柳不为恋乎？是知予死之日，政生之期也。①

小青这段感叹，是其他小传所没有的。这段感叹，就为《风流院》铺述小青死后相遇杜、柳留下余地。

《风流院》的正戏或主线，是叙说广陵才女冯小青与杭州秀才舒洁郎的生死爱情，经南山老人之助而团圆的故事。其中穿插了冯、舒二人与杜丽娘、柳梦梅的交接纠葛。如九出，小青受尽折磨，恨浸心头，昏晕软怯，夜阅《还魂记》，就说：

> 我想杜丽娘一梦而亡，后在梅花观中遇见此人还魂，以成其夫妇。我小青死后亦必然有一段光景。
> 【前腔】雨中故四击风檐铁，恍惚人梅柳接，杜丽娘是咱前身照也。

这为小青成仙与杜柳交往作了铺垫。

以下各出即是《牡丹亭》人物与小青戏的纠葛：

十四出，小青列为散仙，与杜、柳相会，杜、柳询问小青来由，小青向二人诉说遭遇。诉后，小青对汤显祖、杜、柳三人道："呀，还魂一记，妾所醉心，素在纸上吟哦，今得亲炙，幸也幸也。"②

---

① 朱京藩《风流院》附录，《古本戏曲丛刊》本，页3。
② 《古本戏曲丛刊》影印明德聚堂刊本。

十八出,东大司拷问小青,连及杜丽娘、柳梦梅,杜、柳为小青辩解:"这是月影风形难捉,发惜行慈,饶恕了这风流罪过。"

十九出在落花槛,小青与杜、柳三人共同抒发:"前生债、往生冤……契风云同难同安。"

三十一出,经南山老人及风流院帮助,小青与洁郎还魂,杜丽娘、柳梦梅为他们送行,依依不舍。杜、柳为之说道:"休恋恋,莫迟迟,还魂重做肉夫妻。"

我们说过,戏剧中的"戏中戏",本指正戏中穿插其他剧作中的一个片段,在朱京藩的《风流院》中,并没有穿插《牡丹亭》某一折或某一曲,而是把全剧的主要人物,引入自己的剧中,成为全剧重要的剧情,推动关目的演进,与正剧的剧情融合为一。我们或许觉得它与常见的"戏中戏"不一样,但无法否定它有着《牡丹亭》主旨和人物的穿越。《风流院》不是一部立意新颖、结构谨严、文辞优美的戏剧,组合散乱、文辞粗糙,随处可见,只是从与《牡丹亭》的关系来说,或许也是构建"戏中戏"《牡丹亭》的一种特殊方式。

四、《临川梦》中的《牡丹亭》

直接把《牡丹亭》串入新戏的代表作当数蒋士铨的《临川梦》。蒋士铨瓣香玉茗,私淑清远,仰慕汤显祖的道德文章,所撰《临川梦》,概述了汤显祖一生坚守气节、不附权贵、幽愤国事、关心民瘼的政治经历,也描述了汤显祖创作《牡丹亭》《紫钗记》《邯郸记》《南柯记》的戏曲过程,作者把这两方面的内容有机地交织在一起,写出了汤显祖高尚的人品和无与伦比的文学才华所构建的完整人物形象。

据汤显祖《牡丹亭题词》,《牡丹亭》应完成于万历二十六年(1598),是在历经仕宦、退官林下回到临川后所作,蒋士铨出于构思的需要,把汤显祖撰写、修订《牡丹亭》的时间提前到拒绝张居正招揽、而未中进士之前的万历十一年。剧以第三出《谱梦》写汤显祖"情怀万种"谱写杜丽娘的生死至情,略去《牡丹亭》本身的人物和关目。紧接着第四出《想梦》，即叙说《牡丹亭》已流传四方，苏州俞二姑已从街坊购买到这个曲本。[①] 为了显示《牡丹亭》对俞二姑精神的影响，《临川梦》穿插了《牡丹亭》四段情节，作为"戏中戏"。

其一叙俞二姑拿着曲本，不但废寝忘餐，朗诵低吟，还要痴痴迷迷寻访那位填词的才子。俞二姑朝思暮想，沉浸其中，一边看剧中文字，体认作者"万分感叹，各种伤怀"，以至"情丝结网，恨泪成河"；一边用蝇头小字批注，寄托自己的幽思苦韵，引起无端魂梦而盼望与才人时刻相随。她想着柳生、丽娘，又痴迷着填词才子，在感叹杜丽娘"不合菱花照，容光自怜"开始游园时，不由蒙眬睡去，这时剧中有"睡魔神引柳生、杜女上场，立定，睡魔先下，柳杜顾盼迷离携手下"的舞台提示，蒋士铨在这里提示其剧一旦演出，此时舞台上需要串插《惊梦》里睡魔神引导杜柳相会，并转过芍药栏前，靠着湖山石边，"那答儿讲话去"的场景，也就是把《惊梦》的主要片段与俞二姑的蒙眬睡意做穿插演出，成为其中一段"戏中戏"。

其二、三段叙俞二姑醒来，从暗自伤怀"梅边柳边"，又想到杜柳二人，死后生前，杜丽娘九泉下为情求生，"一灵未歇"。柳梦梅虽知道"幽期密意，不是人间世"，仍"宁做偷香窃玉劫坟贼"，开坟挖窟，助丽娘回生等情状。思前想后，俞二姑劳累伤神再次伏案而睡，蒋士铨在这里，又穿插了"疙童荷锄，柳生持香，石姑、春香扶旦绕场下"及"生、旦携手引春香、石姑，舟子摇船绕场下"的两段过场戏。《牡丹亭》两段表演让俞二姑醒来，内心兴奋，道："咦咦咦，杜丽娘真个活转来也！""今番真个成了夫妻，向杭州去也。"这是把《回生》《如杭》作为《临川梦》的又一段"戏中戏"，剧中人俞二姑，与梦中人杜柳等人，时隐时现，明场暗场迭出，演出了杜、柳爱情向人间情的转折。

其第四段叙丽娘回生后，再次经历了战事的磨难，杜宝的阻扰，柳梦梅虽高中状元，仍不免受杜宝斥逐吊打，然后万岁开恩，陈最良受命照镜，证实杜丽娘确是人身，最后赐婚团圆。《临川梦》在俞二姑蒙眬

---

① 邵海青校注《临川梦》，上海古籍出版社，1989 年，页 42。

思念杜柳结局时,穿插了《圆驾》表演:"扮杜宝、柳生冠带同行,陈黄门捧镜,退行照丽娘冠带绕场下。"这场大团圆的"戏中戏",给俞二姑鄙弃迂腐,赞美坚贞爱情的机会,她一边说道:"好笑那杜平章与黄门官一对蠢才,全没些儿见识哩。"一边唱道:"朝同坐,夕共眠,成人后,情更颠……说什么天公不老月难圆,只要寸心坚。"结合这段"戏中戏",剧作把俞二姑阅读批注《牡丹亭》的体认充分地释放出来。[①]

《临川梦》这四段"戏中戏",只是正戏的穿插,虽有原剧人物的出场,但并不具体演绎《牡丹亭》原场次人物情节的戏剧过程,所以只是过场戏。虽是过场戏,读者和观众依然可以借助于这些舞台穿插,领会《牡丹亭》的魅力。

五、《蝶归楼》与《牡丹亭》

清嘉、道间,黄治撰有传奇《蝶归楼》,叙东村王五姐原系罗浮山冷香司仙子,因情缘未断,被谪为蝴蝶,又使化为村姑凤车。一日村中观演《牡丹亭》剧,相遇前来借宿的谢招郎,两人互相爱慕,私订盟誓。但因谢母管束严厉,招郎不敢求母,致使婚事拖延无果。五姐久候消息,思念成病,只有托亲投书探问,不意书信被谢母所得,招郎反被其母禁于楼中。不得已,招郎乃于夜间攀绳而下,往东村与五姐相会。五姐一病不起,溘然而逝。病亡后五姐不能忘情,与招郎恋情仍旧"耿耿在心",冷香司见其尘缘未了,许以一年死后姻缘,完其宿愿。招郎闻知五姐死讯,即瞒着母亲,往坟哭奠。五姐化为蝴蝶飞至谢家,阴魂与招郎成就人鬼夫妻。一年缘尽,王母娘娘再使五姐谪满归真,仍回冷香司,仙使探知五姐经历一番生死,两番别离,情根终未除尽,在瑶池练就数载真功,王母命其重寻旧侣,于是再返旧楼,与招郎缔合仙缘,永为佳偶。[②]

---

① 邵海青校注《临川梦》,上海古籍出版社,1989 年,页 43—45。
② 《蝶归楼》有新城沈麟伯渊氏旧抄藏本,赵景深藏,今归复旦大学图书馆。现有朱恒夫编《后六十种曲》本。

　　黄治是汤显祖戏曲"至情"观的自觉继承者。他在《蝶归楼》的《自序》中公然声称"玉茗我导师"。① 故其《蝶梦归》自始至终继承《牡丹亭》重情的思想,还多处模仿《牡丹亭》的情节关目。剧作把王五姐与谢招郎作为"情"的化身,王五姐为情而死,亦为情而生,谢招郎同样天生有情,一回相见,一灯同誓,发愿"若不是心儿相印,肉样相疼,也算不了俺的可意娘行"(二出《缘梦》)。两人倾诉情愫,招郎认五姐为知己,楼中设誓:"梦中魂,并难开,意中缘,缠不解,好完成锦团圆雀屏凤钗。"(七出《楼誓》)母亲发现书信,阻其来往,招郎虽受责杖,仍立志诉说:"若不及早价做意圆成,敢死一个,又死一个矣。"(十二出《杖子》)五姐告知是鬼,招郎回答说:"小生何尝是活的来。参透前生,参透今生,只要将伊天般耽戴。"(二十一出《魂归》)这些说明,《蝶梦归》与《牡丹亭》在重情观念上完全契合。不仅如此,《蝶归楼》以"玉茗"为师,所构建的《缘梦》演五姐招郎午梦相会,一梦结缘,也有《牡丹亭·惊梦》的影子。

　　《蝶归楼》主线是王五姐和谢招郎的爱情离合,而引起彼此萌发爱情的源头,则是因为观演《牡丹亭》。为了突出《牡丹亭还魂记》对剧情发展和剧中人物行为的影响,黄治把《牡丹亭》设置为《蝶归楼》的"戏中戏"。这场"戏中戏"是如此开头的:王五姐二八年华,与小姐妹闺中戏谑,言莺说蝶,唇吻相加,其闺中姐妹嘲之为:"小鬼头春心动也。"正值春情难以排解,恰遇东村河边演戏,所演又是《牡丹亭还魂记》。戏分两日演出,前一日五姐在阁楼看了半本,已演过了《惊梦》《寻梦》《闹殇》《冥判》等由生入死的爱情经历,五姐当场感叹道:天下如杜丽娘的不少,只怕自己就是场上之人,因而悲从中来,落了不少眼泪。为此唱道:

　　　　【锦法经】兀的不玉有芽,花有葩,敢有个天公注定他。到那时碎玉飞花,也则难禁架。俺不是装乔作假,猛拚着泪珠滴洒,这

---

① 黄治《蝶归楼自序》:"每览旧编,胜情如昨,客邸无事,爰录而存之,其费日力又何暇恤。至复有以言情见规者,则应之曰:玉茗我导师,君其问焉可也。"

都是为弄春情，小玉痴魂化。

这段唱句，叙说自己青春觉醒、爱情渴望如玉生芽，花发奇葩，是天公注定，而不知那一日，因为痴情而死，落得玉碎花飞，不能不感伤落泪。这是青春少女五姐看演《牡丹亭》内心情感的共鸣。

第二日继续看演后半本，情景随剧情转换。这日招郎受姐驱遣到东村探望姐夫，也到东村，姐夫本就是戏班班主，招郎被姐夫留下，顺道看戏。招郎多情，自然也是个戏迷，他熟悉《牡丹亭》这个剧目，见东村竟然演出《牡丹亭》，不由惊叹说道："乡村里倒晓得演这种好戏。"这部戏，强烈吸引了这个渴求爱情的青年的兴趣，招郎见戏班表演不同凡俗，听着唱词，感到"好不哀怨，好不凄凉"，即为剧情感动，一直低头垂泪，沉浸在梦梅与丽娘的爱情离合之中。五姐在楼上看见，两情相印，知道他是同自己一样的情痴。两人同心同感，才展开了一段神女蝴蝶与青年士子的奇异的爱情。

《蝶归楼》以《牡丹亭》为"戏中戏"，前后两本剧情不同，前后两场重点各异。前半本的叙说强调"玉有芽，花有芭，有个天公注定他"，是爱情的自主萌发与备受摧折，丽娘已成"碎玉飞花"，由人成了鬼。第二日演《牡丹亭》的下半本，则突出串演《还魂记》三十二出《冥誓》。《冥誓》突出杜丽娘因为一片至情感动天公（地狱判官），又得柳梦梅誓死相爱的表白，成为杜丽娘死而复生关键。《冥誓》中，月色空蒙，柳梦梅思念心切，杜丽娘魂随月影，决意趁着良宵，完其前梦。戏里，杜、柳相互说明梦中情、人鬼情之前因后果，丽娘表白"一灵未歇"，梦梅则对神发愿，立誓助丽娘回生，娶为正妻，因此《冥誓》就是作为人鬼情转向人间情的转折点，是丽娘"前日为柳郎而死，今日为柳郎而生"的开始。《蝶梦归》渲染这样的场次，预示了五姐与招郎相似的命运和结局。

《蝶归楼》以《牡丹亭》为"戏中戏"所取的表演方式，基本上也是暗场处理，即舞台上并没有杜丽娘与柳梦梅在柳郎书舍吟诗话旧、拈香设誓的场景，只在后场穿插式地唱了《冥誓》中的一支【闹樊楼】和一支【啄木犯】，这是与前述"红楼"戏相似的暗场穿插方式。不过《蝶梦楼》

在后场演唱《冥誓》中的【闹樊楼】"嘱东君在意者,精神打叠,暂时间奴儿回避,趁些儿待说,你敢扑恍忪害跌"后,却有"小旦"的一段【嘉庆子】:"这一宵两口儿占鬼卦,更月黑风凄送了他。听一声唱罢,敢则是敲碎了铁板与那铜琶,不由人心坎里泪如麻。"这里台前、台后,有场上人与场内人两两相应。加大了想象空间,弥补了暗场的不足。

接着内场唱《冥誓》中的【啄木犯】:"靠边些,听俺消详说。话在前教伊休害怯,俺则是小鬼头人半截。"

五姐(旦)唱【尹令】:"霎时将他惊吓,登时又愁他怕,紧偎着欲言又罢。心肝儿寸花,却折叠作万万千千也怎捉拿?"①

前台、后台的呼应,把《牡丹亭》表达的情绪与《蝶归楼》人物的情绪混为一体,互相衬托,互相表白,让戏中戏把本戏的思想凸显出来,起到加深人物情感的作用。

通过以上几种剧目的梳理,可以看到从明末至清末,从朱京藩到蒋士铨,从陈钟麟到黄治,他们都喜爱《牡丹亭》,熟知《牡丹亭》,因此在撰写爱情剧,在塑造玉茗形象的时候,都引用穿插《牡丹亭》的人物、情节、语言,来加深自己剧作中的人物形象,加强剧作抒情效果,因此《牡丹亭》就成为这些剧家采用的"戏中戏"。这一"戏中戏"结构方式,无形中已形成《牡丹亭》传播方式。通过这些剧作,通过观众的欣赏、接受,更扩大了《牡丹亭》的思想艺术影响和社会文化影响,这无疑是《牡丹亭》传播中值得关注的戏剧文化现象。

---

① 《蝶归楼》第五出《味曲》。

吴梅的《顾曲麈谈》与《中国戏曲概论》

20世纪初,我国学术界几乎同时出现了两位戏剧学大师。一位是王国维,一位是吴梅。王国维以深厚的历史研究的功力,独到的艺术鉴赏的眼光,广博的中外文化的视野,在世纪初完成了《戏曲考原》《唐宋大曲考》《宋元戏曲史》等重要著作,开创了古代戏曲研究的新时代;吴梅虽带有老派学者的学术个性,却也以深厚的传统曲学、戏剧学知识为根底,集度曲、制曲、藏曲、教曲、演戏于一身,发挥他独特的知韵守律、审音度曲、创作表演的特长,继往开来,对传统曲学的曲的本体论、创作论和中国戏剧史作了深入的研究,并在明清戏剧史的研究中做了许多开创性的工作,奠定了明清戏剧研究的基础,是一位博学的曲学家和戏剧史家。两位学者的学术成果相互补充,交相辉映,共同推动了我国曲学、戏剧学的现代化的进程。

一

吴梅(1884—1939),字瞿安,又字灵𪀗,号霜厓,长洲(今苏州)人,出生在旧式仕宦人家。早年习举业,学古诗文,18岁补县学生员。两应江南乡试,皆不第。光绪末,科举废除,维新思潮兴起,吴梅与南社诸君子交游,也关心国事,喜谈革新,曾作诗悼念戊戌变法死难君子,表现了一定的政治热情。随着时代的变迁,他开始肆力于词曲之学,并选择教育为终身职业。从民国初年开始的30年间,进入他学术活动的高峰时期。他不仅创作出许多戏曲作品,完成了很多学术论著,还先后应北京大学、北京高等师范、南京大学、东南大学、光华大学、中

央大学、金陵大学聘,主持教席,教授词曲,为这个世纪培养了许多著
名的词曲和戏曲研究家。正当盛年,卢沟桥事变爆发,苏州遭日寇轰
炸,他不得不举家避难,因而迁武汉、湘潭、桂林、昆明,饱受风鹤之苦,
最后逝于云南大姚,时年仅 56 岁。①

　　吴梅学有专攻又多才多艺。他能诗词,能文章,有诗文集若干卷,
词若干卷。又精鉴赏,有《霜厓读画记》一卷。他擅于剧作,曾作杂剧
9 种,传奇 4 种。其中《轩亭秋》谱辛亥革命烈士秋瑾殉难事,《湘真
阁》《风洞山》谱故国丧乱事,《苌弘血》谱戊戌变法六君子死难事,都有
很强的现实性。他精于审音定律、度曲演剧,曾受邀入苏州道和曲社、
上海琴社、中央大学潜社,并任南京紫霞曲社社长,与名曲家切磋曲
艺,以曲唱和,十分频繁。一时名角,如韩世昌、白云生、梅兰芳也向他
学艺。他不仅为人操鼓板,还能粉墨登场,曾演过《西厢记》中的莺莺,
《牡丹亭》中的陈最良,《荆钗记》中的老旦,《千钟禄》中的解差等角色,
戏路颇广。

　　他的主业在曲学和戏剧史的研究,完成的著作有《奢摩他室曲话》
(1907)、《顾曲麈谈》(1914)、《曲海目疏证》(1914)、《中国戏曲概论》
(1926)、《元剧研究》(1929)、《瞿安读曲记》(1932)、《曲学通论》(原名
《词学通论》,1932)、《南北词简谱》(1931)。他还为商务印书馆著有
《辽金元文学史》一种,"一·二八"事变中毁于日军轰炸。今所见同名
著作,系吴梅指定他人所作,商务为借重吴梅名望,刊出时仍署名吴梅。

　　吴梅还是著名的藏书家。在京六年就购书 2 万卷。所藏以杂剧、
传奇、散曲、曲谱最多,仅编定《奢摩他室曲丛》时,他交商务印书馆的
善本、稀见本就有 152 种,曲藏之富,甲于一时。于所见书,他亦勤于
校勘,撰写题跋,身后有《霜厓曲跋》问世。

　　最后,他还是著名的曲学、戏剧学教育家。他在北京、南京、上海、
广州多所大学任教,主讲曲学理论和中国戏剧史,一时才彦如任二北、
卢前、唐圭璋、王季思、钱南扬、万云骏等词学名家和戏剧史家都出其

① 参考王卫民《吴梅年谱》,见《吴梅戏曲论文集》,中国戏剧出版社,1982 年。

门下,影响了我国现代词曲学和戏剧学的研究。今人在概括吴梅的戏曲研究之广时说:"他于藏弃、于镂刻、于考订、于制作、于歌唱、于吹奏、于搬演,几乎无一不精;于文辞、于音律、于家数、于源流、于掌故、于著录、于论评,又几乎无一不究。盖集众长于一身,怀绝学以终世,天下一人而已。"①我们说他是一个全才的曲学家当不过分。

二

吴梅曲学研究的重点分两个方面。一是以考述曲的特性、构成、演唱为中心的戏曲本体论。二是描述宋金元直至明清时期,包括散曲、戏曲在内的"曲"的发展史。前者有《曲学通论》《顾曲麈谈》诸作,而以《顾曲麈谈》为代表;后者除《中国戏曲概论》以外,还有《元剧研究》以及《曲海目疏证》《瞿安读曲记》等成果,却以《中国戏曲概论》最为完整,并代表着他剧史研究的最高成就。两书虽有分工,各有侧重,但彼此互有关联,相互渗透,故这里选取的两部论著,一横一纵,大致反映了吴梅曲论、剧史论的面貌。

《顾曲麈谈》共四章,第一章为"原曲",系探讨曲的源流、曲的特性、曲的音乐和文字构成和体式的部分。由于作者立足于研究元明清的剧曲与散曲,讨论的是元以后南北曲的直接曲源,因而没有涉及先秦古乐、乐府、唐教坊曲的渊源与演变,而直接把曲的渊源,归之于金元词调。他说:"曲也者,为宋金词调的别体。当南宋词家慢近盛行之时,即北调榛莽胚胎之日。""沿至末年,世人嫌其粗陋,江左词人,遂以缠绵顿宕之声以易之,此南北曲之始也。"把曲看作词的后裔,南曲是北曲的后裔,这种看法,自王世贞提出后延续数百年,吴梅不过继承了旧说而已。实际上,曲的源流是多渠道的,词调只是曲调的一个源泉。南北曲之源主要来自民间,不是一种乐曲对另一种乐曲的更替。而且,南北曲之间只是流行地区不同,彼此没有先后继承关系。若从产

---

① 高明《南北曲小令谱序》,转引自周维培《曲谱研究》。

生前后来说,南曲、南戏可能都还在北曲之前。所以王世贞、吴梅这种说法,既不全面,又不准确,这种曲学"原始"论就显得过于简略。

吴梅曲学理论最重要、最有心得的成果,是考辨宫调、曲牌、曲韵为中心的曲律论,以铺陈结构、摛文布采为主的制曲(文本创作)论,依腔订谱、按声习唱为内容的度曲论。[①] 三者关系密切,各自为用。曲律论是制曲、度曲的基础,制曲、度曲是论曲的功用。制曲是曲词创作,度曲则重在演唱。于此可见,吴梅的曲论有鲜明的重创作、重演唱的实践性特点。他在细致地论述和认识曲的格律、特征的基础上,在许多实践技能很强的地方,构筑起剧作家依律填词,谱曲家依声打谱、演唱家循声习唱三度创作的模式。吴梅自许自信者在此,他欲"将平生所得,倾筐倒箧而出"者也在此。

曲律论的第一课题是论宫调。它包括什么是宫调及南北曲中宫调与曲牌的领属关系。这是我们了解、认识曲文学,接触戏曲、散曲作品的第一道门槛,自然是曲论题中应有之义。然而,宫调论早已被古代曲学家谈了又谈,论了又论,成了所谓"千古之谜"了,吴梅在这迷宫前,又有什么新看法、新收获呢?他的新见解和新贡献,是撇开以繁琐和故弄玄虚为故伎的论调,根据作曲、度曲的实际应用,明确地指出:"宫调者,所以限定乐器管色之高低也。"他用为昆曲定调的笛色作说明,谓:一笛六孔,计有七音。依据按孔吹奏的部位不同,并以小工调为基础,依次转换,就能分别吹出不同调高的曲调,俗称小工调、尺字调、上字调等,也即相当于西乐的 1＝d、1＝c、1＝b 之类。他从而指明:"今曲中所言宫调,即限定某曲当用某管色。"这就把曲的宫调说得通俗易懂。他又把乐人广泛使用的笛调系统与古宫调术语加以对应归纳,确定昆曲十七宫调的笛色,即:

小工调:仙吕宫、中吕宫、正宫、道宫、大石调、小石调、高平调、般涉调属之。

凡字调:南吕宫、黄钟宫、商角调、仙吕宫属之。

① 周维培《新曲学的崛起和旧曲学的终结》,《南京大学学报》1988 年第 4 期。

六字调：南吕宫、黄钟宫、商角调、商调、越调属之。

正宫调：双调属之。

乙字调：双调属之。

尺字调：仙吕宫、中吕宫、正宫、道宫、大石调、小石调、高平调、般涉调属之。

上字调：南吕宫、商调、越调属之。

这就是我国民间广泛使用的宫调系统。吴梅以简练的文字揭示了"宫调"的实质，为我们解读曲文学的宫调符号开辟了捷径，演唱、演奏乐器者也便于操作，在曲学理论上作出了重要贡献。它也被现今的曲学论著广泛采用。①

在曲牌与宫调的归属关系上，吴梅也依据曲谱作了细致的排列。其中有的是按一定的调高、结音、声情划分的，有的则由于文人"别出心裁，争奇好胜"，犯宫犯调造成的。曲牌连接有相当的自由，其相互关系实际上存在着许多混杂的现象，故不能简单地依样画葫芦。创作者只有熟悉曲情、曲理，参照实例用法，才能写出声情并茂的作品。随着时代的推移，曲、文创作的分离，宫调已成了曲牌一种不太严密的分类标目，而逐渐失去它的本质。认识到此，才有助于读者打破乐律神秘主义的迷信。

曲律论的第二个内容是论曲韵、行腔、板眼。不知韵就不能下字，不知韵也不能行腔接字，确定板位。任意而行，不仅不能合律，而且还会闹出笑话。所以吴梅律曲之初，即要求分定韵部，分辨四声，辨别喉颚舌齿唇之清浊和四声之阴阳。他在这里划出的韵部，虽大致根据《集韵》《中原音韵》《音韵辑要》，但已依填曲、唱曲的要求，作了部分的并合与区分。如东冬、萧豪的合并，鱼模之分为居鱼、苏模，都是符合实际演唱情况的调整。故作者自信地说："填词者就此韵用之，依韵以填词，守部以选韵，庶不致貌规越矩者矣。"这也可以说是昆曲曲韵新成果。

---

① 参见华连圃《戏曲丛谈》、韩非木《曲学入门》、赵山林《中国戏剧学通论》。

　　阐明了曲的宫调、音韵的两大问题以后,吴梅转入南北曲作曲法的阐述,作曲法的依据其实来自南北曲本身的要求,所以它也是在创作的实践中继续阐述曲的特征。这些特征包括:曲牌有一定的体式,作曲需按它的字格、板式、曲情加以选择;汉字有四声,四声关系着曲的行腔高低和是否优美动听,因而作曲者必须注意用字;曲有节奏板眼,故不可随意添加衬字,以免荒腔走板;曲牌联套于引子、过曲、尾以及选韵都有约定俗成的套式,填词家应取名家作品作参考。北曲套数尤为严谨,故作者于每一宫调内特为选了长短套式,供人选择应用。他从北曲作品的实际出发,考校了周德清和李渔以来的"务头"论,终于别出新说,称"务头者,曲中平、上、去三音联串之处也",这也是具有可操作性的见解。

　　这些特征论或作曲法,有的属于常识,如曲牌字有定格,韵有定位,板有定数。套曲连接,有引子、过曲、尾声,曲曲相连有一定的范式等,这些都是了解传统南北曲必须有的知识和制曲应遵守的规律,不能任意违反。有的属于技术性、专业性较强的要求,它对音韵学家、谱曲音乐家则可,对剧作者多加限制则未免苛刻。如"依字行腔",吴梅就指出:"字音与曲调,盉然相反。四声中字音以上声为最高,而在曲调中,则反处极低之度。又去声之字,读之似觉最低,不知在曲调中,则去声最易发调,最易动听。"所以下字、订谱或唱曲,都要依据字读的四声阴阳调值以为乐音。其中阴平声字,呈高平状;阳平声字,呈由低转高的升调状;上声字,先下行后上行,呈降升状。凡此等等,都直接影响字腔、旋律,有其内在规律,不能不有所讲究。古代曲家于声韵格律之学一般都有较深的修养,讲究起来也没有太多的困难。问题是剧作家在填词作剧的时候,他们主要依据曲情、曲理,依据人物感情需要遣词造句,何暇顾及阴阳清浊。故汤显祖说:"凡文以意趣神色为主。四者到时,或有丽词俊语可用,尔时能一一顾及九宫四声否?如必按字摸声,即有室滞迸拽之苦,恐不能成句矣。"①可见,这类精致化的昆

① 汤显祖《答吕姜山》。

曲字腔、腔格,谱曲、唱曲的应当知道(其《度曲》章有详细的叙述),剧作家则不能被它捆住手脚。当然,吴梅虽讲究这些格律,他同时却也强调:"守法是死,填词是活。""即有舛误,亦当平心宽恕。"这倒也不失为融通之论,也应予以注意。

三

上面所说就是吴梅的曲律论。虽然在律曲的同时,他已说到了填曲作剧的许多方面,已属于"制曲"的范畴;但无论制曲中宜别曲牌也好,按式联套也好,都是与曲律相关的方面,所以注意的重点仍在律,即在曲的内部规范。至"制曲"一章,吴梅则把视角转向戏剧的社会作用、戏剧结构、文词等方面,也就是戏剧文学鉴赏和创作方面的一些问题作论述。这里作者虽然也说到清曲(散曲)作法,实际上侧重在戏剧,故所谓"制曲"主要是他的戏剧创作论与批评论。

吴梅的戏剧创作论与批评论有明显的继承性。如论戏剧作用时,强调的"惩劝"说、"讽谏"说,从汉儒文学的讽谏和惩劝,到周德清、高则诚的戏剧惩劝、讽谏,直到明清的许多曲论家都反复说过;在论戏剧结构时强调"立主脑"、"脱窠臼"、"密针线"、"均劳逸",明显是王骥德、李渔曲论的承继。至于词采上贵浅显、重机趣、倡当行本色,反堆垛典故,也无不笼罩着古人的影子,没有几多新意。一个进入 20 世纪的曲学家,仍说着数百年前的话语,其理论的保守和滞后无可讳言。但若仔细阅读他的理论,我们仍然可以看到一些突破和新意。如他尽管爱说戏曲扶偏救弊、有裨风教,但又说戏曲的作用主要在"感动人心,改造社会","为社会之警钟"。联系他创作的反映维新变法和秋瑾遇难的作品,就可以知道其"改造社会"、"为社会之警钟"的主张有相当直接的现实内容。它与近代戏剧改良运动的主张基本同步。他又说,戏曲"唯一之宗旨,则尤在美之一字"。这就是说,戏曲不仅有社会的需要,而且更有审美的需要。在我国传统的戏曲理论中有过胡祇遹的"九美"说,李卓吾的"自然美"说,于戏曲美的鉴赏作出了贡献,但千年以来,还没有人把美的鉴赏看作戏曲鉴赏的唯一宗旨。这恐怕已是"五四"前后美的教育的体现。把美作为戏曲鉴赏宗旨的主张此后也不断出现,但要普遍把它作为"唯一的宗旨",或主要宗旨,恐怕要在未来。这样,吴梅的这一理论又有较强的超前性。

至于结构论与词采论,吴梅蹈袭前人的东西也很多,但稍加研究,也可以看出他在继承中同样有所发展。如"脱窠臼"之求新、求奇,本是明清曲论的重要见解,至李渔而成为明确的号召。但李渔之论重在情节奇、语言新,反对在关目排场上因袭、效颦。吴梅却在整体上要求全面求新。他说:"窠臼云者,非特窃取排场,即通本无一独创之格,亦是窠臼。"这比李渔的要求又提高了许多。同时,他还根据现代舞台布景、道具日新月异的进步,提出采用的意见,亦很有现代感。辞采上,他反对骈俪,反对堆垛故实、辞意晦涩,也反对出语粗鄙、不登大雅之堂。这都无甚新鲜。他的进步,是强调戏曲语言需要依据人物性格,写出个性化的语言。如说:"所作曲白……要使其人须眉如生,而又风趣悠然,方是当行作手。"又说:"所填词曲宾白,确为此人此事,为他人他事不能移动,方为切实妙文。诗古文辞,总宜贴切,填词何独不然? 各人有各人之情景,就本人身上挥发出来,悲欢有主,啼笑有根,张三之冠,李四万万戴不上,此即贴切之谓也。"这应是语言性格论的精辟见解。

总的说来,吴梅的戏剧创作论和批评论是总结多于创新,继承多于发展。他处在近现代思潮大变革的时代,却缺乏接受新事物、研究新问题的兴趣,所以虽在具体问题上时有精深之见,但又过于简略,没有形成明确、周密的理论,因而总体上缺乏时代感和新气息。这也许是他的学术个性造成的吧。

四

吴梅曲学研究的又一个重点是剧史研究。《麈谈》之第四章"谈曲"所述元明清曲家遗事轶闻、生平履历、曲作品评,已初具断代剧史的雏形。至《中国戏曲概论》则写出了上自金元,下至晚清 600 余年间中国戏剧史的研究专著,在戏剧史研究上取得了新的成果。

剧史研究以王国维为肇始,他的《宋元戏曲考》自古巫歌舞直到元代戏剧的演变发展都作了非常有价值的论述,至今仍为学界所重。但王氏过于"信而好古",对明清戏曲多有偏见,视之为"死文学",所以他的剧史以元代为断,不及明清,这就在戏剧通史上留下了很大的空白。以元剧的研究而言,王国维《宋元戏曲考》的重点也在与元剧相关的理论问题,于作家、作品则着言不多,读者对元剧的剧目、流派、衍变都难以得到清晰的印象,这作为一部早期断代的剧史也明显有所不足。吴梅的剧史研究则在王氏的基础上,把重点移向明清传奇和杂剧,移向元以后五六百年的明清戏曲史研究,而成贯通宋(宋金部分十分单薄)元明清的中国戏曲通史。如果说《宋元戏曲考》标志着我国第一部戏剧前期史的出现,《中国戏曲概论》则标志着我国第一部比较完整的、以戏剧成熟期为重点的戏曲史的出现。一般认为,中国戏剧成熟于金元,到明清而发展,并取得新的辉煌。因此之故,只有一部比较完整的、重在反映戏剧成熟期的戏曲史才能反映我国戏曲的成就和全貌。吴梅的戏曲史恰满足了这一需要。它的出现,奠定了元明清戏曲史的基础。故无论卢前的《明清戏曲史》、青木正儿的《中国近世戏曲史》等明清戏曲史之作受到他的影响,连后来的戏曲、散曲通史也受到他的启发。可见王、吴两家,都为中国戏曲史的研究作出了重要的贡献。

吴梅不单把中国戏剧史的研究跨度延伸到明清,还为元明清戏剧史的研究充实了内容。这包括介绍作家的生平、作品,品评作品的艺术特点,勾勒曲家的风格流派,梳理戏剧文学衍变的脉络等。吴梅处在剧史研究的初创期,当时资料匮乏,举步维艰。元代剧曲,虽有《录鬼簿》《元曲选》及王国维的著作可以参考,明清部分则连一本完整的曲目目录也没有,他硬是凭借私藏和查阅,首次开列了比较详细的剧目、曲目。如明杂剧、传奇、散曲目,清杂剧、传奇、散曲目。按今日的标准去看,其中的疏漏和失误固自不少,但主要作家和作品已大致无差。有的作家,如朱有燉,这里著录杂剧 25 种,虽不算齐全,但在当时已是最多的了。有的剧作,如《红梅记》,虽存明刻本,但《缀白裘》《集成曲谱》所选只有两三出,读者、演者长久不知全貌,吴梅偶得全本于"破肆"中,然后详加介绍,这在剧目上也是重要的发现。至于元杂剧,虽大体本于王《考》,但他在作者、作品的著录上也有少量的补正。①可见也做得颇为细心。《概论》如此重视曲目文献,正表现了早期剧史基础工作的特点。

吴梅的作家评价和剧史论也有精到之处。比较突出的有:一,在作品的品评上,他一方面看重文辞,另一方面又重视思想内容和其他戏曲因素的配合。重文辞是前人论曲的重要标准,也是与戏曲文学的特殊性相联系的一个标准,故吴梅对关汉卿曲辞之雄肆、王实甫之妍炼、白朴之清俊、徐渭之精警豪迈、李玉之雅丽工炼都交口赞誉,许多曲词都烂熟于心,出口成诵。文中引用频繁,有满纸珠玑之感。但戏曲作品的成败优劣还取决于思想内容与其他因素的配合。他认为,天然之文,胜于乐官之造作。"闾巷琐碎、儿女尔汝"之事,胜于歌功颂德的官样文章。金元杂剧之所以成功,是因为一代才彦,绝少达官,表达的是"人民的崇尚,迥非台阁文章以颂扬藻绘可比"。明清作品的好坏也看它与社会风尚性情的关系。一味飨祀符瑞歌功颂德,就成官样文章;与社会风尚、性情相合,则成一代文学的代表。他批评《五伦全备》《香囊》《琵琶》及其模仿之作,为迂、为腐、为笨伯;批评夏纶的作品头巾气太重;赞扬《还魂记》描写永不消灭的至情、《东郭记》对世事的嬉笑怒骂、《红梨记》的故国沧桑之感,在这种抑扬中表现了对戏剧作品内容的重视。在不少剧目的分析中,他反对流传甚广的捕风捉影之谈,也是力求准确把握作品内容的表现。其他因素,如音律、角色、排场结构,在他的评论中也受到重视。这都反映吴梅的作品评价已趋向全面。二,在戏剧史发展过程的描述上,《概论》虽有罗列名单、堆砌资料之嫌,但吴梅还是注意梳理其衍变的阶段性,概括流派的个性特征。如他从出目、角色及有无歌舞动作等方面,比较精确地分析了元杂剧与诸宫调的不同,揭示出元杂剧在艺术上的进步。到明代,他又从结

① 如补罗贯中《风云会》、费唐臣《赤壁赋》等。

构的长短、南曲的应用、唱角的增多、曲词风格的变化,比较了元明杂剧的差异,看出杂剧体制的演变与发展。这都是对杂剧流变过程很简明的总结。在传奇的论述中,他将明传奇分为开国初的南剧、海盐腔的出现、昆山腔的繁盛等阶段;在昆山腔传奇中,依据文辞和格律,分出以沈璟为首的吴江派,以汤显祖为首的临川派,以梁辰鱼为代表的昆山派,并概括出他们的特点。清总论中,依据时代风气与戏曲的关系,分为顺康、乾嘉、道咸、同光等阶段,举出代表作家,作总体评价;后又总结说:"乾隆以上有戏有曲,嘉道之际,有曲无戏,咸同以后实无戏无曲矣。"把变化之迹概括得十分清晰简练,至今仍为许多剧史家所采用。总的说来,他的剧史也是材料多于观点,甚至淹没观点,许多很好的见解没有作充分的展开;但他不仅为后人画出了 800 年剧史发展的脉络,还总结了许多重要的规律,值得我们借鉴。

五

　　曲学作为一种专门之学,有宏观的研究,也有微观的研究。有王国维的通才之学,也可以有吴梅的专家之学。从治学之专勤和所涉曲学门类之广博而言,吴梅成就的若干方面当时无人可与比肩,后人也无人全面达到他的水准。他的成果标志着旧曲学的终结和新曲学的开启,所以有不可替代的学术地位。但由于时代和研究方法的限制,他的曲论和剧史也留下不少的缺陷和错讹。这主要表现在:重字格、句式、声韵格律,轻内容的表达和创新。其视"临川四梦"为"南曲之野狐禅"可为显证。重度曲、制曲的实践功能,却极少涉及舞台表演和舞台艺术等更重大的问题。他将声歌之道限于律学、音学和词章,也就是这种倾向的表现。南曲研究中,他以昆曲为中心,以昆曲为标准,而对民间戏曲乃至京剧都不置一词,表现了戏曲观念浓厚的保守性和崇雅拒俗的文人趣味,以至被讥为"迷恋昆曲之残骸"。① 在剧目、曲目、

---

① 叶德均《吴梅的霜厓曲跋》。

作者的著录上,不仅遗漏甚多,而且时有差错,如将《荆钗记》归与朱权,将沈自征的《渔阳三弄》错为《秋风三叠》,说徐渭的《四声猿》每本一折,都是作者疏于考校的结果。现在看来,他著录的剧目文献早已完成历史任务,现今的研究则必须借助于新的成果了。这是学术发展的必然。

赵景深先生的《明清曲谈》与《戏曲笔谈》

　　赵景深先生(1902—1985),字旭初,四川宜宾人,生于浙江丽水,少年时代随父母来往于宁波、芜湖,1922年毕业于天津棉业专门学校。由于自幼喜欢文学与戏剧,在"五四"新文学运动的激荡下,他积极参加学生爱国运动,并开始从事文学写作与文学编辑工作,走上了文学研究与文学教育的道路。历经数十年,在中国古代文学、现代文学、小说戏曲研究、俗文学研究、外国文学翻译与研究等方面,出版了近百本研究论著,成为国内外著名的学者和翻译家。他曾为《新民意报》担任副刊主编,担任过开明书店、北新书局总编辑,主编过《现代文学》《青年界》,为《神州日报》《大晚报》主编《俗文学》《通俗文学》等副刊,在文学编辑与出版方面做出过重要贡献。作为教育家,他曾担任过上海大学、上海艺术大学教授。1930年未足30岁,就受聘为复旦大学教授。除抗战后期,短时间担任过安徽学院教授外,直到逝世,他在复旦大学中文系执教50年,讲授过中国文学史、中国戏曲、民间文学、文学理论、古文阅读等课程,是在复旦大学担任教职时间最长、最具名望的教授之一。

　　赵先生研究领域十分广泛,研究成果涉及中国文学与外国文学、古代文学与现代文学、雅文学与俗文学、文学理论与语言学等各个方面。但从始至终,他的学术兴趣主要在古代小说戏曲研究上。随着20世纪学术的发展,文学研究各领域分工越来越细致,文学门类中,专业分工特点也越来越突出,他的研究兴趣也就更明显地集中于戏曲、小说和民间文学,其中尤以戏曲研究为重点。因此赵先生的名字便与戏曲研究密不可分。说到赵先生,便会想到他的戏曲研究。说到近代我国戏曲研究,便不能不想到赵先生在戏曲研究领域筚路蓝缕、披荆斩棘之功,钦佩他在文献辑佚、剧目本事源流考证、作家生平史料的钩稽、剧种特色和发展研究所作的贡献。

赵先生古代戏曲研究的著作主要有12种,依出版时间顺序,解放前有:《宋元戏文本事》(1934)、《元人杂剧钩沉》(1935)、《读曲随笔》(1936)、《明清传奇钩沉》、《小说戏曲新考》(1939),解放后出版的有《明清曲谈》(1957)、《元明南戏考略》(1958)、《读曲小记》(1959)、《戏曲笔谈》(1962)、《曲论初探》(1980)、《中国戏曲丛谈》(1983年编,1986年出版)、《观剧札记》(1983年编,1989年出版)。此外,还有依据《读曲随笔》和《小说戏曲新考》戏曲论文改订重编的《中国戏曲初考》(1983年,中州书画社出版),先生领衔,李平、江巨荣执笔的《中国戏剧史论集》(1987年,江西人民出版社)。可见戏曲研究伴随了他的一生,直到晚年都笔耕不辍。

赵先生的戏曲研究从30年代起步,起点即是文献辑佚,剧目钩沉,本事考证。文章都采用随笔、札记形式,有话则长,无话则短,行文自由,短小精悍。内容新鲜扎实,文风简洁精练,成为先生学术论著的鲜明特色。

如对宋元戏文,前人很少涉及,有关剧目,本事,文本存佚都知之甚少。但依据《永乐大典》《南词叙录》的著录,南戏是我国最早成熟、定型的戏曲,它有丰富多彩的剧目,有反映广泛社会人生的故事,可是当时学界还只能见到《永乐大典》所录戏文三种和极少数南戏名作,这种状况,于了解这一重要的戏剧形式和它的文学艺术成就相距很远。这时戏曲研究与俗文学研究的有识之士,已开始从不同途径探求它的历史与剧目。赵先生作为先行者,独具眼光,从《南九宫谱》《新编南九宫谱》《雍熙乐府》《九宫大成南北词宫谱》诸书中,辑得《王焕》《王魁》等50余种南戏剧目佚曲260余支,获得了很大的成绩。先生又据《曲海总目提要》及人物传记、话本小说等文献,考证剧目本事,用简洁清新文字,勾勒、串连成引人入胜的故事情节,把枯燥的考证文章写得充满文学趣味,为学术研究与大众阅读相结合开辟途径。从现今对剧情的了解来看,当年这种串联式的曲序排列,不免有若干臆测而不完全合乎实际的成分,但在南戏研究之初,这种学术探求往往都不能免。先生领先一步,完成了《宋元戏文本事》,成为我国南戏研究剧目、佚曲辑佚的开创之作。

继《宋元戏文本事》之后,历经 20 余年,先生又完成了一部研究南戏的新著《元明南戏考略》,1958 年,作家出版社出版。本书继续着原有的南戏辑佚和考证的途径而有了新的发现和提高,它的主要贡献是,依据新发现的《醉翁谈录》《寒山堂曲谱》《九宫正始》等书,辑得《张资鸳鸯灯》《崔怀宝月夜闻筝》《苏秦衣锦还乡》《太平钱》等剧的佚曲,从这些新文献中了解到宋元南戏《蔡伯喈》《荆》《刘》《拜》《杀》与明代流传诸本的联系与区别,同时也回顾了前 20 余年南戏研究的成就和缺陷,纠正自己和同行在以往南戏辑佚和考述本事中的失误,使南戏研究更科学、更可靠。这使本著作有继往开来的学术价值。

戏曲文献辑佚又一成果是《元人杂剧钩沉》。受王国维《宋元戏曲史》的影响,赵先生很早就对元代杂剧产生了浓厚的兴趣。元杂剧有臧懋循的《元曲选》100 种,又有元刊杂剧 30 种及明刊杂剧、也是园杂剧等几种剧集存世,不像南戏那么分散难觅,但这些元杂剧的选本和刊本,都是完全的,或经过整理修饰的文本,总计约 130 种。但先生在阅读曲谱中还发现其中保留着一些其他的剧目和佚曲,这些佚曲如散珠沙金,未被收录,也未受重视。先生非常珍惜这些散落残文的价值,从《太和正音谱》《北词广正谱》《九宫大成谱》等书中辑录了《芙蓉亭》《流红叶》《苏武还乡》《死哭秦少游》《月夜闻筝》《罟罟旦》《跨海征东》等残折和残曲,成《元人杂剧辑逸》,1935 年由北新书局出版。书问世后即被曲学家卢冀野所重视,将它收录于《元人杂剧全集》。此后,由于《孤本元明杂剧》《盛世新声》《词林摘艳》等的发现,作者对 20 年前的旧著再作修订增补,改编为《元人杂剧辑佚》,于 1956 年由上海古典文学出版社出版。此书共收录元人杂剧 45 种剧目佚曲,较前著新增了 15 种。成了现今在《元曲选》《元曲选外编》以外所能见到的元剧佚曲的总汇,至今仍是元杂剧研究中唯一的佚曲辑佚之作,在辑录元杂剧的佚曲上作出了独特的贡献。

辑佚之外,赵先生同时对剧作、剧史及剧作家也作了广泛、深入研究,写出了《读曲随笔》和《小说戏曲新考》两部力作。前者1936年北新书局出版,后者1939年世界书局出版,二书收录30年代作者研读元杂剧与明清传奇的论文60余篇,集中探讨元明清三代杂剧、传奇作品的创作年代、情节本事、作家生平、剧目存佚,考述戏曲本事的流变,戏曲小说的相互交融影响,其中如《元曲的二本》《读宋元戏曲史》《姚伯梅的今乐考证》,及关于《盛明杂剧》初集、二集,《清人杂剧》初、二集的介绍和讨论,《西厢记》作者的考订,朱有燉杂剧体例的阐述,屠隆传奇与作者生平关系的考述,《千金记》《狮吼记》《水浒记》《玉簪记》等的考论,都无不是作过深入的资料挖掘,文字的仔细比勘而获得的宝贵成果,都有作者的独见和新见。各篇文章长短不一,但都言之有物,精练充实。诚如作者在《读曲随笔》自序中所说,这些文章"没有一篇一句一字不是诚实的自己的话,没有一篇不是仔细写作的"。因此胜义迭出,精彩纷呈。这些文章虽然已过数十年,但至今仍有重要的参考价值。因此,1983年中州书画出版社以《中国戏曲初考》整理重印了它们,1999年上海文艺出版社也重版了《读曲随笔》,满足了当代戏曲爱好者和研究者的渴求,在新时期继续显示了它的学术生命。

1949年新中国建立,国家政治结构发生了重大的变化,思想意识形态、文学思想都在马克思主义和毛泽东思想指导下发生根本的改造。知识分子、学者,无论愿意或不愿意,自觉或不自觉,都需要适应形势,适应变化,在学术思想上作出抉择,反映变化。赵先生是一位单纯、诚实和追求进步的学者,他早年思想活跃,参加过天津的学生运动,又以文学创作和文学研究参加新文化运动。抗战时期,为反对日本侵略,他编撰了《民族文学史》,推崇爱国志士和文学。中华人民共和国成立,扫除了历史的污垢,相信国家在世界上站立了起来。赵先生对国家的变化是拥护的,欢迎的。新的文学理论、文学思想,他也满腔热情地认真学习、理解,并尽其可能努力应用贯彻于教学和研究中。于是在解放后出版的戏曲论著里,就有了一些五六十年代中国意识形态和文学理论的印记。

解放后先生出版了两本代表性的戏曲研究著作,一是《明清曲谈》(1957年,古典文学出版社),二是《戏曲笔谈》(1962年,上海古籍出版社)。两书收录戏曲研究论文约60篇,论题涉及剧史研究、作家作品研究、昆曲与地方剧种研究、民间戏曲研究、散曲研究等方面问题。这些论文,有的是解放前写的,这次作了辑录。有的是解放后所作课堂讲稿、学术报告、会议论文。两书写作时间前后跨越20余年。这两本论著就成了解放前后戏曲研究学术交替的产物,反映了他学术思想和著作内容新旧交替中与时俱进的变化和实事求是、对个人学术风格、学术精神的坚守。

先看《明清曲谈》。此书虽出版于解放后,但所收论文40篇都成于40年代。所论大多为明清两代的剧家生平著作考证、剧本辑佚、本事演绎、剧集评述。只要浏览其中的目录,如所列《商辂三元记》《郑若庸的玉玦记》《读汤显祖》《关于水浒记的作者》《玉簪记的演变》直到同治间的《暗香楼乐府作者考》,道光间的《花里钟传奇》论,有关剧作与作者的论述就有30余篇,可以看出,从明初传奇,到清晚期的传奇、杂剧,都在先生的视野之内,也都在研究范围之中。此外,还有与戏曲家及当时戏曲氛围密切相关的散曲与散曲家的研究篇目,宫廷大戏研究篇目。这些剧论、剧考文章汇集一书,可谓论题广泛,内容丰富。

《明清曲谈》的学术贡献是多方面的。第一是若干剧目的辨证与考订。编纂剧目是研究古代戏曲的基础工作,考订剧目便是对所录剧目的论证。我国戏曲文献十分丰富,仅剧目簿录,元明杂剧有《录鬼簿》《续录鬼簿》《也是园古今杂剧目录》等,明清传奇有《曲品》《远山堂曲品》《重订曲海总目》《传奇汇考标目》等,到晚近,同时著录杂剧传奇的则有姚燮的《今乐考证》、王国维的《曲录》。我国戏曲簿录虽然十分丰富,但辗转抄录,鱼亥帝虎、错讹遗漏也不能避免。先生所处的40年代,所见剧目文献都未经很好校订,差错也就更多。这就需要随时随处多加关注,尽可能加以纠正。因此《明清曲谈》于文中议论所及,对前人的剧目著录如《曲品》《传奇汇考》《曲录》等的错讹即多有纠正。

如明曲家杨珽，著传奇两种，一系《龙膏记》，一系《锦带记》，说到《龙膏记》其中涉及吕天成《金合记》的文字，一些《曲品》的抄本、校本作《金谷记》，《今乐考证》甚至在《锦带记》的作者问题上，加注为"一署四德堂作"。面对这种混乱的情况，先生据《太霞新奏》指出，吕天成所作为《金合》而非《金谷》，又据唐裴铏传奇《张无颇传》，指出"金合"系剧中男女主人公婚姻的媒介，与金谷毫不相干。这就把该剧的剧名敲定下来了。至于《锦带记》与"四德堂"的关系，那是误把刊刻者当成作者了(页96)。

如《传奇汇考》著录吴绮有《秦楼月》一种，这是闻所未闻的。历来记录，只知吴绮作过《忠愍记》。而李玉、朱素臣有《秦楼月》。赵先生揭示《传奇汇考》所以误记，是因为此剧刻本前有吴氏一首套曲题词，《汇考》不及细察，把题词作者误为传奇作者(页199)。

又如王国维的《曲录》卷四著录《摘金圆》一剧，云："明闺秀顾采屏撰。采屏，昆山人，《历朝诗集》有顾氏妹，昆山顾茂俊之妹，雍里方伯之女，嫁孙金宪家为妇，甚有才情。按：方伯及茂俊兄弟均善制词曲，则采屏或即其人欤?"这段话虽说得模棱两可，但其指向却十分明确。他无疑说，《摘金圆》为女作家顾采屏之剧。此女昆山人，嫁同里孙家为妇。说得有鼻有眼，使人不能不信。但这则记录，差错很多。一是剧目文字差错，《摘金圆》应作《摘金园》，二是顾采屏应为顾来屏，三是来屏是男性而非女性，据《南词新谱》有"顾甥来屏"云云，既然为"甥"则男性无疑。如此，所谓某某之女嫁某某为妇，都是毫无根据的。所以先生大胆地说：《曲录》"这一节话完全错了"(页124)。

错得离谱的还有《曲录》卷五，《曲录》据庄亲王《九宫大成南北词宫谱》载有《梅映蟾》传奇一目。赵先生一翻检《九宫大成》即指出剧目之误。先生依据沈自晋的《南词新谱》查得所谓"梅映蟾"系散曲作者名。《南词新谱》明确写着："梅映蟾，名正妍，吴江人。"所以《曲录》此处亦是沿袭前人著录之误，把人名作剧名了(页127)。

凡此之类，说明在我国现代戏曲研究的初始阶段，即便在剧目整理上，一面有深厚的基础可以继承，一面仍要在前人的成果上做很多的梳理和考订工作。剧目研究只有经过这样的考订，才扎实、可信。赵先生和许多老一辈研究者在这方面的努力为后人的研究扫除了许多障碍，作出了表率。

《明清曲谈》第二方面的贡献，是在剧作家生平、籍贯、字号、履历的发掘与钩稽上面。我国研究者历来讲究知人论世。要了解一部作品，必须了解作者的生平思想、时代背景。但在我国传统的文学观念中，戏曲属小道末技，壮夫不为。除某些著名的剧作者外，一些剧作家隐姓埋名，在文本上不署真名；一些剧作家地位低下，名姓不彰，在文献上无迹可寻。还有一些梨园抄本，不署作者或误署作者，这些都造成了研究作者和作品的很大障碍。赵先生处在现代戏曲研究的开创时期，研究者对戏曲家的研究还没有起步，深感戏曲家生平资料的匮乏，对戏曲家了解的缺失，于是花了很多精力，很多时间，从地方志入手，收集、发掘剧作家的相关文献。1942年秋，他曾用几个月时间，钻进图书馆，满手灰尘，翻阅了千卷以上的地方志，从其中的人物志、艺文志中，抄录了不少戏曲家历史资料，写出《方志著录明清曲家考略》，对明清曲家的生平资料作了首次自觉的发掘。后来又从安徽通志中，辑录了《安徽曲家考略》(收入《读曲小记》)，对皖籍20余位曲家的相关文献作了系统整理。由此发现了徐畋、王济、胡汝嘉、陈与郊、卜世臣、顾大典、周履靖、周朝俊、佘翘、卜不矜、来集之、范文若、张龙文、叶奕苞、吴震生、程景傅、庄逵吉、吴孝思等人的一些剧作家的生平著述资料。并从中还发现了一些未曾著录的剧目，如程景傅的《还妇篇》、庄逵吉的《江上缘》、吴孝思的《春梦婆》《昭君归汉》等作品。在四五十年代，其中不少作者都不为人知，其生平、籍里、字号和著述更知之甚少，先生不辞辛劳，披沙拣金，作了首次披露，故弥足珍贵。一些成果被学界吸收引用，既见证了它的学术价值，也发挥了学术价值。受赵先生的启发，张增元从各地方志中寻得更多的曲家生平史料，与先生早年的发现，共658家生平资料，合为《方志著录元明清曲家传略》一书，由中华书局出版，成了曲家生平事略研究必备的参考书。这就是赵先生开创之功所结的丰硕成果。

先生除了作文献的钩沉、辑录外，同样重视戏曲本体的研究，尤其是对戏曲本事源流与流变的考述，着力最多，创获也最多。这是《明清曲谈》第三方面的贡献。如书中从《词林纪事》《宋闺媛词》等考证《玉簪记》来源，从《张于湖误宿女贞观》《张于湖传》《乔合衫襟记》考察此剧的流变（页74）。如据《太平广记》《谈宾录》《唐书》等考述《龙膏记》本事的取舍、人物关系（页96）。从《后汉书》考述《渔家乐》的人物和重要情节的虚实（页193）。这些考证对了解剧情来源和剧作价值都有重要的参考意义。

突出的例子可以举出康海《中山狼》杂剧的考证。这本杂剧的本事，历来都谓出自马中锡的《中山狼传》。康海所以作《中山狼》杂剧，是因为李梦阳受刘瑾陷害，康海为救援李梦阳，屈志往见刘瑾，梦阳得以幸免于难。后刘瑾败，康海因此受到牵连免官，李梦阳却不出一言相救，因此康海作此杂剧以刺忘恩负义之徒。这种传闻被何良俊等多位名家和剧论记录，流传不止，几成共识。康海撰写《中山狼》是出于私仇或出于公义，关系到剧作的评价，这需要作出判断。先生对这类报怨泄愤的主张有所怀疑，他特地购买了当时较为稀见的《康对山先生文集》仔细研究，指出文集中有一篇记录康海救援李梦阳事件更为详实的《对山先生墓志铭》，不曾提到李梦阳不救康海的话。文集中有很多文章直抒康海自己后来被免官而产生的牢骚，抒发心中的不平，但始终没有一句埋怨李梦阳的文字，更不含指斥忘恩负义者的痕迹。王九思为文集作序，也不曾涉及这类文字。因此先生依据康海文集并采用郑振铎的说法，作出论断："中山狼的故事，本是流传世界各国的一个民间故事，康海也许取为题材，借以讽世，不见得是指着李梦阳说的吧。"（页60）以讽世说取代泄愤说，恢复了剧作原有的社会意义。"文革"后，蒋星煜作《康海中山狼杂剧并非为讥刺李梦阳而作》，以更翔实的文献、严密的考证，肯定了赵先生当年的判断，其论遂为多数研究者接受。此后不少文学史、戏剧史在论及这本杂剧的时候，已舍弃泄愤说，采纳了"讽世说"，这无疑显示出赵先生的远见卓识。

再看《戏曲笔谈》。这是1949年后先生所作论文的初次结集，所收 17 篇文章都是 50 年代戏曲教学、戏曲会议、戏曲调研的成果。这些文章显示,他已不再像过去那样单纯从事作家作品考证,而是要研究并强调戏曲的思想性,它们的社会价值。他也不再像过去那样着力关注一些他人不曾注意的作家,研究一些细小而具体的问题,而是随着社会潮流,学术热点,去研究名家名著。他的文章风格,也不同以前那样一事一议,点到为止,而力求全面概括,自成系统。在社会思想强调人民的历史地位、人民的历史作用的舆论下,他也更加重视民间戏曲,民间剧种。他一方面与时俱进,比较自觉地表达了对新体制下这种学术形态的认同,另一方面,他仍然发挥着注重实际、熟悉史料、长于考证的优长,遵循自己的学术习惯,坚守自己的学术个性,把理论与实际结合起来。文风仍然一贯地从材料出发,实事求是,不尚空谈,形式仍以短文为主。即便是内容较多、文字较长的文章,也大致是笔记式的心得联缀,短篇的组合。

同以往的著作不同,《戏曲笔谈》表现了先生的戏曲研究,论题更广泛,视野更开阔,名家名作的研究有了新进展。翻阅三四十年代所著的《读曲随笔》《小说戏曲新考》《读曲小记》,所列作家、作品,虽已琳琅满目,但有一些著名作家和他们的剧作,如关汉卿、李玉几乎没有出现,马致远、汤显祖,也只触及了个别问题。其关注程度与他们在戏曲史上的地位不很相称。解放后,关汉卿成为世界文化名人,剧作多反映深刻的社会矛盾和人民的呼声而受到高度评价。李玉的剧作,反抗暴政,反映社会,表现下层民众生活和市民运动,思想与艺术都具特色。汤显祖的《牡丹亭》反抗封建压制,表达青年男女爱情婚姻诉求,影响深远。这些剧作家在解放后都受到高度重视,成为文学史和戏剧史上的学术热点。在这样的学术氛围中赵先生写出数篇研究关汉卿、马致远、汤显祖、李玉等剧作家和他们的剧作的论文。如在《关汉卿和他的杂剧》中,除适度地考证关氏的生卒年、身份、籍贯、生活以外,重点关注关汉卿的剧作和这些剧作所表现的社会生活,以及它们的思想价值、艺术成就。肯定他的风尘剧"从各个方面揭发封建统治阶级的残忍和妓女所遭遇的沉重压迫和悲惨生活"(页 16)。《窦娥冤》《蝴蝶梦》《切鲙旦》"对黑暗吏治进行了尖锐而真实的鞭挞"（页17）。其论汤显祖，除较全面地讨论了汤显祖的生平、诗文、"四梦"及《牡丹亭》的版本、改编和创作方法之外，还画龙点睛地指出："《牡丹亭》的思想内容就是赋予爱情以超越生死的力量，揭示封建家教残暴性中的脆弱性，从而支持青年人争取幸福的斗争。"（页67）书中对李玉的生平和创作也作了较全面而深入的论述，指出他的创作多方面的成就，如"能够反映社会的主要矛盾，真实而艺术地记录人民的反抗运动，颂扬群众所爱戴的人物"，"肯定朴素、真挚的健康爱情，暴露权贵、豪富的贪婪、毒辣、忘恩负义，纨绔子弟的蛮横以及帮闲的无耻"，同人民的思想感情一致（页76）。这些论述有时虽不免打上"阶级性"、"人民性"、"现实主义"、"浪漫主义"的时代标签，但先生总是从作品实际和历史现实出发，仍然把握住剧作的本质，所论具有说服力。这些论题的出现及对这些重要作家、重要作品的分析评论，使赵先生在50年代的戏曲研究跟上了时代脉搏，也别开了生面。

《戏曲笔谈》表现出赵先生戏曲研究的另一个较大变化是重视民间戏曲，推崇民间戏曲，倾注心力热心研究民间戏曲。

赵先生从开始文学研究之初，就喜爱民间文学，重视民间文学。他从孩提时就爱看民间小戏，1928年出版过《民间故事研究》，他的文学史中也给民间文学以很高的评价。但在解放前他的戏曲研究中，谈的几乎都是文人剧作，很少看到民间戏曲的身影。解放后的政治理论，强调人民的历史地位和作用，强调区分统治阶级文化与被统治阶级文化，因此民间文学的地位空前提高，民间文学研究也格外活跃。受到热烈的民间文学研究气氛的影响，赵先生开始以更大的热忱，花费更多的精力，去观摩、研究活跃在民间的地方剧种、地方戏。他广泛收集地方戏的抄本、油印本、坊刻本，包括艺人自备的"掌中秘"（戏折子）；他注意研究反映明清民间演出的戏曲选本，如《徽池雅调》《时调青昆》《八能奏锦》《摘锦奇音》《词林一枝》《秋夜月》等所选剧目和其中表现的民间演出形态。可以说，举凡反映民间戏曲演出的资料，都广为收集，认真比较。这为研究民间戏曲准备了充分的条件。

　　他研究民间戏曲内容广泛,其中包括宋元南戏、莆仙戏,明清以来的弋阳腔、徽州腔、青阳腔,以及由高腔系列衍生发展而成的绍兴高腔、湘剧、川剧、婺剧,滩簧系列的苏剧。他的《元代南戏剧目和佚曲的新发现》《明代青阳腔剧本的新发现》《谈绍剧》《谈婺剧》《谈苏剧》《谈琵琶记》等一组文章,论述了明代弋阳、海盐、余姚、昆山诸腔在民间的流行状况,论述了高腔系列剧目在声腔、帮唱、伴奏乐器、语言文字的特点,它的民间色彩。在比较中,指出宋元南戏和它的民间演出,强烈地表现出了下层民众的生活、思想和感情、愿望。从地方戏演员的唱腔、民间口语、舞台动作、表演风格等方面,阐明民间戏曲的思想艺术特点。他赞扬弋阳腔的滚唱、滚白,通俗易懂、自然本色,连珠直下,情感奔放。称赞弋阳腔艺人们自己改写的剧本和质朴的表演,"淳厚朴素,特别带有山野间的花草香气"(页89)。这些论述,概括了民间戏曲艺术的主要特质,对认识和研究民间戏曲有指导意义。

　　民间戏曲在当时是一片待开垦的处女地。因为研究和关注者少,赵先生就特别注意阐述这种研究的重要性。他指出,研究民间戏曲是沟通中国古今戏曲探讨的开始,有利于全面地了解明清戏曲发展的全貌。赵先生曾通过对《远山堂曲品》"杂调"四十七种剧目的研究、青阳腔几种稀见选本的研究、绍兴高腔的研究,指出民间戏曲"蕴藏着一部活的中国戏曲史","民间戏曲是我国文学艺术的宝贵财富"。这种认识,指明了民间戏曲的历史地位。他在《戏曲笔谈》的自序中说:"解放后十四年的科学研究,同过去是无法比拟的。现在各方面的科学研究都比解放前有飞跃的进步。就拿我所搞的中国戏曲史来说吧,这十四年来,由于党所领导的'百花齐放、推陈出新'方针的正确,使我对于中国戏曲史的研究,不再仅仅囿于文人的作品,更注意到民间的各种戏曲,扩大了眼界。"明确反映了先生学术视野的重大变化。此后他重视民间剧种和民间演出的研究,重视民间剧目和演出在思想与艺术上的变迁,都是在民间戏曲研究上的新变化、新拓展,有力地推动了戏曲研究中民间戏曲研究的新局面。他同时研究民歌、民间故事、民间曲艺,也取得了多方面的成就,被推为上海民间文学研究会的主席。

解放后赵先生戏曲研究的新成果还有《读曲小记》(1959)、《曲论初探》(1980)、《中国戏曲丛谈》(1986)、《观剧札记》(1989)等论集的出版。《读曲小记》是赵先生解放前讲授中国戏剧史和戏曲故事考证、戏曲格律、昆曲唱腔的文章结集。书中对戏曲本事演变的考述用力尤深,所考秋胡、董永、琵琶行、目连救母、活捉王魁、虎囊弹等戏曲本事来源与故事演变,引用了丰富的历史文献和俗文学资料,分析深入细致,比较完整地勾勒了这些剧目的来龙去脉,在当时学术讨论中尤见功力。

《曲论初探》是赵先生晚年整理完成的戏曲理论批评的著作,早在1961年,赵先生在复旦大学开设"中国古代戏曲研究"专题课,就开始给中文系同学讲授"古代戏曲理论"和"明代民间戏曲",因其自成系统和别具新意,获得好评,后来在沪上和江苏、江西一些地方做过讲授。1979年再经整理、修订,题作《曲论初探》正式出版。本著简要地介绍了宋元明清四代主要理论批评家的戏曲理论和批评标准,同时收录了论述明清民间戏曲文章,关汉卿、汤显祖评传,与戏曲理论批评前后辉映,成为先生晚年完成的最后一部戏曲论著,最早的戏曲理论批评史类著作,1984年获文化部戏曲论著奖。

《中国戏曲丛谈》和《观剧札记》虽在先生去世后出版,却都是先生生前自己整理成书,写好序言,分别交付齐鲁书社、学林出版社出版的。《中国戏曲丛谈》收录所撰戏曲杂论,内容广泛,写作时间从解放前到作者晚年,跨度较长。主要篇目为书评和为当代戏曲研究著作所作序文,其次则为谈论昆曲源流与昆曲演唱的文章。全书涉及戏剧史、剧目考证、版本目录、声腔剧种等多方面的问题,反映出先生对所论问题的广博知识和独到见解。所作序文,平易中肯,既表现了先生与作者间深厚的学术情谊,又突出地表现了先生对戏曲研究方法、途径的深刻思考,如提出从方志、家谱、诗文中探寻剧家生平履历,强调实地调查作南戏新证,指出演出史的研究对戏剧史发展的重要意义、版本研究与作品研究的密切关系等,至今仍有现实借鉴意义。《观剧札记》是赵先生自编的观演昆曲及多种地方戏的剧评文字汇编,全书收录作者自50年代至80年代所写剧评47篇。同一般剧评文章不同,这些剧评人都联系本事考证、剧情流变、剧种历史与剧种特色等问题,论述剧目源流与改编得失,都娓娓道来。学术意蕴深厚,文字清新浅近。作为行家和热心的观众,他在评述演唱与表演技巧、演员表演得失中,充满对年轻演员的鼓励与关心,发表意见都要言不烦而切中肯綮,被称作"一位难得的戏曲演出评论家"。

先生的戏曲研究,反映了数十年我国戏曲研究的艰难历程,也表现了我国戏曲研究的多方面成就。他不仅自己辛勤耕耘,成绩卓著,同时热情慷慨,毫无保留地提供资料,与友人相切相磋,协助同行完成了许多重要著作。他更热情地奖掖后进,培养学生。先生以他的道德文章闻名于世。当新时期成立中国戏曲学会时,赵先生被推为首任会长,这反映了赵先生在我国戏曲研究界的声望。

昆曲艺术传承需要好教材

——再谈上海戏剧学院所编《昆曲精编教材 300 种》①

2015 年秋苏州召开昆曲会议,议题是关于昆曲传承问题。昆曲传承涉及方方面面,如剧目传承、新剧创作、表演人才培养、观众群体培育,等等。其中许多问题,许多专家都发表了真知灼见,给我以很多启发。这里我想以前几年参与上海戏剧学院所属上海戏曲学校编撰《昆曲精编教材 300 种》来谈谈昆曲传承中,作为专业艺术院校教学和昆曲爱好者自学昆曲的一部大型教材的重要,以及这部教材所含内容的特点。

我们知道,历代的昆曲艺术传承,大多是通过科班,由师徒的口传心授来完成的。所谓科班,有家班,有专业班社,也有草台班,无论何种班社,它们都是师父带徒弟,一本一本戏,一行一当角色,通过言传身教,慢慢教出来的,从来没有什么教材。

但这也不可一概而论。因为演戏,需要剧本依据,需要音乐依据,需要舞台表演上的手眼身法步依据,因此明清以来,就出现了不少相当于教材的读物、曲谱、身段谱的出版物。为了便于集中演出剧目文本,逐渐有了剧目选编,把常见常演的剧目精选出来,就有了诸如《词林逸响》《缀白裘》这样的文字本读物。又由于昆曲音乐不断精细雅化,需要及时反映这种发展变化,需要统一规范,又有了《纳书楹曲谱》《大众曲谱》《六也曲谱》《粟庐曲谱》等提供演唱的范本。在昆曲舞台表演达到了更为成熟的阶段,演出中对舞台调度、舞台动作、人物表情

---

① 笔者曾作《集昆曲精品 成一代文献》一文,刊上海戏剧学院学报《戏剧艺术》2011 年第 4 期,本文系旧作的改订与补充,故谓"再谈"。

都更为讲究,也希望表演更能把握人物,体现剧情,又使舞台更美、更艺术,道光年间,就出现了《审音鉴古录》这样富含实践经验的高水准的舞台指导类范本。《审音鉴古录》所选虽只有《琵琶记》《牡丹亭》等十来个剧本中的六十五个单折,音乐上有部分节拍而无工尺,但其中的夹批夹注,旁批眉批,对人物心理和舞台动作表演提示的精准细致,对所选剧目所涉及的表演方法、技巧、手眼身法步都有精辟的分析与总结,正如该书琴隐翁序所言:"曲则抑扬顿挫,白则缓急高闪,容则周旋进退,莫不曲折传神,展卷毕现。"经过这种舞台提示与引导,这些单折,都堪称当时昆曲舞台演出的圭臬。因此,这部规范剧目表演的台本选集,就是昆曲舞台表演的一部教材。

以上这些范本或是单项的,即服务于单一的舞台文本、演唱工尺的任务;或是双项的,如文本与曲谱的合一。因为昆曲最重唱工,所以文辞与工尺多相匹配,曲谱类演唱读物最多。过去艺人所用的"戏折子"、"掌中秘"也属于同类性质的工具。到了《审音鉴古录》,才精选剧目,重视授曲教演,把文本与舞台表演紧密地结合起来,成为兼有文辞之华、曲唱宾白之全,又有氍毹表演之技的指南之作。除了师父的口传心授而外,它们其实就是适应不同需求、反映不同重点的昆曲演唱教材。

清末以后的100多年,昆曲衰落凋敝,经过"文化大革命"的劫难,昆曲更呈后继乏人之势。到了新时期,百废待举,抢救、保护、继承昆曲遗产,成为保护中国戏曲、传承戏曲文化的重大任务。2001年,由于联合国教科文组织授予中国昆曲首个"人类口头非物质文化遗产代表作",极大地推动了全国上下保护、抢救、传承昆曲的热情。各种有助于保护传承的措施都随之出现,并日趋活跃起来,编撰昆曲教材也成了当务之急。上海戏剧学院及所属上海戏曲学校看到昆曲人才培养的迫切性,也看到向昆曲爱好者普及昆曲,引导唱演途径的现实需要,从本世纪初开始,经陈多、叶长海先生与上海戏曲学校(今为上海戏剧学院所属戏曲学院)共同策划,依托上海昆剧团的雄厚艺术资源,由昆曲音乐专家、上海戏曲学校校长顾兆琳先生担任主编,戏曲学校剧目研究室的陈为瑀、江佩毅、冯慧等老师,具体负责剧目及文字校订、解说、注释等任务,2005 年初,即着手编纂并开始出版《昆曲精编教材 300 种》(以下简称《300 种》)。这一工作得到文化部及上海文化基金的关心和帮助,出版社的支持。由于各方面的共同努力,历时 7 年,这一规模宏大、内容丰富、制作精美,充分反映当前昆曲演出最高水准的艺术工程已全部完成。[①] 全书 20 卷,内含 300 个传世剧目的舞台演出文本,有演出剧本的曲词道白,有剧目曲谱,有穿戴道具说明,更有剧目的作者简介,剧词注释,剧情介绍,剧目演唱的要求和艺术特色的解说,精美插图,可以说是一部集中了昆曲文本、曲谱、解说、演出示范等昆曲要素为一体的综合性的昆曲专业教材,[②]也是昆曲爱好者学习昆曲演唱的良师益友。这种多面功能为以往昆曲选本和曲谱都不曾有过,不曾具备,因此它已超出一般昆曲教材的性质,成为昆曲文献出版史上一部新颖之作,为更多读者所喜爱,故从第 11 卷起,书名又作《昆曲精编剧目典藏》,这正反映出它更广泛的社会价值。

作为新世纪昆曲教材和典藏文本的《300 种》,它的特点何在? 价值何在? 本文拟从剧目、曲谱、文字解说和艺术提示的综合性特征来说一些浅见,以了解它与旧教材的不同,以见昆曲教材的发展。

一、剧目收录与拓展

一部新世纪出版的昆曲教材和视唱文本,它必须有自己的新面目,必然在剧目上与以往的选本和曲谱不同。新文本的功能之一,是要保护传承昆曲的传统剧目,把数百年来昆曲舞台的艺术精品原汁原味地传承下来;二是要选录近百年来,主要是经苏州四大昆班、昆曲传习所"传"字辈艺术家和以俞振飞为代表的艺术家创作改编和演出的一些已经成熟并历演不衰的剧目,反映出数百年昆曲舞台的发展变

---

① 因陈多先生不幸逝世,笔者受邀从第 2 卷开始参与该书的文字审定工作,与宋光祖教授分头审阅此后各卷。

② 舞台演出本对原作出目多有调整,或一分为二,或合二为一。300 种则指其成数。

化。这就要在剧目的收录上尽可能丰富,在已有著录上有新拓展。

剧目的丰富与否来源于比较。康熙间《缀白裘合选》、乾隆初新编新刻的《缀白裘全集》和乾隆三十九年完成的钱德苍所编《缀白裘》,同我们知道的明末许多戏曲选本不同,它不是单纯的文字读本,而是当时伶工实际舞台演出本的合选本,是康乾年间昆曲繁荣期昆曲演出剧目的总汇。如果取它们来作为对比的参照系,我们就可以大致看出《300 种》是如何继承和发展了三四百年前遴选的剧目。今查,《缀白裘合选》收戏文、传奇 38 种,84 出(含《西厢记》),《缀白裘全集》收 36种,120 出(《西厢记》同上),钱德苍十二集本《缀白裘》新增了清初传奇和 70 多出花部戏,实际所收戏文、传奇约为 60 余种,出目 150 余出。在《缀白裘》系列中收剧最广,最多。经过此后 200 余年的淘汰、筛选,现在的《300 种》,收录了包括戏文、传奇和花部在内,具有舞台生命而且有舞台示范意义的昆曲精品,竟有剧目 98 种,出目 300 出,这已经可以充分看出这部新著所收剧目的广泛和丰富了。① 可以说,

---

① 以元明戏文和明清传奇的代表剧目为例,比较一下《300 种》与单纯收录戏文传奇的《缀白裘》的收录,就更可以见出《300 种》在传统剧目上的继承与扩展。

戏文剧目:

《琵琶记》,《300 种》收:南浦、辞朝、赏荷、卖发、吃糠、遗嘱、描容、别坟、拐儿、书馆、盘夫、扫松、廊会等 13 出,比《合选》多 6 出,比《全集》本所选多 9 出。

《荆钗记》,《300 种》收:见娘、开眼、上路、男祭、绣房、梅岭等 6 出,比《合选》多 2 出,比《缀白裘全集》多 2 出。

《白兔记》,《300 种》收:出猎、回猎、赛愿、养子、送子等 5 出,比《合选》多 3 出,较《全集》多 1 出,比钱本《缀白裘》少 1 出。

《寻亲记》,《300 种》收:茶访、饭店、出罪、府场等 4 出,比《合选》多 3 出,较《缀白裘全集》多 1 出。

《金印记》,《300 种》收:不第、投井、归第、金圆等 4 出,比《合选》多 2 出,《全集》则未收。

《连环记》,《300 种》收:问探、小宴、议剑、献剑、梳妆、掷戟、起布、大宴等 8 出,比《合选》多 5 出,《全集》同样未收。

《千金记》,《300 种》收:鸿门、撇斗、追信、拜将等 4 出,比《合选》多 2 出,《全集》也收 4出,出目有所不同。

《幽闺记》,《300 种》收:拜月、踏伞、请医等 3 出,比《合选》少 1 出,《全集》则未收。

《西厢记》,《300 种》收:寄柬、拷红、佳期、跳墙、着棋、惠明、游殿、听琴、长亭等 9 出,较《合选》及《全集》所收南《西厢》都多 5 出。出目也可互补。

《绣襦记》,《300 种》收:打子、莲花、剔目、收留教歌、卖兴、当巾、乐驿等 7 出,较《合选》多 4 出,较《缀白裘全集》也多 3 出。

《彩楼记》,《300 种》收:评雪辨踪,与《合选》所收出数相同,但出目不同。《全集》则未收。

《草庐记》,《300 种》收:花荡,与《合选》所收出数相同,但出目不同。(转下页)

这《300 种》已集近现代昆曲舞台剧目的大成,包罗了近现代昆曲保护和传承的主要成果。现在新教材将它们收录于一书,于教学、于自娱自唱都非常方便。

值得高兴的是,《300 种》还保存了长年不演,几近绝迹的剧目。如《双官诰》的"夜课",《全集》和钱本虽有,但舞台已不演。《白兔记》的"回猎",钱本虽收,但舞台已少见。《绣襦记》之"当巾",钱本收录,50 年来也是未见演出的折子。《西楼记》之"赠马",两种《缀白裘》皆未选,自是难得一见的一出。《永团圆》之"堂配",钱本选录,但断演已数十年,今时已列入抢救剧目。《西川图》中的"三闯",也只是上昆仅有的折子。至于《铁冠图》《蝴蝶梦》,则因意识形态禁锢的原因,长期禁演,直到改革开放才重现于舞台。现在《300 种》都予以收录,无疑丰富了选本的剧目,观众和读者从中都可以看到更多有特色的好戏,无论于专业院校、演出团体的教学排演,或昆曲爱好者的习唱,都提供

（接上页）从上面的对比中可以看出,《300 种》所收戏文都较《合选》《全集》本为多。其中也有出数相同而出目不同的,它也有互补价值。

明清传奇剧目中:

《浣纱记》,《300 种》收:寄子、回营、打围、拜施、分纱等 5 出,与《合选》出数同,比《全集》多 1 出。

《宝剑记》,《300 种》收:夜奔,《合选》《全集》本都不收。

《鸣凤记》,《300 种》收:吃茶、写本、斩杨、嵩寿、醉易、辞阁等 6 出,《合选》未选,《全集》本收 4 出,《300 种》多 2 出。

《牡丹亭》,《300 种》收:闹学、劝农、游园、惊梦、寻梦、写真、离魂、问路、拾画、叫画、冥判、硬拷等 12 出。《合选》未选,《全集》本收 4 出,《300 种》多 8 出。

《紫钗记》,《300 种》收:折柳、阳关 2 出。与《合选》出数同,《全集》本未收。

《邯郸记》,《300 种》收:扫花、三醉、番儿、云阳法场、仙圆 5 出,《合选》未收,《全集》本仅收 1 出。

《南柯记》,《300 种》收:花报、瑶台 2 出。《合选》《全集》皆不收。

《义侠记》,《300 种》收:游街打虎、戏叔别兄、挑帘、裁衣、杀嫂、显魂 6 出,《合选》不收,《全集》本收 4 出,《300 种》多 2 出。

《钗钏记》,《300 种》收:相约、讨钗、讲书、落园、大审 5 出,《合选》不收,《全集》本收 4 出。

《狮吼记》,《300 种》收:跪池、梳妆、游春、三怕 4 出,《合选》《全集》本都不收。

《红梨记》,《300 种》收:亭会、醉皂、花婆 3 出,《合选》收 1 出,《全集》本收 4 出,出目不全同。

《水浒记》,《300 种》收:借茶、活捉、刘唐、杀惜 4 出,《合选》未收,《全集》本收 4 出,出目有异。

《玉簪记》,《300 种》收:琴挑、问病、偷诗、茶叙、秋江等 5 出,《合选》收 4 出,《全集》本不收。

《一捧雪》,《300 种》收:祭姬、审头、刺汤、换监、代戮等 5 出,《合选》不收,《全集》本收 4 出,《300 种》出目不同,且多 1 出。

了更广泛的余地。

二、曲谱整理与简谱转译

作为拍曲和表演使用的昆曲,历来有曲谱的编纂和流传的传统。其中有意在规范曲牌格律的,如《南词定律》《九宫大成谱》《南北词简谱》等;有就专门剧作定其工尺板眼以便演唱的,如《纳书楹曲谱》《红楼梦曲谱》;有广选昆曲剧目,兼录宾白,依据梨园演唱状况订正工尺板眼笛色的,如《六也曲谱》《集成曲谱》《昆曲大全》《粟庐曲谱》等。这些曲谱所选曲目有多有少,有严有宽,但都继承我国传统记谱的音乐符号,即用的都是工尺板眼和传统歌唱方法所用的某些专门术语,这在西乐普及、简谱盛行的现当代,无疑成了一种隔阂,一条鸿沟。虽然实际习曲中,学习工尺谱并不比学简谱费时或困难,而且现在学习、掌握工尺谱的新人也越来越多,但就大多数爱好者而言,他们已学会了简谱,就不必要再从转学工尺开始接触昆曲了;况且,当昆曲已被越来越多的外国朋友接受和欢迎的时候,采用工尺谱也会阻碍昆曲的国际交流。有鉴于此,俞振飞先生和上昆的同仁们,即开始编撰简谱版的昆曲曲谱。① 他们选昆曲剧目 21 种,折子 40 出,全用简谱谱式,取名《振飞曲谱》于 1982 年出版,成为第一部经过精选的、实用的、贯穿俞派唱工和俞派理论的简谱昆曲曲谱,在昆曲演唱和传播中影响很大。此后,顾兆琪又在《振飞曲谱》的基础上,继续依照简谱谱式,扩展曲目,编为《兆琪曲谱》。尔后,又有《中国昆剧剧目精选》北昆卷、浙昆卷、湘昆卷相继问世,昆曲的简谱就更加普及和系列化了。

《300 种》的曲谱包含着 300 出折子戏的全部乐谱,其中约有170—180 出是有现成简谱的,收入新作看似比较简单容易。但是,曲谱编者顾兆琪、褚德荣、张世铮、叶恭舜等专家,其实还是做了一番仔细整理工作,使新谱更真实地反映舞台演出实际,也使它们在细节上

---

① 见《振飞曲谱》前言。

更准确、更美,这已经很花工夫了。此外,所选剧目中还有 100 余出基本上都是工尺谱,没有简谱的,这就需要花很大力气去做翻谱、记谱和订谱工作,即把工尺谱转译成简谱,并加以订正。从该书新增的谱例来看,这些新简谱的散出主要选自《与众曲谱》《六也曲谱》《集成曲谱》《昆曲大全》《遏云阁曲谱》《粟庐曲谱》,此外还包括《昆剧手抄曲本一百种》、《度曲百萃》、文化部昆剧指导委员会培训班的刻写本,倪传钺抄录、珍藏的手抄本。如据《遏云阁曲谱》所译之《绣襦记·打子》,据《昆剧手抄曲本一百种》所译之《铁冠图·撞钟》,据《度曲百萃》所译之《铁冠图·刺虎》,据文化部昆剧指导委员会培训班的刻写本所译之《一文钱·罗梦》,据倪传钺所藏的手抄本转译之《寻亲记》《八义记》的散出。从《与众曲谱》《六也曲谱》《集成曲谱》《昆曲大全》转译的简谱自然就更多。这 100 余个散出简谱的转译,是一项相当大的工程,是一件很复杂的工作,通过顾兆琳等先生的努力,现在都转译出来,这使昆曲有了更广泛的简谱曲目,使熟悉简谱的习昆曲者有了通向研习新曲目的捷径,这些都为昆曲谱的大众化、规范化做出了贡献,很好地承担了昆曲普及化的功能。

三、简明的文字注释

传统戏曲的文辞大多比较高雅,一些文人传奇和杂剧的曲文甚至堆砌辞藻,满纸故实,较为艰深,专门从事戏曲研究的人也不能不借助于注释。即便是道白,也因使用了苏州、扬州、常熟、绍兴、句容等地方言,而不易为它处读者所了解。过去的艺人只按照师父口头传授,照搬照唱,不求深解,或不求甚解,这无疑影响了演唱者的体验、发挥。《300 种》是为今后培养新的昆曲后备人才编的教材,也是不同文化水准、文化储备的昆曲爱好者学习昆曲用的向导,自然要求为读者扫除历史、文化、文字障碍和语言隔阂,以提高阅读和演唱的兴味。这就要求《300 种》花很大的精力作历史典故、文化制度以及语言文字的注释。《300 种》出目所收剧目多,涉及的历史和语言问题范围很多很大,这就可以想见它的工作很不轻松。除此之外,它还要求注释文字,力求简明、准确,这就更需要在工作中认真和严谨了。

《300 种》曲目中有相当多的一部分曲目,如《琵琶记》《浣纱记》《牡丹亭》《长生殿》,包括不久前出版的《六十种曲评注》本中的不少曲目,是已有注释的。而且,前辈学者钱南扬、王季思、徐朔方几位先生的注释深入、可信,为有关剧目的注释打下了结实的基础,是可以信从的。《300 种》采用了前辈学者的学术成果,也吸取了当今学者新的成果,这都是顺理成章的继承,也是提高《300 种》的文字注释学术性、科学性的保证。只是因为体例所限,《300 种》无法在每条注释文字中一一注明,是应该在此说明的。

自然《300 种》中,也还有大半出目是没有注释过的,现在要另起炉灶;或虽有过注释,却可以提出新解,加以补充。如该书所收从徽、汉、秦、梆等改编的"时剧"或花部诸剧,大多数是原来尚未注释的,今《300 种》都在史实、人物、语源各方面,加了简明扼要的注释。在已有注释中,《300 种》也有若干条目的修正和补充。

方言俗语的注释在《300 种》里也是很重的部分。虽然昆曲的爱好者对苏州及江南方言都有所了解,但剧目中还是有一些方言俗语并不都很熟悉。一些剧目形成的时间距现今已远,语言已发生若干变异,即便熟悉的方言也会有隔膜。况且《300 种》也是要提供给苏州和江南以外的爱好者看的,那就应该对昆曲常用的方言俗语作适当的解说。现在《300 种》于苏州等地的方言俗语作了较多的注释,其中固然有不少重叠,但总的说来还是提供了不少方便。如是之类,都可见注释者为读者提供方便的好意,也表现了教材意在授业解惑的特性。

四、精到的艺术示范

我们以往看到的曲谱和戏曲选本,基本都是不含演唱提示,不说明演唱要求的,更不要说总结前人和当今艺术家的表演心得,表演经验,对大量曲目,就唱法、演法,及各种艺术元素作提纲性的阐述。《审音鉴古录》虽别开生面,记录了许多表演规范,但它所涉及剧目较少。因为年代久远,也不足以反映后代表演者的创新和发展。《300种》继承了《鉴古录》的传统,又突出从人物刻画和艺术分析为重点,对"传"字辈、俞振飞和上海昆剧团"昆大班"的演唱家、表演家,包括清末苏州四大昆班名角的艺术经验、心得,作了相当深入的调研,并把这些宝贵的心得体验扼要地写到每个剧目的"艺术特色"栏目中去,使读者和演唱者都能欣赏到近代昆曲文献记录中高标准的演唱艺术的精华,在演唱中起到一种示范作用,这表现了《300种》编撰中的一个亮点。

如该书在综述清末苏州黄麻金演出《长生殿》哭像的气派、工架,俞振飞的唱腔、表演艺术特色时说:

> 此时的唐明皇已是太上皇,口面由黑三改为花三,形像近乎老生,已非昔日风流天子,所以表演注重工架风度,唱腔要求苍劲深沉。全折共十三支曲子(原有十九支),一人主唱到底,是著名的大冠生唱工戏,必须通过感情充沛的唱、白,表现人物的年龄、地位、心情,以及特定环境中强烈的哀伤气氛。应以张弛得当,缓促相宜为上,切忌大声死唱,多在唱法上用功。[1]

既有范式,又有启发。

该书在述及《鸣凤记》"吃茶"的表演特色时,引录王传淞的话说:

> 本折的故事性不强,形体动作及唱段也不多,基本上运用对话来表达感情。作为一出老生与二面较为重要的做工戏,念白尤为吃重,颇见功力。处处显得冷隽、含蓄,要求演员的表演必须丝丝入扣,接榫合缝。具体说来,应突出赵文华的卑鄙和做作,抓住一个"虚"字。因为他靠吹牛拍马起家,不学无术,但又处处虚张声势,欺诈吓唬,无所不用其极。可是在杨继盛面前,赵文华的精

---

[1] 卷九,页58。

神是空虚的。他假情假意,虚张声势,都是做贼心虚的必然反映。设计这个人物的动作时,幅度不是太大,一般都是双手在胸前摆动。因为此人人品卑微,情绪低下,应该显出他的偎缩状。至于念白,一般都是比较缓慢,不但开口前要看对方神色,就是在说话中间也见风使舵,有时会突然急转直下。另外,赵文华经常手执的那把扇子,与其说为了显示自己的儒雅,倒不如说他为了在必要时可以遮丑。例如在与杨继盛的一场舌战中,他的扇子就起了战阵中的盾牌作用,不时挡一挡迎头射来的杨氏那利剑似的眼神。因此在表演时,他的扇子不离头、胸、肩这三个部位。而正人君子的扇子却常常是在腹部摆动的。①

该书在综述《琵琶记·遗嘱》一出的凄苦、悲凉气氛时,引计镇华的表演心得,说道:

> 身患重病的蔡公望着过度操劳、面黄肌瘦的赵五娘,怜惜的目光让人感到似乎是噙着满眶热泪,慢慢抬起颤抖的手念:"五娘子,你站远些。"赵五娘后退一步,不解其意。他的手更加颤抖:"再站远些。"赵五娘又疑疑惑惑地后退一步,蔡公大觉生气,用力念:"啊呀你与我站定了!"此时锣鼓起漫叫头。这个慢节奏的过程,从生理上讲,是衰迈老人在调动全身的精力;从感情上讲,是激情凝聚的过程。终于,他激情迸发,喊出了"我那孝顺的媳妇儿啊!"我特意在"孝"字上作重音处理。句尾"媳妇儿啊"伴以放声大哭,使激情强化。直至蔡公向赵五娘下跪,"来世做你的儿媳妇"。始终没有花哨的身段,因为这是一节内心戏。但情感表演的手、眼、身、法、步,依然不脱戏曲规范。②

这些心得体会以及书中各出所概括的艺术表演要求、艺术要素,都是

---

① 卷十,页266。王传淞《丑中美》。
② 卷一三,页122。

非常珍贵的。了解这些特色,可以为学习、理解、欣赏昆曲带来更多的收获,对表演也有重要的启示价值。

《300 种》也存在一些失误和不足。如:它考虑到单独教学使用的方便,故每剧每出的剧情说明、作者简介、文字注释都分头进行,自成系统,但到合成一书时,就不免发生诸多重复。各卷安排,也缺乏筹划。在分头撰稿和审读中,于剧情、作者、注释文字的繁简、详略掌握也有差别。一些注释和文字说明也有失误。尽管如此,作为新世纪的第一部昆曲专业和曲友自学教材,它几乎囊括了近百年来昆曲舞台最多最具代表性的剧目,集昆曲文本、曲谱、释文、表演特色表演要求为一体,开了昆曲选本的新体例、新样式,无疑是以往昆曲教材的新发展。有了成熟的教材,加上师父的口传心授,昆曲艺术表演人才的培养和昆曲爱好者、自学者的习唱、习演的提高,都可以收到事半功倍之效。这部教材必将在昆曲专业人才的培养和昆曲普及的事业中发挥重要的作用。

后　记

2014年拙著《明清戏曲：剧目、文本与演出研究》问世之后，笔者继续作明清诗文的翻检与阅读。其间，陆续发现了一些戏曲剧目与演出的资料，为参加戏曲会议或应朋友所约，草为长短文字，这就有了现在这本一面谈诗，一面谈剧的拙作。因此这本论集，既是阅读明清诗文(主要是清代诗文)的札记，又是前作《明清戏曲：剧目、文本与演出研究》的续编，仍然是从诗文的角度观察明清戏曲，故书名拟为《诗人视野中的明清戏曲》。

两书路径虽大致相近，但所述及的清代剧目和演出，其内容与实例也有了变化。例如，这里新增了一些有关剧史的考证文字，在清代诗家的诗词文作品当中，可以继续发现不少前人和今人尚未著录的剧目，通过一些诗，还可以看出许多剧作情节关目的蛛丝马迹。同样，我们也可以发现一些戏曲作品在舞台和厅堂中演出的记录，包括久已失传的唐戏弄和清代宫戏的演出记录，许多不被注意的明清戏曲演出记录。这些都是研究中国戏曲史，尤其是清代戏曲演出不能忽视的。可见，从原始文献出发，搜集戏曲资料，研究戏曲的相关问题，还有一些空间，也可以有所作为，笔者只是聊作铺路石子而已。

本论集也收录了前书的部分篇目。这是因为这些篇目都与"诗与剧目"和"演剧诗话"相关，与诗人视野中的明清戏曲相关，如今收在一起，便于了解得更全面，也省去读者查找的麻烦。同时，因为前书出版比较仓促，校对不够细致，差错时有出现，现在借机加以改正。前书已涉剧目和演剧问题，近两年阅读中也有新的资料发现，现在也作了一些补充修订，希望借此一面修正失误，一面补充内容，使相关研究有所进展。

本论集仍以明清诗文、戏曲资料为主,本意在为戏曲研究者提供资料,以观察明清诗人如何观剧评剧,如何对待传统文化中的"小道末技"、"淫词艳曲"。读这些诗,可以看到上有皇亲国戚、达官显贵,中有各级官绅、学者文士,下有落第书生、落魄士子,他们对不同戏曲,或赞赏、或斥责、或利用、或曲解,或发历史议论,或发个人感慨,其中都包含着不同的态度,不同的观感,这无疑是中国戏曲文化不能忽视的景观。笔者无法真实、深入地加以描述、分析,相信不同的读者,读着这些诗,都会有不同的意会。至于这些诗作抄录文字留下的错误,诠释的肤浅、失当,则都是笔者学识浅薄和工作粗疏所致,希望读者不吝指教。

在本论集出版之际,我要感谢复旦大学出版社领导和责编的指导和支持,他们在酝酿选题、审阅书稿中都提出过宝贵意见,使论集顺利出版并避免了许多差错。

我要感谢《戏曲研究》《中华戏曲》《曲学》《中国曲学研究》《中国古代小说戏剧研究》《汤显祖研究通讯》《汤显祖学刊》《诗铎》等刊物及相关学术会议给予拙文发表的机会,这些会议与刊物论文都给了我很多学习机会,使我深受教益。

作者书于枯砚斋

2018 年 2 月 12 日

图书在版编目（CIP）数据

诗人视野中的明清戏曲/江巨荣著. —上海：复旦大学出版社,2018.8
（新世纪戏曲研究文库/江巨荣主编）
ISBN 978-7-309-13502-2

Ⅰ.诗… Ⅱ.江… Ⅲ.古代戏曲-文学研究-中国-明清时代 Ⅳ.I207.37

中国版本图书馆 CIP 数据核字（2018）第 058665 号

诗人视野中的明清戏曲
江巨荣 著
责任编辑/王汝娟

复旦大学出版社有限公司出版发行
上海市国权路 579 号 邮编：200433
网址：fupnet@ fudanpress.com http://www.fudanpress.com
门市零售：86-21-65642857 团体订购：86-21-65118853
外埠邮购：86-21-65109143 出版部电话：86-21-65642845
浙江新华数码印务有限公司

开本 787×960 1/16 印张 24.5 字数 313 千
2018 年 8 月第 1 版第 1 次印刷

ISBN 978-7-309-13502-2/I·1099
定价：86.00 元